权威·前沿·原创

皮书系列为
"十二五""十三五"国家重点图书出版规划项目

B
BLUE BOOK

智库成果出版与传播平台

广东发展蓝皮书

BLUE BOOK OF
GUANGDONG'S DEVELOPMENT

广东发展报告
（2020）

ANNUAL REPORT ON DEVELOPMENT OF GUANGDONG
(2020)

广东省人民政府发展研究中心

主　编／钟旋辉

社会科学文献出版社
SOCIAL SCIENCES ACADEMIC PRESS（CHINA）

图书在版编目（CIP）数据

广东发展报告. 2020 / 钟旋辉主编. -- 北京：社
会科学文献出版社，2020.7
（广东发展蓝皮书）
ISBN 978 - 7 - 5201 - 6830 - 4

Ⅰ. ①广⋯　Ⅱ. ①钟⋯　Ⅲ. ①区域经济发展 - 研究报
告 - 广东 - 2020②社会发展 - 研究报告 - 广东 - 2020
Ⅳ. ①F127. 65

中国版本图书馆 CIP 数据核字（2020）第 113085 号

广东发展蓝皮书
广东发展报告（2020）

广东省人民政府发展研究中心
主　　编 / 钟旋辉

出 版 人 / 谢寿光
责任编辑 / 丁阿丽
文稿编辑 / 秦静花　路　红

出　　　版 / 社会科学文献出版社（010）59367092
　　　　　　 地址：北京市北三环中路甲 29 号院华龙大厦　邮编：100029
　　　　　　 网址：www. ssap. com. cn
发　　　行 / 市场营销中心（010）59367081　59367083
印　　　装 / 天津千鹤文化传播有限公司

规　　　格 / 开　本：787mm × 1092mm　1/16
　　　　　　 印　张：26.5　字　数：394 千字
版　　　次 / 2020 年 7 月第 1 版　2020 年 7 月第 1 次印刷
书　　　号 / ISBN 978 - 7 - 5201 - 6830 - 4
定　　　价 / 168. 00 元

《广东发展报告（2020）》
编　委　会

主编简介

钟旋辉　广东省人民政府发展研究中心党组书记、主任。长期从事政策研究工作，先后任广东省人民政府研究室主任、省政府办公厅副主任、省政府副秘书长，多年参与、主持省政府工作报告等重要文件的起草、把关等工作。与此同时，还协助分管副省长指导推动相关省直单位颁布实施一系列重要政策文件，协调解决了一批重点难点问题，有力地促进了相关领域的改革发展。到广东省人民政府发展研究中心工作后，主持、组织一系列重大课题的实施，形成了一批高质量的研究报告，得到省委、省政府领导的重视和肯定。

序

钟旋辉*

2019 年，是中华人民共和国成立 70 周年。70 年来，中国共产党不忘初心、牢记使命，团结带领全国各族人民沿着中国特色社会主义道路奋力拼搏、砥砺前行，推动新中国从成立初期的一穷二白发展成为国内生产总值（GDP）99 万多亿元[①]、占世界经济总量比重达 16.6% 的全球第二大经济体，人均 GDP 突破 1 万美元，创造了人类发展史上的伟大奇迹。中华民族迎来了从站起来、富起来到强起来的伟大飞跃，迎来了实现伟大复兴的光明前景。广东是古代海上丝绸之路的发源地、中国近现代革命的策源地，也是中国改革开放的排头兵、先行地、实验区。70 年来，特别是改革开放 40 多年来，在历届省委、省政府的带领下，全省各族人民认真贯彻执行党中央、国务院的路线方针政策，发扬敢为人先、勇于探索的精神，履行党中央赋予的先行先试、"杀出一条血路"的神圣使命，将广东从一个相对落后的边陲省份建设成为全国第一经济大省，各方面建设都取得了巨大成就和历史性飞跃。

第一，综合经济实力大大增强。广东励精图治、改革开放、先行先试，经济规模不断扩大，发展成为全国第一经济大省。全省地区生产总值从 1949 年的 20.27 亿元增加到 2019 年的 10.77 万亿元，自 1989 年开始连续 31 年位居全国第一，是全国首个经济总量突破 10 万亿元的省份，总量已超越澳大利亚、西班牙、荷兰、瑞士等西方国家，也先后赶超亚洲"四小龙"

---

* 钟旋辉，广东省人民政府发展研究中心党组书记、主任。
① 本文资料来源于相关年份的《中国统计年鉴》《广东统计年鉴》，不再一一注明。

的新加坡、中国香港和中国台湾，与韩国的差距日益缩小，距离完成邓小平同志嘱托的超过亚洲"四小龙"的目标越来越近。地方一般公共预算收入从1950年的3.23亿元增加到2019年的1.27万亿元，自1991年开始连续29年位居全国第一，是全国首个突破1万亿元的省份。

第二，人民生活日益富裕。广东始终坚持以人民为中心的发展理念，紧紧抓住"共同富裕"这一社会主义的本质要求，坚持以先富带后富，不断改善人民生活水平，实现了从摆脱贫困、解决温饱到全面迈向小康的巨大转变。70年间，广东人均GDP从73元增加到9.42万元，城市化率从15.7%提高到70.7%；居民人均可支配收入从1953年的83元增加到2019年的39014元；人均预期寿命从1949年的31岁提高到2019年的77.2岁，人民生活水平得到了极大改善。广东城乡面貌也发生了巨大改变，高速公路通车总里程达到9495公里，实现"县县通高速"；高铁运营总里程达到2027公里，即将实现"市市通高铁"。

第三，现代产业体系加快形成。广东在全球产业链和供应链中的地位日益重要，制造供给能力逐步增强，三次产业结构不断优化升级。1949年一、二、三产业结构比为60.1∶12.9∶27.0，产业以农业为主导；到1970年调整为39.3∶39.4∶21.3，产业以工业为主导；到2013年调整为4.5∶47.1∶48.4，产业转向以服务业为主导；到2019年调整为4.0∶40.5∶55.5，产业结构进一步优化，尤其高端制造业得到优化发展。从传统制造业到电子信息、绿色石化、汽车、智能家电、机器人等先进制造业，广东已基本建成门类较为齐全、配套相对完善的现代产业体系，在全球产业链中处于领先位置。2019年，全省新登记市场主体221万户、总量达1253万户，超过全国的1/10，进入世界500强企业有13家；规模以上工业企业总量超5万家，数量居全国第一，实现增加值33616.1亿元，其中先进制造业和高技术制造业增加值占规模以上工业增加值的比重分别达到56.3%和32%。

第四，科技创新引擎日益强大。广东始终注重发挥科技对生产力的促进作用，大力实施创新驱动发展战略，形成以创新为主要引领和支撑的经济体系及发展模式，逐步从广东制造向广东创造、广东创新转变，科技综合实力和自主创新能力取得新突破。截至 2019 年底，广东共有国家级重点实验室 29 家，省级重点实验室 362 家，国家级高新技术企业超过 5 万家，在全国的领先优势进一步巩固。2019 年，预计全省研发经费支出 2800 亿元、占地区生产总值比重达 2.8%，区域创新综合能力从 2017 年起连续三年位居全国第一，有效发明专利、PCT 国际专利申请量稳居全国首位，获国家科学技术奖 50 项、中国专利金奖 9 项，新经济增加值占地区生产总值比重达 25.3%。

第五，融入世界程度不断提升。广东充分发挥毗邻港澳、华侨众多的独特优势，不断深化对外交流合作，成为中国全面对外开放格局中的重要支柱。1979 年，中央批准设立深圳、珠海、汕头经济特区，广州、湛江被列为第一批沿海开放城市。党的十八大以后，国务院决定设立中国（广东）自由贸易试验区，涵盖广州南沙新区片区、深圳前海蛇口片区、珠海横琴新区片区，成为广东构建更高水平对外开放的重要平台。2019 年，广东外贸进出口总额 7.14 万亿元，占全国的比重达 22.6%。截至 2018 年底，广东累计引进 180 多个国家和地区外商投资企业超过 17 万家，实际利用外资 4470 亿美元，占全国的 20%；在 150 多个国家和地区设立企业超过 1 万家，对外直接投资 2035 亿美元；2018 年，广东已与世界 240 多个国家和地区建立了经贸合作关系。

第六，城乡区域日益协调发展。由于地理地貌的差异、发展历程的不同及其他诸多因素的影响，城乡区域发展不平衡不协调一直是广东发展的最大短板。历届省委、省政府对此均高度重视。特别是党的十九大后，广东先后出台实施一系列促进全省区域协调发展的政策措施，着力增强珠三角地区辐射带动能力及东西北地区的内生发展动力。目前，广东正全力推进实施粤港澳大湾区、深圳先行示范区"双区驱动"，广州深圳"双核联动"发展战略，着力构建"一核一带一区"区域协调发展新格局。与此同时，大力实施乡村振兴战略，推动精准脱贫取得重要进展，90% 以上相对贫困村达到出列标准，"两不愁、三保障"总体实现，乡村面貌焕然一新。

广东经济社会发生的巨大变化，是新中国成立 70 年来取得的举世瞩目

发展成就的一个缩影，充分彰显了中国特色社会主义制度的巨大优越性和强大生命力，也充分证明了发展过程中必须坚持中国共产党的领导，坚持以人民为中心，坚持改革开放，坚持新发展理念，坚持中国特色社会主义道路，始终沿着中国特色社会主义道路砥砺奋进。

当前，广东正站在新的起点上，处于发展的关键阶段。综观当前国内外发展形势，我们面临诸多挑战。国际上，当前世界经济增长持续放缓，仍处在国际金融危机后的深度调整期，世界大变局加速演变的特征更趋明显，全球动荡源和风险点显著增多。国际单边主义和贸易保护主义加剧，受全球贸易和投资复苏缓慢影响，世界贸易组织、国际货币基金组织、世界银行等国际机构均下调了2020年世界经济增长预期。在国内，我国正处在转变发展方式、优化经济结构、转换增长动力的攻关期，结构性、体制性、周期性问题相互交织，"三期叠加"影响持续深化，经济下行压力加大。特别是受今年以来全球大流行的新冠肺炎疫情影响，国际政治经济形势变得更加复杂，不确定性显著增加。加上新冠肺炎疫情给经济运行带来明显影响，企业面临营业收入减少、综合成本增加、复工复产难度加大、部分进出口商品受影响等问题。在省内，广东也面临自身的问题和困难，现代产业体系建设任重道远，经济结构优化调整任务艰巨，消费结构转型升级动力减弱，环保基础设施欠账仍然较多，城乡区域发展差距仍然较大，全省发展平衡性和协调性难题依然突出。在挑战和困难面前，我们要看到积极因素和有利条件也在不断积聚，特别是我国经济稳中向好、长期向好的基本趋势没有改变，我国发展仍处于重要战略机遇期。与此同时，广东经济总量大、韧性强，产业体系相对完备，正迎来粤港澳大湾区建设和支持深圳建设中国特色社会主义先行示范区的重大历史机遇。我们坚信，在以习近平同志为核心的党中央坚强领导下，有中国特色社会主义制度的显著优势，有改革开放以来积累的雄厚物质技术基础，有14亿人口超大规模的市场优势和内需潜力，有庞大的人力资本和人才资源，只要我们上下勠力同心、砥砺奋进，集中力量办好自己的事，就一定能战胜各种风险挑战，推动经济社会发展迈上新台阶。

2020年是全面建成小康社会和"十三五"规划收官之年，要实现第一个百年奋斗目标，为"十四五"发展和实现第二个百年奋斗目标开好头。面对复杂形势，做好今年工作，对广东实现党中央赋予的"四个走在全国前列"、当好"两个重要窗口"的历史使命至关重要。为了更好地为省委、省政府的决策服务，广东省人民政府发展研究中心邀请了长期奋战在经济社会发展第一线的省直有关单位和各有关市负责同志及有深厚理论功底、了解广东实际的专家学者，为省委、省政府出谋献策，形成很有价值的文章，编入"广东发展蓝皮书"。

"广东发展蓝皮书"是广东省人民政府发展研究中心建设具有重要影响力和较高知名度的政府综合性高端智库的重要平台之一，主要就全省年度经济社会发展的重点、热点问题组织社会研究力量开展针对性研究，为省委、省政府提供高质量的决策咨询服务。2020年的"广东发展蓝皮书"围绕宏观经济分析与预测、深化重点领域改革、粤港澳大湾区建设、加大供给侧改革、促进经济高质量发展等重点问题，共编入29篇研究报告，这些报告资料翔实、见解独到，实证性、前沿性、权威性强，具有较高的日常使用和资料保存价值，希望能对促进广东的改革发展起到积极作用。在此，衷心感谢各位专家学者对我们工作的关心和支持！衷心感谢社会各界读者对我们工作的肯定和鼓励！

是为序。

摘　要

作为中国第一经济大省，2019 年，广东省 GDP 率先迈上了 10 万亿元台阶。面对国内外风险和挑战明显上升的复杂局面，广东省统筹做好稳增长、促改革、调结构、惠民生、防风险、保稳定各项工作，全面建成小康社会取得重大进展，在实现"四个走在全国前列"、当好"两个重要窗口"征程上迈出了新步伐。2020 年是全面建成小康社会和"十三五"规划收官之年。展望 2020 年，广东省将深入贯彻习近平总书记重要讲话精神，确保与全国同步全面建成小康社会和"十三五"规划圆满收官。

本书由"综合与前瞻篇""三大攻坚战推进篇""经济高质量发展篇""民生社会事业篇""区域发展篇""专题篇""附录"七个部分组成，围绕宏观经济分析与预测、深化重点领域改革、粤港澳大湾区建设、加大供给侧改革、促进经济高质量发展等重点问题进行了深入研究。

综合与前瞻篇首先对 2020 年世界与中国宏观经济形势研判与应对之策进行了分析，其次是就全球新冠肺炎疫情对广东经济与产业链的影响及对策进行的阐述，最后对以高水平开放形成广东改革发展新优势以及 2019 年广东经济运行情况进行了分析。虽然全球疫情和经贸形势不确定因素较多，2020 年我国经济增长尚存诸多乐观和积极因素，整个经济"蓄势"特征十分明显，我国宏观经济管理的主要任务是继续创造和维护我国经济平稳运行的总体环境。财政政策的基调是实施更加积极的财政政策，要做好 2020 年的经济工作，既需要稳字当头，保持经济运行在合理区间，也需要深化经济体制改革，完善宏观调控，确保我国经济既有量的合理增长，更有质的稳步提升。广东作为我国市场化改革的先行地区，要逐步实现自身改革发展的新优势，为 2020 年全面建成小康社会和"十三五"规划收官之年打下坚实基础。

　　三大攻坚战推进篇围绕脱贫攻坚、污染防治攻坚、防范化解金融风险、跨省污染联防联治等问题进行了研究，广东省要继续深化农村综合改革，加强脱贫攻坚战建成项目的管理，促进脱贫攻坚未来发展，巩固脱贫攻坚战成果。经济高质量发展篇对广东省科技创新、供给侧结构性改革力度和推进高质量发展等问题进行了分析。广东以深入实施创新驱动发展战略为重点，实现了自主创新能力不断提升、企业创新主体地位不断增强、核心技术攻关不断取得突破、经济发展新动能不断迸发、创新创业环境不断改善、科技服务民生成果不断显现。民生社会事业篇主要对跨越中等收入阶段、实现全面小康目标、广东高等教育，以及家政服务业发展、构建现代化的广东省公共卫生体系进行了分析，为推进城乡住房、医疗、教育体制改革，积极探索基层社区治理模式改革提供对策建议。区域发展篇对广州、深圳、汕头、韶关、梅州、湛江宏观经济进行了分析与预测，对各市聚焦增强产业链韧性和竞争力、打好产业基础高级化、产业链现代化攻坚战，聚焦增强科技创新策源功能、加快建设科技创新强市提出了对策建议。

　　关键词： 广东　高质量发展　宏观经济　创新驱动

Abstract

As China's largest economic province, in 2019, Guangdong took the lead with GDP exceeding 10 trillion yuan. Faced with the complex situation in which domestic and international risks and challenges have increased significantly, Guangdong has worked holistically to maintain stable growth, advance reform, make structural adjustments, improve living standards, guard against risks and ensure stability, and has made significant progress in building a moderately prosperous society in all respects. New strides have been made in pursuing "the four leading positions in the country" and the role of "two important windows". 2020 is the year to complete building a moderately prosperous society in all respects and the 13th Five-Year Plan. Looking forward to 2020, Guangdong will thoroughly implement the spirit of General Secretary Xi Jinping's important speech, and ensure that in step with the whole country a moderately prosperous society is fully established and the 13th Five-Year Plan shall reach its successful conclusion. This book is composed of seven parts on general overview and prospect, three critical battles, economic performance, livelihood and society, regional development, special report and appendix. This book has conducted in-depth research on key issues such as macroeconomic performance and forecasting, deepening reforms in key areas, construction of Guangdong-Hong Kong-Macao Greater Bay Area, strengthening supply-side reforms, and promoting high-quality economic development.

The general reports first analyze the macroeconomic situation of the world and China in 2020, followed by the impact of the COVID – 19 pandemic on Guangdong's economy and its industrial chain as well as the countermeasure proposals, and finally, new advantages of Guangdong's reform and development with a high level of opening and its economic performance in 2019. There are many optimistic and positive factors for China's economic growth in 2020, and the

characteristics of the entire economy's "gathering momentum" are very obvious. The main task of China's macroeconomic management is to continue to create and maintain the overall environment to ensure a generally stable economic performance. The keynote of fiscal policy is to pursue a more proactive approach. To ensure economic performance in 2020, it is necessary to underline stable growth, with the main economic indicators kept within an appropriate range, and to deepen the reform of economic system, to improve macro regulation, ensuring both the reasonable quantitative growth and steady qualitative improvement of the economy. As pioneering region for market-oriented reforms in China, Guangdong should gradually realize its new advantages in reform and development, and lay a solid foundation for building a moderately prosperous society in all respects and the conclusion of the 13th Five-Year Plan by 2020.

The part on three critical battles focuses on issues such as poverty alleviation, pollution prevention and control, prevention and mitigation of financial risks, and inter-provincial pollution prevention and control. Guangdong should continue to deepen comprehensive rural reforms, strengthen the management of completed projects to fight poverty, as well as consolidate the achievements and pursue further development of poverty alleviation. The part on economic performance analyzes how technological innovations and supply-side structural reform act to foster high-quality development. Upholding the implementation of the innovation-driven development strategy, Guangdong has realized the continuous improvement of its independent innovation ability, the continuous enhancement of the main position of enterprises in innovation, the continuous breakthrough in key technologies, the continuous eruption of new momentum for economic development, the continuous improvement of the innovation and entrepreneurship environment, and the continuous emergence of technological achievements serving people's livelihood. The part on livelihood and society elaborates on issues such as crossing over the middle-income stage, accomplishing the goal of building a moderately prosperous society in all respects, the development of higher education and domestic service industry, and building a modern public health system in Guangdong. It also provides suggestions on urban and rural housing, medical and education system reform, as well as governance reform at the primary level. In the part on regional development, the macroeconomy of Guangzhou, Shenzhen, Shantou, Shaoguan, Meizhou and Zhanjiang is analyzed and predicted, and suggestions are made to enhance the resilience and competitiveness of the industrial chain, to strive for developing advanced industrial base and modernized industrial chain, to strengthen technological innovation, and to accelerate the construction of a strong market for technological innovation.

Keywords: Guangdong; High-quality Development; Macroeconomy; Innovation-driven (Development Strategy)

目　录

Ⅲ 经济高质量发展篇

Ⅳ 民生社会事业篇

V　区域发展篇

VI　专题篇

VII　附录

皮书数据库阅读**使用指南**

CONTENTS

I   General Reports

II   Three Critical Battles

III　Economic Performance

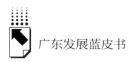

Ⅳ　Livelihood and Society

Ⅴ　Regional Development

Ⅵ　Special Report

Ⅶ　Appendix

综合与前瞻篇

General Reports

B.1

2020年世界与中国宏观经济
形势研判与应对之策

冯俏彬*

摘　要：　展望2020年，世界仍处在国际金融危机后的深度调整期，或将
　　　　　迎来新一轮量化宽松的时代，全球仍将继续面临贸易不确定性及
　　　　　其对全球制造业和贸易增长的负面影响。同时，2020年是我国
　　　　　"十三五"规划收官之年，也是全面建成小康社会的收官之年。
　　　　　中央经济工作会议指出，我国正处在转变发展方式、优化经济结
　　　　　构、转换增长动力的攻关期。三大传统要素和三大新要素从数
　　　　　量、质量和效益等方面共同发力，共同形成了中国经济的基本
　　　　　面，奠定了我国经济长期向好、稳中向好的基础。2020年，我国

---

* 冯俏彬，国务院发展研究中心宏观经济研究部副部长，教授，博士；主要研究方向为公共财
　政与税收、宏观经济。

经济增长存在诸多乐观和积极因素，整个经济"蓄势"特征十分明显。2020年，我国宏观经济管理的主要任务是继续创造和维护我国经济平稳运行的总体环境。财政政策的基调是实施更加积极的财政政策，要做好2020年的经济工作，既需要稳字当头，保持经济运行在合理区间，也需要深化经济体制改革，完善宏观调控，确保我国经济既有量的合理增长，更有质的稳步提升。

关键词： 宏观经济　经济体制改革　宏观调控

2020年是"十三五"规划收官之年，也是全面建成小康社会的收官之年。展望2020年，我国经济增长的外部环境仍然复杂严峻。从国际环境上看，世界格局阴晴不定。从内部看，结构性矛盾与周期性约束并存，长期问题与短期风险齐至。一方面，要看到我国经济长期向好、稳定向好的趋势没有改变，中国仍然是世界上最有增长前景、最有活力和韧性的国家。另一方面，也要准确识别我国经济生活中存在的风险与问题，通过全面深化改革、完善宏观调控，努力实现全年经济社会发展目标。

一　2020年世界经济形势前瞻

2020年，世界仍处在国际金融危机后的深度调整期，百年未有之大变局加速演变的特征更趋明显，全球动荡源和风险点显著增多。随着全球贸易保护主义的加剧，全球经济面临周期性下行、增长持续放缓的风险。对此，一些国际组织不断发出警示，如经济合作与发展组织（简称经合组织，OECD）已将其对2019全球经济增长的预测从3.2%下调至2.9%，为10年来的最低水平。①

---

① 最新数据（http://www.xinhuanet.com/2020-05/06/c_1125945723.htm）：2020年3月2日，经济合作与发展组织（OECD）在其发布的《全球经济展望报告》中，将2020年全球经济增速预期从新冠肺炎疫情暴发前的2.9%下调到了1.5%~2.4%。——编者注。

虽然 2020 年全球经济将有所回升，但该组织也指出这一复苏不够广泛且很不稳定，贸易壁垒增加，围绕贸易及地缘政治的不确定性升温，制造业下行，以及部分发达经济体老龄化、低增长等问题，都在拖累全球经济的增长，90% 以上的经济体都将处于放缓状态。简言之，2020 年全球仍将继续面临贸易不确定性及其对全球制造业和贸易增长的负面影响。

面对此形势，一些经济学家预测，2020 年全球或迎来新一轮量化宽松的时代。事实上，这一过程已经发生。截至 2019 年底，美联储进行了三次降息（1.5% ~ 1.75%），澳联储连续三次降息，印尼央行连续四次降息，俄罗斯央行连续五次降息，欧元区出台了量化宽松政策。欧、日早已是负利率。印度央行 2020 年连续多次降息。展望 2020 年，宽松的货币政策将是多数国家的首选，但政策空间十分有限。目前一些经济学家主张将政策刺激手段由货币政策转向财政政策，一些国家政府已经开启了财政刺激之路。如日本政府出台了经济刺激计划草案，整体规模为 26 万亿日元，其中财政刺激措施规模为 13.2 万亿日元。在欧洲，出现财政政策主导（fiscal dominance）的说法，一些财政盈余较大的国家如德国等面临压力。但财政刺激与货币刺激一样，同样面临着空间约束，且可能进一步加剧经济运行的脆弱性。总之，2020 年的世界经济，将在不确定性增加、中美关系一波三折、政策空间逼仄、全球治理失序、地缘政治紧张的种种不利条件下艰难前行。

二 中国经济长期向好、稳中向好的趋势没有改变

分析一国经济长期走势，要更多地关注经济的基本面，即供给一侧的要素种类、数量及其组合效率。古典经济学认为，决定经济长期增长的要素主要有三个，即劳动力、土地、资本。从当前我国的具体情况看，除了这三个传统要素，另外还有三个新要素，即科技创新、制度、数据。三大传统要素和三大新要素一起，从数量、质量和效益等方面共同发力，共同形成了中国经济的基本面，奠定了我国经济长期向好、稳中向好的基础。

（一）我国劳动力数量有所减少，但劳动力的质量却明显提升

人力、人才是经济发展的基础。改革开放以来，我国经济的高速增长在很大程度上得益于庞大的人口红利。2012 年以来，我国 16～59 岁的劳动人口每年都在下降，劳动力成本也明显上升，对一些劳动密集型产业有不小的影响。但是，从总量上看，目前我国总人口为 14 亿人，劳动力有 9 亿，劳动人口占总人口的比例仍然在 64% 左右。更重要的是，随着我国高等教育制度的改革，我国普通高校的毛入学率已达到 50%，基本实现了高等教育的普及化。近年来，我国每年毕业的大学生人数都高达数百万人。以 2019 年为例，毕业的大学生人数为 834 万，如果再加上 493 万的中职毕业生，仅一年就向劳动力市场输送了 1327 万高素质劳动者。[1] 特别在这些大中专毕业生中，理工科学生的数量占到一半以上。所有这些，都推动着我国从享受"人口红利"到享受"人才红利"、从享受"劳动力红利"提升到享受"工程师红利"，这是支持中国经济长期向好、稳中向好的基础性条件之一。

（二）我国资金充裕，储蓄率远高于世界上多数国家

过去 30 多年，我国储蓄率始终处于高位。如 2000 年我国储蓄率为 35.6%，此后一路飙升，到 2008 年达到了 51.8% 的峰值，其中居民储蓄率从 2000 年的 28.2% 上升到 2008 年的 37.3%。得益于高储蓄率的有力支持，多年来我国的投资率也一直保持高位，这是相当长一个时期我国经济高增长的资金保障。近两年来，由于种种原因，我国储蓄率有所下降，2018 年为 45.7%。即使如此，我国储蓄率和居民储蓄率仍然远高于世界平均水平。比如，在经合组织（OECD）国家中，2016 年居民储蓄率最高的 3 个国家分别为瑞士、瑞典和墨西哥，其数值分别为 18.79%、16.02%、15.45%，相比之下，同期我国居民储蓄率高达 36.1%。2018

---

[1] 资料来源：教育部官方公布（http://www.moe.gov.cn/srcsite/A15/s3265/201905/t20190510_381511.html）。

年底，美国居民储蓄率为7.6%，仅为我国的1/5。如果再考虑到进入我国的外商直接投资（FDI）始终保持高位，则发展经济的资金更是充裕。这是支持我国经济长期向好、稳中向好的基础性条件之二。

（三）我国城市土地资源趋紧，但总体上土地面积广大、自然资源丰裕

随着我国城镇化水平的提高（2018年为59.58%），建成区面积快速扩大，许多省会城市特别是北上广深这样的一线城市，近年来土地已趋于紧张，对一些产业发展形成约束条件。但是放眼全国、放眼城市和农村，总体而言我国土地面积广大，自然条件也算得上良好。未来通过土地指标计划管理方式的调整，通过农村集体建设用地制度的改革，还能释放出很大的土地和资源潜力，能够满足中国经济可持续发展的需要。这是支持中国经济长期向好、稳中向好的基础性条件之三。

（四）科技创新正在成为经济发展的主要驱动力

技术进步是经济繁荣的根源，创新是第一生产力。过去我国总体上处于技术的模仿和学习阶段，近年来技术明显跃升，在一些领域已不输于发达国家。特别是随着我国经济转型升级的加快，政府和企业都更加重视科技投入，技术进步的步伐明显加快。2018年，我国研发经费支出（R&D）已占到全国GDP的2.2%，超过欧盟28国1.96%的平均水平，达到中等发达国家的水平。近年来，我国科技工作者发表论文的数量快速增加。根据有关统计，2009年至2019年，中国科技人员共发表国际论文260.64万篇，排名居世界第2位。[①] 据世界知识产权组织（WIPO）发布的2018年世界各国专利、知识产权申请情况，当年我国提交专利申请的数量为53245件，较上年

---

① 《我国高被引论文和热点论文数量均升至世界第二》，新华网，2019年11月19日，http://www.xinhuanet.com/2019-11/19/c_1125250917.htm。

增长9.1%，仅次于美国（56142件）。① 因此，虽然我国总体的科技水平距离世界一流还有差距，但经过多年努力，我们已经从过去的技术"跟跑"为主，到现在一些领域已逐渐赶上，进入了"并跑"阶段，甚至在个别领域已经"领跑"。创新驱动正在成为支持中国经济长期向好、稳中向好的新动力。

（五）中国特色社会主义的制度优势

中华文明源远流长。在长达数千年的历史风霜砥砺下，我国形成了具有强大动员能力、资源整合能力的国家制度，历史上一次又一次地面临自然灾害、战争等重大威胁，迄今不倒，展现出巨大的韧性。新中国成立以来，中国共产党团结领导全国各族人民，实现了从"站起来"到"富起来"的历史性转变，现在正处在"强起来"的关键历史时期。党的十九届四中全会围绕实现国家体系和治理能力现代化的目标，构建了由根本制度、基本制度、重要制度三个层面组成的国家制度体系，提出了十三个方面的"坚持与完善"，为国家长治久安和广大人民群众安居乐业打下了坚实基础。只要我们继续发展和完善社会主义市场经济制度，优化营商环境，降低制度性交易成本，就一定能再次激发出巨大的经济内生动力与潜力，支持中国经济行稳致远。社会主义市场经济制度是我国经济长期向好、稳中向好的根本保证。

（六）互联网相关数据是我国经济长期向好的证明和希望所在

党的十九届四中全会第一次将数据列入了要素范畴，这是对近年来我国数字经济快速发展的认可。基于互联网技术的广泛运用，近年来我国各类新经济、新业态、新模式层出不穷，数字经济发展一飞冲天。2008年，我国数字经济的总规模仅为4.81万亿元，占同期GDP的比重仅为15.2%。到

---

① 资料来源：《WIPO发布2018年国际专利申请年报》，中国知识产权网络版（http：//www.chinaipmagazine.com/journal – show. asp？ id＝3243）。

2018年，这两个数字分别为31.3万亿元、34.8%，十年间增长了5.5倍。更重要的是，我国网民基数极为庞大，2018年底，我国网民规模达到8.29亿，互联网普及率达59.6%。手机网民规模达8.17亿，手机上网的比例为98.6%。[①] 这一数字超过整个欧洲人口的总和，形成互联网世界中巨大的基数，催生出难以想象的规模效应和生态圈效应，这是未来新经济形态最丰美肥沃的土壤，也是我国经济稳中向好、长期向好的希望与未来所在。

除了以上六大要素之外，支持我国经济长期向好、稳中向好的因素还有以下几个方面。

改革开放以来积累的雄厚物质技术基础。经过改革开放40年以来的高速增长，我国经济社会发生了翻天覆地的变化。1978年，我国GDP总量为3678.70亿元，人均385元人民币（相当于48美元），仅占世界经济总量的1.8%，几乎处于赤贫的状态。2019年，我国GDP总量接近100万亿元，人均GDP将超过10000美元。改革开放以来，我国工业体系由小到大、从弱到强，现在不仅是世界上工业体系最为完备的国家之一，而且工业生产能力、产品质量等与改革开放之初相比，早已不可同日而语。以钢铁为例，目前在我国每年出产9.7亿吨的钢铁产品中，仅有2000万吨需要从国外进口。在这2000万吨中，其中完全不能自己生产的仅占5%，能生产但质量还需要提升的占15%。换言之，我国已经是名副其实的钢铁大国、钢铁强国。这些改革开放以来积累起来的雄厚物质技术基础，有利于妥善应对短期经济下行带来的风险压力，并为转向高质量发展打下了坚实的基础。

超大规模的市场优势与巨大的内需潜力。随着我国市场经济的发展与完善，我国作为一个超大规模经济体的效应正日渐显现。可以用以下五组数字来表述中国经济之"大"：14亿人口、9亿劳动力、4亿中等收入群体、1.7亿高素质劳动者、1.2亿市场主体。仅以其中中等收入群体一项而言，就超过美国人口总和。超大经济体具有庞大的市场空间与消费容量。在此仅试举

[①] 《CNNIC发布第43次〈中国互联网络发展状况统计报告〉》，中国网信网，2019年2月28日，http://www.cac.gov.cn/2019-02/28/c_1124175686.htm。

一例，2019 年"11·11"电商购物节中，在 24 小时内仅天猫一家的销售额就高达 2684 亿元，全网更是高达 4104 亿元。这些数字，分别是美国 2019 年"黑色星期五"74 亿美元销售额的 5 倍和 7.9 倍。① 庞大的市场和强劲的消费能力不仅是我国经济发展的强大支持，还将有利于世界经济的健康稳定发展，是我国经济长期向好的重要法宝。

网络化的基础设施。新中国成立以来，特别是改革开放 40 多年来，我国基础设施建设取得历史性成就，适度超前、统筹衔接的一体化现代基础设施网络初步建成。截至 2018 年末，我国铁路、公路里程分别达到 13.1 万公里和 485 万公里；其中高速铁路、高速公路里程分别达到 2.9 万公里、14.3 万公里，均位居世界第一。全国港口拥有生产性码头泊位 2.4 万个，民航机场达到 235 个，均高居世界前列。② 纵横成网、互联互通的基础设施将偌大的中国紧紧地联结在一起，人员、货物、信息快速流动，并将那些地处偏僻的腹地带入中国经济的大网中，激发出强劲持续的经济增长潜力。

三 2020年中国经济形势与财政政策前瞻

（一）2020年我国经济形势

中央经济工作会议指出，我国正处在转变发展方式、优化经济结构、转换增长动力的攻关期，结构性、体制性、周期性问题相互交织。"三期叠加"影响持续深化，经济下行压力加大。从内部看，决定我国长期增长的供给侧要素条件近年来已经发生重大变化，潜在经济增速有所下降。以数字经济为代表的新动能快速成长，但相对于传统动能仍然处于小而分散的阶段，尚不能形成取代之势。从需求侧的情况看，进出口不稳定、消费趋稳，投资有所下滑，"三驾马车"的拉动力减弱，来自供给与需求两方面的约束

---

① 数据源自天猫官方公布及 Adobe Analytics 收集。
② 马建堂：《中国经济长期稳定发展的潜力来自何处》，求是网，2019 年 10 月 16 日，http：//www.qstheory.cn/dukan/qs/2019－10/16/c_1125102420.htm。

都比较明显。

2020年我国经济增长也有诸多乐观和积极因素。中美经贸第一阶段协议已于2020年1月15日正式签署，中美贸易摩擦告一段落，笼罩在全球经济增长之上的阴霾有所减弱。一波三折的英国脱欧进程2020年将正式开启，欧洲局势有所明朗。特别是2019年底以来，各国为应对衰退已经采取了一系列刺激和提振措施，如美联储连续三次降息、日本出台了财政刺激方案等，这些措施有望于2020年初产生实际效果。从国内看，我国尚处于工业化的中后期和城镇化的中期，经济发展的历史纵深仍然广阔，供给侧的要素条件正在升级，"人口红利"正在向"人才红利""工程师红利"转化，资金比较充裕，科技创新日新月异，数字经济正在向传统制造业进发，整个经济"蓄势"特征十分明显。

因此，2020年宏观经济管理的主要任务是继续创造和维护我国经济平稳运行的总体环境，一方面保持对于经济增长速度的平常心，不因短期上下波动而过分忧虑；另一方面多措并举，保证宏观经济运行在6%左右的合理区间，防止经济过快下滑。中央经济工作会议已经明确，2020年将继续实行积极的财政政策和稳健灵活的货币政策，同时加强财政政策、货币政策与产业政策、区域政策、就业政策之间的协调，保证我国经济运行在合理区间，为促改革、调结构、防风险、早日转向高质量发展创造条件，圆满完成全面建成小康社会和"十三五"规划收官之年的各项任务，为开启现代化新征程奠定坚实的基础。

（二）2020年我国财政政策前瞻

2020年财政政策的基调是实施更加积极的财政政策。具体而言，有以下几个方面。

1. 继续落实落细减税降费政策，进一步激活市场主体的内生动力

2019年，我国实施了更大规模的减税降费行动，全年累计减税规模达到2.36万亿元之巨，对冲经济下滑约0.8个百分点，这对处于中美贸易战风暴中的中国经济起到了巨大的支持作用，有力地稳住了中国经济的基本

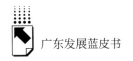

盘。2020年，应当继续执行好已经出台的减税降费政策，在此基础之上更加注重政策的落实落细。一是对各方面一直反映的两个主要问题——制造业与服务业之间的增值税"非对称"降税率所导致的个别企业进销税率倒挂、税收负担有所增加的问题，以及部分在市场中处于相对弱势的中小微"夹心层"企业不能充分享受到减税降费的红利的问题——要想方设法予以缓解。二是继续推进税收制度和税收征管的规范化和科学化，全面优化我国税收营商环境。三是针对处于艰难转型中的制造业、承载中国经济未来的高科技企业，可进一步提高研发支出加计扣除的比例，为它们的健康发展创造更好的条件。最后，还要高度重视对于政府性收费、中介收费、罚没收入等的严格管理，防止一些地区和部门重拾非税、"堤内损失堤外补"，造成市场主体负担反弹。

2.优化财政支出结构，向支出结构调整和改革要空间

随着减税降费政策效应的释放，各级政府的财政平衡压力都不同程度地有所加大。为缓解财政收支之间的压力，2020年要进一步优化、调整我国的财政支出结构。重点是大力压减一般性支出，控制人员经费和公用经费增长，对那些非刚性、非重点的项目支出要坚决取消，新增项目要从严控制，以政府过"紧日子"换来市场主体相对宽松的"好日子"。为此，应当加大预算绩效管理的范围与力度，将"绩效"二字贯穿于财政资金从申请到使用再到审计的全过程，全方位落实"花钱必有效、无效必问责"的绩效精神。部分地区和部分支出领域，可以采用零基预算的方式，削除不尽合理的基数与支出惯性，使宝贵的财政资金能够发挥更大的效应。

3.加大财政投资力度，以"稳投资"支持"稳增长"

由于国内外下行因素相互交织、结构性与周期性因素的共同影响以及转型期效应，2020年我国投资、消费、进出口这需求侧的"三驾马车"继续承压。就投资而言，三大投资主力中，制造业仍然面临较大下行压力，房地产业在"房住不炒"的高压下不可能也没必要大幅回升，唯有基础设施建设，具备加大投资力度的必要性与可行性。我国尚处于工业化中后期和城镇化中期，加之地域广大，城乡、区域差距显著，基础设施建设虽然取得了举

世瞩目的成就，但仍然存在不少短板。借当前经济下行之机、利率低迷之际，一方面补齐现有基础设施的短板，另一方面提前布局新型基础设施建设，既有必要性，也具备可行性。具体而言，中央政府和地方政府可分别从不同的角度共同发力。中央政府方面，可将重点放在与国家长远发展相关的战略性、网络型基础设施建设上，如川藏铁路，长江、黄河流域生态环境保护，5G通信网络建设，自然灾害防治重大工程等。地方政府方面，可将重点放在市政管网、城市停车场、冷链物流建设、农村公路、信息、水利设施建设等方面。总之，这方面投资的方向和领域是大有潜力的。

4. 适度提高赤字率和债务规模，打通地方政府专项债和PPP

基于2020年财政收入仍将稳中有降、财政支出力度不能减的现实情况，2020年可将赤字率从2019年的2.8%提高到3%左右，这样既保证财政仍然运行在安全线以内，也能适度缓解收支之间的压力。为了支持地方政府建设，可将地方政府专项债务从2019年的2.15万亿元提高到3万亿元左右，为地方建设创设资金条件。但与此同时，需要改革专项债在全国不同地区之间的配置结构、适当放宽使用条件、扩大使用范围，使地方政府专项债真正能够发得出、用得好。需要指出的是，针对各地现在反映的适于专项债的项目不足的情况，应当与PPP库中已经完成前期准备的项目结合起来考虑，创新专项债的使用和管理方式，突破专项债务只能由政府一家独力动作的思维和行动惯性，用政府的专项债务带动PPP，抑制政府投资的挤出效应，寻找一条新形势下政府与社会资本合作的新道路。

5. 牢牢坚守市场经济信念，发挥财政投资"四两拨千斤"之道

必须看到，财政投资固然在逆周期调节中发挥着重要作用，但所带来的负面影响也不可小觑。一定要注意防止事急之际过于粗暴的操作，防止财政不计风险、大包大揽的简单思维与做法。必须看到，即使在当前我国经济下行、民间投资乏力的情况下，财政加大投资的同时，也应当时刻牢记市场才是配置资源的决定性力量，市场主体才是投资最有效、最具有持续性的支柱。经过40多年改革开放与发展，市场上资金并不缺乏，企业部门、居民部门都有着庞大的资金能力，金融部门里除了商业性银行，还有已成体系的

政策性银行；此外还有各类保险公司、基金公司等都手持大量资金，"持币待购"，渴望能找到可投的资产与项目。财政在加大投资的同时，如何调动这些更具活力、更具效力的资金一起投入，在经济下行期共同提振市场，在经济上升的时候再各归其位，是一种需要长期坚持的理性思维，也始终是财政投资所必须时刻牢记的基本原则。

四　深入推进经济改革，释放长期增长潜力

要做好 2020 年的经济工作，既需要稳字当头，保持经济运行在合理区间，也需要深化经济体制改革，长短结合、标本兼治，确保我国经济既有量的合理增长，更有质的稳步提升。

（一）要加快建设高标准市场体系

建设高标准市场体系是加快完善社会主义市场经济体制的方向和重点，是适应经济高质量发展新要求、推进经济治理体系和经济治理能力现代化的关键内容。建设高标准市场体系的关键是全面落实竞争中性原则，强化竞争性政策的基础地位。要坚持"两个毫不动摇"，在准入、土地、财税、金融、监管、产权保护等方面对国有经济和民营经济一视同仁。要对现行法律法规进行公平竞争审查，去除一切妨碍公平竞争的条款，必要的时候引入第三方评估。要深化"放管服"改革，进一步压缩市场准入负面清单，切实做到"一单尽列，单外无单""一年一修，动态调整""一目了然，一网通办"。要进一步做好事中事后监管，改进和提升市场监管质量，全面推进信用监管和"互联网＋监管"，使我国营商环境尽早全面实现市场化、法治化和国际化。

（二）要加快国资国企改革，推动国有资本布局优化调整

我国有庞大的国有资产，要通过深化改革使国有资本更好地服务于国家战略目标，更多布局在关系国家安全、国民经济命脉的重要行业和关键领

域，重点提供公共服务、发展重要的前瞻性和战略性产业、保护生态环境、支持科技进步、保障国家安全。在强化监管、防止流失的前提下，要加快实现从管企业向管资本转变。要把重点放在增强企业活力、激发企业家干事创业上来。要继续深化国有资本授权经营体制改革，建立授权调整机制，扩大将部分出资人的权力授予企业的试点范围。推动国有资本投资运营公司的组织构架、管控模式改革，进一步打造市场化运作的专业平台。加大混合所有制的改革力度，进一步扩大重点领域的混改试点，以混促改，加快转换企业经营机制。要加快完善市场化经营机制，完善市场化选人用人的激励约束机制，在更大范围、更大力度地推行经理层的任期制和契约化。要加快建立职业经理人制度，要积极探索建立与市场接轨的经理层的激励制度，实施差异化的薪酬制度。

（三）要完善产权制度，大力加强产权和知识产权保护

明晰的产权是市场经济运行的基石，也是我国现代化经济体系的根基。要在民法典编纂工作基本完成并公开征求意见的基础上，尽快出台民法典，明确对各类产权实施同等保护。要继续推进知识产权协同保护体系建设，重点产业实现全国覆盖。建立知识产权（专利）领域严重失信联合惩戒对象名单管理办法。引入侵权惩罚性赔偿制度，增强民事司法保护和刑事保护力度，提高知识产权保护水平。持续完善海外知识产权信息服务平台，推动设立海外知识产权纠纷应对指导中心，探索为中国企业应对海外知识产权纠纷提供指导和服务。

（四）要改革土地计划管理方式

我国是土地公有制国家，长期以来一直对土地使用实施严格的指标管理。随着我国区域经济新格局、特别是城市群为中心的发展局面的形成，有必要改革过去我国主要按行政单元分配建设用地指标的管理方式。2019年8月，中央财经委员会第五次会议提出"要改革土地管理制度，增强土地管理灵活性，使优势地区有更大发展空间"。这表明，在关系到各地区经济社

会发展的建设用地资源上、用地指标的分配管理上，应当更多地顺应经济规律和人口流动规律，将土地指标更多地向中心城市和重点城市群倾斜，以提高这些地区的单位土地产出率和承载能力，从而使优势地区有更大发展空间。

（五）继续深化科技体制改革

创新是第一生产力。随着我国增长模式的转换，创新将成为新形势下推动我国经济发展的主要动力，科技体制改革势在必行。要进一步破除束缚创新和成果转化的体制机制障碍，释放科技创新潜能。要加快推进科研成果国有资产管理制度改革，落实好科技成果转化过程中股权管理的授权工作，对科技人员股权奖励提供较大力度的税收支持政策。扩大高校和科研院所的自主权，建立健全高校和科研机构治理机制。要发展一批专业化、市场化的技术转移机构，扩大技术转移市场。要提高国家科技计划、创新政策和产业政策对外开放水平，促进跨国公司和跨国研发机构更深地融入国家创新体系。

（六）深化财税体制改革

我国财税体制改革的目标是"完善立法、明确事权、改革税制、稳定税负、透明预算、提高效率，建立现代财政制度"。五年多来，我国财税改革取得了突出成就，下一阶段应瞄准关键问题、集中发力，将财税改革向纵深推进。第一，加快推进事权与支出责任改革。要在2020年之前，出台所有领域的事权与支出责任划分清单，适当控制共同事权的范围。要进一步提高中央财政支出占全国财政支出的比重，缓解基层财政困难，更好地促进基本公共服务均等化。要深入推进省以下事权与支出责任划分改革，明确省级政府对本辖区的财政平衡与管理责任。第二，要全面尽快启动中央与地方收入划分改革。可继续保持企业所得税和个人所得税60%、40%的分成比例，但适当调高增值税地方分成比例，将消费税纳入共享范围，加快消费税征收环节的后移工作。第三，要加快完善地方税体系。要尽快落实"立法先行、充分授权、分步推进"的改革原则，加快推出房地产税法，使之与资源税、环保税一起，形成新时期地方税收体系的三大支柱。第四，要加大一般公共预算对国有资本经营预算、政府性基金预算的统筹力度，通过收入结构调整、预算管理改革等，挖掘现有潜力，对冲和减弱减税降费后的财政收支压力。同时，加快基本养老全国统筹以及国资划转社保的步伐，保证国家财政安全与长期可持续。第五，全面实施绩效预算管理。加快落实和实施全面绩效预算管理，优化财政支出结构，加大对于基础研究、教育、科技、民生等重点领域的投入，严格控制一般性支出。第六，建立地方债务治理的长效机制。建议进一步优化和完善对地方政府政绩考核方式，抑制地方政府过度发展、负债发展的内在冲动。要通过事权与支出责任调整，适当减轻地方政府的支出压力。进一步改革地方债务的发行方式，利用市场力量引导地方政府合理负债。要加快推进权责发生制的政府综合财务报告制度改革，健全债务管理长效机制。要强化省级政府的辖区责任，坚决遏制隐性债务增量，妥善化解隐性债务存量。

（七）要深化金融供给侧改革

随着我国金融对外开放步伐的加快，深化金融体制改革十分紧迫。结合各方面的形势，近期深化金融改革的重点仍然集中在疏通货币政策的传导机制上，大银行要服务重心下沉，中小银行要聚焦主责主业，切实缓解广大中小民营企业融资难、融资贵的困境。要进一步深化利率市场化改革，切实降低融资成本。要将扩大金融对外开放与防范金融风险结合起来同步推进，保障我国金融安全。要加快完善资本市场基础制度，提高上市公司质量，健全退出机制，稳步推进创业板和新三板改革。

（八）进一步推动高水平的对外开放

全面落实《外商投资法》及其实施细则。进一步压减外商投资负面清单，全面取消清单之外的准入限制。允许更多领域实行外资控股或融资经营。进一步扩大农业、采矿业、制造业、服务业开放。进一步自主降低关税水平，努力消除非关税贸易壁垒，大幅削减进口环节制度性成本。发挥好自

贸试验区改革开放试验田作用，建设好海南自由贸易港，健全"一带一路"服务体系。主动参与全球经济治理变革，积极参与世贸组织改革，加快多、双边自贸协议谈判。

总之，当前世界仍处在国际金融危机后的深度调整期，世界大变局加速演变的特征更趋明显，我国经济发展的外部环境更加复杂严峻。面对这百年未有之大变局，我们必须坚持做好自己的事，一手抓深化改革，一手促扩大开放，统筹好国际、国内两个大局，为全面建成小康社会、圆满完成"十三五"规划做出自己的贡献。

B.2
全球新冠肺炎疫情对广东经济与
产业链的影响及对策[*]

——基于全球动态均衡模型和全球价值链分解方法

赵忠秀 杨 军[**]

摘 要： 随着新冠肺炎疫情席卷全球，呈爆发态势发展，世界大部分国家和地区受到不同程度的影响。由于广东经济开放度和全球价值链参与度极高，新冠肺炎疫情对广东经济冲击显著，本报告基于最新的国家间投入产出表和改进的全球动态一般均衡模型（GDYN），定量分析美国、欧盟、日本和韩国疫情对我国产业链的短期冲击和长期影响；并根据广东独特的经贸特点，进一步分析对其经济和产业链的潜在影响。我国制造业元部件出口对美国和欧盟市场依赖度极高，同时与日本和韩国形成紧密的区域产业链。短期来看，无论是海外需求

---

* 资料来源：根据 OECD 的国家间投入产出表，采用 Koopman 等（2014）和 Wang 等（2017）的论文中全球价值链（GVCs）分解方法，计算得到本文中我国不同产业在全球价值链中的地位和利益分配数据。在计算中，我们采用了 OECD 发布的 2016 版本的国家间投入产出表，该版本数据质量更高；截至目前，该版本数据更新到 2014 年。因此，文章中显示的结果都是反映 2014 年的全球价值链状况。关于不同省份和产品上的进出口份额，基于国家和省级投入产出表，采用 Witter 和 Horridge（2018）的方法构建了中国省级区域模型数据库，根据该数据库计算出广东省不同产品元部件进出口上的份额。目前国家统计局发布的最新省级区域投入产出数据是 2012 年。因此，本文中广东省进出口元部件占全国的份额反映的是 2012 年情况。虽然数据相对陈旧，但是基于目前可获取的最新省级投入产出数据，而且份额在当前依然具有极高参考价值。

** 赵忠秀，山东财经大学校长、教授，第三届广东省人民政府决策咨询顾问委员会委员，研究方向为国际贸易理论与政策、全球价值链；杨军，对外经济贸易大学国际经济贸易学院教授，研究方向为国际贸易理论与政策、可计算一般均衡模型。

降低导致的"滞销"问题，还是海外供给降低带来的元部件"断供"问题，都将导致电子产品面临的风险是最高的，该产业部门受到的冲击将最为显著。中长期来看，美国、欧盟、日本和韩国降低供给，因全球产业链是一个有机整体，美国、欧盟、日本和韩国在全球价值链居于核心位置，其减产必将导致全球供应链中断、全球价值链收缩和转移，却也为我国弥补市场空缺和产业链转型升级提供机遇。基于此，本报告提出了加大疫情防控的同时，需要提前准备，积极主动应对的具体对策建议。

关键词： 新冠肺炎疫情　全球动态一般均衡模型　产业链　全球价值链

新冠肺炎疫情在全球呈现排浪式爆发态势，被世界卫生组织宣布为"大流行"。特别是，美国与欧盟疫情加重，感染人数快速增长，防范措施不断升级。虽然日本和韩国疫情得到控制，但感染人数依然增长，疫情形势依然严峻。在党中央、国务院高度重视和全面部署下，我国本轮疫情流行高峰已经过去，企业正在加速复工复产复业。由于美国、欧盟、日本和韩国在全球价值链中居于核心地位，与我国产业链深度融合，这些国家产出下降将直接波及我国相关产业。由于经济开放度和全球价值链参与度极高，全球新冠肺炎疫情对广东经济冲击将非常显著。因此，应加强预研预判，主动精准应对冲击。

基于经合组织（OECD）最新的国家间投入产出表和改进的全球动态一般均衡模型（GDYN），定量分析美国、欧盟、日本和韩国疫情对我国产业链的短期冲击和长期影响；并根据广东独特的经贸特点，进一步分析对其经济和产业链的潜在影响。短期来看，广东制造业产业链面临着很大的"两端中断"（元部件上游"供给中断"和下游"需求中断"）风险，是全国受负面影响最大的省份之一。长期来看，美国、欧盟、日本和韩国疫情却会为广东科技创新、自主研发和产业链升级提供机遇。

本报告采用的全球动态一般均衡模型（GDYN）是全球贸易模型（GTAP）的动态扩展版。GTAP 是美国普渡大学 Hertel Thomas 教授开发的全球静态均衡模型，从 1993 年以来该模型在分析全球经济发展和贸易问题上得到广泛应用，是当前全球应用最为广泛的均衡模型。Ianchovichina 和 Walmsley 在静态 GTAP 模型基础上进一步开发了 GDYN 模型。[①] GDYN 模型具有两个突出优点：第一，引入了投资和资本累积机制，允许投资根据各国回报率的差异在全球范围内进行配置，从而对各国资本总量产生影响；由于投资在各国可以自由流动，而且世界总投资等于总存款，这使得各国在投资上也存在激烈竞争。第二，清楚地追溯了资本所有权和相应收益关系，即在某国的资产并非完全属于该国居民，资产收益将根据资产所属关系进行分配，这使得模型的福利分析更为准确。此外，对 GDYN 模型及其数据库进行改进，以适用全球价值链活动的经济分析；与全球价值链分解方法相结合，可以深入评价全球新冠肺炎疫情对世界和我国经济，以及全球价值链参与方式的影响。

根据当前各国疫情严重程度、国际机构对主要经济体经济增速影响的预测，做出以下两个关键假设：第一，美国和欧盟在 2020 年的 GDP 增速相对于基准方案降低 6%，日本和韩国降低 2%；第二，由于防疫措施和物流中断，美国和欧盟对其他国家的出口和进口的货物运输成本提高 15%，日本和韩国对其他国家的出口和进口货物运输成本提高 10%，世界其他国家之间的货物运输成本平均提高 5%。在本报告中，产业增加值是指在一定时期内工业生产活动所创造的价值，是生产过程中新增价值。增加值是国内生产总值的组成部分，各产业增加值之和近似等于国内生产总值。

---

① Ianchovichina, E. & Walmsley, T. L., *Dynamic Modeling and Applications for Global Economic Analysis*, Cambridge University Press, 2012.

一 中国与美国、欧盟、日本和韩国形成紧密的产业链，疫情使中国制造业面临严重"断链"风险

我国向美国和欧盟出口和进口大量中间元部件，形成极为紧密的产业链。首先，我国制造业元部件出口对美国和欧盟市场依赖度极高。电子产品、电气设备、机械设备和交通运输设备的元部件出口占该部门增加值的比重分别为33%、23%、12%和6%。其中，对美国和欧盟出口占各产业元部件出口增加值的比重分别为52%、48%、49%和39%。其次，我国生产对美国和欧盟进口元部件依赖度也极高。电子产品、电气设备、机械设备和交通运输设备最终产品的产值中，包含进口元部件价值的比重分别为31%、19%、17%和18%。其中，从美国和欧盟进口占元部件进口增加值的比重分别为23%、25%、28%和39%。

我国与日本和韩国形成紧密的区域产业链，成为与欧盟、美国并驾齐驱的世界三大全球价值链中心之一。对日本和韩国出口占我国电子产品、电气设备、机械设备和交通运输设备元部件出口增加值的比重分别为9%、8%、9%和12%。相对出口，我国对日本和韩国元部件进口依赖程度更高，从日本和韩国进口占我国元部件进口增加值的比重分别为29%、21%、19%和18%。

若美国和欧盟生产大幅下降，将使我国制造业面临极为严重的"两端断链"风险。从出口需求来看，我国对美国、欧盟、日本和韩国出口元部件占电子产品、电气设备、机械设备和交通运输设备的元部件出口的61%、56%、58%和51%；美国、欧盟、日本和韩国生产大幅下降，直接影响对我国元部件需求，我国制造业将面临严重的"过剩"和"滞销"问题。从进口需求来看，我国从美国、欧盟、日本和韩国进口元部件占电子产品、电气设备、机械设备和交通运输设备的元部件进口的52%、46%、47%和57%；如果美国、欧盟、日本和韩国大幅减产，我国制造业面临元部件"断供"风险极大，直接冲击生产。其中，无论是海外需求降低导致的"滞销"问题，还是海外供给降低带来的元部件"断供"问题，都将导致电子产品面临的风险是最高的，该产业部门受到的冲击将最为显著。

二 美国、欧盟、日本和韩国疫情对中国产业链影响的评估结果

美国、欧盟、日本和韩国疫情在短期内将显著冲击我国制造业；由于我国制造业处于由价值链中低端向高端快速升级的路径中，且具有完备的制造业产业链体系，若精准应对、把握机遇，美国、欧盟、日本和韩国疫情将有助于我国产业链升级和在全球价值链中地位的提升。

（一）从行业分布来看，短期对我国制造业产业链影响极为显著，电子产业尤为突出

在短期分析中，将电子产品、机械设备和交通运输设备的元部件进口替代弹性设置为极小值（0.5），以反映进口元部件在短期难以替代。模拟结果表明：美国、欧盟、日本和韩国疫情在短期对我国总体经济和制造业造成负面影响。其中，实际 GDP 增速将降低 0.3%；电子产品、机械设备、交通运输设备的产业增加值分别降低 3.2%、1.1% 和 0.3%。同时，全球价值链经济活动严重萎缩。例如，全球电子产业的元部件出口增加值降低 5.8%；我国电子产业全球价值链参与度高，因此遭受的负面影响更大，降低 6.5%。

（二）中长期来看，美国、欧盟、日本和韩国降低供给，为我国弥补市场空缺和产业链转型升级提供机遇

全球产业链是一个有机整体，美国、欧盟、日本和韩国在全球价值链居于核心位置，其减产必将导致全球供应链中断、全球价值链收缩和转移。我国当前疫情得到有效控制，基本实现复工复产，作为全球三大价值链中心之一，全球供应链必将向我国转移，有助于我国地位提升。然而，解决核心元部件供给瓶颈和开拓新市场是我国制造业快速发展和实现价值链跃升的关键

问题。

若能克服技术瓶颈和国际物流中断，可明显抵消美国、欧盟、日本和韩国疫情导致的"断供"和"降需"的负面影响，而且有益于我国产业转型升级和地位提升。模拟结果表明：国内实际 GDP 将小幅提高 0.9%。因此，若应对科学精准，将化"危"为"机"，促进我国贸易升级和经济增长。

美国、欧盟、日本和韩国疫情使我国制造业转向国内市场，以及美国和欧盟以外的国家。交通运输产品元部件出口增加值将增长 1.5%，其中：对美国和欧盟降低 2.1%，对日本和韩国增长 1.0%，对世界其他国家增长 3.3%。机械制造和电子产品的元部件出口增加值依然降低，但是降幅显著低于短期，分别减少 0.6% 和 2.4%，其中：机械制造元部件出口增加值对美国和欧盟降低 3.0%，对日本和韩国降低 0.3%，对世界其他国家增长 1.5%；电子产品元部件出口增加值对美国和欧盟降低 5.2%，对日本和韩国降低 1.7%，对世界其他国家增长 0.2%。

（三）在短期内，国际疫情对广东产业链和经济发展负面影响最大，如能弥补短板、加速转型升级，有效弥补国内外市场空缺，也将获得最大发展机遇

广东与江苏并驾齐驱，是我国工业产值最大的省份之一。2018 年广东工业增加值 4.1 万亿元，占全国 31 个省区市（除港、澳、台地区）工业增加值的 10.8%。同时，广东是高端制造业聚集区，电子设备、交通运输设备、机器设备和其他制造业的产值占全国 31 个省区市总产值的 18.4%、20.5%、7.7% 和 10.4%。同时，广东经济对外依存度高，制造业产业链将面临"两端中断"风险极大。

从生产依赖（进口元部件使用）来看，广东使用的进口电子产品、交通运输设备、机器设备和其他制造业等元部件占全国的 14.0%、25.0%、9.1% 和 10.8%。其中，电子产品的进口元部件使用仅次于江苏（14.9%），居全国第二；交通运输设备进口元部件使用居全国第一，显著高于居于第二位的江苏（19.4%）；机器设备进口元部件使用略低于江苏（12.5%）和山

东（12.3%），居于全国第三；其他制造业进口元部件使用居全国第二，仅次于江苏（14.7%）。可见，广东工业生产对进口元部件依赖度极高，进口元部件"断供"将冲击制造业生产。

从出口依赖度来看，广东出口的电子产品、交通运输设备、机器设备和其他制造业分别占全国 31 个省、自治区、直辖市总出口的 40.3%、35.7%、22.6% 和 31.0%，都居于全国第一，显著高于其他省份。因此，若美国、欧盟、日本和韩国进口需求大幅降低，广东制造业面临严重"滞销"风险。

三 对策建议

根据分析，美国、欧盟、日本和韩国疫情导致全球供应链中断，将直接冲击广东经济，在短期造成的负面经济影响极为显著。然而，在中长期，疫情为加速自主研发、补齐高端元部件制造业短板、引进优质产业链和产业链转型升级等提供机遇。因此在加大疫情防控的同时，需要提前准备，积极主动应对。

（一）建立国际采购应急机制，降低"断供"风险

广东制造业对进口元部件依赖程度极高，电子产业尤为突出。建议与行业协会和国际商会等机构合作，全面摸排受美国、欧盟、日本和韩国疫情影响的采购订单和产品信息，为企业拓展国际采购提供国别选择，为企业上下游产业替代和配套提供咨询服务。利用大数据等技术手段为企业进行国际采购资源对接服务，最大限度降低企业采购损失和断供风险。

（二）加快核心短板技术研发，提升产业链位势

广东是全国高科技产业集聚区，具备突出的人才和装备优势。以因疫情导致的核心元部件供给短缺为契机，强化科技创新与自主研发，弥补技术短板，加速广东经济转型升级。首先，聚焦制约高质量发展的核心短板，提高

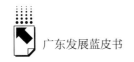

关键核心部件的研发强度和创新能力，加强对基础科学和底层技术的大量、长期投入，摆脱关键技术对其他国家的依赖。其次，出台产业政策，优先支持半导体等核心短板元部件的研发和生产，以迅速形成替代产能和产业链。最后，围绕粤港澳大湾区规划，加快海外高端人才认定与引进，出台优惠政策引进海外高端制造业，使广东跃升为全球高端技术研发和制造中心。

（三）深化区域经济融合，积极拓展海外市场

广东具有典型的外向经济特征，产业链的"前项"和"后项"依赖程度高。疫情导致全球供应链中断，易引发"逆全球化"思维与政策，在短期和长期抑制广东经济发展。因此，应积极开拓海外市场，强化以我国为主的产业链融合，最大限度地降低疫情对广东经济的负面影响。第一，积极寻找商机，主动承接美国、欧盟、日本和韩国供给中断所出现的全球市场机会和投资转移。第二，尽可能快速、有效地解决国内外物流中断，全面提升贸易便利化水平，利用广东的区位和产业优势，深化与日本和韩国、东盟的产业融合，构建以广东为中心，辐射内地和东亚、东南亚的区域价值链。第三，围绕国家"一带一路"倡议，强化物流、市场和产业链等建设，拓展新的出口市场，不断提升在全球价值链中的地位与影响力。

（四）建立针对性中小企业财税支持政策，帮扶渡过难关

疫情将引起在产业链上游的中小企业原料进口成本飙升、元部件短缺而导致生产难以为继；同时，使处于产业链下游的中小企业出现产品滞销、利润大幅下滑等一系列问题。因此，需要建立专门服务机构，深入调研和分析中小企业受疫情影响而面对的普遍性和特殊性问题，及时提供针对性的财政、金融等支持政策，协调进货和销售渠道，帮助渡过难关，快速恢复正常生产或转产。

参考文献

Ianchovichina E. , Walmsley T. L. , *Dynamic Modeling and Applications for Global Economic Analysis* , Cambridge University Press , 2012.

Koopman R. , Wang Z. and Wei S. J. , "Tracing Value – Added and Double Counting in Gross Exports ," *American Economic Review* 104 （2） （2014）：459 – 494.

Wang L. , Huo D. , Motohashi K. , "Coordination Mechanisms and Overseas Knowledge Acquisition for Chinese Suppliers：The Contingent Impact of Production Mode and Contractual Governance ," *Journal of International Management* 25 （2） （2019）：Aeticle 100653.

Wang Z. , Wei S. J. , Yu X. D. , Zhu K. F. , "Characterizing Global Value Chains：Production Length and Upstreamness ," NBER Working Paper No. 23261 , 2017 , http：// www. nber. org/papers/w23261.

Wittwer G. , Horridge M. , "SinoTERM365 , Bottom – up Representation of China at the Prefectural Level ," Centre of Policy Studies/IMPACT Centre Working Paper Number G – 285 , 2018 , http：//www. copsmodels. com/elecpapr/g – 285. htm.

陈旭、邱斌、刘修岩等：《多中心结构与全球价值链地位攀升：来自中国企业的证据》，《世界经济》2019 年第 8 期。

崔向阳、袁露梦、钱书法：《区域经济发展：全球价值链与国家价值链的不同效应》，《经济学家》2018 年第 1 期。

B.3
以高水平开放形成广东改革发展新优势

迟福林[*]

摘　要：　当前，我国进入高水平开放阶段，对外开放正呈现三大趋势：
　　　　　从制造业领域为主的开放转向以服务领域为重点的开放；从
　　　　　商品和要素流动型开放转向规则等制度型开放；从经济全球
　　　　　化的积极参与者转向经济全球化的重要推动者。广东作为我
　　　　　国市场化改革的先行地区，要逐步实现自身改革发展的新优
　　　　　势：第一，以高水平开放形成广东市场化改革的新优势，在
　　　　　率先对接国际先进经贸规则中加快服务业市场化改革，在建
　　　　　设高标准市场体系中发挥示范引领作用。第二，以高水平开
　　　　　放形成广东经济高质量发展的新优势，实现高质量发展的重
　　　　　要突破，关键是推动扩大开放与经济转型升级直接融合，并
　　　　　且在这个融合中不断释放市场活力和增长潜力。第三，以粤
　　　　　港澳服务贸易一体化形成广东高水平开放新优势，这不仅有
　　　　　利于广东进一步突出开放优势，也能为将粤港澳大湾区打造
　　　　　成国际一流湾区和世界级城市群提供重要动力，更能推动
　　　　　"一国两制"实践形成新的发展局面。

关键词：　高水平开放　市场化改革　经济高质量发展　粤港澳服务贸
　　　　　易一体化

---

* 迟福林，研究员，博士生导师，第十一届、十二届全国政协委员。中国（海南）改革发展研
究院院长，中国经济体制改革研究会副会长、中国行政体制改革研究会副会长。第三届广东
省人民政府决策咨询顾问委员会委员，多年致力于经济体制改革理论与实践研究。

当前，在我国进入高水平开放新阶段，对外开放正呈现三大趋势：从制造业领域为主的开放转向以服务领域为重点的开放；从商品和要素流动型开放转向规则等制度型开放；从经济全球化的积极参与者转向经济全球化的重要推动者。在此背景下，适应我国"十四五"以高水平开放形成改革发展新布局的新特点，广东有条件、有能力尽快实现高水平开放的重要突破，由此形成自身改革发展的新优势，并为全国深化改革开放提供重要示范。

一 以高水平开放形成广东市场化改革的新优势

当前，开放牵动全局，开放与改革直接融合，开放倒逼改革，开放是最大改革的特点比较突出。作为我国市场化改革的先行地区，广东要在率先对接国际先进经贸规则中加快服务业市场化改革，在建设高标准市场体系中发挥示范引领作用。

1. "十四五"以高水平开放为主线倒逼深化改革大趋势

改革开放41年来，我国逐步建立社会主义市场经济体制，但仍有不完善之处，经济生活中出现了一些矛盾与挑战，经济增长面临的下行压力与部分领域的改革政策落实不到位，尤其是市场化改革相对滞后的矛盾突出。例如，超大规模内需市场是我国应对外部变局、保持经济稳定增长的最大优势，初步估计到2025年，我国居民服务型消费将由2018年的44.2%提高至52%～55%，形成以服务型消费为主导的消费结构。从现实情况看，我国服务领域"有需求、缺供给"的矛盾突出，市场规模优势难以转化为经济发展与国际竞争优势。在此背景下，加快建设高标准市场体系，需要在规则对标中形成强大的改革动力。例如，随着竞争中性原则等制度性、结构性安排的逐步强化，将对改革形成更大倒逼压力，有可能使得某些多年来未得到有效解决的体制机制问题得到集中解决，实现生产要素配置市场决定、各类所有制企业公平竞争的基本格局。

2. 以高水平开放率先形成市场决定资源配置的新格局

推进高水平开放与建设高标准市场体系，核心是充分发挥市场在资源配

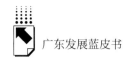

置中的决定性作用和更好地发挥政府作用。总的来看，当前无论是全国还是广东，制造业领域已基本实现市场决定，但在服务业领域仍面临不同程度的市场垄断与行政垄断，突出表现为市场化水平低、对外开放水平低。例如，截至2017年底，广东民办高校占高校总数的35.8%（全国为28.4%）与部分地区60%~70%的水平仍有较大差距①；2018年，广东服务业实际使用外资占固定资产投资的比重仅为3%（全国为2.3%）②。未来，广东要在以处理好政府与市场关系为重点的市场化改革，尤其是服务业市场化改革中走在全国前列，在关键性、基础性领域率先实现重大突破。

第一，系统清理、修改、废除各类导致行政垄断的地方性规章制度，实质性打破服务业领域的行政垄断；把反垄断尤其是反行政垄断作为市场监管的重大举措，并形成与反垄断职责相适应的体制机制；率先探索事业单位改革等。

第二，全面深化土地等要素市场化改革，率先建立国有与集体两种所有制土地"同地同价同权"的制度，赋予农民宅基地完整的用益物权；率先实施工业用地与商服用地"同地同价"；按照中央要求，加快推进金融市场开放，探索利率市场决定新路径。

第三，进一步深化以混合所有制为重点的国资国企改革，率先探索形成"管资本"主体的权责清单及"关系国家安全和国民经济命脉的重要行业和关键领域"的目录与标准；加快推动国有资本布局优化调整，新增国有资本投资重点向教育、医疗、养老、环保等民生领域和基础设施领域倾斜，一般不再以独资的方式进入完全竞争领域和市场竞争较充分的领域；加快推进国有资本划拨社保进程，为进一步降低企业缴纳税费比重拓宽空间。

3. 在高水平开放中率先形成市场化、法治化、国际化的营商环境

2019年，中国营商环境世界排名上升到第31位，广东在全国排名第2位。从问题导向看，无论是全国还是广东，"有保有压"的差异化、选择性

---

① 《广东省人民政府关于鼓励社会力量兴办教育促进民办教育健康发展的实施意见》。
② 资料来源：《广东统计年鉴2019》《中国统计年鉴2019》。

的产业政策仍然存在，并成为影响企业公平竞争、制约市场主体活力的突出障碍。例如，2019 年 1~7 月，全国与广东民间固定资产投资增速均低于固定资产投资增速；其中广东民间固定资产投资增速低于全省固定资产投资增速 3 个百分点。① 在这个基础上，谋划广东未来一个时期的市场化改革，要以参与更高层次国际合作和竞争为导向，以竞争中性为原则，以边境内规则对接为重点，率先形成市场化、法治化、国际化的营商环境。

一是率先确立竞争中性原则。竞争中性是高质量市场经济的基本内容，也是全球经贸规则演变的大方向，更是优化营商环境的重大举措。作为我国市场化改革的先行地区，广东有条件率先确立竞争中性原则，实现各类市场主体在要素获取、准入许可、经营运行、政府采购和招投标等方面一视同仁。

二是完善"准入前国民待遇 + 负面清单"管理制度。争取中央赋予广东更大改革开放自主权，允许广东根据开放进程与产业发展方向，自行制定并实施内外资一致的、更加精简的、与国际相衔接的市场准入负面清单；建议参照国际经贸谈判负面清单模板，详细列明负面清单管理措施与相关描述，建立健全外资投诉机制，管理措施描述尽可能细化到具体业务，以提高负面清单的可操作性；大幅减少准入前认证，明确并细化国民待遇标准，最大限度降低隐性壁垒。

三是以竞争政策为基础推进某些经济政策的调整与转型。例如，大幅减少地方产业补贴与扶持项目，严格限定产业政策实施范围；实现经济政策由产业政策为主向竞争政策为基础的转变；实现市场监管的重点由一般市场行为监管向公平竞争审查的转变，推动市场监管的主要对象由商品为主向服务为主的过渡，并强化对某些经济政策的公平竞争审查。

二 以高水平开放形成广东经济高质量发展的新优势

过去 40 年中国经济发展是在开放条件下取得的，未来中国经济实现高

---

① 全国资料来源于国家发改委网站；广东资料来源于广东统计局网站。

质量发展也必须在更加开放的条件下进行。在国内市场与国际市场高度融合、新一轮科技革命与经济转型升级历史性交汇的大背景下，实现高质量发展的重要突破，关键是推动扩大开放与经济转型升级直接融合，并且在这个融合中不断释放市场活力和增长潜力。

1. "十四五"以高水平开放为主线促进经济高质量发展大趋势

在国内市场与国际市场已经高度融合的情况下，释放巨大内需潜力关键是推动扩大开放与经济转型升级直接融合，不仅将为我国高质量发展奠定重要基础，而且将对全球经济增长产生重要影响。例如，未来 10 年左右，我国的消费结构、产业结构和城乡结构还有 10 个 ~ 15 个百分点的提升空间，并蕴藏着巨大的内需潜力。2018 年，我国旅游、教育、医疗等服务进口约1.8 万亿元人民币。随着内需潜力的不断释放，估计到 2025 年我国将成为全球最大的货物与服务进口国。麦肯锡全球研究院的研究报告认为，到2040 年，中国和世界其他经济体彼此融合有望创造 22 万亿至 37 万亿美元经济价值，相当于全球经济总量的 15% ~ 26%，世界其他经济体和中国加强合作，将会创造出巨大的经济价值。[①] 从广东情况看，2018 年广东对外贸易依存度达到 73.6%。作为高度外向的区域，广东更需要在高水平开放中率先构建经济高质量发展的体制机制，以创新驱动和改革开放两个轮子，努力打造成为我国高质量发展的典范。

2. 以高水平开放促进广东制造业的转型升级

推动制造业转型升级是广东经济高质量发展的关键。当前，广东正处于制造业转型发展的攻关期。2018 年，广东规模以上工业企业增加值率为25.2%，发达国家平均为 35% ~ 40%；规模以上工业企业利润率为 6.15%，美国是 8%[②]；目前，广东在机器人、芯片、高档数控机床、精密模具、核心工业软件等关键技术和零部件上 90% 以上依赖进口[③]。在制造业服务化智

---

① 中华人民共和国国务院新闻办公室：《新时代的中国与世界》，人民出版社，2019。
② 李毅中：《持续发力制造强国》，新华网，2019 年 9 月 13 日。
③ 《开放日响起"智造论"："制造"大省广东如何加速迈进"智造"强省》，21 世纪经济报道，2019 年 3 月 7 日。

能化的大趋势下，推动广东制造业转型升级的关键是补齐生产性服务业发展的短板。例如，2018 年，广东生产性服务业占服务业的比重仅为 51.2%，低于德国等 20 个百分点左右。[①] 为此，提出以下建议。

首先，以全面放开市场准入为重点促进研发等生产性服务业与制造业的深度融合，积极发展知识产权、研发设计等科技服务产业，填补科技成果转化及产业化的中间地带，推动科技成果转化；鼓励社会资本与民营企业参与应用型技术研发机构市场化改革，支持与科研院所、高等院校等联合建立应用型技术研发机构，鼓励社会资本与民营企业参与应用型技术研发机构市场化改革，形成研发与制造业一体化发展新格局。

其次，大力发展生产性服务贸易，加速我国生产性服务业领域的人才、资本、技术等要素积累；进一步降低高新技术产品与生产性服务等进口制度性成本，强化商务服务业领域的内外标准对接、资格互认，并有效倒逼国内相关企业转型升级。

最后，加快推动制造业与数字经济融合，充分依托广东数字经济优势与产业发展基础，率先形成与国际接轨的智能制造标准体系；充分利用财税、金融、政府采购等政策工具，加大对中小制造业企业数字化改造的支持；以"政府引导、企业主体"加快打造标准化的制造业云协作平台、大数据处理平台等公共服务产品，进一步降低制造业数字化转型成本；加快推进电信市场开放，充分利用政府和社会资本合作（PPP）模式吸引社会资本参与 5G 基础设施投资改造；在数据产权及数据的交易、使用、管理等方面实现制度化安排。

3. 以高水平开放实现广东开放创新的重大突破

在科技革命快速改变传统产业格局、企业格局的大趋势下，任何一个国家、任何一个地区、任何一个企业的重大科技创新，都不可能再"闭门造车"，而是需要跨地区、跨国界的联合创新。当前，深圳已逐渐成为全球创新中心。在此基础上，面对中美经贸摩擦中暴露出来的某些科技软肋，广东

[①] 《2018 年广东国民经济和社会发展统计公报》。

亟须实现开放创新的某些重要突破，为全国创新引领高质量发展提供重要示范。为此建议：

第一，加快推进科技项目向港澳台及外国专家开放，进一步放宽科研人员进出及落户政策，探索开展"技术移民"试点，最大限度吸引全球科技研发人员。

第二，主动开展高水平的国际科技合作，支持高校、科研机构、企业与国外相关机构开展科技合作，通过委托研发、合作研究、联合开发等形式，实现重大关键技术的突破。

第三，加快实现基础研究与基础创新的突破，推进产业关键共性技术的研发和转化。

第四，在扩大开放中加快科研体制与制度改革，进一步下放科技成果使用、处置和收益权，发挥企业在创新政策制定中的重要作用，有效释放科技创新的潜力与活力，提升科技成果转化水平。

三 以粤港澳服务贸易一体化形成广东高水平开放新优势

加快推进粤港澳服务贸易一体化，符合经济全球化大趋势，符合我国开放转型大趋势，是粤港澳三地产业强化产业合作的最大潜力所在。这不仅有利于广东进一步突出开放优势，也能为将粤港澳大湾区打造成国际一流湾区和世界级城市群提供重要动力，更能推动"一国两制"实践形成新的发展局面。综合来看，推进粤港澳服务贸易一体化的时机条件总体成熟。

1. 粤港澳服务贸易一体化已成为广东推动高水平开放的重大机遇

港澳地区是全球公认的自由港，在服务贸易发展方面积累了可供借鉴的经验。加快推进粤港澳服务贸易一体化，在广东率先实施国际化服务贸易新规则与管理新举措，不仅可以使我国在以服务贸易为重点的新一轮全球自由贸易中赢得主动，而且可以使广东继续在我国对外开放新格局中扮演重要的角色。2018年，粤港服务贸易额占其贸易总额的33%左右。但总的来看，粤港澳服务业市场互联互通水平仍有待进一步提升，服务业领域的生产要素仍难以高效便捷流动，产业互补优势与资源潜力难以充分释放。2018 年，粤港澳大湾区人均 GDP 仅为旧金山湾区 2017 年的 20%、纽约湾区 2017 年的 26%。初步估计，若粤港澳服务贸易一体化取得突破性进展，未来几年粤港澳大湾区有条件保持 7% 以上的 GDP 增速，将在 2022 年超过东京湾区，成为全球第一大湾区，并在拓宽港澳服务业发展空间的同时，倒逼广东市场化改革、带动制造业转型升级。

2. 关键是加快推进广东服务业对港澳的全面开放

相比于港澳，广东服务业市场开放相对滞后成为粤港澳服务贸易一体化的突出掣肘。例如，最新版《内地在广东省向香港开放服务贸易的具体承诺》中，仍有 134 项限制措施，集中在教育、金融、会计等专业服务领域；在跨境服务及文化、电信领域仍实行正面清单管理。为此，建议以完善"准入前国民待遇 + 负面清单"管理制度为重点，推进广东服务业对港澳全面开放。

第一，在广东将港澳资本视为内资，实现完全的国民待遇。

第二，全面实施更加精简的粤港澳服务贸易负面清单，在《内地在广东省向香港开放服务贸易的具体承诺》中，大幅缩减负面清单数量，全面取消正面清单，改为依靠标准等引导和限制港澳资本进入广东。

第三，率先在金融、电信、教育、健康、文化等重点领域突破。例如，尽快实现粤港澳金融服务一体化，推进人民币信贷市场对接，开展广东与港澳地区人民币自由兑换与自由流动，并强化三地金融信息交换、金融风险防范和合作监管机制等金融事务。

3. 以规则对接为重点最大限度降低粤港澳服务市场壁垒

实现粤港澳三地服务业规则体系的全面对接，是提升大湾区服务贸易一体化水平的重要内容，是广东加快构建高水平开放型经济体系，形成全方位、高水平开放新格局的重大任务。

第一，实现粤港澳服务业行业标准与管理规则的全面对接，在粤港澳实行服务业企业"一次认证、一次检测、三地通行"。在过渡阶段制订市场经营行为差异化责任豁免目录，全面引入港澳在旅游、教育、金融及商务服务

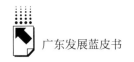

业行业管理标准，最大限度减少因标准差异而产生的企业成本；全面推行粤港澳职业资格互认，参照香港、澳门的职业资格制度，与广东的职业资格制度相对比，制定合理的职业资格互认制度；在此基础上，形成粤港澳三地统一的职业标准、职业目录、评价标准与方法等。

第二，实现粤港澳企业制度的全面对接。例如，在广东全面实行企业自主登记制度与企业简易退出机制；率先在广东自贸试验区内推行负面清单外无审批制度，最大限度降低边境内制度性壁垒，待条件成熟时推广至全省。

第三，把握全球经贸规则变化升级趋势，率先在广东自贸试验区内探索实施"零关税、零壁垒、零补贴"，大胆借鉴并率先实施 CPTPP（全面与进步跨太平洋伙伴关系协定）等国际最新投资贸易协定相关条款，尽快在电信、环保、劳工、政府采购、知识产权保护等领域，以及中美经贸摩擦的焦点领域先行先试，并加快在数字贸易、服务贸易等新兴贸易领域的规则探索，为形成中国版的全球数字贸易与服务贸易新规则做出新贡献。

4. 在管住货物的前提下全面放开人员进出与人文交流

在香港目前局势下，在管住货物的前提下全面放开人文交流，其全局意义凸显。建议率先在广东 9 市实行对港澳居民的自由落户政策。广东率先对港澳居民全面实行居住证制度，保证港澳人才在广东获得与当地居民同等的待遇；推进粤港澳职业资格与资历全面互认；全面推行"一签多行"政策，形成粤港澳三地人才流动综合管理服务平台，为港澳人员提供投资、经营、纳税等咨询、指导服务，让港澳人才能够更方便到自贸试验区就业创业；全面放开人文交流，尤其是鼓励并支持粤港澳三地青年积极开展多种形式的沟通、对话、交流。

B.4
2019年广东经济运行情况分析

王丽莹[*]

摘　要： 本报告对广东2019年全年经济运行情况、存在的问题进行分析，并提出相关政策建议。2019年，在严峻复杂的大形势下，广东全年经济运行总体平稳，发展质量稳步提升。与全国和经济总量相近省份相比，广东全年的地区生产总值增速高于全国平均水平。产业协同性增强，在三次产业结构发生变化的同时，内部的行业结构趋于分化，不断优化调整。投资需求保持旺盛，消费环境持续改善，居民消费需求有所回升。创新驱动扎实推进，世界级城市群加速崛起。地方财政收入平稳增长，规模以上工业企业利润增速前低后稳，居民人均可支配收入保持较快增长。为2020年全面建成小康社会和"十三五"规划收官之年打下坚实基础。2020年的经济稳定增长可以预期，并可以实现有质量、有效益的增长。

关键词： 经济增长　优化结构　经济运行

2019年，面临多年少见的复杂严峻环境，在以习近平同志为核心的党中央坚强领导下，广东省委、省政府认真贯彻党中央、国务院各项决策部署，坚持稳中求进工作总基调，紧紧把握粤港澳大湾区建设和支持深圳建设中国特色社会主义先行示范区的重大历史机遇，扎实落实"1＋1＋9"工作

---

[*] 王丽莹，广东省统计局副局长。

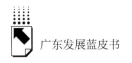
部署，全面做好"六稳"工作，奋力拼搏，顶压前行。全年经济运行总体平稳，发展质量稳步提升，为2020年全面建成小康社会和"十三五"规划收官之年打下坚实基础。

一　经济运行总体情况

根据国家统计局统一核算，2019年，广东全年实现地区生产总值107671.07亿元，比上年增长6.2%（见图1）。广东经济总量连续31年居全国首位，是全国首个经济总量突破10万亿元的省份，根据年平均汇率折算为1.56万亿美元。分产业看，第一产业增加值4351.26亿元，比上年增长4.1%；第二产业增加值43546.43亿元，比上年增长4.7%；第三产业增加值59773.38亿元，比上年增长7.5%。

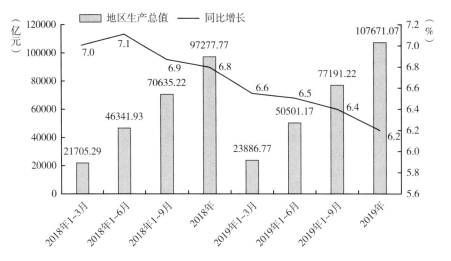

图1　2018～2019年广东地区生产总值情况

（一）增速：全年稳住经济基本盘

2019年，广东经济增速在6%～6.5%是年度预期目标的中限。反映生产端和需求端的六个主要经济指标全年增速走势可以概括为：一稳二快三回升，即农林牧渔业生产平稳，固定资产投资和规模以上营利性服务业营业收入保持较快增长，规模以上工业增加值、社会消费品零售总额增速回升，进出口降幅收窄。从需求端看：全年固定资产投资增长11.1%，各月的固定资产投资累计增速高于年度预期目标1.5个~2.3个百分点；第四季度开始社会消费品零售总额增速逐月回升，全年达到年度最高增速8.0%；货物进出口下降0.2%，降幅连续两个月收窄。从生产端看：农林牧渔增加值增速稳定在4%左右；规模以上工业增加值增长4.7%，比前三季度回升0.2个百分点，是近6个月以来的最高增速；全年各月规模以上服务业企业营业收入累计增速保持在10%以上，全年增长11.8%。

主要经济指标的积极变化增多。2019年第四季度，尤其是11月、12月主要宏观经济指标出现了积极变化。从生产看，12月规模以上工业增加值同比增长7.1%，比10月、11月分别加快了4.6个、2.2个百分点。从需求看，12月社会消费品零售总额同比增长9.3%，比10月、11月分别加快1.6个、0.3个百分点（见表1）。

表1 2019年广东主要经济指标增速情况

单位：%，个百分点

指标	2019年累计增速	2019年前三季度累计增速	2019年全年与前三季度相比变化情况	2018年累计增速	2019年与2018年相比变化情况
地区生产总值	6.2	6.4	-0.2	6.8	-0.6
第一产业	4.1	3.6	0.5	4.2	-0.1
第二产业	4.7	4.6	0.1	5.9	-1.2
第三产业	7.5	7.9	-0.4	7.8	-0.3
规模以上工业增加值	4.7	4.5	0.2	6.3	-1.6
规模以下工业增加值	3.2	2.6	0.6	3.0	0.2
固定资产投资	11.1	11.3	-0.2	10.7	0.4
其中：工业投资	6.3	4.4	1.9	0.8	5.5
社会消费品零售总额	8.0	7.8	0.2	8.8	-0.8
进出口总额	-0.2	-1.3	1.1	5.1	-5.3
出口总额	1.6	2.1	-0.5	1.2	0.4
地方一般公共预算收入	4.5	4.6	-0.1	7.9	-3.4
税收收入	3.3	1.5	1.8	9.8	-6.5

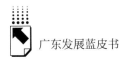

续表

指标	2019 年累计增速	2019 年前三季度累计增速	2019 年全年与前三季度相比变化情况	2018 年累计增速	2019 年与2018 年相比变化情况
金融机构本外币存款余额	11.7	10.5	1.2	7.0	4.7
金融机构本外币贷款余额	15.7	15.1	0.6	15.2	0.5
全社会用电量	5.9	5.2	0.7	6.1	−0.2
其中:工业用电量	3.0	1.9	1.1	5.2	−2.2

　　与全国和经济总量相近省份相比,全年广东的地区生产总值增速分别高于全国平均水平、江苏、山东0.1 个、0.1 个和0.7 个百分点,低于浙江0.6 个百分点。广东地区生产总值增速在全国排第17 位,比前三季度退后3位。但经济总量优势继续扩大,全年广东地区生产总值总量比江苏多8039.55 亿元,比上年同期扩大1301.88 亿元。① 四省中,广东的固定资产投资增速最高,社会消费品零售总额增速逆势回升,地方一般公共预算收入、金融机构本外币存、贷款余额增速高于江苏、山东,但规模以上工业增加值增速仅高于山东,进出口总额增速仅高于江苏(见表2)。

表2　2019 年全国和粤苏鲁浙主要经济指标增速对比情况

单位:%

指　标		全国	广东	江苏	山东	浙江
地区生产总值	2019 年	6.1	6.2	6.1	5.5	6.8
	2019 年前三季度	6.2	6.4	6.4	5.4	6.6
	2018 年	6.6	6.8	6.7	6.4	7.1
规模以上工业增加值	2019 年	5.7	4.7	6.2	1.2	6.6
	2019 年前三季度	5.6	4.5	5.8	0.0	5.8
	2018 年	6.2	6.3	5.1	5.2	7.3
固定资产投资	2019 年	5.4	11.1	5.1	−8.4	10.1
	2019 年前三季度	5.4	11.3	4.7	−9.6	10.1
	2018 年	5.9	10.7	5.5	4.1	7.1

---

　　① 第四次全国经济普查调整后数据。

续表

指 标		全国	广东	江苏	山东	浙江
社会消费品零售总额	2019 年	8.0	8.0	6.2	6.4	8.7
	2019 年前三季度	8.2	7.8	6.7	6.7	8.5
	2018 年	9.0	8.8	7.9	8.8	9.0
进出口总额	2019 年	3.4	−0.2	−1.0	5.8	8.1
	2019 年前三季度	2.8	−1.3	0.0	6.4	6.3
	2018 年	9.7	5.1	9.5	7.7	11.4
其中:出口	2019 年	5.0	1.6	2.1	5.3	9.0
	2019 年前三季度	5.2	2.1	4.3	5.4	7.5
	2018 年	7.1	1.2	8.4	6.1	9.0
地方一般公共预算收入	2019 年	—	4.5	2.0	0.6	6.8
	2019 年前三季度	3.1	4.6	3.8	0.7	9.2
	2018 年	—	7.9	5.6	6.3	13.7
地方一般公共预算支出	2019 年	—	10.0	7.9	6.3	16.5
	2019 年前三季度	9.4	10.9	9.9	3.8	15.0
	2018 年	—	4.6	9.8	9.1	14.6
金融机构本外币存款余额	2019 年	8.6	11.7	9.0	8.6	12.7
	2019 年前三季度	8.1	10.5	9.0	8.9	11.5
	2018 年	7.8	7.0	7.0	5.9	8.6
金融机构本外币贷款余额	2019 年	11.9	15.7	14.7	10.9	15.1
	2019 年前三季度	12.0	15.1	14.7	11.3	15.8
	2018 年	12.9	15.2	13.3	9.8	17.2

（二）结构："进"的特征更加凸显

1. 2019年，广东三次产业结构比为4.0∶40.5∶55.5，服务业比重比上年提高0.7个百分点，产业协同性增强

在三次产业结构发生变化的同时，其内部的行业结构趋于分化，不断优化调整。

（1）第一产业中，随着全省乡村振兴战略和农业供给侧结构性改革的深入推进，2019 年实现农林牧渔业增加值 4478.51 亿元，比上年增长4.3%。其中，农业和林业增加值分别增长 5.6%、9.5%，较好地抵消了受

非洲猪瘟影响的畜牧业增加值下降 4.7%，以及四季度增速放缓的渔业（当季下降 0.4%，全年增长 3.5%）影响。农业生产增速逐季提升，第四季度农林牧渔业增加值增长 5.0%，增幅分别比三季度、二季度和一季度提高 0.8 个、0.9 个、1.1 个百分点。粮食生产喜获丰收，全年粮食产量同比增长 4.0%。经济作物提质增效，蔬菜产量增长 5.9%；园林水果产量增长 6.1%，其中香蕉（增长 10.3%）、百香果（增长 61.4%）、番石榴（增长 20.9%）等特色岭南水果产量大幅增长，填补了荔枝（减产 22.4%）、龙眼（减产 2.6%）的缺口；茶叶、鲜切花、盆栽植物等特色经济作物的产量增速都在 10% 以上，中草药材播种面积增长 13.8%。家禽生产快速发展也在一定程度上弥补生猪产能下降，全年禽肉产量 176.24 万吨，增长 15.0%；猪肉产量 221.93 万吨，下降 21.2%。

（2）第二产业中，工业增速虽然比上年放缓，但中高端行业发展较好，传统产业占比下降，内部结构有升有降，此消彼长。建筑业发展速度比上年提高，对经济增长的贡献率提高 0.5 个百分点。

2019 年，广东规模以上工业实现增加值 33616.10 亿元，同比增长 4.7%，比前三季度提高 0.2 个百分点，是近 6 个月以来的最高增速（见图 2）。工业内部结构有升有降，此消彼长，发展仍具备较强支撑。分类别看，全年民营工业企业增长 7.6%，对规模以上工业增长的贡献率达 84.3%，拉动规模以上工业增长 4.0 个百分点，较好地弥补了"三资"（外商及港澳台投资）下降 0.1% 的缺口。分行业看，全年规模以上工业行业增长面（67.5%）比前三季度提高 5.0 个百分点；虽然总体增速低于上年，但有 18 个大类行业增速比上年提高，行业间分化趋于明显。分产业链看，中高端产业发展较好地抵消了增速较低的传统行业（增长 4.7%）部分下拉力，全年先进制造业增长 5.1%，占规模以上工业的比重为 56.3%；高技术制造业增长 7.3%，占规模以上工业的比重为 32.0%。百强工业企业贡献率近六成，全年百强工业企业合计实现增加值占全省的 34.3%，增加值增长 8.3%，拉动全省工业增长 2.7 个百分点。万亿产业支撑强，全年全省有 3 个制造业行业产值超 1 万亿元，计算机、通信和其他电子设备制造业实现产值 4.31 万亿元，占全省规模以上工业总产值的比重达 29.3%；石化行业实现产值 1.51 万亿元，占比 10.3%；电气机械和器材制造业实现产值 1.49 万亿元，占比 10.1%；三大超万亿的行业合计占比 49.7%，对全省规模以上工业增长的贡献率达 62.9%。

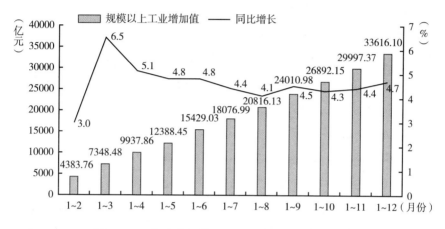

图 2　2019 年广东规模以上工业增加值及增速情况

建筑业总产值逐季上升。2019 年，建筑业总产值四个季度的增速分别为 19.3%、20.6%、20.9% 和 21.3%。新增资质企业数量增长快，总承包和专业分包企业中，净增资质建筑业企业 987 家，同比增加 158 家。企业持有合同量比较充足，总承包和专业分包建筑企业本年新签合同额增长 13.2%。大型企业贡献突出，全省前 20 强的建筑业企业总产值占全省比重 21.5%，完成的总产值增速高于全部建筑业增速 4.5 个百分点。广州、深圳两市份额扩大，建筑业总产值合计占全省的 58.1%，比上年提高 5.7 个百分点。

现代服务业发展更快。2019 年，现代服务业增加值增速（增长 9.7%）高于服务业增加值 2.2 个百分点，占服务业增加值的比重（63.8%）比上年提高 1.1 个百分点。金融业发展较快，全年金融业增加值 8881.41 亿元，增长 9.3%，占地区生产总值比重（8.2%）比上年提高 0.2 个百分点。规模以上服务业发展较快、质量较高，全年规模以上服务业营业收入突破 3 万亿元大关，达 31468.1 亿元；其中信息传输、软件和信息技术服务业营业收

入突破 1 万亿元，占规模以上服务业营业收入总量的 31.9%；出现单个企业营业收入首次突破 1000 亿元，其中，中国铁路广州局集团有限公司、中国南方航空股份有限公司分别实现营业收入 1060 亿元和 1055 亿元。技术含量高的信息服务业是主要推动力，该行业的营业收入对规模以上服务业增长贡献率达 38.5%，拉动规模以上服务业增长 4.5 个百分点。交通运输、仓储和邮政业平稳发展，全年实现增加值增长 5.9%。全年完成货运量比上年增长 5.0%；完成客运量增长 0.7%；高铁客运量增长 18.1%，占全部铁路客运量比重的 83.0%。选择航空出行的人数稳步增加，全年实现客运量和旅客周转量分别增长 7.9% 和 9.2%。邮政业在快递业的拉动下发展态势良好，全年完成邮政业务总量（按 2010 年不变价计算）比上年增长 36.9%，其中，实现快递业务量增长 29.7%，占全国比重的 26.5%。

2. 看需求结构，内需支撑有力，外需结构优化

（1）投资需求保持旺盛。如图 3 所示，2019 年，广东省全年固定资产投资 39244.61 亿元，比上年增长 11.1%，相邻月度间的波动幅度在 0.5 个百分点以内，连续 19 个月保持两位数增长，高于年度预期目标 2.1 个百分点。"补短板"步伐加快，工业投资、工业技改投资增速创年内新高。2019 年，广东工业投资、工业技改投资分别增长 6.3% 和 12.9%，均创全年最高增速。制造业投资由负转正，增长 1.0%，比前三季度加快 1.8 个百分点；其中，有色金属冶炼和压延加工业、汽车制造业、印刷和记录媒介复制业投资分别增长 40.5%、37.1% 和 23.1%。广汽丰田整车生产三期、20 万辆（新能源车）产能扩建项目、恒大智能汽车零部件项目、肇庆国信通新能源科技有限公司基地进展顺利，拉动制造业投资增长 1.8 个百分点。电力、热力、燃气及水的生产及供应业投资增长 32.2%，比前三季度加快 2.8 个百分点。在全省核电装机容量突破 1500 万千瓦，穗深城际铁路正式投入运营，广州地铁运营里程突破 500 公里，深圳在全国率先实现全市域消除黑臭水体等带动下，基础设施投资增长 22.3%。2019 年末，广东公路通车里程达到 22.0 万公里，其中，高速公路里程 9495 公里，当年新增高速公路 493 公里，新增港口万吨级码头泊位吞吐能力 1440 万吨；新增投产骨干电源装机 1162.65 万千瓦。

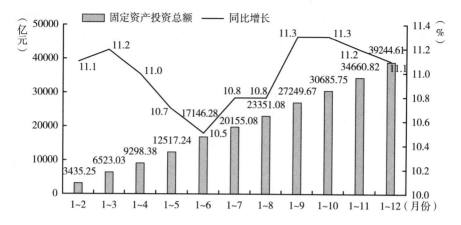

图3 2019年广东固定资产投资额及增速情况

房地产市场保持平稳。2019年，广东房地产开发完成投资15852.16亿元，比上年增长10.0%，增幅稳中趋缓，比上年和前三季度分别回落9.3个、1.4个百分点。分类型看，商品住宅、办公楼投资增速在两位数以上，分别增长11.2%、11.5%，商业营业用房投资和其他投资分别增长4.0%、7.4%。分地市看，汕尾、揭阳、肇庆的增速均在30%以上，分别增长41.9%、35.7%和31.2%。商品房销售面积略有下降，销售额上涨。全年商品房销售面积下降3.4%，其中，商品住宅下降1.7%。商品房销售额增长5.4%，其中商品住宅增长7.5%。

（2）消费环境持续改善，居民消费需求有所回升。2019年，广东社会消费品零售总额增速波动上行，全年实现社会消费品零售总额42664.46亿元，比上年增长8.0%，比前三季度提高0.2个百分点，为2019年以来最高增速（见图4）。广东社会消费品零售总额占全国10.4%，其中网上零售额占全国的比重超1/5。农村市场的消费潜力充分挖掘，全年乡村消费品零售额增长9.8%，增幅快于城镇市场2.0个百分点。餐饮消费好于商品零售，全年实现餐饮收入增长11.0%，增速高于商品零售3.3个百分点，餐饮收入占社会消费品零售总额的比重（10.1%）比上年提高0.4个百分点。其中，小微企业（个体户）餐饮发展较好，全年限额以下单位餐饮收入增速

（增长13.4%）高于限额以上8.5个百分点。消费升级类商品保持较快增长。全年限额以上单位中西药品类、体育娱乐用品类、通信器材类商品零售额实现两位数增长，分别增长18.3%、10.8%和10.7%。从限额以上零售业业态看，限额以上单位无店铺零售业态零售额增长9.5%。网络消费高速增长，截至12月底，移动互联网接入流量增长62.0%。从地市看，广州、深圳和佛山的社会消费品零售总额占全省近五成，分别占23.4%、15.4%和8.2%；东莞、湛江增速较快，分别增长9.4%和8.4%。2019年，广东居民人均消费支出28995元，比上年增长11.3%。按常住地划分，城镇居民人均生活消费支出（34424元）比农村多17475元，增速（11.3%）略高于农村1.3个百分点。

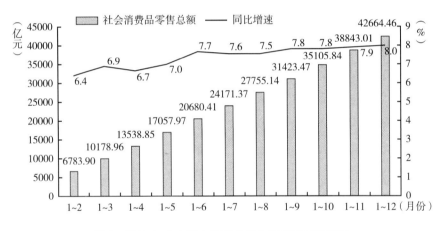

图4 2019年广东社会消费品零售总额及增速情况

（3）开放型经济不断注入新活力。广东积极主动扩大进口、推进出口多元化等措施取得积极效果，2019年，广东实现货物进出口总额超过7万亿元，达71436.8亿元，比上年下降0.2%，降幅连续三个月收窄（见图5）。其中，出口总额43379.3亿元，增长1.6%；进口28057.4亿元，下降2.9%。进出口总额、出口总额和进口总额分别占全国的22.6%、25.2%和19.6%。全年出口增速快于进口4.5个百分点；贸易顺差为1.53万亿元，比上年扩大0.15万亿元。全省纳入统计的跨境电子商务进出口1107.9亿元，增长45.8%。"一带一路"沿线市场是广东出口的"增长极"，全年的出口额占全部出口总额的24.9%，增幅（增长10.3%）高于全部出口总额8.7个百分点。对俄罗斯和欧盟（28国）的出口增速也在两位数，分别为11.2%和10.0%。一般贸易占比持续提高，占进出口总额的比重为49.0%，比上年提高2.0个百分点。重点出口的产品技术含量提高，其中集成电路出口额增长51.0%。重点进口的产品中侧重于国内市场需要的工业原材料、能源和提高生活品质的商品增速较快，铁矿砂及其精矿、天然气、美容化妆品护肤品进口额分别增长57.4%、15.4%和36.5%。从俄罗斯进口大幅增长31.8%。

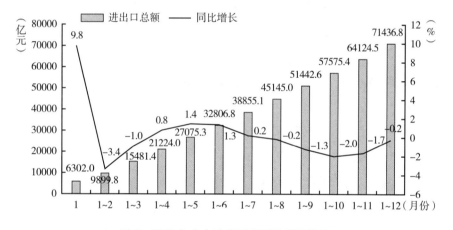

图5 2019年广东进出口总额及增速情况

利用外资结构优化调整。2019年，广东实际使用外商直接投资金额1522.0亿元，增长4.9%。从地区看，"一带一路"沿线国家对广东直接投资金额增长123.8%。从行业看，产业链条相对高端的信息传输、计算机服务和软件业增长65.5%，租赁和商务服务业增长73.8%。

3.看新动力，新经济引领新动能聚集

创新驱动扎实推进，2019年广东有效发明专利量、专利合作条约（PCT）国际专利申请量稳居全国首位，国家级高新技术企业总量超5万家。市场主体迸发市场活力。2019年广东各类市场主体1253万户，超过全国的

1/10，其中新登记市场主体 221 万户。科技研发活动不断加快，对新经济的基础性支撑作用不断增强，新经济发展不断壮大。2019 年，广东新经济增加值比上年增长 8.0%，增速比同期地区生产总值高 1.8 个百分点；占地区生产总值比重达 25.3%，比前三季度提高 0.1 个百分点。在整体经济下行压力较大的背景下，较有效地对冲了传统经济的下拉力。新经济增加值中第二产业占比超过一半，达 51.0%；制造业的新动能持续稳固扩大，全年工业战略性新兴产业（含研发）增加值为 9678.91 亿元，比上年增长 8.1%；新一代的信息技术产业、新能源产业和节能环保产业增加值分别增长 9.3%、19.6% 和 9.7%。工业新产品产量较快增长，动车组增长 383.3%，3D 打印设备增长 215.2%，城市轨道车辆增长 123.5%，新能源汽车增长 17.5%。服务业新动能不断积聚壮大，互联网平台、现代金融服务不断拓宽经济新路径，数字经济、新消费业务蓬勃发展。2019 年，广东的新服务业企业、互联网平台、现代金融服务占新经济增加值比重为 36.6%、1.5% 和 8.8%。全省通过电子商务交易平台实现的交易额比上年增长 10.5%，其中，销售商品和提供服务均保持两位数增长。

4. 世界级城市群加速崛起

2019 年，广东两个中心城市广州、深圳的地区生产总值分别为 23628.60 亿元和 26927.09 亿元，经济总量之和超 5 万亿元，佛山新加入万亿元城市行列，达到 10751.02 亿元。"一核"（珠三角地区）是全省发展的核心和主引擎，2019 年地区生产总值增速（6.4%）高于全省平均水平 0.2 个百分点，经济总量占全省比重的 80.7%，同时集中了 85.3% 的规模以上工业增加值、95.5% 的进出口总额、96.0% 的实际利用外商直接投资，以及贡献了 88.4% 的地方一般公共预算收入。"一带"（东翼和西翼）作为新时代全省发展的主战场，强化基础设施建设和临港产业布局，东翼的固定资产增长 12.7%，在四个区域中最高；西翼的社会消费品零售总额、进出口总额和地方一般公共预算收入的增速也在四个区域中领先。北部生态区的各项主要经济指标较为平稳，其中实际利用外商直接投资由于基数较小，增长 10.1%（见表 3）。

表3　2019年广东分区域主要经济指标对比

单位：%

指标		全省	珠三角核心区	东翼地区	西翼地区	北部生态区	粤东西北
地区生产总值	同比增长	6.2	6.4	5.0	4.9	5.5	5.1
	占全省比重	100.0	80.7	6.5	7.1	5.8	19.3
规模以上工业增加值	同比增长	4.7	5.0	2.3	2.9	5.1	3.3
	占全省比重	100.0	85.3	5.4	5.0	4.3	14.7
固定资产投资	同比增长	11.1	12.3	12.7	-1.3	10.2	8.3
	占全省比重	100.0	73.1	11.9	6.4	8.5	26.9
社会消费品零售总额	同比增长	8.0	7.3	7.3	8.2	7.5	7.7
	占全省比重	100.0	71.2	10.4	10.2	8.2	28.8
进出口总额	同比增长	-0.2	-0.5	2.1	14.3	4.6	5.7
	占全省比重	100.0	95.5	1.8	1.1	1.6	4.5
出口总额	同比增长	1.6	1.3	5.1	13.1	5.4	6.9
	占全省比重	100.0	94.8	2.4	1.1	1.6	5.2
实际利用外商直接投资	同比增长	4.9	8.1	-13.4	-64.9	10.1	-37.8
	占全省比重	100.0	96.0	1.0	1.3	1.7	4.0
地方一般公共预算收入	同比增长	4.5	4.6	1.6	4.6	2.5	2.9
	占全省比重	100.0	88.4	3.2	3.6	4.8	11.6

注：珠三角核心区包括广州、深圳、珠海、佛山、惠州、东莞、中山、江门、肇庆；东翼地区包括汕头、汕尾、潮州、揭阳；西翼地区包括阳江、湛江、茂名；北部生态发展区包括韶关、河源、梅州、清远、云浮；粤东西北指除珠三角核心区9个市以外的其他12个市。

（三）效益：经济质量效益不断提高

1. 地方财政收入平稳增长

2019年5月以来，广东地方财政收入增速开始稳定在4%以上，全年在新增减税降费超过3000亿元以上情况下，实现地方一般公共预算收入12651.46亿元，比上年增长4.5%，约占全国的1/8（见图6）。其中，2019年广东税收收入突破1万亿元大关，达10062.35亿元，比上年增长3.3%。分税种看，在个人所得税大幅下降24.4%的情况下，随着企业效益有所好转，企业所得税和中小税种收入分别增长6.6%和11.7%。广东充分运用积极财政政策，并取得明显成效。全年地方一般公共预算支出17314.12亿元，比上年增长 10.0%。财政资金大力支持节能环保、教育、科技等方面的发展，分别增长 31.4%、14.4% 和 14.9%；对教育和科技的支出分别占地方一般公共预算支出的 18.4% 和 6.8%。

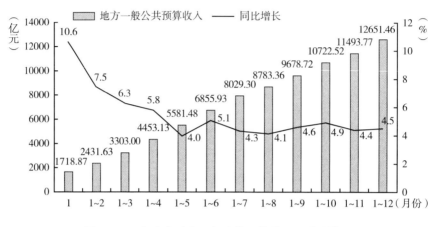

图 6 2019 年广东地方一般公共预算收入及增速情况

2. 规模以上工业企业利润增速前低后稳

2019 年，广东规模以上工业实现利润总额 8915.28 亿元，比上年增长 5.6%，增速比前三季度加快 2.6 个百分点，高于全国平均水平 8.9 个百分点，分别比山东、江苏、浙江高 14.5 个、11.0 个和 0.2 个百分点。分登记注册类型看，民营工业企业增长 10.3%，增速比前三季度加快 2.7 个百分点。分行业看，电子、电力、电气主要行业利润总额实现两位数增长。2019年，电子、汽车、电力、家电四大主要行业利润总额 4372.42 亿元，比上年增长 12.1%，这四大行业占全省规模以上工业企业利润总额的 49.0%。企业亏损面持续收窄。2019 年，广东规模以上工业企业亏损面为 16.3%，比前三季度收窄 3.3 个百分点。从规模以上工业的经济效益综合指数看，2019年逐季提高，全年为 264.72%，比一季度、上半年和前三季度分别提高 26.84 个、17.94 个和 10.53 个百分点。其中，全员劳动生产率达 26.70 万元/人，比上年增长 10.5%，是拉动经济效益综合指数上升的主要因素。减税降费效果明显，工业企业成本有所下降，全年规模以上工业企业每百元营业收入中的成本为 83.46 元，比上年减少 0.58 元。

3. 居民人均可支配收入保持较快增长

2019 年，广东居民人均可支配收入 39014 元，比上年增长 8.9%，增速比上年提高 0.4 个百分点。其中，人均工资性收入增长 7.3%，占可支配收入的比重达 68.1%；人均财产净收入增长 15.6%。分城乡看，农村常住居民收入增长快于城镇，城乡收入差距略有缩小，2019 年城镇常住居民人均可支配收入 48118 元，比上年增长 8.5%。农村常住居民人均可支配收入 18818 元，比上年增长 9.6%。城乡居民人均可支配收入比从上年的 2.58 缩小到 2.56。

4. 就业保持稳定

截至 2019 年 12 月末，全省城镇新增就业、失业人员再就业和就业困难人员实现就业分别完成年度任务的 127.2%、122.5% 和 138.9%。各季度末全省城镇登记失业率稳定在 2.16%~2.25%；第四季度末，全省城镇登记失业率 2.25%，同比下降 0.16 个百分点，控制在 3.5% 的年度目标范围内。从城镇调查失业率的情况看，全年第一、第二、第三、第四季度城镇调查失业率分别为 4.6%、4.6%、4.8%、4.8%，各季度波动幅度不超过在 0.2 个百分点。

二 需关注的几个问题

（一）近年来经济下行压力不断增加

从 2018 年、2019 年广东地区生产总值逐季增速看，年度内经济运行总体平稳，但稳中趋缓的态势非常明显，2018 年全年与 2018 年第一季度增速相差 0.2 个百分点，2019 年全年与 2019 年第一季度相差 0.4 个百分点。从年度增速看，仅两年的时间，地区生产总值增速从 7.5% 放缓到 6.2%；2019 全年广东地区生产总值增速与 2018 年和 2017 年分别相差 0.6 个和 1.3 个百分点。2019 年的经济增长速度也是改革开放以来的最低增速。从经济发展规律看，一个经济体的经济总量加大后速度会有所放缓，但从目前的情况看，由于东部、西部、北部地区经济发展还不够快，制造业新动能的拉动力仍不够

强，投资的边际效益有所弱化，消费的新热点尚未形成，出口受世界经济复苏缓慢和中美贸易摩擦的影响有所下滑，加上今年新冠肺炎疫情对经济的严重冲击，完成2020年全年经济增长6%的目标需要付出更多的努力。

（二）"三资"工业企业增加值增速放缓速度较快

从产业看，广东经济下行的压力主要来源于实体经济困难较多，尤其是制造业动力的不足，对经济增长的支撑力度明显减弱。从规模以上工业增加值增速看，2019年全年的增速比2017年（7.2%）放缓2.5个百分点。2019年，广东规模以上工业增加值增速低于全国平均水平（5.7%）1.0个百分点，在全国的排位从上年的17位下降为21位。其中"三资"工业企业生产下滑是主因。2017年以来，全省规模以上"三资"工业企业增加值增速不断下滑且幅度不断扩大，2017年（增长5.6%）、2018年（增长2.0%）和2019年（下降0.1%）的增速分别比全省同期的规模以上工业增加值增速低1.6个、4.3个、4.8个百分点，"三资"工业企业增加值占规模以上工业增加值的比重从2017年的39.0%下降到2019年的35.0%。全省有11个地市的"三资"工业企业增加值下降，占全省比重较大的深圳、东莞和惠州分别下降1.0%、1.8%和1.3%；下降幅度较大的有中山（下降6.1%）、湛江（下降4.4%）。值得关注的是，产业链条较长的电子（主要是惠州"三星"电子搬迁）和汽车两大行业中的"三资"工业企业均为负增长，其中，计算机、通信和其他设备制造业增加值下降2.4%，汽车制造业下降0.3%，这两个行业拉低"三资"工业企业增速0.7个百分点。"三资"工业企业的下滑，对工业品出口有较大影响。

（三）出口增速持续下滑

从需求看，2018年、2019年广东进出口增速分别低于全国平均水平4.6个、3.6个百分点，2019年增速在全国居第23位，其中出口增速居第20位；占全国的比重从2017年的24.5%下滑到2019年的22.6%，其中出口比重从27.5%下滑到25.2%。广东出口增速下滑的主要原因，与世界经济复苏缓慢、中美贸易摩擦有关，也与工业企业工业出口交货值下降密切相关。2019年，全省规模以上工业累计实现出口交货值比上年下降2.6%，增速比上年大幅下滑10.4个百分点。从出口的商品看，手持或车载无线电话数量和金额分别下降18.8%和17.0%，液晶显示板分别下降11.6%和1.6%。随着部分劳动密集型工业企业的外迁，服装及衣着附件出口金额下降8.8%，家具及零件下降2.6%。

2019年全年，广东对美出口额和进口额分别下降5.9%、14.9%，对美出口额占出口总额的比重从2017年17.4%下降到16.1%，对美进口额占进口总额的比重从2017年5.0%下降到4.0%。中美贸易摩擦对部分工业企业生产影响较大，从2019年重点监测对美出口的178家工业企业情况看，全年产值同比下降的有112家，出口交货值下降的有118家，利润总额下降的104家。与上半年相比，产值下降的企业增加21家，出口交货值下降的企业增加23家，利润总额下降的企业增加23家（见表4）。

表4　2019年广东178家工业企业变动情况

地市	产值下降			出口交货值减少			利润总额下降		
	全年	前三季度	上半年	全年	前三季度	上半年	全年	前三季度	上半年
广州（17家）	10	11	8	9	9	7	7	7	8
深圳（42家）	23	18	16	26	22	16	20	17	17
珠海（8家）	6	5	4	7	5	5	4	3	2
汕头（3家）	2	2	1	2	2	1	1	0	1
佛山（17家）	10	9	8	11	10	9	10	10	9
韶关（2家）	1	0	0	1	1	1	2	2	2
河源（1家）	1	1	1	1	1	1	1	0	0
梅州（4家）	4	3	2	4	4	4	3	3	2
惠州（6家）	4	4	4	4	3	3	5	5	2
东莞（46家）	31	26	28	32	30	29	31	26	24
中山（16家）	11	11	11	12	12	10	8	10	8
江门（10家）	6	6	6	5	6	6	7	5	5
湛江（1家）	1	1	1	1	1	1	1	1	1
茂名（1家）	0	0	0	1	0	0	1	1	0
肇庆（3家）	2	0	0	2	1	1	2	2	0
揭阳（1家）	0	1	1	0	1	1	1	0	0

（四）物价涨幅扩大

居民消费价格呈结构性上涨，且涨幅超过 3% 的年度预期目标。2019 年，广东居民消费价格指数（CPI）上涨 3.4%，涨幅比上年扩大 1.2 个百分点，比全国平均水平高 0.5 个百分点。其中，翘尾因素约为 0.64 个百分点，新涨价因素约为 2.72 个百分点。从月同比看，广东居民消费价格在 1.7%~5.3% 区间运行，波动幅度大于上年的 1.1%~3.3%。构成 CPI 的八大类商品（服务）价格 "7 涨 1 降"；其中，食品烟酒价格上涨 8.1%，影响居民消费价格指数上涨 2.62 个百分点。从具体的商品看，以猪肉、蔬菜、水果为代表的重要民生商品价格同比涨幅较大，物价结构性上涨问题较为突出；2019 年食品类价格上涨 10.3%，涨幅比上年扩大 8.5 个百分点；其中，猪肉上涨 37.6%，鲜瓜果上涨 14.2%。这些重要民生商品价格上涨的背后，有的是受非洲猪瘟疫情因素的影响，有的是受天气因素影响，有的则是受其他商品价格上涨带动效应影响。但无论是什么原因诱发，这些商品价格上涨都给群众的生活带来了不同程度的影响。

三 2020年广东经济发展形势预测

2020 年是全面建成小康社会和 "十三五" 规划收官之年，要实现第一个百年奋斗目标，为 "十四五" 发展和实现第二个百年奋斗目标打好基础。在这个重要时间节点经济运行必须 "稳" 在合理区间。但新冠肺炎疫情使广东经济发展不稳定不确定因素增多。短期内，疫情的发生使生产和消费延后，加大了广东经济下行的压力。疫情对全年经济的影响则总体基本可控。

短期看，疫情对经济的影响面广泛，从投资、消费、出口 "三驾马车" 进行观察，投资链条压力主要来自需求端（建筑施工停滞），出口链条压力主要来自供给端（延迟复工影响生产），消费链条则供需两侧同时收缩。从三次产业进行观察，服务业如旅游、交通运输、餐饮住宿、娱乐等受直接冲击最大；其次是部分固定成本偏高，对物流和渠道依赖程度较高，对劳动力依赖度较高和现金偿债能力较差的工业行业；而农林牧渔业生产由于销售不畅也会受到不同程度的影响。反映到具体的主要经济指标，第一季度的地区生产总值、社会消费品零售总额、规模以上工业增加值、固定资产投资、进出口总额等指标增速出现不同程度的回落或下降。

预计2020年全年广东经济增长趋势前低后稳。第一季度经济增速会到谷底，第二季度开始回升，第三、第四季度恢复正常。随着消费的恢复可期，投资热点加快形成，各级稳增长政策实施力度加大，新经济加快发展，下半年和2021年增长有推升的动力。这次疫情线上消费、娱乐、服务弥补了部分线下行业的大幅下滑，内需和科技带来的升级潜力和对经济的托升减少了居家隔离交通阻隔对经济的负面冲击。此外，广东的经济基础扎实，韧性足，潜力大，发展"土壤"比较厚实。2019年全省净增"四上"入库企业15836个，其中工业企业4666个。全省的规模以上工业企业个数已经超过5.5万家。据初步了解，这些企业普遍成长性较好，增长潜力相对较大，为2020年经济平稳增长提供厚实土壤，仅新增工业企业预计就可拉动全省规模以上工业增长1个百分点左右。随着各项"六稳"政策效应的进一步发挥，外部环境预期的改善，以及粤港澳大湾区和深圳建设中国特色社会主义先行示范区"双区驱动效应"充分释放，2020年的经济稳定增长可以预期，并实现有质量、有效益的增长。

三大攻坚战推进篇

Three Critical Battles

B.5

推动脱贫攻坚与乡村振兴有机融合

——基于对广东脱贫攻坚工作的一些思考

刘洪盛*

摘　要：　2019 年 12 月召开的中央经济工作会议，将脱贫攻坚战作为
　　　　　2020 年重点工作，提出"要确保脱贫攻坚任务如期全面完
　　　　　成，集中兵力打好深度贫困歼灭战"。广东高度重视脱贫攻
　　　　　坚工作，把脱贫攻坚作为全省的一项重大政治任务和第一民
　　　　　生工程。截至 2019 年底，广东贫困发生率从 2016 年的
　　　　　4.54% 降至 0.1% 以下，贫困群众"两不愁三保障"总体实
　　　　　现，全省有劳动能力相对贫困户年人均可支配收入达到
　　　　　10560 元，累计近 160 万相对贫困人口实现脱贫，90% 以上
　　　　　的相对贫困村达到出列标准，脱贫攻坚目标任务接近完成。

---

* 刘洪盛，广东省人民政府发展研究中心党组成员、副主任，长期研究"三农"问题。

打赢脱贫攻坚战是实施乡村振兴战略的优先任务，推动脱贫攻坚与乡村振兴有机衔接，要做到高度重视巩固脱贫攻坚战成果；认真谋划脱贫攻坚与乡村振兴工作无缝衔接；全力提升贫困村的发展水平；继续深化农村综合改革；加强脱贫攻坚战建成项目的管理。促进脱贫攻坚未来发展，巩固脱贫攻坚战成果。

关键词： 民生工程 脱贫攻坚 乡村振兴战略

小康不小康，关键看老乡。坚决打赢脱贫攻坚战，是全面建成小康社会的底线任务，是我们党的庄严承诺。2019 年 12 月召开的中央经济工作会议，将脱贫攻坚战作为 2020 年重点工作，提出"要确保脱贫攻坚任务如期全面完成，集中兵力打好深度贫困歼灭战"。2020 年 3 月 6 日，习近平总书记在决战决胜脱贫攻坚座谈会上明确指出："到 2020 年现行标准下的农村贫困人口全部脱贫，是党中央向全国人民做出的郑重承诺，必须如期实现，没有任何退路和弹性。""要不忘初心、牢记使命，坚定信心、顽强奋斗，夺取脱贫攻坚战全面胜利，坚决完成这项对中华民族、对人类都具有重大意义的伟业！"我们要认真学习领会习近平总书记关于扶贫工作重要论述和党中央的决策部署，结合广东实际，扎扎实实把脱贫攻坚战打好，如期完成脱贫攻坚任务。

一 广东脱贫攻坚战的主要特色

广东高度重视脱贫攻坚工作，把脱贫攻坚作为全省的一项重大政治任务和第一民生工程。始终坚持以习近平新时代中国特色社会主义思想为指导，深入贯彻习近平总书记关于扶贫工作重要论述和对广东重要讲话和重要指示批示精神，认真落实党中央、国务院脱贫攻坚决策部署，聚焦总攻目标和现

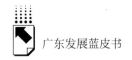

行标准、重点贫困地区和特殊困难群体、"两不愁三保障"突出问题、稳定脱贫和防止返贫，加大责任落实、政策落实和工作落实，强化精准施策，创新帮扶举措，深化改革探索，使脱贫攻坚工作有序推进、落实落细，取得显著成效。截至2019年底，广东贫困发生率从2016年的4.54%降至0.1%以下，贫困群众"两不愁三保障"总体实现，全省有劳动能力相对贫困户年人均可支配收入达到10560元，累计近160万相对贫困人口实现脱贫，90%以上的相对贫困村达到出列标准，脱贫攻坚目标任务接近完成。①

从近年来广东脱贫攻坚战情况看，工作扎实有力、硬招实招多、帮扶特色彰显，呈现投入大、质量高、作风实、效果好等特点。广东全省贫困户的获得感、幸福感显著增强，生活质量明显改善，农村基础设施条件和基本公共服务水平大幅提升，坚决打赢脱贫攻坚战的基础扎实、信心较足。广东脱贫攻坚战主要有四个方面的特色。

第一，高位推动、一把手亲自抓，是广东脱贫攻坚战最强有力的保障。广东省委、省政府主要领导高度重视脱贫攻坚战工作，亲自部署推动、研究解决问题、督促检查和指导。现任省委书记李希同志曾在全省打赢脱贫攻坚战推进会上强调，要坚决把思想和行动统一到以习近平同志为核心的党中央打赢脱贫攻坚战的重大决策部署上来。要坚持把提高脱贫质量放在首位，牢牢把握脱贫攻坚行动的正确方向。要聚焦重点、难点、关键点精准施策，推动脱贫攻坚各项举措取得扎扎实实的成效。省长马兴瑞同志也提出，要以高度的政治责任感和历史使命感，切实扛起攻坚责任，坚决打赢脱贫攻坚这场硬仗。各市县镇党委政府、省市县各级部门和企事业单位等一把手，都把脱贫攻坚战作为一项政治任务和首要工作。在推动脱贫攻坚战中，各单位高度重视选派精兵强将担任驻村第一书记，千方百计筹措投入资金，经常召开专题会议听取扶贫工作报告和研究解决问题，并下到贫困村调研指导鼓劲和现场办公解决问题，为脱贫攻坚战顺利推进提供了强有力的保障。

第二，舍得投入、拿出真金白银，是广东脱贫攻坚战最大的亮点。为打

---

① 《投入近千亿，决战决胜脱贫攻坚》，《南方日报》2020年3月18日，第A09版。

赢脱贫攻坚战，广东各级财政列入预算、优先保障。省级财政从两个方面加大对贫困村投入：一是加大对扶贫产业的扶持，促进贫困户持续增收。2013～2015年，全省共投入各类帮扶资金202.95亿元。① 2016～2018年，广东省各级财政投入资金391亿元，帮扶贫困户脱贫。② 二是加大对贫困村人居环境的改善，建设美丽宜居乡村，实现贫困村由后队变前队。2017～2020年，广东省级财政给予每个省定贫困村1500万元、三年共投入313亿元。③ 此外，各帮扶单位千方百计筹措投入资金，全力支持脱贫攻坚工作。每个村少则投入几百万元、多则千万元以上，大大改善了贫困村的基本生产生活条件，村容村貌、人居环境也明显改善提升。

第三，突出重点难点、着力提高脱贫质量，是广东脱贫攻坚战最大的特色。以基层组织建设为重点，以产业扶贫、人居环境整治为难点，全力推进脱贫攻坚。一是推进党建引领，实施"头雁"工程，夯实基层组织这个堡垒。在全省选派优秀干部参与脱贫攻坚，担任驻村第一书记和扶贫队员。广东省委发布《加强党的基层组织建设三年行动计划（2018～2020年）》，规定每年将选拔不少于1000名优秀党员干部担任贫困村、薄弱村、松散村和集体经济薄弱村的党组织第一书记。二是将产业扶贫、增收项目建设放在重中之重，千方百计开拓贫困户增收渠道。2016～2018年，年均实施产业扶贫项目33.27万个，年均带动在家有劳动能力的相对贫困户70.4万人。2019年全省实施产业扶贫项目29.5万个，产业项目收益10.8亿元，带动在家有劳动能力相对贫困户16.9万户、62.8万人。④ 三是突出推进人居环境整治，创建美丽乡村，全力改善贫困村生活条件。截至2019年底，贫困村行政村村庄规划、人居环境综合整治完成率达100%，生活垃圾得到有效处理的行政村比例达95%以上，20户以上自然村雨污分流、建设污水处理

---

① 《广东三年投入帮扶资金202.95亿元 贫困村集体收入实现倍增》，2016年3月22日，http://gd.people.com.cn/n2/2016/0322/c123932-27984209.html。
② 《广东省扶贫三年将投约391亿》，《南方日报》2016年8月30日。
③ 《广东省定贫困村创建新农村示范村实施方案出台》，《南方日报》2017年8月16日。
④ 《补齐短板：强力实施乡村振兴战略破解发展不平衡》，《南方日报》2020年1月7日。

设施覆盖率分别达到 65.7% 和 48.2%。①

第四，创新方式方法、凝聚全社会合力，是广东脱贫攻坚战最有力有效的举措。为打赢脱贫攻坚战，广东结合实际，利用珠三角地区先富的条件和广东民营经济发达的优势，引导社会各方面力量参与脱贫攻坚战，建立了全社会参与、共同支持和帮扶的脱贫攻坚新格局。目前，广东脱贫攻坚战的帮扶形式主要有三种：一是定点帮扶方式，省市县各级各部门定点帮扶一个贫困村。二是对口帮扶方式，珠三角发达地区对口帮扶粤东西北地区 1～2 个市。如深圳对口帮扶河源市、汕尾市，广州对口帮扶梅州市、清远市等。三是社会帮扶方式。广东启动"万企帮万村"行动，力争到 2022 年底，全省将动员组织 10000 家左右企业自愿参加"万企帮万村"行动。目前，已动员近 2000 家企业对口帮扶 2277 个相对贫困村，4 年来筹集社会捐款 150 多亿元。如碧桂园捐资 5 亿元整县帮扶清远英德市 78 个贫困村。恒大集团有限公司投入 4 亿元帮扶惠州市惠东县、博罗县，投入 5 亿元帮扶河源市和平县、连平县等。②

二 推动脱贫攻坚与乡村振兴有机结合

2020 年是脱贫攻坚战的决胜之年，也是全面建成小康社会和"十三五"规划的收官之年，要实现第一个百年奋斗目标，为"十四五"发展和实现第二个百年奋斗目标打好基础，意义十分重大，要持续高度重视、狠抓落实和全面谋划脱贫攻坚工作。2020 年中央一号文件明确提出，要"对标对表全面建成小康社会目标，强化举措、狠抓落实，集中力量完成打赢脱贫攻坚战和补上全面小康'三农'领域突出短板两大重点任务""确保剩余贫困人口如期脱贫""巩固脱贫成果防止返贫""保持脱贫攻坚政策总体稳定"

---

① 杜联藩：《广东探索建立解决相对贫困长效机制主要做法与经验》，《南方杂志》2020 年第 6 期。

② 《又一创新举措！广东乡村振兴"万企帮万村"对接信息平台正式上线》，《南方日报》2019 年 4 月 4 日。

"研究接续推进减贫工作"等。习近平总书记在决战决胜脱贫攻坚座谈会上强调，要"攻坚克难完成任务，努力克服疫情影响，多措并举巩固成果，保持脱贫攻坚政策稳定，严格考核开展普查，接续推进全面脱贫与乡村振兴有效衔接"。党中央就脱贫攻坚工作已经做出全面部署，广东要结合实际，一如既往地强化责任，围绕中央部署和脱贫攻坚的硬任务、短板，全力以赴抓好落实，确保广东脱贫攻坚的质量、确保广东全面建成小康社会的成色。

近年来，广东脱贫攻坚战虽然取得较大成效，但距离高质量建成全面小康社会目标要求仍有差距，不平衡、不稳定和质量不高的问题仍然存在，需要进一步增强紧迫感和责任感，切实把脱贫攻坚战工作抓实抓细。一要持续深入开展大学习，把习近平总书记在决战决胜脱贫攻坚座谈会上的重要讲话精神和关于扶贫工作重要论述学深悟透，全面贯彻落实党中央决策部署，切实推动脱贫攻坚战往深里走、往实里抓，确保各项工作落实落细落具体。二要持续深入开展大调研活动，按照广东省委、省政府"1＋1＋9"工作部署，摸清全省脱贫攻坚工作情况和贫困村现状，找出短板和差距，研究提出有针对性的、精准的政策措施和工作举措，切实补齐漏洞缺项。三要加大督促检查力度，紧紧围绕脱贫攻坚战的硬任务，对未脱贫人口较多、困难较大的市、县（市、区）、乡镇、行政村进行挂牌督战，切实防止松懈思想、松劲思想，继续强化攻坚意识，全力推动广东脱贫攻坚高质量开展，全面完成脱贫攻坚各项任务，开创广东脱贫攻坚工作新局面。同时，在完成脱贫任务的基础上，要尽早谋划和做好脱贫攻坚战"后半篇文章"、推动扶贫攻坚与乡村振兴工作有机衔接和接续推进减贫工作问题。这不仅关系到脱贫攻坚战成果的巩固和后续发展，还关系到贫困户实现持续增收和获得感、幸福感持续增强等问题。打赢脱贫攻坚战是实施乡村振兴战略的优先任务，而推动脱贫攻坚与乡村振兴有机衔接，是脱贫攻坚未来发展、成果巩固的重要举措。结合广东实际，推进脱贫攻坚与乡村振兴有机衔接从五个方面展开。

（一）要高度重视巩固脱贫攻坚战成果

广东全省脱贫攻坚战投入资金、人力巨大，开展实践探索丰富，取得了

丰硕的脱贫成果，积累了很多值得总结和推广的经验做法。在2020年即将全面完成脱贫任务的收官阶段，要研究谋划解决好社会普遍关注和群众普遍担心的脱贫攻坚战"后半篇文章"，确保巩固和延续脱贫攻坚良好发展态势。

一是防止返贫问题。中央高度重视这项工作。2020年中央一号文明确指出，要"健全监测预警机制，加强对不稳定脱贫户、边缘户的动态监测，将返贫人口和新发生贫困人口及时纳入帮扶，为巩固脱贫成果提供制度保障"。习近平总书记在决战决胜脱贫攻坚座谈会上也讲到，全国"已脱贫人口中有近200万人存在返贫风险，边缘人口中还有近300万存在致贫风险"。据广东扶贫部门调查了解，广东贫困人口中也不同程度存在返贫致贫风险的情况。出现返贫或新增贫困人员的因素很多，特别是受到此次新冠肺炎疫情影响，贫困户外出务工就业、特色种养和乡村旅游等遭受不同程度冲击，贫困劳动力增收存在不确定性，已脱贫人口返贫风险明显加大。各地应加强调研跟踪，摸清底数，一旦出现返贫情况，需要建立起有效的、及时的帮扶机制和保障制度，及时纳入帮扶范围，巩固脱贫攻坚成果，确保让每一个贫困户一并进入全面小康社会。

二是解决扶贫产业后续发展问题。在脱贫攻坚战中，各地、各驻村工作队结合实际，探索扶持发展了很多扶贫特色产业，拓宽了贫困户和广大群众增收的途径。但不少人担心驻村工作队的撤离会影响扶贫产业发展、影响农民和贫困户增收。这需要引起我们重视，要完善相关制度和政策，确保扶贫产业接续发展，增强贫困户和群众的信心。对于扶贫产业项目基础比较好、发展比较成熟、群众普遍比较接受和效益比较高的，要列入全省"一村一品、一镇一业"发展规划，重点给予持续的政策扶持，引导其发展适度规模经营、提升产业化发展水平。而对现有相对较薄弱的扶贫产业，要列入省市县各级的培育计划，建立健全各级党委政府和帮扶单位共同承担的责任制，持续加大扶持力度，确保扶贫产业有效发展，防止人"走"产业也"走"，影响贫困户收入甚至返贫。

三是进一步探索巩固集体经济发展新模式。发展集体经济，对巩固扶贫成果、巩固基层组织建设成果和党的执政地位意义重大。2020年中央一号文明确提出，要"探索拓宽农村集体经济发展路径"。实际上，近年来，广东在推进脱贫攻坚战中，一直高度重视发展壮大集体经济，探索了不少集体经济发展的好路子。一方面，各级党委政府对村"两委"工作扶持力度不断加大，较好解决了村"两委"干部待遇、工作运作经费等问题。如广东在保持现有投入规模的基础上，2018～2020年三年新增安排71亿元、增长98.61%，通过"五加一减"等举措支持实施基层基础保障工程。[①] 另一方面，各帮扶单位和驻村工作队，利用、盘活村集体现有资源资产，探索了许多壮大村集体经济发展的新项目、新产业和新途径，效果明显。目前，所有贫困村的集体经济收入基本实现了10万元以上。为巩固贫困村集体经济发展成果，需要进一步完善相关制度，推动现有集体经济发展项目、产业持续发展，不断壮大集体经济实力。

四是继续深化基层组织建设。习近平总书记指出："要把扶贫开发同基层组织建设有机结合起来，真正把基层党组织建设成带领群众脱贫致富的坚强战斗堡垒。"近年来，广东坚持以党建为引领，全力把党建优势转化为脱贫攻坚优势，促使基层党建与脱贫攻坚深度融合、相互促进，创新实施了村"第一书记"工程、"头雁"工程和基础保障工程等，为全面打好脱贫攻坚这一场硬仗发挥了积极作用。下一步，需要进一步严格落实农村基层党建工作责任制，压实乡镇主体责任，提升组织力，继续在推动乡村振兴中发挥领导作用。

（二）要认真谋划脱贫攻坚与乡村振兴工作无缝衔接

贫困村、贫困户全面脱贫后，最重要的是如何与乡村振兴相衔接，继续在乡村振兴中巩固脱贫攻坚成果、推进扶贫产业接续发展和基层组织建设不断增强，使贫困村、贫困户实现产业兴旺、生态宜居、乡风文明、治理有

---

① 《今后三年广东省财政新增安排71亿元 加大党的基层组织建设保障力度》，http://kb.southcn.com/content/2018-07/26/content_182730700.htm。

效、生活富裕的要求。推动实现脱贫攻坚工作与乡村振兴工作有效衔接，首先应解决思想认识和"两张皮"问题，将脱贫攻坚与乡村振兴统一协调起来，克服长期形成的惯性思维和部门分割、工作分割问题。其次要解决好脱贫攻坚与乡村振兴工作一体化问题，做到一体研究谋划、一体制定规划、一体部署安排和一体落实检查，将脱贫攻坚内容与乡村振兴融为一体。再者推动政策措施的有机融合。一直以来脱贫攻坚采取了一系列卓有成效的硬措施、硬方法，形成了行之有效的经验做法和工作机制，要通过制定党委政府政策文件方式转化为乡村振兴的政策措施，使脱贫攻坚成果能有效巩固、工作有效延伸，同时又推动乡村振兴工作有效开展。最后要突出重点、主攻难点、解决热点问题。把发展乡村产业、推进产业兴旺作为重中之重，促进农业增效、农民增收。把农村改革作为破解难点，激活农村资源活力、发展活力。把民生保障作为重要抓手，千方百计改善农村生产生活条件，提升农村基本公共服务水平。

（三）要全力提升贫困村的发展水平

贫困村经过脱贫攻坚战，各方面基础设施包括垃圾收运体系、保洁机制及污水处理设施、人居环境整治和基本公共服务等逐步完善，其"后半篇文章"，就是要全面提升农业农村发展水平和生产生活条件，突出解决乡村普遍存在的有新房没新村、有新村没新貌等问题。重点提升乡村村容村貌、打造特色风貌，着力在增加乡村味、乡土味、文化味等方面下功夫，创建美丽宜居宜游乡村，努力实现城乡各美其美、美美与共，推动乡村持续发展。一是要注重增"味"。要全面提升贫困村的乡村味，即乡土味、乡愁味。在《乡土中国》中，费孝通写道："从基层上看去，中国社会是乡土性的"。"乡土"是千百年来农业社会发展特点的集大成，不是一个贬义的概念。乡愁是什么？习近平总书记曾经说道："乡愁就是你离开这个地方就会想念这个地方。"2014年3月，习近平总书记参加十二届全国人大二次会议贵州代表团审议时说："每个地方都有让大家留念的东西，不要小看这种幸福感，因为这种幸福感能留得住人。"2015年1月20日，习近平总书记在云南省洱海边大理市湾桥镇古生村村民李德昌家时说："这里环境整洁，又保持着古朴形态，这样的庭院比西式洋房好，记得住乡愁。"他还深情地说："看到你们的生活，我颇为羡慕，舍不得离开。"乡愁浓缩了一个村落的灵魂，见证了乡村的变迁，体现了乡村独特的魅力。留住乡村，振兴乡村才有足够的底气；而留住乡愁，振兴乡村才会有依归。当前，贫困村各方面条件好了，但恰恰乡村的这种乡村味显得不那么浓了，很多乡村特有的东西没了，"去农村化"和照搬城市的做法不少。做好贫困村的"后半篇文章"，就是要在打好农村人居环境整治这场硬仗的基础上，着力把乡村味、乡愁味找回来，把乡村特色风貌建设好，打造具有岭南乡村特色的美丽乡村。二是要注重铸"魂"。挖掘乡村特色文化，激发群众自信心，营造积极向上的良好乡风、民风。文化作为人的精神力量，能够起到铸魂化人的作用。习近平总书记明确指出："乡村振兴既要塑形，也要铸魂""要深入挖掘、继承、创新优秀传统乡土文化"。在2018年全国"两会"期间，习近平总书记参加山东代表团审议时提出，要"深入挖掘优秀传统农耕文化蕴含的思想观念、人文精神、道德规范，培育挖掘乡土文化人才，弘扬主旋律和社会正气，培育文明乡风、良好家风、淳朴民风，改善农民精神风貌，提高乡村社会文明程度，焕发乡村文明新气象"。千百年来，乡村文化凝聚着乡土之美、人文之美。乡土文化是乡愁的重要载体。农村要留得住乡愁，必须振兴乡土文化。只有重视乡土文化、挖掘和利用好乡土文化，不断推动乡土文化繁荣发展，才能使其成为激发群众内生动力、为乡村振兴提供持续的精神动力。广东乡村文化资源十分丰富，包括乡村建筑文化、乡村农耕文化、乡村生态文化、乡村传统优秀文化和红色文化等。要利用这些富有乡村特色的文化内涵，打造文化乡村，培育文明乡风，让村民不仅生活富起来、环境美起来，而且精神要乐起来，为提升农民精神风貌，孕育社会好风尚提供丰润的道德滋养。三是要注重提"气"。就是提振乡村的精气神，着力解决一些村庄缺人气、缺活力、缺生机的问题，推动农村精神文明建设，培育良好的农村社会新风尚。2017年12月12～13日，习近平总书记在江苏徐州市考察时指出，"农村精神文明建设很重要，物质变精神、精神变物质是辩证法的观

点，实施乡村振兴战略要物质文明和精神文明一起抓，特别要注重提升农民精神风貌"。他还强调，"实施乡村振兴战略不能光看农民口袋里票子有多少，更要看农民精神风貌怎么样。农民的精神风貌在很大程度上折射着乡风文明，这是乡村振兴的灵魂"。"人无精神不立"，我们不仅要让农民"富口袋"，更要让他们"富脑袋"，以昂扬向上的精神状态去振兴乡村、参与乡村建设。当前农村要结合乡村振兴工作，一要扭风气，扭转有的地方存在的赌博风、攀比风和脱离实际的天价彩礼嫁娶风、人情债等；二要改陋习，引导村民移风易俗，自觉形成良好生活习惯，从源头减少垃圾乱丢乱扔、污水乱泼乱倒等不文明行为；三要提志气，切实解决贫困村、贫困户的"等靠要"思想，激发贫困村斗志、贫困户上进心；四要扬正气，传递正能量，树立典型、模范，弘扬良好家风、民风和社风。

（四）要继续深化农村综合改革

2020年全面实现小康社会后，巩固脱贫攻坚成果、推动脱贫攻坚接续发展的任务仍然很重，一方面广大群众有期盼，另一方面仍然有很多困难和体制机制障碍，需要不断解放思想、深化改革，让农村资源要素活化起来，不断推动农业农村发展。2019年4月10日，习近平总书记给云南省贡山县独龙江乡群众回信中指出，"脱贫只是第一步，更好的日子还在后头"。2020年1月19日，习近平总书记在云南考察时强调，"全面建成小康社会之后要全面推进乡村振兴，进一步解决城乡发展不平衡等问题，发展乡村产业，振兴乡村经济，不断增加收入、改善民生"。总书记的重要讲话精神，就是做好脱贫攻坚战"后半篇文章"的重点和方向，是我们的根本遵循。全面推进乡村振兴，是实现脱贫攻坚持续推进发展的重要载体和具体抓手，要立足乡村产业、文化、生态和政策等优势，全面推进乡村"五个振兴"，不断增加农民收入和改善民生。重点要围绕人、地、钱等突出问题，加大农村改革力度，重塑城乡关系，畅通要素下乡机制，为乡村振兴全面推进提供保障。一要推进制度改革。深化农村土地制度改革，完善承包地"三权"分置制度，用活土地承包经营权。建立健全土地流转机制和政策，切实解决当前农村耕地丢荒问题。加大农村宅基地制度改革，落实农村村民一户只能拥有一处宅基地的要求。探索进城落户的农村村民依法自愿有偿退出宅基地，鼓励农村集体经济组织及其成员盘活利用闲置宅基地和闲置住宅。完善农村集体产权制度改革，明晰产权、完善权能，赋予农民更多财产权利，增加农民收入。二要推进机制创新。建立健全城乡融合发展的体制机制，推动城乡要素双向流动，解决乡村长期"失血""缺血"问题。脱贫攻坚战，吸引了成千上万各类人才下乡助力脱贫攻坚，一定程度积累了乡村人才建设的经验，要结合脱贫攻坚的实践，不断完善和提升乡村人才培育机制，畅通人才下乡渠道，助力乡村振兴。三要推进多元化发展。乡村振兴，最终要靠发展乡村产业、发展乡村多元化经济来解决问题。在推进脱贫攻坚战中，各地结合实际探索了各种各样的产业发展新模式和新方式，有很多成功的案例和有效的做法，为提振乡村经济进行了有益的实践探索，为乡村经济发展提供了多元化、鲜活的样本，为推动发展多元化乡村经济奠定了扎实基础。2018年全国脱贫的 475 万贫困户中，得到产业扶贫帮扶的有 353 万户、占比达到74.3%。广东 2277 个省定贫困村结合实际、利用特色资源优势，积极探索多元化的特色产业扶贫新模式。截至 2018 年底，2277 个贫困村建有农业特色产业 4578 个，成立农民合作社 5388 家，参与扶贫农业龙头企业 932 个。这为打造"一村一品、一镇一业"和推动乡村经济发展提供了条件和可能，是实现乡村振兴"产业兴旺"目标要求的底气和潜力所在。但从扶贫产业情况看，客观上存在探索时间较短、发展不稳定、生产规模较小和市场竞争力不强等问题，因此，需要进一步对扶贫产业进行调研、梳理和评估，进一步确认扶贫产业的发展潜力、前景，并在评估的基础上进一步健全产业发展支持政策，对有发展潜力、有发展市场和空间的，应当列入省的重点产业扶持对象，积极培育引导其扩大规模，加强技术服务和指导，推动质量和效益提升。

（五）要加强脱贫攻坚战建成项目的管理

打赢脱贫攻坚战，付诸了全社会力量，对贫困村的建设是巨大的促进，

给村民生产生活条件和衣食住行等提供了巨大的方便和明显的改善，这是我国历史性的创举和历史性的贡献，充分体现了中国特色社会主义制度的优越性。从全国来看，贫困人口从 2012 年底的 9899 万人减到 2019 年底的 551 万人，贫困发生率由 10.2% 降至 0.6%，连续 7 年每年减贫 1000 万人以上，脱贫成就举世瞩目。① 从广东情况看，相对贫困人口近 160 万、90% 以上的相对贫困村也已达到出列标准。2020 年脱贫攻坚战任务完成后，除尽快与乡村振兴工作衔接、推动脱贫攻坚接续发展之外，还有一项最重要的工作，就是要加强脱贫攻坚战建成项目的长效管护问题。要落实主体责任，制定完善政策措施，确保脱贫攻坚战的建成项目或在建项目、民生工程做到善始善终，长期发挥作用，为群众生产生活带来便利。一是对一些不能产生效益的项目，如水利设施、村道巷道机耕道等工程建设项目，要落实产权主体及后续管护责任主体，确保管理到位。二是对一些能产生经济效益的项目，如光伏项目、物业租赁项目、果树生产项目和注入企业的股份项目等，要明确项目效益的受益主体、分配机制及后续管理主体，确保项目生产有序有效。三是对一些需要后续投入维护管理的项目，如自来水、污水处理设施、垃圾运营等，要健全资金投入扶持筹措机制，落实主体责任人和各方面责任，确保各项目能长期运营有效。

---

① 高敬：《凝心聚力，确保如期打赢脱贫攻坚战——国务院扶贫办推动落实代表委员建议提案》，新华网，2020 年 5 月 14 日，http：//www.xinhuanet.com/2020 - 05/14/c_ 1125985858. htm。

B.6
以乡村治理目标倒逼治理模式的改革

——对当前广东乡村治理模式的回顾与反思

谭炳才　陈嘉伟　张晓晴*

摘　要： 乡村振兴离不开和谐稳定的社会环境，要创新乡村治理体系，走乡村善治之路，让农村社会充满活力又和谐有序。当前，广东城乡、区域发展不协调、不充分，已成为制约广东发展的最大短板。本报告通过对广东乡村治理模式的回顾与反思，探讨新时期广东突破乡村治理困境的对策举措。广东地貌类型复杂多样，使乡村治理呈现不同特点，形成了不同的治理模式，但目前与乡村治理的目标还有一定差距，仍面临深层次、结构性矛盾和问题。本报告通过分析日本和韩国通过乡村治理均有效化解了城市化浪潮给农村带来的治理挑战，走出了城乡发展失衡的困境等成功经验，对于化解当前广东乡村治理面临的困境，推进广东乡村治理模式改革，具有重要借鉴意义，得出乡村治理归根到底是要治人的结论，村民所需是一切工作的出发点和落脚点，搭建引导和帮助乡村人口迈向美好生活的转变阶梯，才是乡村治理的重要目标。

关键词： 乡村治理　农村基本公共服务　乡村振兴　广东

---

* 谭炳才，广东省人民政府发展研究中心党组成员、副主任，主要从事"三农"问题、宏观经济、产业经济、区域经济等决策咨询研究工作；陈嘉伟，中共连南瑶族自治县委党校一级科员；张晓晴，华南理工大学工商管理学院研究生。

习近平总书记在 2017 年召开的中央农村工作会议上明确提出，乡村振兴离不开和谐稳定的社会环境，要创新乡村治理体系，走乡村善治之路，让农村社会充满活力又和谐有序。党的十九大明确提出乡村振兴战略，并把健全自治、法治、德治相结合的乡村治理体系，作为乡村振兴的重要内容。当前，广东城乡、区域发展不协调、不充分，已成为制约广东发展的最大短板。2019 年，广东四个区域的生产总值比重中，珠三角高达 80.71%，东翼、西翼、山区只有 6.46%、7.07% 和 5.76%，全省农村居民人均可支配收入占城镇居民人均可支配收入 39.1%。[①] 随着工业化和城镇化的快速发展，大量农村剩余劳动力向城市转移，农村基层出现了一系列新情况、新问题，例如青壮年离乡、基层组织涣散、村"两委"黑化现象突出、社会风气恶化、思想价值体系混乱、封建迷信盛行等。广东是改革开放的排头兵、先行地、实验区，要在乡村治理上当好全国表率，探索先进经验。本文通过对广东乡村治理模式的回顾与反思，探讨新时期广东突破乡村治理困境的对策举措。

一 新时期乡村治理目标的提出及内涵分析

随着中国特色社会主义进入新时代，乡村治理进入新时期。与过去相比，我国乡村已经发生重大变化，由于乡村分化和分散，难以形成统一的治理模式。在此背景下，乡村治理形势复杂、极具挑战，必须准确把握治理的目标要求和内涵，以此倒逼治理模式的改革。

（一）提出背景

一是乡村之间不断分化且未来差异仍会扩大。由于所处地理位置、资源要素禀赋、经济结构及发展方式的差异，各地乡村发展不断分化，形成多种

---

① 《2019 年广东省国民经济和社会发展统计公报》，广东统计信息网，2020 年 3 月 7 日，http：//stats. gd. gov. cn/tjgb/content/post_ 2923609. html。

类型。从广东看，既有本地人口大量流出、仍发展农业的乡村，如粤东西北丘陵山区的乡村，农村集体经济不发达，地区比较效益低下，农业劳动力特别是青壮劳动力流出人口多；也有外来人口大量流入、已进入城镇范围但出现"人口倒挂"的乡村，如广州、佛山等珠三角城乡接合部，部分外来打工十几年乃至几十年的劳动力入户遭到村民拒绝，原村民因宅基地、集体分红等待遇不愿放弃农村户口，出现"逆城镇化"趋势。二是乡村的人口构成和人际关系不断变化。随着大量农村劳动力不断向非农产业和城镇转移，人口流出地"空心村"和"三留守"问题比较突出，人口流入地不断由以熟人社会为主转向陌生人与熟人社会并存的社会状态。三是乡村治理的研究仍不够系统深入。有的喧宾夺主，将与治理相关的经济发展、改革开放等各种问题或非治理问题当成治理问题；有的混为一谈，分不清治理手段与治理目标，片面地将"三治结合"作为目标；有的层次错乱，将微观治理简单当成宏观治理，或者将宏观治理当成微观治理等。这些因素深刻影响乡村治理，因而立足当前和未来，明确新时期乡村治理目标，对乡村治理的相关政策进行改革完善显得尤其迫切需要。

（二）目标内涵

党的十九届四中全会专门研究国家治理问题，对治理问题的分析形成了一个基本框架，即"坚持和巩固什么"以及"完善和发展什么"。乡村治理是国家治理的范畴，分析乡村治理也遵循这一分析框架。乡村治理，是要坚持党的基层领导，巩固村民自治，完善乡村社会发展秩序，为乡村振兴发展提供保障。关键是要解决三个问题。[①] 一是人的精神思想问题，这是基础性问题。乡村的地理位置、风俗习惯以及发展程度不同使村民的文化习惯、价值观念、精神面貌存在不小差异。要正确认识和合理对待这些差异的性质及其增大的原因，防止宗教极端思想和敌对反动势力等进行曲解宣传、蛊惑煽动和恶意利用。二是人的社会管理问题，这是基本性问题。一方面，现代社

---

① 秦中春：《乡村振兴背景下乡村治理的目标与实现途径》，《管理世界》2020 年第 2 期。

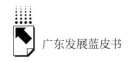

会是高风险社会，必须要有人管、能管住和管得好。另一方面，随着个人财富的增长和个人能力的提高特别是经济独立性的提升，群众对社会管理及政治参与会越来越关注，在管的方式上必须创新。但一些地方还存在组织变革滞后、治理单元结构不适应和治理方式落后等问题。三是人的公共服务问题，这是现实难题。村民对发展公共服务需求强烈，但公共服务的组织提供是有代价、有成本、有费用的，现阶段还不能完全由政府包揽下来，一些地方还存在了解群众对美好生活的现实需求和真实诉求不足，不重视分类分级和多元投入，提供服务观念落后和方式传统等问题。

二　对广东乡村治理模式的回顾

广东地貌类型复杂多样，北部为山地和高丘陵，南部为平原和台地，珠三角与粤东西北地区经济发展水平差异明显，使乡村治理呈现不同特点，形成了不同的治理模式。其中，有三种模式成效较为显著，分别是"党建引领"的南海模式、"重心下移"的清远模式以及"乡贤治理"的云浮模式。

（一）三种模式的治理机制

1. "党建引领"的南海模式

佛山市南海区以加强基层党建为引领核心，通过构建村到组、组到户、户到人的三级党建网络扩大引领效应，使5.2万名党员与279万群众有效联系、群众反映的突出问题得以根本解决，得民心、聚民力，夯实了党在农村的领导地位，凝聚了共建共治的治理合力。一是以引领思想建设为先导。以全区各级党组织、当地居民和企业为重点宣传对象，以每月免费投放的"新时代南海家书"为主体，促进群众对党委、政府工作及有关政策知晓与理解。二是以引领经济建设为中心。落实村民小组（自然村）党支部书记、党员分别参加经济社社委会、股东会议制度，加大党支部对经济社的监督和重要事项的参议力度。三是以引领队伍建设为支撑。推进书记、主任"一肩挑"，并将农村致富能人、回乡大中专毕业生、村民理事会成员、复员退伍军人作为党组织书记和后备干部的重点人选。

2. "重心下移"的清远模式

清远市通过将党组织、自治、公共服务"三个重点"下移一级的方式，建立扎根群众的自治机制。一是党组织从行政村下移到自然村，在行政村建立党总支 1018 个，在自然村、村民小组或具备条件的村办企业、农民合作社等建立党支部 9383 个，扩大了党的领导在农村的有效覆盖，拉近了党与群众的距离；二是自治从行政村下移到自然村，缩小自治单元，将原行政村改名为片区，仅保留原行政职能，村民自治职能由村委会、村民理事会、村务监督会、经济合作社等贴近群众生活的载体承担；三是公共服务从镇（街）下移到行政村，通过在行政村建立党群服务中心、下放审批权限、联网办理、代办等多项措施，为农民提供 8 大类 108 项农村基本公共服务，大幅减少村民跑的距离和次数。

3. "乡贤治理"的云浮模式

云浮市通过组建镇（街）、行政村、自然村三级乡贤理事会，充分发挥乡村熟人社会的特点和乡贤的威望，以乡贤作为乡镇行政管理与基层群众有效衔接的桥梁，发挥解说国家政策、组织村民、保障村民利益和调解民事纠纷的关键作用，填补了基层政府和村委会的管理缺位。一是搭建乡贤自治的基础，在村党支部的领导下，支持乡贤理事会在组织管理、人员配备、财务核算等方面自主工作；二是构建以奖代补的激励机制，以竞争性项目补偿方式资助乡贤理事会，而非直接拨款，对乡贤理事会自主申报、筹建并通过验收的美丽乡村建设项目进行回补；三是促成企业与农户的合作，以乡贤理事会作为企业与农民合作的中介，盘活农民分散的土地交给企业经营，促进农村土地流转，并协调解决土地规模化、集约化、标准化生产等常见棘手问题。

（二）存在的困难和问题

当前，广东农村三种治理模式立足于农村区域的特点，对稳定农村发挥了积极的作用，但与乡村治理的目标还有一定差距，仍面临不少深层次、结

构性矛盾和问题。

1. 党对农村的领导有弱化倾向

一是党的领头人弱化。在调研中发现，怀集县和英德市的部分经济相对落后的农村都出现了弱化的倾向。怀集县主要问题是支部书记、村委主任和合作经济组织负责人"一肩挑"难以推进。怀集县大部分有创业能力的年轻党员都外出工作了，留守村中的大多是"老弱病残"党员，无资金、人脉和社会资源牵头成立合作社，牵头成立合作社的大多数为非党员身份。村委主任一般由村中族老、寨老、威信高的人担任，而这些人大多数为非党员身份。在英德市，"三个重心下移"造成村党支部和村委会数量骤增，优秀党建领头人处于供不应求的被动局面。部分缺少管理经验的村民被"赶鸭子上架"，不知该干什么、能干什么和如何干好。二是党的凝聚力弱化。肇庆市怀集县梁村镇镇武村，因土地、山林、自留地等集体资源、资产都分到了各自然村，同时又无工业和其他收入来源，村集体经济仅有 1.37 万元，严重影响村党组织领导作用的发挥。党组织在领导公共服务建设方面举步维艰，带领村民奔康致富的能力更显不足，群众长期得不到实惠，群众对党组织的认同感和信任感减弱。三是党员队伍弱化。以肇庆市怀集县为例，从学历看，大专以上学历农村党员仅有 9.3%；从平均年龄看，35 岁以下农村党员仅有 7%。农村党员普遍是低学历高年龄，年轻高学历党员极其匮乏，使村党组织缺乏新鲜血液供给，降低了党组织的活力和战斗力。四是理论学习弱化。部分村存在"重经济轻党建"的思想误区，认为经济是实的，理论是虚的，对党的理论学习基本流于形式，"三会一课"等党内生活制度很难落实，有的支部几个月才学习一次，效果也不理想。

2. 农村自治能人缺位

一是"农村带头人"缺口大。粤东西北地区村干部年龄普遍偏大，知识水平、工作能力整体偏低，创新能力特别是运用"互联网＋"思维能力弱，把握市场、打开市场的能力不足，在发展集体经济上畏首畏尾，缺乏先行先试的魄力，导致有资源不敢用，有资产不会管。二是高素质人才紧缺，不愿来，留不住。大部分中青年村民外出务工，特别是大学生毕业后不愿回村发展。如肇庆市怀集县大学生每年回乡就业不超过 200 人，工资福利待遇的差距，使年轻人逐渐以外地打工为荣，以回乡就业为耻。另外，教育、医疗等公共服务的差距，也是年轻人不愿回乡的重要原因。三是"三留守"问题严峻、空心化现象突出。粤西北山区农村劳动力流出，导致土地和房屋长期闲置并出现"空心村"现象，使农村失去了往日的生机和活力，变得凋敝和萧条。据统计，2017 年全省留守妇女 113878 人、留守老人 252265 人、留守儿童 273653 人，"三留守"人员亲情缺"爱"、生活缺"助"、心理缺"疏"、安全缺"护"的处境仍然令人担忧。[1]

3. 农村基本公共服务不均

一是公共服务享受不均。珠三角农村面对庞大的"外来人口"群体，推进公共服务本外地人口均等，已成为当前珠三角农村普遍面临的难题。以佛山市南海区为例，南海常住人口 291 万人，其中非户籍人口 150 万人。南海虽在解决外来务工人员入户、子女教育、基本医疗保险和劳动权益保障等方面做出很多努力，但从外来人口的社会融合来看，当前外来人口享受的公共服务仍相对较少，在选举、共治共理等方面，还缺乏透明有效的参与渠道和机制。二是基础教育保障力度不足。多数农村中小学的教学设施和师资力量仍然比较短缺，农村的托儿所和幼儿园不仅收费高，而且基本条件和教育水平参差不齐。三是农村居民养老保险和医疗保障力度不足。农村合作医疗定点医院数量少、定点机构用药和检查不规范、住院费用和门诊费用上涨较快、处方药物和基本检查超标自费部分较大等农村居民看不起病、看病难问题依然存在。四是公共设施和必要的活动场所缺乏。粤东西北部分财政吃紧的农村地区因集体经济收入有限，甚至微乎其微，上级拨付的经费又是专款专用，根本无法保证社区活动的经费来源，也难以开展活动。如肇庆市怀集县梁村镇三柏村，2018 年集体收入仅有 5000 多元，办公经费和党建经费都靠上级补助，有时甚至要村委干部自己出资解决各种经费问题。

---

[1] 杨新荣、杨勇军、黄大乾：《乡村社会治理的框架、模式与路径研究——以广东省为例》，《农业经济问题》2019 年第 8 期。

三 汲取国内外乡村治理先进经验

（一）日本、韩国乡村治理经验

日本、韩国与我国具有相似的文化背景、自然基础和经济发展模式，也曾遇到乡村年轻人外出务工、高素质人才外流、农业发展面临人才与资金不足以及传统观念受到市场化冲击等乡村治理困境。日本以政府为主导开展"造村运动"、韩国注重"官民一体"的新村运动治理模式，均有效化解了城市化浪潮给农村带来的治理挑战，走出了城乡发展失衡的困境。日韩的成功经验，对于化解当前广东乡村治理面临的困境，推进广东乡村治理模式改革，具有重要借鉴意义。

1. 村民作为建设主体，培育内生发展动力

日本、韩国注重发挥村民的主体作用，让其成为农村地区经济社会发展的内生关键要素。一是激发村民自治的信念。韩国将培育"勤勉、自助、协同"的新村精神作为村民培训第一课，在新村运动中央协会、新村运动中央研修院、大学教授新村运动研究会和模范新村中提到最多的不是工程项目、投入规模、领导干部和科技人员下乡规模、培训人数，而是"我们能做""干，就能成功""我们要靠勤劳致富"。日本造村运动以"造人"为关键，政府不下行政命令，不拿钱包办，不指定生产品种，不统一发放资金，而是在政策与技术方面给予支持，一切行动由各社区、村镇自己掌握，倒逼农民放弃依赖思想，必须自我奋斗。二是提升农民文化素质和职业技术水平。日韩通过农业科技培训中心、农业高级学校、各种农业服务培训机构开展特色农业、农业技术实践、农场经营和农产品流通等专业培训，满足不同农民的培训需求。日本农林水产省更是根据农民参训时限不同给予不同生活、交通等补贴。

2. 发挥精英引领作用，凝聚外部发展合力

一是建立全国性农协。日韩绝大部分的农民都加入了农协。农协作为独立的农民合作组织，是农民的"指导员"，在农产品生产、流通、贸易、稳

定价格、农技推广与培训、金融服务、国际交流合作、规划制定、政策咨询等方面发挥重要指导作用；是农民的"代言人"，充当与政府、社会、国际对话的代言功能，既向政府反映农民关于农业与农村发展的愿望和需求，又帮助农民向政府提出修改完善不合时宜政策法规的建议；是农民的"投资者"，两国农协都拥有覆盖全国的银行网络系统，能向农民发放优惠贷款，而政府向农业部门投入的贷款资金和利息补贴资金也是通过各级协会发放。二是发挥精英引领作用。韩国中央研修院专门开展由国会议员、部长、教授、法官、新闻记者、企业家等各界负责人共同参加的乡村精英培训，推动社会更好了解和支持新村运动。同时，以熟人社会为基础成立"邻里会议"等民间组织凝聚农民的共识，形成农民、社会精英与政府组织的良性互动。日本对 45 岁以下符合条件的年轻农民给予专项补助，扶持发展农村产业，鼓励城市居民在农村建立市民农园、体验农村生活，吸引城市人口到农村定居。

3. 完善基本公共服务，构建多元保障体系

一是补助基础建设物资。韩国"新村运动"由财政出资给全国所有的村庄购买一定数量的水泥、钢筋等基础建设物资，用于修建农村道路、农业生产设施、农村居住环境等基础性设施建设。二是构建政府、企业、民间团体多元协作供给的模式。韩国农村公共服务体系由各级财政投入、民间企业投资与农村合作组织筹资组成，其中政府投入占 57%，农村居民承担 11%，其余 32% 由企业和民间团体承担。日本鼓励村民在医疗、教育、环境等领域组建互助团体，使村民从公共服务的"需求方"转变为"供给方"，有效化解农村基层治理公共服务短缺的难题。三是引入市场竞争机制。日本将职业培训、国民年金保险征收服务等公共服务通过竞标委托给民间经营，鼓励地方政府将一些基层的公共服务，尤其是偏远农村地区的公共服务以竞标形式委托给民间企业。据数据显示，自推行公共服务改革以来，政府提供公共服务的成本两年之内减少了 59.1%，国民年金保险金收纳事业经费节省 134 亿日元。①

---

① 任中平、王菲：《经验与启示城市化进程中的乡村治理——以日本、韩国与中国台湾地区为例》，《黑龙江社会科学》2016 年第 1 期。

（二）浙江、江苏乡村治理先进经验

"枫桥经验"起源于浙江省绍兴市诸暨市枫桥镇，其核心是"发动和依靠群众，坚持矛盾不上交，就地解决。实现捕人少，治安好"。1963年，毛泽东同志批示推广"枫桥经验"。2013年，习近平总书记强调，把"枫桥经验"坚持好、发展好。浙江、江苏不断深化完善新时代"枫桥经验"等先进治理模式，突出村民在打造共建共治共享社会治理格局中的主体地位，以"三治融合"推动乡村治理取得显著成效，形成了"大事一起干、好坏大家判、事事有人管"的可复制可推广的乡村治理模式。其中，浙江省桐乡市作为全国"三治融合"发源地，其"党建引领三治融合"的治理模式入选全国首批20个乡村治理典型案例。

1. 多元共治，构建乡村治理新机制

一是强化党建引领。浙江推行"网格＋支部＋党员先锋站"模式，每季度举办"耕耘者说"讲堂，每年选派村社干部跨省市挂职锻炼。江苏徐州贾汪区创新开展农村党员"挂牌亮户先锋行"、机关党员"回家看看乡情访"活动，全区7300多名党员家庭挂上党员户牌，亮身份、作承诺、解民忧。二是丰富治理载体。浙江桐乡在全市211个村社区建立以村规民约、百姓议事会、乡贤参事会、百事服务团、法律服务团、道德评判团为主要内容的"一约两会三团"治理载体，发挥协调发力和融合互促的乘数效应。江苏贾汪区在全国率先成立镇级"乡贤协会"、村级"乡贤工作室"，实现12个镇（街道、工业园区）、136个村（社区）全覆盖，成为上通下达的"传音筒"、矛盾纠纷的"过滤器"、基层稳定的"安全阀"。三是完善治理机制。浙江构建社会组织协同机制，建立社会组织发展扶持基金和市、镇两级社会组织服务中心，成立社会组织发展基金会，引导社会组织参与社会治理。

2. "三治"融合，激发乡村治理内生动力

一是激发自治活力。浙江创新"乌镇管家""楼道红管家"等自治品牌，发挥村干部、三小组长（党小组、村民小组、农村妇女小组）等的

"微治理"作用，开展清牌子、减评比、去台账等基层组织"去机关化"行动。江苏全省推广象山县"村民说事"、温岭民主恳谈会等经验，推动形成民事民议、民事民办、民事民管的多层次基层协商格局。二是强化法治保障。浙江创立"依法行政指数"，建立市、镇、村三级法律顾问和法官驻镇联村机制，创新推出集法治宣传、法律服务、人民调解等功能于一身的"法治小院"模式以及"24 小时法超市"等智慧化应用。江苏全面推行"一村一法律顾问"制度，开展村干部法律学习培训和村民普法教育。三是夯实德治根基。浙江大力实施农村文化礼堂、新时代文明实践四级服务阵地、伯鸿书房（书屋）、名人纪念馆等文化惠民工程，组织群众创作越剧、"三跳"等地方曲艺作品，推动从说教式传授向浸润式教育转变。江苏广泛开展"好家风"建设，建立村民道德评议组织，推动社会主义核心价值观进村庄、进礼堂、进家庭。

3. 化解矛盾，完善提升"枫桥经验"

一是浙江、江苏大力推动部门力量下沉和基层资源整合。统筹镇（街道）综治工作、市场监管、综合执法和便民服务"四个平台"建设，横向打通职能部门，纵向联通构建市、镇、村、网格四级网络体系，推动乡镇和部门派驻机构力量下移、执法下移、服务下移，构建权责清晰、功能集成、扁平一体、运行高效、执行有力的乡镇服务管理机制。二是强化科技支撑。浙江建成集矛盾调解、信访调处、法律援助、劳动仲裁、诉讼服务等多功能合一的市级社会治理综合指挥服务中心（信访超市），将省平安建设信息系统、基层治理四平台、12345 政务热线、网上信访、在线矛盾纠纷化解等信息化平台整合接入中心，充分利用大数据开展乡村治理，通过数据研判分析、在线调处、流转交办、回访督办等方式，实现矛盾纠纷"一网打尽"。

四　对当前广东乡村治理模式的反思

习近平总书记指出："全面建成小康社会，一个不能少；共同富裕路

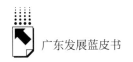

上，一个不能掉队。"① 党的十九届四中全会强调，完善群众参与基层社会治理的制度化渠道，健全党组织领导的自治、法治、德治相结合的城乡基层治理体系。2019 年 6 月 23 日和 2020 年 2 月 5 日中共中央、国务院分别出台《关于加强和改进乡村治理的指导意见》《关于抓好"三农"领域重点工作确保如期实现全面小康的意见》对加强农村基层治理进行全面部署，指出要充分发挥党组织领导作用、健全乡村治理工作体系、调处化解乡村矛盾纠纷以及深入推进平安乡村建设。广东区域发展不平衡，水山田地貌不同的地理特点，决定了广东乡村治理难以形成统一标准的样板，适合自身、能解决问题的才是当前最好的治理模式。日韩、江浙的治理经验启示我们，乡村治理归根到底是要治人，村民所需是一切工作的出发点和落脚点，搭建引导和帮助乡村人口迈向美好生活的转变阶梯，这才是乡村治理的重要目标。为此，我们应从以下方面着力构建新型高效治理机制。

（一）大力推进党建引领的"头雁工程"建设

2019 年 3 月 8 日，习近平总书记参加十三届全国人大二次会议河南代表团审议时强调，要夯实乡村治理这个根基，强化农村基层党组织领导作用，选好配强农村党组织书记，整顿软弱涣散村党组织。2018 年 4 月 26 日，广东省委书记李希在全省乡村振兴工作会议上提出大力实施"头雁"工程，把选优配强农村基层党组织带头人队伍作为首要任务，以"头雁"工程形成强大的"头雁效应"。强化广东乡村治理，必须抓好"头雁工程"这个总开关。一是形成县镇村党建三级联动机制。县级是"一线指挥部"，要建立县级领导干部和县直部门主要负责人包村制度；乡镇是为农服务中心，在农村人居环境整治、宅基地管理、集体资产管理、民生保障和社会服务等方面提高服务引领保障；行政村是基本治理单元，要加快推进支部书记、村委主任和合作经济组织负责人"一肩挑"。镇党委政府要提前介入，

---

① 《习近平总书记在十九届中共中央政治局常委同中外记者见面时的讲话》，新华网，2017 年 10 月 25 日，http://www.xinhuanet.com/politics/19cpcnc/2017－10/25/c_129726443.htm。

引导村委会做好换届选举工作，把党支部书记、合作社负责人按照合理的程序推选为村委主任，把村党支部班子成员纳为合作经济组织成员，加强党对合作经济组织的领导。二是增强新生力量有效供给。从农村知识青年、致富能手、退伍军人、村医村教及外出务工返乡青年中发掘优秀人员、发展党员，引导他们参与村务管理，把他们培养成肯干事、会干事、干成事的领头人，并逐渐过渡兼任村支部书记。三是继续推动完善"第一书记"制度。持续向贫困村、软弱涣散村、集体经济薄弱村派驻"第一书记"。

（二）注重村民思想文化教育

2019年6月23日中共中央、国务院印发的《关于加强和改进乡村治理的指导意见》指出，要发挥道德模范引领作用，深入实施公民道德建设工程，加强社会公德、职业道德、家庭美德和个人品德教育。乡村善治，农民"思想关"不容忽视。一是建立村民摸底常态化机制。重点调查了解农村的宗教信仰及参加宗教活动详细情况、民族成分及参加民族活动详细情况等，以及职业技能、发展需求、思想动态、政治观点、法律意识等情况。完善和创新村庄人员动态联系机制，将邮政、快递人员等作为重要工作人员，及时动态更新信息。二是发挥乡贤引领示范作用。把德高望重的老人、心系故土的有识之士、道德模范、乡村教师、经济能人等有助于乡村治理的群体，纳入乡贤中来，充分运用道德讲堂、文化宣传、模范评选等各种载体，使其成为社会稳定的维护者和乡村文化的弘扬者，促成村民形成共同、正向的道德价值观念，凝聚乡村治理的群众合力。

（三）完善乡村自治能人培育机制

2020年2月5日中共中央、国务院印发的《关于抓好"三农"领域重点工作确保如期实现全面小康的意见》指出，要培养更多知农爱农、扎根乡村的人才，畅通各类人才下乡渠道，支持大学生、退役军人、企业家等到农村干事创业。人才是乡村善治的关键，广东要以补足高素质人才和提升基层工作者能力短板为重点，加强干部队伍建设。一是以县市党校和镇（街）

党校为基地，切实加强村"两委"干部培训，加大农村基层党建和各项惠农政策的学习研究力度，并适当组织农村干部到乡村治理示范村实地学习、交流，汲取乡村治理可复制的优秀经验。二是积极培育本土人才，鼓励外出能人返乡创业，鼓励大学生村官扎根基层，注重建立引导和鼓励高校毕业生在基层"下得去、留得住、干得好、流得动"的长效机制，让优秀人才"愿下来、又留得住"，为乡村治理提供人才保障。

（四）发挥外来人口共治共享作用

共享是中国特色社会主义的本质要求，是新发展理念的重要内涵之一。习近平总书记对共享理念做了全面深刻的阐述：从覆盖面而言，要全民共享；从内容而言，要全面共享；从实现途径而言，要共建共享；从推进进程而言，要渐进共享。[1] 乡村治理不仅是乡村本地人口的事，更与乡村外来人口有关，与城镇人口有关，与社会各界有关。要对目前已离开乡村但与乡村发展有关的人员和目前及未来新进入乡村的人员的合理权益进行科学界定并提供严格保护。要营造乡村包容发展环境，使外来人口与本地居民和谐共处。建立以外来人口为主体的新型移民融入本土、参与共治机制。成立外来人员党支部和党员志愿服务队，在矛盾纠纷调解、环境整治、治安巡逻、特殊群体慰问等工作中发挥模范带头作用。成立共治议事会，由本土村民和外来人员共同协商解决公共事务。搭建外来人员融合学堂、外来人员融合服务站等交流平台，促进外来人口融入本土居民的社会生活。

（五）构建有效化解村民矛盾机制

2016年4月25日，习近平总书记在安徽省凤阳县小岗村农村改革座谈会上强调，各级领导干部要多到农村走一走、多到农民家里看一看，了解农民诉求和期盼，化解农村社会矛盾，真心实意帮助农民解决生产生活中的实际问题，做广大农民贴心人。广东要切实保障乡村公共安全和村民安居乐

---

① 习近平：《深入理解新发展理念》，《求是》2019年第10期。

业，持续整治侵害农民利益的行为，及时妥善处理农民群众合理诉求，有效化解基层矛盾纠纷。一是畅通农民利益诉求表达渠道。坚持和发展新时代"枫桥经验"，建立健全领导干部特别是市县领导干部定期下基层接访制度，积极化解信访积案。组织开展"一村一法律顾问"等形式多样的法律服务。二是深入推进平安乡村建设。全面排查整治农村各类安全隐患，持续推进基层"拍蝇"、整治"村霸"、假冒伪劣食品治理行动，严厉打击非法侵占农村集体资产、扶贫惠农资金和侵犯农村妇女儿童人身权利等违法犯罪行为。

（六）大力推进城乡基本公共服务均等化

2018 年 9 月 21 日，习近平总书记在十九届中央政治局第八次集体学习时强调，要建立健全城乡基本公共服务均等化的体制机制，推动公共服务向农村延伸、社会事业向农村覆盖。广东要以推进城乡公共服务均等化作为解决区域发展不平衡的有效抓手。增加农村教育、医疗、文化等民生性公共服务的有效供给。探索建立粤东西北地区公务服务建设补助、对口帮扶机制，解决建设经费缺口问题。引入市场化改革公共服务供给体制，选取偏远山区和居住较为零散的乡村，将其公共服务外包给工商企业、民间组织，建立健全对农村公共服务提供者的监督和评价标准，做到政府监督、法律监督与舆论监督的有效结合，确保公共服务供给质量。加大农村地区学校的硬件建设，提高农村地区教师待遇及师资水平。实施免费为农村定向培养全科医生和招聘执业医师计划，提升农村医疗服务水平。建立健全农村公共文化服务投入保障机制，注重推动农家书屋、村级文化社等文化惠民设施的建设及利用。

参考文献

秦中春：《乡村振兴背景下乡村治理的目标与实现途径》，《管理世界》2020 年第 2 期。

谭炳才、陈嘉伟：《广东乡村治理模式的选择与思考》，《广东经济》2019 年第 10 期。

B.7
广东污染防治攻坚
2019年情况和2020年设想

广东省生态环境厅 *

摘　要： 2019 年，广东省以习近平新时代中国特色社会主义思想为指导，把生态文明建设作为新时代广东改革发展的重大政治任务和重大民生任务抓紧抓实，把污染防治攻坚放在全省大局的突出位置深入谋划、全面部署、强力推进。治理结果显示全省六项污染物指标全面达标。坚持目标导向和问题导向，紧紧围绕打好劣 V 类水体歼灭战、强化优良水体保护、加强水源地环境保护。强化生活源、农业面源、工业源多源共治。实施精准分析、精准施策、精准治污，持续优化三大结构，突出重点区域、重点行业和重点污染物治理，扎实推进净土保卫战。深入开展农村人居环境整治，打好农业农村污染治理攻坚战。2020 年是全面建成小康社会和"十三五"规划收官之年，也是污染防治攻坚战的决战决胜年，推动全省生态环境质量持续好转，优化生态环境，实现全省的高质量发展。

关键词： 污染防治　生态环境保护　高质量发展

2019 年，广东省以习近平新时代中国特色社会主义思想为指导，全面

---

* 执笔人：薛雁，广东省生态环境厅四级调研员。

贯彻党的十九大和十九届二中、三中、四中全会精神，深入贯彻落实习近平生态文明思想以及习近平总书记对广东重要讲话和重要指示批示精神，坚决落实党中央、国务院关于生态文明建设和环境保护工作的决策部署，采取断然之策、非常之举，奋力打好打赢污染防治攻坚战，一些环境方面的沉疴顽疾治理得到明显突破，环保基础设施短板加快补齐，全省生态环境质量改善取得关键进展。

一 深入贯彻落实习近平生态文明思想，全力以赴推动污染防治攻坚战取得关键进展

广东省委、省政府深入学习贯彻习近平生态文明思想，把生态文明建设作为新时代广东改革发展的重大政治任务和重大民生任务抓紧抓实，把污染防治攻坚放在全省大局的突出位置深入谋划、全面部署、强力推进。省委、省政府主要负责同志坚决扛起生态环境保护政治责任，分别担任污染防治攻坚战指挥部第一总指挥和总指挥，联合签发两个"1号令"，牵头挂点督导茅洲河、练江两条污染最严重河流。省委、省政府连续两年召开全省打好污染防治攻坚战工作推进会，将污染防治攻坚战作为"大学习、深调研、真落实"专题之一，由省领导组织开展调研，形成系列具体举措。结合"不忘初心、牢记使命"主题教育，把打好污染防治攻坚战作为主题教育检视问题和整改落实的重要方面。一年来，在以习近平同志为核心的党中央坚强领导下，省委、省政府全力推动污染防治攻坚战各项工作，环保基础设施短板加快补齐，生态环境质量持续改善，成效逐步显现。一是环境空气质量继续领跑先行。2019年，全省六项污染物指标全面达标，全省PM2.5年均浓度为27微克每立方米，创2013年空气质量新标准实施以来历史新低；21个地级以上市PM2.5首次实现全部达标；深圳、珠海、汕头、河源、惠州、汕尾、茂名等7市PM2.5降至25微克每立方米及以下（世卫组织二级标准）。二是水环境质量发生重大转折性变化，地表水国考优良断面同比增加3个，劣Ⅴ类断面同比减少4个，云浮、河源、肇庆、韶关等4市水环境质量状况进入全国前30名，

其中云浮市排名全国第3。广州、深圳等8市全面消除建成区黑臭水体。三是土壤污染防治工作扎实推进，农用地详查圆满完成，重点行业企业用地调查全面开展，固体废物处置能力加快补齐。四是中央环保督察及"回头看"整改高标准推进，105项整改任务中，49项整体完成，56项持续推进。

二 坚持目标导向和问题导向，聚力打好打赢标志性战役

（一）聚力国考断面水质达标攻坚，全力以赴打好水污染防治重点战役

紧紧围绕打好劣V类水体歼灭战、强化优良水体保护、加强水源地环境保护、黑臭水体治理等重点战役，强化生活源、农业面源、工业源多源共治。一是以断面达标为牵引科学系统推进全流域治理。完善全省统筹、部门联动、分级负责的工作机制，对重点断面实行"一河一策"、建立"一图一表一方案"。建立茅洲河、广佛跨界河流、淡水河等重点流域污染整治协调机制，每月召集各方召开协调会，统筹流域上下游、左右岸系统治理。引进央企和省属国企实施"大兵团作战"，茅洲河流域高峰时期一线施工人员超过3万人、施工作业面1200多个；练江流域有近1万人、1700多台（套）机械设备开展治污大会战，配套管网以每日约6公里速度推进。2019年，广佛跨界河流鸦岗断面达到Ⅳ类，茅洲河、练江、淡水河、石马河国考断面水质明显改善，2019年综合污染指数同比分别下降35.2%、34.7%、45.1%、30.9%。二是重点整治工程扎实推进。深入推进饮用水水源保护区"划立治"，全省155个县级以上饮用水水源保护区标志规范化设置率达100%，县级饮用水水源地环境问题按要求全部完成整治，中央环保督察反馈意见指出的全省饮用水源一级保护区内违法项目和建筑清理整治完成率达99.9%。列入全国监管平台中的461个城市黑臭水体整治效果达到"初见成效"。以超常规力度统筹推进污水处理设施建设，全省新增城市（县城）生活污水处理设施28座、污水处理能力超过130万吨/日、城镇污水管网超过7000

公里，新建镇级污水处理设施230座、处理能力98.7万吨/日。三是全面实施河长制湖长制。深入开展让广东河湖更美大行动，全年清理水面漂浮物近669万吨，基本实现主要江河湖库无成片垃圾漂浮物的目标。四是坚决压实治水责任。建立约谈、限批、排名和信息公开机制，每季度召开全省水质达标攻坚会议，水质下降的市政府负责同志作表态发言，省主要媒体定期公布水环境质量信息，宣传正面典型、曝光突出问题。五是着力提升治污攻坚技术能力。举办广东省污染防治攻坚战治理技术、装备、服务展示交流对接会，开展溶解氧变化规律、水污染物输移规律研究，进一步提升治污攻坚技术能力。

（二）聚焦臭氧和PM2.5协同控制，坚决打赢蓝天保卫战

实施精准分析、精准施策、精准治污，持续优化三大结构，实施"三源"治理。一是全面推进产业、能源、交通结构调整。基本完成10.7万家"散乱污"工业企业整治任务。对3834台重点工业炉窑整治项目实施分类管理。完成建筑陶瓷行业"煤改气"生产线设备改造367条。关停煤电机组9台、装机容量102.5万千瓦。珠三角地区按最严要求划定高污染燃料禁燃区面积2万平方公里，占陆地面积35.7%。全省公交电动化率达86%，广州、深圳、珠海、汕尾和东莞基本完成公交电动化。二是加强挥发性有机物（VOCs）污染防治。严格重点行业建设项目VOCs总量指标管理，将4700多家重点企业纳入整治清单，超过一千家重点监管企业完成"一企一策"综合整治，开展第二轮油气回收强化治理。三是加强移动源污染治理。出台广东省柴油货车污染治理攻坚战实施方案，开展清洁柴油车、清洁柴油机、清洁运输、清洁油品四大行动。2019年7月1日起全省实施轻型汽车国六b阶段排放标准。加强在用车环保监管，16个市建成遥感监测系统并与省系统联网，全年全省现场查处驾驶排放检验不合格的货车上道路行驶交通违法超过2000宗。统一高排放非道路移动机械认定标准，全省21个市均划定非道路移动机械低排放控制区。推动完成沿海岸电泊位改造63个，718个内河泊位全部建成岸电设施，全省主要港口已基本实现码头堆场堆取箱作业全电力驱动。四是科学应对污染天气。印发《关于进一步强化今冬明春

大气污染防治工作的通知》。组织修订重污染天气应急预案,建立应急减排措施和清单。加强扬尘污染日常巡查,督导施工单位全面落实"6个100%"。建立省—市—县秸秆禁烧联动机制,全面禁止露天焚烧。针对传统节日期间城市 PM2.5 短时大幅上升的问题,2019 年春节期间严格实施烟花爆竹管控,全省 PM2.5 浓度同比下降超过 50%。

(三)突出重点区域、重点行业和重点污染物治理,扎实推进净土保卫战

一是扎实开展土壤污染防治。完成农用地土壤污染状况详查,推进重点行业企业用地土壤污染状况调查,发布第一批建设用地土壤污染风险管控与修复名录,建立覆盖全省所有县(市、区)土壤环境监测网络。二是加快固体废物处理能力设施建设。截至 2019 年底,全省 49 个固废处置重点项目中已建成 22 项,动工 20 项。2019 年新增危险废物利用处置能力 126.92 万吨,新增焚烧、填埋等无害化处置能力 30.06 万吨/年。生活垃圾分类全面推进,全省城市生活垃圾无害化处理率达到 99.87%,新建成生活垃圾处理设施 19 座,新增处理能力 2.63 万吨/日。三是组织开展全省固体废物专项行动。进一步加强部门间的监管联动和相邻省区间的联防联控机制,对固体废物非法跨省转移违法行为保持高压打击态势。

(四)深入开展农村人居环境整治,打好农业农村污染治理攻坚战

按照"摸情况、搭平台、抓起步、建机制、出标准、见成效"的思路,出台广东省打赢农业农村污染治理攻坚战实施方案、农村生活污水治理攻坚实施方案,发布农村生活污水处理排放标准,完成 1060 个建制村农村环境综合整治。安排中央财政专项资金 1.09 亿元,推进开平、廉江、蕉岭和始兴农村生活污水治理示范县建设。加强农村改厕与污水治理的有效衔接,全省农村完成无害化户厕改造建设 1341.5 万户,无害化卫生户厕普及率98.6%。完成全省畜禽养殖禁养区划定情况排查工作,全省畜禽粪污综合利用率达 84%,规模化畜禽养殖场粪污处理设施装备配套率达 87%。

三 全面加强生态环境保护，服务推动高质量发展

（一）加快推动形成绿色发展方式

加快推动绿色生产方式，全年推动2100余家企业实施清洁生产审核，省级园区循环化改造比例达85%，提前完成国家"十三五"目标任务。积极构建绿色制造体系，累计创建国家级绿色工厂153家、绿色设计产品287种、绿色园区4个、绿色供应链13个，广东省绿色制造示范数量高居全国首位。加快绿色金融发展，2019年249家控排企业纳入碳排放管理和交易，履约率达99.2%，全省碳市场累计成交碳排放配额1.39亿吨、成交额27.15亿元，位居全国第一。加快推进珠三角城市群生态文明建设，创建3个生态文明建设示范区和1个"绿水青山就是金山银山"实践创新基地。

（二）加快推进生态保护修复

在重点区域流域实施更严格环保准入标准，2019年北部生态发展区五市空气质量优良天数比例达95.3%，高于全省水平5.6个百分点，14个地表水国考断面水质均为优良（Ⅰ~Ⅲ类），生态屏障功能进一步夯实。加快粤北南岭山区山水林田湖草生态保护修复工程试点，加快广东南岭国家公园创建工作。推进湛江红树林国家级自然保护区湿地保护与恢复工程，完成10个海岸线修复和海岛整治项目以及雷州半岛生态修复工程热带季雨林营造5000亩。努力建设美丽宜居乡村，认定广东省森林小镇55个，完成绿化美化乡村1684个。推进矿山地质环境恢复治理和土地复垦，2019年投入5.6亿元，完成废弃矿山治理和复绿765公顷。

（三）加快推进生态环境治理体系和治理能力现代化建设

统筹推进生态环境机构改革，建立由省生态环境保护监察办公室和4个区域专员办公室，组建省生态环境监测机构。实行最严密的生态环境法规标

准，制定《广东省大气污染防治条例》，编制《广东省水污染防治条例》，颁布实施农村生活污水处理排放标准、小东江流域水污染物排放标准和锅炉、玻璃工业、陶瓷工业大气污染物排放标准，引领提升治理水平。全力推进"数字政府"改革，"互联网＋监管"系统监管数据合格率、事项覆盖率均达100%。强化生态环境监测体系建设，在全国率先开展颗粒物组分网、VOCs 成分网建设，建成华南区域空气质量预测预报中心，新建48个地表水省考断面水质自动监测站。全国第二届生态环境监测大比武，广东省囊括全部4项奖项第一名。分别与广西、福建、江西3省（区）签署流域上下游横向生态补偿协议。

（四）狠抓环境风险防范化解工作

完成珠海高栏港、茂名河西石化预警体系建设。深入开展环境安全风险排查，2019年广东省发生一般突发环境事件26起，同比下降30%，事件均得到及时有效处置。组织开展2019年生态环境领域矛盾化解攻坚专项行动，梳理排查涉群众切身利益的545宗信访举报环境重点问题已全部办结。妥善处置环保基础设施项目"邻避"问题，推动7个三年攻坚环保基础设施重点项目顺利开工。韶关防范化解环保基础设施"邻避"项目有关经验做法被生态环境部刊登于《环境发展专报》。

（五）严格落实生态环境保护责任

2019年，全省纪检监察机关充分发挥监督保障执行、促进完善发展的职能作用，切实加强对党中央生态环境保护决策部署落实情况的监督检查，严肃追究履责不力的党员干部特别是领导干部责任。坚决打击生态环境违法犯罪行为，2019年全省共处罚环境违法案件1.7万宗，罚没金额14.8亿元，移送行政拘留484宗，移送涉嫌环境犯罪案件388宗，工作力度居全国前列。同时，规范生态环境监管执法，坚决禁止环保"一刀切"。

2020年是全面建成小康社会和"十三五"规划收官之年，也是污染防治攻坚战的决战决胜年。我们将坚持以习近平生态文明思想为指导，坚决打好打赢污染防治攻坚战，推动全省生态环境质量持续好转，为实现"四个走在全国前列"、当好"两个重要窗口"提供强有力的生态环境支撑。一是坚持方向不变、力度不减，突出精准治污、科学治污、依法治污，抓好源头防控，聚焦约束性指标达标，坚决打好打赢污染防治攻坚战。二是以推动建设粤港澳大湾区、支持深圳建设中国特色社会主义先行示范区、广州实现老城市新活力与构建"一核一带一区"区域发展新格局为引领，把生态文明建设摆在突出位置，率先打造人与自然和谐共生的美丽中国典范。三是统筹推进污染防治攻坚战和生态文明建设持久战，系统谋划"十四五"生态文明建设工作，协同推进经济高质量发展和生态环境高水平保护。四是加快建立健全生态文明制度体系，把制度优势更好地转化为治理效能，着力解决制约生态环境保护事业发展的体制机制问题，推进生态环境治理体系和治理能力现代化。

B.8
广东防范化解金融风险情况

广东省地方金融监督管理局*

摘　要：　2019 年，广东省全力抓好"防风险、促发展、强监管"工作，贷款保持较高增速，直接融资规模进一步扩大，银行业机构不良率继续下降，金融业增加值在 GDP 中的占比、金融业税收对全部税收的贡献都进一步提高，实现了金融业自身的高质量发展。针对 P2P 网贷风险有序处置、防范和处置非法集资、重点领域金融风险稳妥应对，防范化解重大金融风险由此取得了显著的成效。农合机构历史包袱得到较大程度的化解，财务状况、法人治理结构发生重大转变，整体抵御防范风险的能力进一步增强。依托"数字广东"搭建中小企业融资服务平台，建设供应链、贸易融资、知识产权融资等特色功能板块，有效缓解中小企业融资难、贵、慢的问题。同时，广东在新一轮机构改革后全面履行地方金融监管职责，加快理顺工作体系，强化建章立制，使得地方金融发展进一步规范有序。广东金融部门联合多方面综合治理非法金融活动，金融生态环境进一步优化提升。

关键词：　融资规模　金融业税收　金融风险

2019 年，广东以习近平新时代中国特色社会主义思想为指导，全面贯

---

* 执笔人：欧黄河，广东省地方金融监督管理局政策法规处一级主任科员。

彻党的十九大和十九届二中、三中、四中全会精神,深入贯彻习近平总书记对广东重要讲话和重要指示批示精神,按照"六稳"工作要求,以及省委"1+1+9"部署,全力抓好"防风险、促发展、强监管"工作,防范化解重大金融风险取得显著成效。

一 全省金融业发展提质增效

2019 年,广东贷款保持较高增速,直接融资规模进一步扩大,银行业机构不良率继续下降,金融业增加值在 GDP 中的占比、金融业税收对全部税收的贡献都进一步提高,实现了金融业自身的高质量发展。

首先,主要金融指标全国领先。截至 2019 年末,全省金融机构本外币存款余额 23.25 万亿元、贷款余额 16.80 万亿元,分别同比增长 11.7% 和 15.7%,其中贷款余额比 2019 年初增加 2.19 万亿元,增速高出全国平均水平 3.8 个百分点,增量超过全国的 1/8;从资本市场融资 7267 亿元,当年新增境内上市公司 34 家,总数达到 618 家,稳居全国第一;险资入粤规模累计近 1 万亿元,保费收入在全国率先突破 5000 亿元,达到 5493.60 亿元,同比增长 17.79%。

其次,金融发展质效进一步增强。截至 2019 年末,全省银行业机构不良贷款额 1973.82 亿元,不良贷款率为 1.20%,同比下降 0.16 个百分点。经初步核算,全年实现金融业增加值 8881 亿元,同比增长 9.3%,增速比上年大幅提升 3 个百分点;实现税收收入(不含海关代征关税和证券交易印花税)3169.71 亿元,同比增长 14.2%,占全省税收收入的 13.3%,比上年同期提升 1.6 个百分点。

二 防范化解重大金融风险成效显著

广东认真贯彻落实习近平总书记关于打好防范化解重大风险攻坚战部署,细化制定出台防范化解重大金融风险攻坚战实施方案,明确 18 项重点工作任

务，落实责任分工、时间节点要求，做到底数清、任务明、责任实，在各级政府、各有关部门合力推动下，防范化解重大金融风险工作取得显著成效。

一是P2P网贷风险有序处置。广东坚持以退出为主要方向推进网贷风险整治，2019年全省在运营P2P网贷机构大幅压降，从年初291家降至年末的4家，风险水平显著下降。在"精准拆弹"处置"团贷网"P2P特大非法集资案件中，建立"1+1+5"处置工作机制、保留原催收团队有效开展催收、创设资产处置5张表全面摸清资产底数、强化联合失信惩戒打击恶意逃废债，连续发布公告回应投资者关切，有关做法受到各方充分肯定，并在全国金融形势通报和工作经验交流会上被表扬。

二是防范和处置非法集资工作再上台阶。强化处非培训，推动处非工作规范化、制度化，研究修改举报奖励制度，推动群防群治。组织开展非法集资风险"地毯式"排查，摸查企业28.24万家，发现重点风险线索208条。非法集资全链条治理逐步健全，全年新发案件宗数及涉案人数，分别同比下降28.44%、35.44%，尤其是陈案攻坚取得显著进展，全年累计结案278宗，结案率38.83%，共退还22.54亿元，29宗全额返还，最大程度维护群众合法权益。2019年度广东处非工作在国家综治考评中获得满分、位列一档，取得历年最好成绩。

三是重点领域金融风险稳妥应对。由于全年经济金融形势剧烈变化，广东认真分析研判中美经贸摩擦、省外个别银行突发风险影响，紧盯省属国有企业、上市公司和地方中小金融机构流动性，督促监管部门和属地政府加强管理，在复杂的外部环境影响下，稳妥有序处理个别民营上市公司风险事件，保持了地方金融大局总体稳定。2019年内，纾困基金按照市场化、法治化原则，对符合条件的公司进行救助，共有73家上市公司或其大股东累计获得纾困资金240亿元。

三 农信社通过加快改制总体实力进一步增强

在省委、省政府坚强领导下，通过各地市各有关部门共同努力，至

2019 年末，有改制任务的 64 家农村信用合作社（简称农信社）已通过改制既定风险处置任务，不良贷款率相较于改制前（2017 年 9 月）大幅下降超过 8 个百分点，高风险农信社下降至 5 家，处置数量全国第一。2019 年 6 月，潮州农村商业银行开业，成为省内第一家以地级市为单位统一法人改制组建的农村商业银行。相关改革经验得到中国银保监会充分肯定并向其他省份进行推广。

经过两年的攻坚克难，广东农合机构历史包袱得到较大程度的化解，财务状况、法人治理结构发生重大转变，整体抵御防范风险的能力进一步增强。截至 2019 年末，广东农信系统资产总额达到 3.3 万亿元；各项存款余额超过 2.6 万亿元，各项贷款余额突破 1.7 万亿元，三项指标在全国同行和省内金融系统均位居前列。

四 金融服务实体经济基础更加扎实

2019 年，广东按照党中央、国务院关于支持民营中小企业融资的政策精神，系统深入开展调研，经省政府常务会议审议同意，以部门联合发文出台《广东省支持中小企业融资的若干政策措施》，提出了 22 条政策措施，依托"数字广东"搭建中小企业融资服务平台，对接 26 个政府部门 213 类数据，对全省 1100 多万家中小企业进行在线信用评价和智能融资匹配。截至年末，平台入驻金融机构 129 家，上线金融产品 319 款，建设供应链、贸易融资、知识产权融资等特色功能板块，以区块链技术为基础的无抵押融资预授信审批时间不超过 10 分钟，有效缓解中小企业融资难、贵、慢的问题。

为支持科技创新，广东还充分利用上海证券交易所科创板推出的有利时机，发动各地市建立后备企业资源库，通过系列专题培训班培训辅导企业 300 余家，2019 年内申报 31 家、上市 10 家，居全国前列。2019 年末，全省境内上市公司达到 618 家，新增 34 家，科创型企业首次公开发行占比超过九成；全省直接融资达到 7267 亿元，其中民营企业直接融资达到 4720.6 亿元，同比增长 61.7%；发行全国首单以专利许可使用费为基础资产的知识

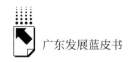

产权 ABS 产品，融资渠道进一步拓宽、融资方式进一步丰富。年末，全省民营企业贷款余额达到 4.5 万亿元，占全部企业贷款的比重超过 50%；普惠口径小微贷款余额达到 1.5 万亿元，比年初增长了 3600 亿元；商业银行（不含深圳）新发放人民币贷款加权平均利率为 5.34%，比年初下降 0.44 个百分点。

五 地方金融发展进一步规范

广东在新一轮机构改革后全面履行地方金融监管职责，加快理顺工作体系，强化建章立制，迅速开展地方金融发展状况摸查、清理和整顿工作，地方金融发展进一步规范有序。一是规范市场准入。摸查融资租赁、商业保理、投资公司和社会众筹等地方金融机构的发展情况，对未经批准开展地方金融业务的机构进行风险监测，并按照新版市场准入负面清单，严格规范 7 类机构（场所）市场准入。二是强化日常监管。依托国家"互联网＋监管"系统，加强监管信息的归集共享和风险跟踪预警，通过"金鹰系统"对辖内近 80 万家企业名称或经营范围中含有"投资"字样的公司，开展专项风险排查，并组织相关部门和注册地所在市开展摸排处置。完善非现场监管系统，依法依规开展现场检查。三是开展清理整治。2019 年 7 月共排查商业保理法人主体 10076 家，其中，正常经营 1461 家，非正常经营 2956 家，"空壳""失联"企业 5659 家；引导变更经营范围或注销 681 家，稳妥实施分类处置，逐步纳入监管名单。筹备开展融资租赁行业专项清理排查，加紧引导市场预期。清理全省非持证融资担保公司，实现融资担保机构和业务监管全覆盖。四是严格依法行政。扎实推进"双随机一公开"、行政执法公示制度，执法全过程记录制度，重大执法决定法制审核制度和重大决策合法性审核等制度，按照"放管服"要求稳妥做好部门行政权力事项压减、办事指南编制公布等工作。

截至 2019 年末，由地方归口监管的全省 7 类机构（场所）基本情况如下：小贷公司 530 家、实收资本 972.88 亿元、贷款余额 917.95 亿元；全省融资担保公司 250 家，注册资本 724 亿元，净资产 777.6 亿元，融资担保在保余额 1875.8 亿元，再担保在保余额 407.5 亿元；全省（不含深圳）典当行 535 家，注册资本 92.73 亿元，典当余额 78.69 亿元；融资租赁企业 5646 家，注册资本 1.37 万亿元；商业保理企业 7284 家，注册资本 5317 亿元；3 家地方资产管理公司注册资本 103.69 亿元，收购处置不良资产规模 1142 亿元；广东股权交易中心共有挂牌展示企业 16656 家，累计融资达 1137.01 亿元，登记托管企业 3617 家，托管总股本 1632.25 亿元，会员机构 473 家，设立了 4 家分公司，组建广东省农合机构（商业银行）股份规范管理平台，为全省 38 家商业银行提供股份登记托管及梳理规范服务，累计托管总股本逾 560 亿股，托管股东 33.4 万户（约占全省农合机构股东人数的 63%）。

六　金融生态环境进一步优化提升

广东金融部门联合多方面按照"排查存量、严控增量、打防结合、除恶务尽"的思路，综合治理非法金融活动，深入排查非法高利放贷、"地下钱庄"、暴力讨债等重点问题线索，强化对套路贷、校园贷等问题的动态监测和主动预警。省金融风险监测防控中心通过"金鹰"系统对接 1400 万个市场经营主体，对 40.44 万个目标企业实时监测，实现了"主动发现—精准预警—深度分析—协同处置—持续监测"的全链条防控机制和闭环管理，风险企业化解率达到 80%；深圳市建立"灵鲲"系统，融合公安、工商、法院、税务、银行、信访等 42 个单位、涉及 300 余万商事主体的近 500 项行政数据，以及腾讯公司百亿点和千亿点亿边的"黑产"知识图谱，通过数据清洗、AI 智能分析、交叉对比等，有效监测全市 25 万余家新兴金融企业，对其中 4.7 万家作了重点分析，识别风险企业 1100 余家。两地的改革创新推动广东金融风险防控走在全国前列，有关经验做法得到国家有关部委的充分肯定与高度评价并吸引多个兄弟省份前来交流借鉴。

与此同时，广东创新方式，在电视台、网络媒体连续播放、刊载网贷风险主题教育片和文章，联合三大运营商以短信形式开展防范非法集资风险教

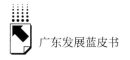

育，全民普及金融知识，举办"金融大讲堂"，开播 50 集金融风险教育广播短剧《西关小院故事》，开展大型集中宣传活动 5728 场次，播放公益广告 97.6 万次，新媒体宣传 327 万次，发送公益短信 1.5 亿条，实现金融知识进校园、进工厂、进机关、进企业、进社区、进农村，营造了诚实守信的金融文化和"知金融、懂金融"的社会氛围。

2020 年是实现全面建成小康社会和打赢三大攻坚战的决胜之年，做好金融工作意义重大。广东将认真按照中央部署，坚持党对金融工作的领导，大力深化金融供给侧结构性改革，建设与实体经济发展适配的现代金融体系，推动实施更高水平金融开放。同时，落实好国务院金融稳定发展委员会地方协调机制，推进全省农商行法人治理结构调整，做好网贷机构分类处置，加强地方中小金融机构流动性风险防范，防范纾解上市公司风险，依法、科学监管地方金融从业机构，强化投资者教育，打好防范化解金融风险攻坚战，为决胜全面建成小康社会努力奋斗！

B.9
加强跨省污染联防联治
打好污染防治攻坚战

广东省人民政府发展研究中心课题组*

摘　要：　近年来，广东省深入推进生态文明建设，统筹山水林田湖草
系统治理，加强同邻近省份开展污染联防联治协作。污染联
防联治机制基本建立，加强区域大气污染联防联治和跨界流
域污染联防联治。建立流域生态补偿与污染赔偿双向机制，
合力推进跨省流域水环境保护。并且为提高环境突发事件防
范和处置能力，广东与邻近省份高度重视应急演练和应急处
置工作，共同做好联合应急执法工作。但在执行联防联治的
过程中依然存在法律法规滞后、跨省跨部门沟通联系机制还
不畅通、跨界河流水污染形势仍然严峻、危险废物跨界处置
问题突出等问题，由此提出了健全日常联防联控机制，提升
跨省污染联防联治的能力、建立多元补偿机制，增添跨省污
染联防联治的动力、加强粤港澳大湾区环保合作，挖掘跨省
污染联防联治的潜能等对策措施。

关键词：　跨省污染防治　联防联治机制　生态文明

2018 年 10 月，习近平总书记视察广东，对广东工作提出新希望、新要

＊ 课题组组长：刘洪盛；课题组成员：康念福、张冬霞、蔡子平；主要执笔人：张冬霞，广东
省人民政府发展研究中心创新产业研究处处长。

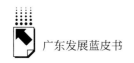

求，要求广东深入抓好生态文明建设，统筹山水林田湖草系统治理，深化同香港、澳门生态环保合作，加强同邻近省份开展污染联防联治协作，补上生态欠账。为此，广东省政府发展研究中心专赴福建、广西等邻近省份调研，并与省直相关部门就广东与邻近省份污染联防联治取得的成效，以及存在的问题开展座谈，希望通过跨省跨部门协调解决，齐心协力共同打好污染防治攻坚战。

一 跨省污染联防联治具备良好基础

2004 年，泛珠合作各方签订《泛珠三角区域环境保护合作协议》，"9 + 2"各省区①特别是广东与邻近省区开启了生态环境保护、污染防治、环境监测、环境监察与应急等方面合作，并取得初步成效。

（一）污染联防联治机制基本建立

一是加强区域大气污染联防联治。建立泛珠三角区域大气污染联防联控协调组织机构，开展区域内大气环境质量评估，制定大气污染控制的对策措施，加大机动车尾气联合治理力度等。2014 年 9 月，粤港澳三地环保部门签署《粤港澳区域大气污染联防联治协议书》，建立与国际接轨的粤港澳珠江三角洲区域空气监测网络，率先以改善大气环境质量为目标实施联防联控。二是加强跨界流域污染联防联治。水利部珠江水利委员会建立了滇黔粤跨省（自治区）河流水资源保护与水污染防治协作机制，促进省际协调联动，保障流域水安全。粤闽、粤赣、粤湘、粤桂签署跨界河流水污染联防联控合作框架协议，粤桂合作治理九洲江污染，粤赣合作保障东江水质安全，湘赣粤三省合作保障北江安全等，强化水污染联防联治。广东省邻省界的肇庆、韶关、梅州、清远等市分别与梧州、郴州、龙岩、贺州等邻市签订了跨

---

① "泛珠三角"，简称"9 + 2"，即广东、福建、江西、广西、海南、湖南、四川、云南、贵州等 9 个省（区），再加上香港和澳门形成的超级经济圈。

界河流水污染联防联控协作框架协议，加强环境信息共享和会商处置。三是加强固体废物污染联防联控。2017 年底，广西与广东共同签订《粤桂危险废物跨省非法转移联防联控合作协议》，形成跨省联防联控机制，大力打击跨省转移倾倒危险废物违法行为。2018 年 7 月，粤桂固体废物联防联控联席会议召开，进一步完善合作防范固废跨省非法转移的举措和机制，探索建立"三项制度"，实施"三个合作"。

（二）跨省生态补偿持续推进

2016 年，广东省分别与广西、福建、江西三省（区）政府签署了《九洲江流域上下游横向生态补偿协议（2015～2017 年）》《汀江－韩江流域上下游横向生态补偿协议（2016～2017 年）》《东江流域上下游横向生态补偿协议（2016～2018 年）》，建立流域生态补偿与污染赔偿双向机制，共同出资并积极争取中央资金支持，合力推进跨省流域水环境保护。为巩固治理成效，2018 年 9 月，广东省与福建省政府签署《汀江－韩江流域上下游横向生态补偿协议（2018 年）》；2019 年 1 月，与广西壮族自治区政府签署了《九洲江流域上下游横向生态补偿协议（2018～2020 年）》，深入推进流域横向生态补偿工作，加强污染联防联治。根据国家核定的水质考核结果，广东省已拨付广西、福建、江西三省（区）跨省流域生态补偿资金共 6.98 亿元（九洲江 3 亿元、汀江－韩江 1.98 亿元、东江 2 亿元），争取中央资金 22.99 亿元（九洲江 8 亿元、汀江－韩江 5.99 亿元、东江 9 亿元），用于上游省份开展流域综合整治。通过四省（区）共同努力，九洲江、汀江－韩江、东江流域水环境质量持续改善，跨省流域横向生态补偿取得积极成效。

（三）联合应急执法合作日益密切

为提高环境突发事件防范和处置能力，广东与邻近省份高度重视应急演练和应急处置工作。粤桂两省区分别开展了九洲江流域突发环境事件联合应急演练、2017 年西江流域粤桂合作突发环境事件应急演练、西江水上溢油

应急处置和沉船水上搜救等演练，为西江水质污染应急处置积累了丰富经验。在开展日常环境监督执法中，广东与邻近省份密切沟通，联合处置跨界区域环境污染问题，查处跨地区危险废物违法转移案件等。粤湘联合排查两省跨界河流环境风险隐患，粤桂联合处置固体废物非法转移倾倒案件及罗江桂粤缓冲区水质超标问题，粤闽协同处置汀江青溪断面锰超标事件。2018年5月，广东省组织泛珠区域环境部门召开泛珠区域环境应急联防联控交流合作座谈会，围绕突发事件应急联动处置、省区环境应急管理、能力建设、信息化建设等内容进行交流，共同做好联合应急执法工作。

二　存在的主要问题

广东与邻近省份污染联防联治的合作框架已经基本建立，但在具体的防治中仍存在诸多问题。

（一）法律法规滞后

由于现行法律法规缺失，区域纠纷和环境侵权难以做出适法评判和处罚。跨省界水污染等联防联控缺乏刚性约束，上下游之间重要环境信息沟通、纠纷处理、损失赔付、责任追究等内容缺失，对水污染事故的处理仍是采取当事双方政府间协调解决的办法，难以从根本上解决跨省界水污染问题。环境污染实行"后果罪"，只有对环境造成严重污染，才能起诉，取证困难，样本监测成本高。

（二）跨省跨部门沟通联系机制还不畅通

跨省区之间及环保、交通、水利、公安等部门之间尚未完全建立有效的沟通联系机制，环境监管、产业布局及水质、水利、污染案情等重要信息不能及时共享，致使事故预防的有效性大大降低，尚未真正形成联防联治合力。如，西江上游梧州建设大水库、贺州建设陶瓷城等重大工程项目建设，下游地区事先完全不知情，不利于水环境污染的联防联控。跨界跨部门之间缺少沟通的渠道与平台，污染防治措施、治理经验等未及时交流互通，没有实现区域排放源清单和污染物来源解析等成果共享共用，不利于联合防治污染。

（三）跨界河流水污染形势仍然严峻

广东省共有跨界河流 52 条，其中发源于邻省或部分集水面积在邻省的有 44 条，发源于广东省流入邻省的有 8 条。广东省在大多数跨省河流中处于下游位置，水污染问题影响较大。福建、江西上游畜禽养殖废水、生活污水、工业废水等输入性污染源仍然偏多，多宝水库、松源河等跨界河流污染问题依然严峻。根据珠江水利委员会对水功能区的监测，罗江桂粤缓冲击区广西境内上游及广东境内荷花镇支流和排水沟水质较差，2018 年 1 月至 6 月水质连续超标。桂粤九洲江的石角断面、闽粤石窟河的园峰桥断面 2018 年 11～12 月水质超标。粤港河段深圳河的罗湖断面和深圳河口断面 2018 年 11 月至 2019 年 1 月水质超标。粤澳河段湾仔水道的湾仔断面 2018 年 12 月至 2019 年 1 月水质超标。

（四）危险废物跨界处置问题突出

近年来，在广西来宾、钦州、贺州、梧州、玉林和湖南郴州、永州等地先后发生非法倾倒危险废物、固体废物案件，涉及广东省相关企业，影响恶劣。主要原因在于以下三个方面。一是危废处置能力不足。广东省危废处置能力总体不足，处理设施地区分布不均，主要集中于珠三角，粤东、粤西地区尤其不足，绝大部分的危险废物需转移到珠三角地区或者运到外省进行处理处置。广东省灯管等危废需要运到江苏处理，含汞废物要运到贵州、江苏处理。全省焚烧类、填埋类危险废物处置能力缺口分别达 15 万吨/年和 10 万吨/年。二是危废的界定鉴定较难。从我国的监督体制来看，运输环节主要监管"危险货物"，处置环节主要监管"危险废物"，各环节均有不同的危险品名录管理。危废没有列入交通运输部门的"危险货物"名录，交通运输执法部门及企业对危险废物认定无明确标准和缺乏有效手段，对在普通

货物中是否夹带固体废物或危险废物无辨别手段，货物周转中难以抽查认定。如，如果企业申报运输货物为"泥"，交通运输部门难以界定是不是危废。同时，危废需要专门的环保鉴定，鉴定周期和成本较高。三是危废非法处置经济利益巨大。广东省焚烧处置危险废物需 4000～5000 元/吨，而非法倾倒的成本仅需运输成本。受经济利益驱动，一些企业与人员专门承接危险废物的非法收集、处置、转移、倾倒工作。

（五）西江水系船舶污染问题亟待解决

西江是广东省重要的饮用水水源地，也是重要的内河航运河道。西江水质一直保持在Ⅱ类水体水质标准，但是船舶污染问题仍然比较突出。西江内河运输船舶以燃烧柴油为主，船舶在营运中产生大量的废气、油污、垃圾和生活污水，已经成为西江流域比较突出的污染源。西江流域特别是上游欠发达地区对船舶溢油防控设备投入不足，防控能力不强。西江流域港口、码头、装卸站缺少船舶污染物回收处理设施，沿岸没有船舶污染物接收处理站，不能有效接收船舶生产经营过程中产生的残油、废油、含油污水、化学品洗舱水、生活污水和垃圾等船舶污染物。同时，沿江缺少监控监管，乱排乱倒问题也比较突出。液化天然气（LNG）动力船燃料成本低，排污量低，是水运绿色低碳发展的必然选择。目前，纯 LNG 动力示范船已经率先在珠江流域投入营运，但是 LNG 加气站只在广西梧州有一座，广东还没有 LNG 加气站等配套设施。

（六）跨省河流水体功能定位目标不一致

目前西江广西段水质标准执行的是Ⅲ类水，而广东执行的是Ⅱ类水标准。虽然西江目前水质基本保持Ⅱ类，但随着广西的快速发展，水质情况存在很大不确定性。广东省汀江、长潭水库、多宝水库等水环境功能区划为Ⅱ类，而根据《福建省人民政府关于龙岩市地表水环境功能区划定方案的批复》，至梅江、汀江水系的水环境功能类别划分多为Ⅲ类以上，导致两省水质保护和污染监管的尺度不一致，水质交接目标难协调。

（七）监测执法数据共享有待加强

环境数据"部门私有化"，环境信息"孤岛化"现象仍然存在，各类数据共享困难，难以发挥协同效应。目前，汀江－韩江流域、九洲江流域、东江流域协议双方虽然开展了联合监测工作，但双方监测数据未充分交流共享，没有建立定期水质会商和综合研判机制。同时，各地监测能力建设不足，尚不能对整个水系水质开展实时监测，对水系污染动态情况不能及时掌握。广东省168个省考断面尚有79个没有实现自动监测，监测数据不能实时自动采集及数据传输共享。跨省界固体废物非法转移倾倒案件查处过程中，广东、广西两省区环保、公安部门信息共享机制不健全。被倾倒地环保部门未能及时提供非法跨省转移倾倒废物的具体类别和数量，公安部门介入调查后，相关涉案人员被公安部门刑拘扣押，造成广东省执法人员查办过程中，缺乏案件关键人物，执法对象缺失，无法及时调查取证和消除环境安全隐患。

（八）跨省流域横向生态补偿机制还不健全

由于国家层面相关政策仍不完善，生态补偿机制的建立缺少法律支持，技术定量、补偿方法等缺乏相应体制和政策支持。汀江－韩江流域、九洲江流域、东江流域虽然已经初步建立了横向生态补偿机制，但关于下一步继续加强合作的补偿方式及标准等争议仍然比较大。如，横向补偿的断面数量的确定、指标的选取、支流的确定等都存在较大分歧，协调推进难度大。目前横向生态补偿主要还是下游补偿上游，没有充分体现平等互利、权责对等的原则，上游出现水质考核不达标时，仅仅是下游少予补偿，没有上游给予反向补偿。

（九）粤港澳区域环保协同治理机制亟待完善

粤港澳三地具有不同的环境保护制度，给三地生态环境协同治理带来一定障碍。如，粤港柴油油品标准不统一。我国内河和江海直达船舶必须使用

硫含量不大于 10 毫克/千克（10ppm）的柴油，价格约 7000 元/吨，但是香港地区的标准是使用不大于 50 毫克/千克的柴油，价格约 4000 元/吨。由此，一些往返港澳的江海直达船多由于利益驱使，选择在香港加柴油，柴油走私的情况也比较猖獗。2018 年，肇庆海事局共抽检船用燃油 360 宗，超标率 63%（广东籍、广西籍均超 60%），油品质量控制大打折扣，影响大气环境质量改善。另外，香港港口仍然鼓励远洋船舶泊岸时使用低硫燃料，还没有推广使用岸电。

（十）流域工作机制有待健全

流域河长制信息报送、信息共享等机制还没有建立健全，流域管理局目前无法及时、全面、系统地掌握流域河湖管理保护基础数据信息。《国家突发环境事件应急预案》并未明确流域管理机构在流域性突发水污染事件应对工作中的职责定位，流域机构与各地环保、水利部门的应急协作工作机制尚不完善，在应急资源共享、应急监测联动等方面缺乏有效的协作机制。广东流域局执法权已收归水利厅，执法能力不足，联合执法机制有待健全。

三　对策建议

地域相连，人缘相亲，大气和水环境连为一体，强化跨省污染联防联治，是打好污染防治攻坚战的关键一环。我们要坚持感情上联谊、机制上联防、信息上联通、处置上联手，加快形成区域环境治理新格局。

（一）积极争取中央支持，理顺跨省污染联防联治的机制

一是向中央建议修订跨行政区污染联防联治相关法律法规，明确区域环境纠纷处理办法，推动跨界污染防治协同联动，实现互利共赢。二是积极争取水利部、生态环境部等相关部门支持，协调建立流域上下游水质一致标准，将西江水质标准明确提升到 II 类水等。三是探索以河长制为基础，以流域局为依托，建立省际河长联席会议制度，通过河长制组建下的流域综合管

理机构和制度化的协调机制推进邻近省（区）政府间的深层次合作，构建更加完备的流域生态环境保护基础设施体系，严格流域环境准入标准，加强流域生态环境共建共治。将跨省协作事务作为流域河长制工作的重要内容和必要补充，纳入流域河长制议事协调机制中，由省河长制办公室指导、省流域机构牵头协调日常工作，推进相关事项落实与评估。四是总结粤港澳大气污染联防联治的成功经验，加强泛珠三角大气污染联防联控，开展大气环境形势分析会商，建立区域环境空气预警协调机制，推动区域排放源清单和污染物来源解析等成果共享共用，相邻省（区）共同制定合理的环境空气应急预警启动机制，联合应对污染天气。

（二）健全日常联防联控机制，提升跨省污染联防联治的能力

进一步健全环境信息共享、联合监测预警、跨界突发环境事件应急联动等机制，强化区域环境执法协作，提升合作能力和水平，共同推进跨省污染联防联治工作。一是健全监测数据共享机制。加强河流、饮用水源水库、地下水等水环境自动监测基础设施和网络体系建设，实现水环境监测数据实时共享，为水环境管理提供及时、科学、可靠的数据支撑。加强交界水质联合监测，建立西江、东江、韩江、北江、九洲江等主要流域水环境信息平台，互通监测数据。加强交界处重点排污企业在线监控管理，在线监控数据在一定范围内实现共享，相互了解重点排污企业的排放情况。建立生态环境监测数据集成共享机制，加强部门间水、大气、土壤、企业排污等监测数据资源共享，完善区域或流域各类监测数据库，建设环境公共信息平台，及时、准确、完整地掌握区域环境质量及其动态变化趋势，为区域环境污染防治、污染预警、污染纠纷处理提供科学的基础资料和决策依据。二是健全重要环保信息互通机制。推动邻近区域或流域及时通报重污染项目建设、环境保护敏感目标等信息，推动"事后治理"向"事前预防"转变。对于涉及跨界生态环境保护执法的重大舆情，及时相互通报，共同研究制定处置办法。对各自地域内的新政策、新规定、新要求，工作中发现的新情况、新问题和疑难复杂案件，及时向对方通报。三是健全重大污染预报预警机制。建立健全邻

近区域空气重污染监测预警体系，实时互通预警信息，实施统一预警。建立健全流域水污染预警体系，针对突发性污染事故，上游地区要在信息基本确定后半小时内通知下游，并实时通报水污染物浓度、流量、闸坝调度等重要讯息。四是健全联合执法机制。邻近省（区）要以处置边界区域环境污染纠纷、处置跨界环境污染问题、查处跨地区的危险废物违法转移案件等为重点，开展联合执法。定期开展联合执法互查，并通报整改情况。加强行政执法与刑事司法衔接，严厉打击环境污染行为。五是健全联合应急处置机制。建立健全邻近省（区）重度污染天气的联动应急响应机制，共同启动应急预案，共享应急资源，采取应急措施，遏制重大污染的发生。大力开展多种形式的污染事故应急演习演练，提高邻近省（区）联合应急反应水平和应急指挥能力，加强各应急部门之间的协作、配合与沟通，增强应急队伍的实战技能。

（三）建立多元补偿机制，增添跨省污染联防联治的动力

建立健全市场化、多元化的生态保护补偿机制，促进流域上游水资源保护和生态修复措施落细落实，保障跨界断面水质安全、稳定。一是健全流域横向生态补偿机制。继续做好东江、九洲江、汀江－韩江流域横向生态补偿，健全跨省界主要河流水质断面水污染赔付、补偿机制，明确赔付和补偿评估的技术规范、指标体系等，强化上游水源保护，充分保障广东主要水资源的质量。同时，要进一步争取生态环境部支持，强化横向生态补偿的双向性，明确权责。上游交过来的水达到标准，下游政府要给上游政府补偿；反之，上游交过来的水达不到标准，上游政府要给下游政府补偿。二是严格生态补偿资金使用。生态补偿资金应侧重于加强污水收集处理、垃圾清运处置、固废基础设施和水质自动监测等生态环保基础设施建设，为生态环境保护与治理提供长效保障。同时，要明确跨省（区）定期监督检查制度，确保科学、合理、有效使用补偿资金，按期、按质完成生态补偿项目。三是建立市场化生态补偿机制。广西广东西江流域坚持市场化生态补偿，通过对口协作、产业转移、人才培训、共建园区等方式建立横向

补偿关系，加强珠江西江经济带建设，加快发展粤桂合作试验区，加强珠江－西江经济带生态环境保护，共建珠江－西江生态廊道，全力筑牢西江流域生态屏障。

（四）加强粤港澳大湾区环保合作，挖掘跨省污染联防联治的潜能

以粤港澳大湾区建设为契机，尽快出台《粤港澳大湾区生态环境保护专项规划》，统一规划，统一指标，打造具有全球竞争力的生态文明区域样板。一是建设大湾区大气污染防治示范区。强化湾区大气污染联防联控，统一湾区大气污染监测评价指标体系，深化空气污染物减排合作，健全与国际先进水平接轨的大湾区大气环境监测预警网络，共同推进大湾区打造一流大气环境，为其他区域持续改善大气环境探索新路。二是加强大湾区土壤治理合作。开展粤港澳土壤治理修复技术交流与合作，加强主要污染物治理技术攻关，积极推进受污染土壤的治理与修复示范，强化受污染耕地和污染地块安全利用。三是统一生态环境制度标准。加快推进三地车用柴油、普通柴油及船舶用油标准并轨，不断提升油品质量。大力推广使用岸电，实施清洁航运。四是深入开展节能环保领域合作交流。通过参加香港、澳门国际环保展、引进国外节能减排领域先进技术等交流及推广活动，积极推动生态环境污染联防联治相关产业发展。

（五）加强危险废物联防联控，解决跨省污染联防联治的难题

充分发挥粤桂固体废物联防联控联席会议的平台作用，进一步加强固体废物污染联防联控，不断完善固废跨省非法转移的举措和机制。一是加快固废及危废处理设施建设。加快粤东西北地区危废处理设施建设，全面提升危废处置能力。提升国有企业在危险废物处置利用行业中的比重，打造3~5家管理强、技术精、业绩好的国有危险废物处置利用企业集团，提升危废处置技术水平，降低危废处置成本。二是强化对危废产生、贮存、转移、处置各环节的全过程精细监管。进一步强化源头治理，加强对产生危险废物企业的监管力度，切实掌握生产企业产生危险废物的数量、流向、处置等情况，

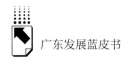
从源头上最大限度地预防发生非法转移倾倒处置的情况。推动相关职能部门对掌握的产生危险废物的生产企业，具有危险废物运输资质的运输企业、车辆，曾因非法转移处置危险废物受过查处的重点企业、车辆、人员等相关重要信息数据实现互通共享，为各职能部门共同打击非法转移处置危险废物活动提供支撑。环保部门加强对公安、交通、海事等部门危废识别技术指导，协助有效查处危废非法转移行为。三是加大省际联合执法打击力度。以打击非法倾倒处置危险废物等污染环境犯罪为重点，强化出入广东广西的水路、道路运输节点的管控，构建省际跨界运输的联合执法机制，重拳出击，联合开展专项执法整治行动。进一步健全跨省公安环保部门的协作机制，深化环境案件线索的发现、移送，案件调查、取证，涉案物品检测、鉴定等方面的协作配合，进一步形成打击跨界污染环境犯罪的合力。

（六）加强船舶及其作业活动污染防治，强化跨省污染联防联治的管控

一是做好船舶污染物回收处理。港口、码头、装卸站设置船舶污染物回收设施、接收靠泊船舶生产经营过程中产生的残油、废油、含油污水、化学品洗舱水、生活污水和垃圾等船舶污染物，并做好与城市市政公共处理设施的衔接，按规定处置污染物。鉴于船舶污染物在接受处置过程中利润空间小，企业缺少接收处置的动力，建议组织环保公益性质的船舶污染物接收处置单位，既能提高船舶污染物接收处置的管理水平，又能降低收费标准使得船舶愿意主动配合公益单位做好船舶污染物接收上岸工作。二是加大智能化、精细化监管。充分利用卫星遥感、无人机等技术，建设覆盖全流域、智能化、立体化的实时监测网络体系，让船舶污染物偷排偷放行为无缝可钻。推动海事、工商、经信、质检等部门加强联动执法，进一步加大船用普通柴油生产、流通、销售及使用等所有链条和环节的监管力度，确保船舶使用符合国标的普通柴油。三是大力推动清洁船舶航运。LNG 动力船从能耗、排放标准、整体性能等方面都优于普通柴油动力船，续航里程长、寿命更长、安全性更高。西江流域要加快 LNG 动力船的开发应用，制定实施鼓励 LNG

动力船开发应用的财政税收扶持政策，推动 LNG 加气站的规划建设，推动全流域水运绿色发展。

参考文献

中共中央文献研究室编《习近平关于社会主义生态文明建设论述摘编》，中央文献出版社，2017。

中共广东省委党校、广东行政学院编《生态文明建设新理念与广东实践》，广东人民出版社，2018。

《习近平在广东考察》，新华网，2018 年 10 月 25 日。

王国荣：《江苏苏州 联动联防联治 共建共管共享 全力推进省际交界河湖"跨界治水"》，《中国水利》2018 年第 24 期。

王超弈：《"打赢蓝天保卫战"与大气污染的区域联防联治机制创新》，《改革》2018 年第 1 期。

张捷、傅京燕：《我国流域省际横向生态补偿机制初探——以九洲江和汀江－韩江流域为例》，《中国环境管理》2016 年第 6 期。

B.10
广东加快科技创新强省建设的
成效、问题与对策建议

李晓辉　连晓鹏*

摘　要：　科技创新是提高社会生产力和综合国力的战略支撑，广东以
深入实施创新驱动发展战略为重点，加快建设科技创新强省，
不断迈出了新的步伐，实现了自主创新能力不断提升、企业
创新主体地位不断增强、核心技术攻关不断取得突破、经济
发展新动能不断迸发、创新创业环境不断改善、科技服务民
生成果不断显现。近年来，广东坚持科技创新和制度创新
"双轮驱动"，从制约创新发展的体制机制入手，着力推进科
技创新治理体系和治理能力现代化，突出企业主体地位，着
力打造创新创造的生力军，以重大科技创新平台建设为抓

* 李晓辉，广东省人民政府发展研究中心党组成员、副主任，长期从事区域经济、对外开放、
商贸旅游、产业经济、科技创新等领域的政策研究和决策咨询服务工作；连晓鹏，广东省人
民政府发展研究中心宏观经济研究处三级主任科员。

手，加快提升原始创新能力，依托粤港澳大湾区、"一带一路"建设等重大机遇推动广东的科技创新道路，推动产学研相融合，为经济高质量发展提供支撑。优化创新环境，为推动科技创新提供有力保障。本报告提出了广东建设科技创新强省存在的基础研究投入仍需加大、高端科研平台相对偏少等短板和不足，提出了着力做好顶层设计、补齐基础研究短板、提升自主创新能力和科技支撑能力等措施建议，同时，粤港澳大湾区建设、支持深圳建设中国特色社会主义先行示范区等是国家赋予的重大历史机遇，也是广东加快科技创新强省建设的有利契机。

关键词： 科技创新　自主创新能力　企业创新

党的十八大以来，以习近平同志为核心的党中央高度重视科技创新工作，多次强调科技创新是提高社会生产力和综合国力的战略支撑，提出了建设世界科技强国"三步走"的战略目标。习近平总书记对广东科技创新工作也寄予厚望，2018 年 3 月参加十三届全国人大一次会议广东代表团审议时，明确提出"发展是第一要务，人才是第一资源，创新是第一动力"；同年 10 月视察广东时再次强调，要有志气和骨气加快增强自主创新能力和实力，努力实现关键核心技术自主可控，把创新发展主动权牢牢掌握在自己手中。广东牢牢记住习近平总书记的嘱托，始终坚持把创新作为引领发展的第一动力，把"以深入实施创新驱动发展战略为重点，加快建设科技创新强省"纳入全省"1＋1＋9"① 工作部署。近年

---

① 第一个 "1" 是指以推进党的建设新的伟大工程为政治保证；第二个 "1" 是指以全面深化改革开放为发展主动力。"9" 是指 9 个方面重点工作：一是以粤港澳大湾区建设为重点，加快形成全面开放新格局；二是以深入实施创新驱动发展战略为重点，加快（转下页注）

来，广东以科技创新引领高质量发展取得明显成效，科技创新强省建设不断迈出了新的步伐。

一 广东科技创新强省建设取得明显成效

（一）自主创新能力不断提升

2019 年全省研发经费支出 2800 亿元，占 GDP 的比重达 2.8%，提前一年完成"十三五"规划目标，高于经合组织成员国平均水平（2.37%）。有效发明专利拥有量、PCT 国际专利申请量及专利综合实力持续位居全国首位，获得国家科学技术奖 50 项，比 2018 年增长 11.11%，为近年来最好成绩，获奖项目数占全国比例达到 16.23%。[①]《中国区域创新能力评价报告》显示，广东省创新能力自 2017 年以来连续三年排名全国第一，领先优势持续扩大。

（二）企业创新主体地位不断增强

2019 年，全省研发投入、研发人员、研发机构数、发明专利接近 90% 来源于企业。国家级高新技术企业数量从 2015 年 1.1 万家扩张到 2019 年超 5 万家，进一步扩大在全国的优势。全省规模以上工业企业建立研发机构比例达 40%，拥有华为、腾讯、广汽、格力、美的等具有强大创新能力的世界级企业，全省上榜中国高新技术企业千强企业 190 家，位居全国首位。[②]

（接上页注①）建设科技创新强省；三是以提高发展质量和效益为重点，加快构建推动经济高质量发展的体制机制；四是以构建现代产业体系为重点，加快建设现代化经济体系；五是以大力实施乡村振兴战略为重点，加快改变广东农村落后面貌；六是以构建"一核一带一区"区域发展新格局为重点，加快推动区域协调发展；七是以深入推进精神文明建设为重点，加快建设文化强省；八是以把广东建设成为全国最安全稳定、最公平公正、法治环境最好的地区之一为重点，加快营造共建共治共享的社会治理格局；九是以打好三大攻坚战为重点，加快补齐全面建成小康社会、跨越高质量发展重大关口的短板。

① 卞德龙：《粤 50 个项目获 2019 年度国家科学技术奖》，南方网，2020 年 1 月 10 日，http://news.southcn.com/gd/content/2020-01/10/content_190039367.htm。

② 彭琳、李凤祥：《万亿级产业集群锻造钢铁"脊梁"》，南方网，2020 年 1 月 21 日，http://economy.southcn.com/e/2020-01/21/content_190107790.htm。

（三）核心技术攻关不断取得突破

近年来，广东在新一代信息技术、人工智能、新材料等领域不断攻克掌握核心关键技术。比如，在新一代信息技术领域，华为研发的控制信道编码方案成为世界标准，海思麒麟990芯片达到世界领先水平，贡献了全球41%的窄带物联网标准，居世界首位；在人工智能领域，广东在医疗影像、人脸识别核心算法等方面达到国际先进水平；在新材料领域，广东在柔性电子纸、有机薄膜晶体管、石墨烯电子纸等方面世界领先。

（四）经济发展新动能不断迸发

以创新引领制造业高质量发展，培育壮大新一代信息技术、汽车制造、智能家电等产业，形成电子信息、绿色石化等万亿元级产业集群，2019年先进制造业和高技术制造业增加值占规模以上工业比重达56.3%和32%。先进制造业与现代服务业深度融合发展，预计现代服务业增加值占服务业比重提高到63.4%。[①]《中国数字经济发展与就业白皮书（2019年）》显示，2018年广东数字经济规模超过4万亿元，居全国第一，占GDP比重超过40%。[②]

（五）创新创业环境不断改善

截至2019年底，全省共有国家级孵化器152家、国家备案众创空间超过270家，共有科技企业孵化器989家、众创空间986家，共有9个国家级和30个省级"双创"示范基地，数量居全国前列。全省孵化器和众创空间内创业团队和企业带动就业总人数超56万人，其中吸纳应届毕业大学生就

---

① 《2020年1月14日广东省省长马兴瑞在广东省第十三届人民代表大会第三次会议上作政府工作报告》，http://www.gd.gov.cn/gkmlpt/content/2/2875/post_2875129.html#45。
② 《〈中国数字经济发展与就业白皮书（2019年）〉：各地数字经济发展成效显著》，新华网，2019年4月19日，http://www.xinhuanet.com/info/2019-04/19/c_137989822.htm。

业人数达 6.6 万人，大学生创业率达 3%。截至 2019 年上半年，累计毕业企业超过 1.7 万家，毕业企业累计上市（挂牌）580 家。①

（六）科技服务民生成果不断显现

以技术变革推动环境保护和污染治理，针对茅洲河水体综合治理与生态修复、珠江流域水生态保护等开展技术攻关和应用示范。推进高水平医院建设，大力发展国际前沿医疗技术，规划建设一批医学重点学科，支持 30 家高水平医院建设。实施科技兴农战略，布局建设岭南现代农业省实验室，深入实施农村科技特派员计划，启动实施非洲猪瘟科技应急防控专题，推动现代种业加快发展，农业科技进步贡献率达 69%。

二　广东加快科技创新强省建设的主要举措

（一）坚持深化改革，不断完善科技创新体制机制

广东坚持科技创新和制度创新"双轮驱动"，从制约创新发展的体制机制入手，着力推进科技创新治理体系和治理能力现代化。在优化政策体系方面，2014 年出台《关于全面深化科技体制改革加快创新驱动发展的决定》，明确了广东创新驱动发展的主攻方向和目标任务。2015 年出台《关于加快科技创新的若干政策意见》，2019 年又出台《关于进一步促进科技创新的若干政策措施》，提出加强科研用地保障、加大企业创新普惠性支持、促进科技金融深度融合等政策措施。在加强科技立法方面，2012 年出台《广东省自主创新促进条例》（以下简称《条例》），在全国首开地方性自主创新立法先河。2016 年对《条例》进行修订，将科研项目中人力成本费支出比例上限由原来的 30%提高到 40%。2019 年再次对《条例》进行修订，进一步突

---

① 徐劲聪：《2020 年全国孵化器市场迎来大考："二房东"招租模式遇冷 创新"造血"是突围关键》，南方网，2020 年 1 月 9 日，http：//news.southcn.com/nfdsb/content/2020 – 01/09/content_ 190029100.htm。

出广东特色,在立法层面对产权激励进行原则性规定、对科研伦理进行规范等。在深化体制改革方面,实施省科技业务管理"阳光再造"行动,形成新型科研计划体系,采用"大专项+任务清单"管理模式与地市、部门强化科技计划对接,实施"科技型企业家职称评审直通车制度"。优化科研项目管理,在全国率先采用"揭榜"制,针对重大关键共性技术,面向全国征集最优研发团队和最优解决方案;对重大原创性、颠覆性、交叉学科创新项目等建立非常规评审机制。赋予省实验室自立项目视同省科技计划项目、正高职称评审权等多项自主权限。整合组建新的广东省科学院,综合实力居全国省级科学院前列。

(二)突出企业主体地位,着力打造创新创造的生力军

广东市场经济相对发达,市场主体活跃,发挥企业创新主体作用是广东创新的最大特色和优势。在发展高新技术企业方面,注重发挥大企业龙头带动作用,鼓励大型骨干企业加大基础研究和应用基础研究力度,开放创新资源和创新平台,通过上下游配套、创新联盟和孵化培育等方式带动中小企业创新发展。加快培育一批具有自主知识产权和核心技术的"单打冠军""瞪羚"企业,2019年入库科技型企业近2.8万家,继续居全国第一。推动高新区高质量发展,推进国家级高新区地市全覆盖,广州市、深圳市国家级高新区进入全国前十。在建立研发机构方面,鼓励领军企业在全球布局建设研发机构,支持创新型领军企业采取并购、收购或直接投资等方式,在全球布局建立具有国际影响力的海外研发机构。推动中小企业以协同创新形式建立研发机构,鼓励中小型企业开展"抱团式"创新,积极参与产学研技术创新联盟和创新型行业协会,通过市场机制实现企业、高校和科研机构的有效结合,解决发展中的关键和共性技术问题,构建起协同创新、知识产权共享及利益分配机制。在实施技术改造方面,2015年启动首轮工业企业技术改造三年行动计划,2018年全面推动新一轮技术改造,共投入省财政资金100多亿元,惠及3万多家企业。大力发展工业互联网,建设一批工业互联网平台,推动制造业企业加速向数字化、网络

化、智能化发展，2018 年推进 3000 多家工业企业"上云上平台"实施数字化改造。

（三）补短板、强弱项，着力提升自主创新的能力和水平

基础研究能力薄弱、原始创新能力不强是制约广东创新发展的突出短板。广东以重大科技创新平台建设为抓手，加快提升原始创新能力。在建设创新平台方面，实施"一室一策""核心＋网络"新模式，布局建设了 10 家省实验室。引进中国科学院空天信息研究院等 30 多家国家大院大所和重点高校来广东省建设高水平研究院和新型研发机构，积极推进 3 个国家技术创新中心建设。加强重大科技基础设施布局，建成东莞中国散裂中子源，惠州强流重离子加速器等正在建设中。全省共有 2 所大学和 18 个学科入选国家"双一流"建设名单，77 个学科进入 ESI 排名前 1%。在强化基础研究方面，出台《关于加强基础与应用基础研究的若干意见》，设立省基础与应用基础研究基金委员会，初步建立纵横联动的基础与应用基础研究的资助体系，为基础研究提供有力支撑。启动 NSFC－广东联合基金新一轮合作，签署广东省加入国家自然科学基金区域创新发展联合基金协议，南方电网、温氏集团等一批大型骨干企业与政府联合设立基金。在关键核心技术攻关方面，主动承接国家重大科技项目，与科技部联动推进实施国家重点研发计划重点专项"宽带通信和新型网络"。全面推进省重点领域研发计划，推进实施新一代信息技术、高端装备制造、绿色低碳等九大重点领域研发计划，采取竞争申报、定向委托、揭榜制等多种形式，在量子通信、核心芯片、5G、4K/8K 等领域布局"先手棋"项目，努力解决"卡脖子"问题。

（四）坚持开放合作，积极引进国际科技创新成果和人才

科技创新不能关起门来搞，粤港澳大湾区、"一带一路"建设等为广东推动科技创新开放合作提供了重大机遇。在深化粤港澳合作方面，推进粤港澳大湾区国际科技创新中心建设，构建灵活高效的粤港澳科技合作机制，率先开展"钱过境、人往来、税平衡"等政策探索，支持港澳高校和科研机

构参与广东科技计划项目，实现省财政科研资金跨境港澳使用，推动重大科学基础设施、实验动物平台、科普基地向港澳开放。与港澳联合共建高水平科技创新平台，建设首批 10 家粤港澳联合实验室，香港高校在粤设立 70 多个科研机构，建设粤澳中医药科技产业园，建设港澳青年创新创业基地。加大粤港澳合作办学力度，香港科技大学、澳门大学等高校在广州、珠海等地办学。在深化国际合作方面，完善多层次国际科技合作机制，积极发展与世界创新型国家、"一带一路"沿线国家及"关键小国"的科技交流与创新合作。加强与日本、韩国、乌克兰等重点国家合作，联合组织实施一批双边合作项目；与奥地利联合在巴基斯坦共建信息技术与人工智能卓越中心项目；推进与白俄罗斯国际科学院等国际知名科研组织、大学合作。在会聚全球人才方面，坚持"高精尖缺"导向，优化提升"珠江人才计划""广东特支计划"等重大人才工程，突出领域产业重点，聚焦粤港澳大湾区建设需求引进人才；探索开展"银龄人才计划"，重点引进并用好一批海内外已退休或即将退休的高端专家，实现人才"二次开发"。

（五）推动产学研相融合，为经济高质量发展提供支撑

推动科技创新与产业发展深度融合，对于发挥科技进步对经济发展支撑作用具有重要意义。在产学研合作方面，2005 年广东与教育部、科学技术部、工业和信息化部、中国科学院、中国工程院构建"三部两院一省"的省部院产学研合作模式。近年来，部省联动实施国家重点研发计划、部省合作重大项目等，截至 2019 年底，中科院院属单位落地广东省的机构、项目共 86 个，与工程院共建战略研究院、筹备成立粤港澳院士专家创新创业联盟。在科技成果转化方面，大力推动珠三角国家科技成果转移转化示范区建设，积极探索具有地方特色的科技成果转化机制和模式，鼓励高等院校、科研机构开展职务科技成果权属改革试点，改革省级创新券模式，以"服务电商"模式实现"全国使用、广东兑付"。大力发展技术转移机构，积极推动国家科技重大成果转化基金落户广东，促进社会资本参与技术转移和成果转化。2019 年全省技术合同认定登记项数 33796 项，合同成交额 2272.78 亿

元，技术交易额 1960 亿元，成交额和技术交易额连续两年稳居全国第二。在科技孵化育成方面，加快完善全省创业孵化政策体系，实施孵化器倍增计划，推动"众创空间—孵化器—加速器"全孵化链条建设，实现企业全成长周期服务。大力发展创客空间、创业咖啡、创新工场等一批低成本、便利化、全要素、开放式的众创空间，鼓励大中型企业和投融资机构联合创办专业化、市场化众创空间。

（六）优化创新环境，为推动科技创新提供有力保障

广东着力构建有利于各类创新要素自由流动和高效配置的创新生态，激发全社会创新创业活力。在完善人才服务方面，全面实施人才"优粤卡"制度，着力解决人才落户、住房、子女入学等问题。加快人才综合服务体系和平台载体建设，依托省高层次人才服务专区，为高层次人才提供"一站式"政务服务。健全完善人才激励机制，落实以增加知识价值为导向的分配政策，鼓励科研人员通过科技成果转化获得合理收入，落实科技成果转化个人所得税优惠政策、股权激励和技术入股个人所得税优惠政策。在发展科技金融方面，充分发挥金融业相对发达的优势，积极运用银行信贷、风投创投等加大对科技创新的支持力度。组建广东省创新创业基金，引导带动社会资本投向种子期、初创期科技企业。创新科技信贷风险分担机制，设立科技信贷风险准备金，引导商业银行面向科技型中小微企业投放科技贷款，引导风险投资机构投资成立时间不超过 5 年的早期、初创期科技型中小企业。发展多层次资本市场融资，支持成长性好的科技型中小企业在中小企业板、创业板、科创板上市融资。在知识产权保护方面，与国家知识产权局共同推进引领型知识产权强省试点省建设，坚持实施最严格知识产权保护制度，率先出台举报侵犯知识产权和制售假冒伪劣行为奖励办法，建成 3 个国家级知识产权保护中心、7 个国家级知识产权快速维权中心。知识产权综合发展指数、专利综合实力指数，分别连续 6 年和 8 年位居全国首位。

三 广东科技创新强省建设存在的短板与不足

（一）基础研究投入仍需加大

虽然广东 R&D 经费支出总量居全国首位，但基础研究投入仍然偏少，2018 年基础研究投入占比只有 4.3%，低于全国 5.5% 的平均水平，与美国、日本等发达国家相去甚远。

（二）高端科研平台相对偏少

国家实验室仍然空白，仅有国家重点实验室 29 家、国家工程研究中心 28 家，数量为北京的 1/4 和 1/3；投入运行的大科学装置仅有 5 套，远低于上海 14 套，且相关配套不足。

（三）关键核心技术受制于人

长期以来，广东在核心技术、关键零部件、重大装备等方面受制于人，85% 以上的芯片和 80% 以上的关键零部件都依赖进口，中美经贸摩擦进一步凸显广东"缺芯少核"的瓶颈问题。

（四）创新人才总量仍然偏少

两院院士、长江学者等高端人才数量低于北京、上海等地，技能人才特别是高技能人才仍面临巨大缺口，创新人才培养不平衡，对国际化创新人才吸引力不足。

（五）企业创新能力有待提升

拥有自主核心技术的制造业企业比例仍然偏低，高新技术产业产品技术水平与国际水平仍然存在较大差距。部分企业创新意识不强、动力不足，创新投入有待进一步提升。

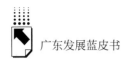

四 广东加快科技创新强省建设的几点建议

当前，我们正面临中华民族伟大复兴战略全局和世界百年未有之大变局的历史交汇。新一轮科技革命和产业变革方兴未艾，正在深度改变人类生产和生活方式，重塑未来国际产业竞争格局。对于广东而言，粤港澳大湾区建设、支持深圳建设中国特色社会主义先行示范区是国家赋予的重大历史机遇，也是广东加快科技创新强省建设的有利契机。

（一）紧紧把握历史机遇，着力做好顶层设计

广东应紧跟新时期科技形势发展，全面融入国家重大发展战略，提前谋划中长期科技发展规划、"十四五"科技创新规划等。同时，把建设具有全球影响力的国际科技创新中心作为重要抓手，以深圳为主阵地建设综合性国家科学中心，推进综合性国家科学中心先行启动区建设，打造广深港澳科技创新走廊，为广东加快科技创新强省建设提供重大平台载体。

（二）补齐基础研究短板，提升自主创新能力

基础研究和应用基础研究是技术创新的源头，前瞻性、原创性的研究成果关系产品开发、产业升级的先发和后劲。广东历史上大院大所分布较少，基础研究和应用基础研究存在先天不足，当前基础研究投入也仍有待进一步提高。应统筹基础研究和应用基础研究的需求，建立长效稳定支持机制，完善基础研究多元化投入体系，加大基础研究支出比重。加强高端研究机构建设，依托省实验室积极建设国家实验室，推动中国科学院等大院大所在粤建设高水平创新研究院，打造世界一流重大科技基础设施集群。围绕信息科学、海洋科学、数理与交叉等前沿领域组织开展基础研究，力争在前瞻性基础研究、引领性原始创新成果、颠覆性技术变革方面取得重大突破。完善科学研究评价考核体系，更加注重质量和长期效果，鼓励原始创新。

（三）增强企业创新能力，更好发挥主体作用

广东拥有一批对产业链创新作用明显的龙头企业，企业创新实力是广东创新的最大优势。应进一步强化企业技术创新主体作用，发挥龙头企业在产业创新中的带动作用，更大力度鼓励领军企业建设一流研发机构，支持企业承担和参与需求导向的基础研究计划，依托企业创建国家级制造业创新中心和技术创新中心。深入推进产学研深度融合，提高产业协同创新能力，通过产业联盟、技术合作等方式促进中小企业和各类主体融通创新。更加积极吸收全球研发资源，鼓励企业与国际研发机构建立战略联盟，并购有价值的研发团队或企业，开展跨国合作创新。积极运用数字科技构建跨国创新网络平台，进一步利用全球研发团队开展针对中国本土企业的开放式创新，有效利用"零工经济"吸引全球业余创新者开展联合创新。

（四）提升科技支撑能力，夯实产业发展基础

"十四五"时期是全球新一轮科技革命从蓄势待发到产业化竞争的关键期，特别是广东正处于新旧动能转换阶段，必须依靠科技创新实现突破。广东应在集成电路、半导体材料、高端制造与检测设备、工业软件等领域加大关键核心技术攻关力度，力争甩掉"卡脖子"的手。大力提升工业"四基"能力，推动核心基础零部件、关键基础材料、先进基础工艺和产业技术基础的工程化产业化。积极发展智能制造，促进制造业加速向数字化、网络化、智能化发展，推动传统产业转型升级。同时，面向"十四五"时期，瞄准世界科技发展和产业变革前沿，在新一代信息技术、智能经济、高端装备制造、绿色低碳与新能源、生物医药等领域，提前选准布局重点发力的高科技产业，下好"先手棋"，为广东"十四五"时期产业发展蓄力。

（五）深化科技体制改革，巩固制度创新优势

党的十九大报告提出要深化科技体制改革，《中共中央关于坚持和完善中国特色社会主义制度、推进国家治理体系和治理能力现代化若干重大问题

的决定》明确提出要完善科技创新体制机制。广东应主动对接中央顶层设计和国家战略规划，积极参与构建社会主义市场经济条件下关键核心技术攻关新型举国体制，建立健全科研资源整合和统筹配置机制，争取更多的国家重大科技基础设施和国家实验室落地广东。深化科技体制改革，建立以企业为主体、市场为导向、产学研深度融合的技术创新体系，完善科研院所科技成果转移转化激励机制和服务体系，改革科技人才评价方式，健全符合科研规律的科技管理体制和政策体系，充分激发各类创新主体活力。全面实施标准化战略，加强知识产权保护，健全质量激励制度，倒逼传统产业改造升级。

（六）引进与培养相结合，集聚高端创新人才

人才是第一资源，创新驱动实质是人才驱动，科技竞争归根结底是人才竞争。特别对于高端科技创新人才相对匮乏的广东而言，人才培养是加快科技创新强省建设的重要任务。要做好"引"，突出"高精尖缺"导向，优化实施"珠江人才计划""广东特支计划""扬帆计划"等重大人才工程，面向全球引进高层次创新人才，实现精准引进。要做好"培"，瞄准世界科技前沿和战略性新兴产业，根据学科特点、产业需求等调整高校专业设置和完善人才培养模式，重点培养一批领军人物、科研带头人和技术骨干。要做好"用"，健全完善创新人才激励机制，推进产学研单位之间人才顺畅流动，激活各类人才创新创业活力。要做好"留"，优化人才服务，全面实施人才"优粤卡"制度，注重解决好生活保障问题，让高层次人才"留得住"。

B.11
借力"双区"优化"双核"
推动广东经济从"大"向"强"转变

谭炳才　邹飞祥*

摘　要： 在疫情防控常态化和经济下行压力持续增大的情况下，广东经济要借力粤港澳大湾区、深圳社会主义先行示范区"双区"示范效应，优化广州、深圳"双核"牵引功能，实施"双区驱动""双核联动"发展战略，以供给侧结构性改革为主线，保持量的合理增长与质的稳步提升，加快从"大"向"强"转变。

关键词： 区域经济　双区驱动　双核联动　广东经济

2019年，广东的地区生产总值达10.77万亿元，连续31年排名全国第一，约占全国的10.87%、全球的1.74%。总量超澳大利亚、西班牙、荷兰、瑞士等西方国家，跻身全球第13位；增量1.04万亿元，与天津、黑龙江等省市总量相当；人均生产总值迈入发达国家门槛。当前，全球仍处于2008年金融危机之后的深度调整期，总需求不足抑制了世界经济增长；中美贸易摩擦尽管出现阶段性缓和，但仍然打打停停，并逐步扩大至科技、金融等领域；发达国家的量化宽松政策边际效益递减，金融市场风险加大与投

* 谭炳才，广东省人民政府发展研究中心党组成员、副主任，主要从事"三农"问题、宏观经济、产业经济、区域经济等决策咨询研究工作；邹飞祥，广东省文化和旅游厅发展研究中心副主任。

资信心缺失，部分国家深陷社会动荡，世界经济总体仍然低迷。中国经济仍面临增长速度换挡期、结构调整阵痛期和前期刺激政策消化期"三期叠加"影响，发展方式转变与结构性、体制性、周期性矛盾交织，从需求端到供给端都面临着明显的下行压力。特别是新冠肺炎疫情对产业链、供应链和中小企业影响巨大，成为经济发展的"黑天鹅"。面对复杂多变的内外环境，广东既要积极应对短期经济下行风险，又要反思经济治理方式，推动发展方式转变，确保经济高质量发展。

2019年10月广东省委全面深化改革委员会首次提出"双区驱动""双核联动"的概念。同年11月25日，省委十二届八次全会对这一重大战略进行了系统阐述，标志着广东经济社会发展进入了"双区""双核"驱动发展的崭新阶段。在防疫形势依然严峻和经济下行压力持续增大的情况下，广东必须借力粤港澳大湾区、深圳社会主义先行示范区的"双区"示范效应，优化广州、深圳的"双核"牵引功能，大力实施"双区驱动""双核联动"发展战略，以供给侧结构性改革为主线，保持广东经济量的合理增长与质的稳步提升，加快从"大"向"强"转变。

一 "双区驱动""双核联动"发展战略的内涵、关系、特征和意义

"双区驱动""双核联动"发展战略立意高远、内涵丰富，是习近平新时代中国特色社会主义思想在广东大地孕育催生的伟大实践，是完善国家治理体系、探索社会主义发展道路的重大战略，对广东贯彻落实新发展理念、推动高质量发展具有重大意义。

（一）丰富内涵

粤港澳大湾区和社会主义先行示范区都是习近平总书记亲自谋划、亲自部署、亲自推动的重大国家战略。支持深圳在重点领域关键环节率先突破，以同等力度支持广州"四个新出彩"，是广东对接落实国家战略的具体行

动。"双区驱动"是指以粤港澳大湾区和深圳先行示范区为主要牵引力的发展战略，通过深化改革扩大开放，释放"双区"利好叠加"化学反应""乘数效应"，与长三角、京津冀协同联动，示范引领全国，提升中国特色社会主义制度在全球范围内的号召力和影响力。这一战略的出台经历了较长的酝酿过程。粤港澳大湾区从学术讨论到地方政策，再上升为国家战略，前后经历 20 余年。2012 年 12 月，习近平总书记在党的十八大后首次考察广东，就提出广东要联手港澳打造更具综合竞争力的世界级城市群，从战略和全局的高度擘画出粤港澳大湾区的发展蓝图。2015 年 3 月，国家发展和改革委员会、外交部、商务部联合发布的《推动共建丝绸之路经济带和 21 世纪海上丝绸之路的愿景与行动》明确提出要打造粤港澳大湾区。2017 年 7 月，在习近平总书记见证下，国家发展和改革委员会和粤港澳三地政府共同签署了《深化粤港澳合作推进大湾区建设框架协议》；3 个月后，粤港澳大湾区被写入党的十九大报告。2019 年 2 月，中共中央、国务院正式颁布《粤港澳大湾区发展规划纲要》，明确粤港澳大湾区要建设成为充满活力的世界级城市群、具有全球影响力的国际科技创新中心、"一带一路"建设的重要支撑、内地与港澳深度合作示范区和宜居宜业宜游的优质生活圈。2019 年 3 月，广东省委、省政府出台《贯彻落实〈粤港澳大湾区发展规划纲要〉的实施意见》，要求到 2022 年基本形成国际一流湾区和世界级城市群框架，到 2035 年全面建成宜居宜业宜游的国际一流湾区。建设粤港澳大湾区的核心引擎之一就是深圳。为进一步推动粤港澳大湾区建设，2019 年 8 月，中共中央、国务院出台了《关于支持深圳建设中国特色社会主义先行示范区的意见》，支持深圳建设成为高质量发展高地、法治城市示范、城市文明典范、民生幸福标杆、可持续发展先锋。随后广东省委、省政府出台《关于支持深圳建设中国特色社会主义先行示范区的若干重大措施》，加强省市联动、统筹协调，举全省之力予以支持。至此，"双区驱动"发展战略的框架体系正式形成。

"双核联动"是指在借力"双区"的基础上，以广州、深圳"双子星座"为核心，通过增强核心引擎功能，推进珠三角一体化进程，构建"一

核一带一区"区域发展新格局。一直以来,广州、深圳两市的地区生产总值合计约占广东全省的一半,被认为是广东经济的"双引擎"。2017年省委、省政府印发《广深科技创新走廊规划》,提出强化广州、深圳中心城市的创新引领作用。2018年10月,习近平总书记视察广东时要求广州在综合城市功能、城市文化综合实力、现代服务业、现代化国际化营商环境方面出新出彩。2019年9月,距离中央宣布支持建设深圳先行示范区不到20天,广州、深圳就签署了《深化战略合作框架协议》;2019年10月,广东省全面深化改革委员会印发了广州市推动"四个出新出彩"行动方案,明确以同等力度支持广州实现综合城市功能等四个方面出新出彩。自此,"双核联动"战略正式形成。

(二)相互关系

"双区驱动"与"双核联动"是互为一体的辩证统一关系,互为补充、互为依托,相辅相成。"双区驱动"是前提和基础,侧重于增长动力和示范引领,重点是把制度优势转换为治理效能,是向世界展示中国特色社会主义制度优越性的平台载体;"双核联动"是深化和落地,侧重于区域布局和经济增长路径,重点是以广深核心引擎带动全省经济优化发展,尤其是带动粤东西北地区发展,增强全省经济发展动力。两者统一于中国特色社会主义伟大实践,理论上高度一致,实践中相互促进。

"双区"与"双核"联动的战略思想是基于我们所处的发展阶段而提出的,既有理论的传承,也有创新实践的支撑。当前,广东处在高质量发展阶段,亟须"扩区强芯",亟须增强核心引擎动能。过去,主要依靠生产要素大量投入和生产规模外延扩张,这种经济增长方式已难以为继,城乡区域发展不平衡不协调成为广东最大短板,本次新冠肺炎疫情更是暴露出我们在经济治理体系、治理能力方面仍存在不足,如缺乏扁平化的快速决策机制、危机风险意识不足、"小农意识"根深蒂固等。要提升生产力发展水平,就要破除传统路径依赖,依托"双区""双核"重大发展平台,以新发展理念为指导,把重大机遇转化为发展动能,推动经济增长方式向创新驱动转变,区域布局向主体功能区分工合作转变，增长路径向极点带动、示范引领转变，工业化、城镇化进程向高级化、新型化转变，提升广东经济的综合竞争力与国际影响力。一方面，"双区驱动"携手港澳建设国际一流湾区和世界级城市群，支撑广州、深圳加快发展成为引领世界潮流、充满生机活力的现代化国际化城市范例，使"双核"成为"硬核"，质量更高、效率更优、带动更强；另一方面，"双核联动"推动广州、深圳从竞争到合作到共赢，共同带动相对落后的粤东西北融入"双区"、对接"双区"，使"一核一带一区"在各自跑道上"赛龙夺锦""花团锦簇"，更充分、有效地发挥辐射带动、引领示范作用，更好地承担促进区域协调发展的引路使命。

（三）表现特征

"双区驱动""双核联动"发展战略的特征主要表现在以下几个方面。

1. 新旧动能转换的动力特征

改革开放后，广东省主要依托劳动力、土地等低成本要素投入为主的粗放型增长方式推动经济发展。20世纪90年代以来，主要是利用工业发展形成的资本积累和招商引资促进产业结构调整。进入21世纪尤其是党的十八大以来，创新驱动已成为经济增长的第一动力。"双区""双核"成为建设国际科技创新中心的主阵地。建设"基础研究+技术攻关+成果产业化+科技金融"创新生态链，打造新兴产业的重要策源地，从而把经济增长动力转换到新一轮科技革命和产业变革中形成的新技术、新产业、新业态、新模式上来，成为广东发展当务之急。

2. 极点带动、轴带支撑的布局特征

改革开放之初，广东发展外向型轻工业经济，以"经济特区+专业镇"为主，形成村村点火、户户冒烟的分散化经济布局。从20世纪90年代起，多层级开发区建设促进了产业园区化、集群化发展，并开始出现产业和劳动力"双转移"。进入新时代，珠三角产业加速向粤东西北转移，自身布局也得到优化，产业发展高端化，呈现"圈层+轴带式"格局。"双区驱动"与"双核联动"推动珠三角核心城市更好地发挥创新引领、辐射带动作用，广

州、深圳成为区域经济的极点和经济发展的"火车头"，强力带动周边地区发展；高速公路、城际铁路、港口群、机场群等海陆空交通网络成为轴带，形成强有力的支撑，推动珠江东西两岸融合互动。珠三角还将继续建立"一核"为主动力源、"一带"为主动力轴，辐射带动"一区"的动力传导机制，强化区域协调发展的动力传导机制，推动全省经济高质量发展。

3. 治理效能现代化的制度特征

广东领改革开放风气之先，是中国探索发展道路的前沿地、实验区。改革开放以来，广东在先行先试、大胆推进市场经济体制改革的同时，率先开展行政体制改革，提升政府治理效能。从 20 世纪 90 年代起，围绕建立社会主义市场经济体制的目标，加快价格改革步伐，建立现代企业制度，先后实施大部门体制改革、行政审批制度改革、富县强镇改革、财政资金竞争性分配、基本公共服务均等化等系列重大措施。进入新时代，广东大力推进数字政府、财政金融、乡村振兴、商事制度、社会信用等重点领域的改革，为经济巨轮乘风破浪保驾护航。"双区"与"双核"是中国特色社会主义承载综合探索示范功能的重大发展平台，以厚实的改革实践、创新的特色理论支撑，对国家治理急需的制度、满足人民对美好生活新期待必备的制度进行大胆探索实验，为推进治理体系和治理能力现代化不断提供新经验、新借鉴。

4. "一国两制"框架下跨区联动的双赢合作特征

改革开放之初，香港、澳门向广东输入资金、人才、技术、管理经验等，积极发挥桥梁和纽带作用。1997 年香港回归、1999 年澳门回归之后，三地联系更加紧密。早在 2004 年就形成了内地与香港、澳门更紧密经贸关系的安排（CEPA），之后又不断深化发展，广东学习借鉴香港、澳门管理经验，推进商事登记、通关便利、社会管理等多领域改革创新。广东以服务业扩大对港澳开放、率先基本实现粤港澳服务贸易自由化为重点，推进广州南沙、深圳前海和珠海横琴等重大合作平台开发建设，取得了显著成效，两种制度的优势得到了充分发挥。当前，粤港澳大湾区以占全国 1% 的土地面积、5% 的人口数量，创造出近 11% 的经济总量，具备了打造世界一流湾区的客观条件。"双区驱动"与"双核联动"战略的实施将大力推动广东进一步依托港澳、服务港澳、支持港澳,把制度差异转化成经济发展动能。特别是借鉴香港的运营平台功能、法律和金融服务功能以及科技创新功能,借助澳门的"世界旅游休闲中心"与"中国与葡语国家商贸合作平台"优势,在"一个国家、两种制度、三个独立关税区、三个法域"的背景下,利用各自综合比较优势,创新体制机制,促进要素流通,培育新的经济增长点,实现合作双赢,促进大湾区的繁荣稳定。

(四)重要意义

"双区驱动"与"双核联动"发展战略集中体现了习近平总书记对中国特色社会主义理论与实践的战略思考,是落实新发展理念的具体实践的高度概括,体现了广东在新的历史起点上的新使命、新担当、新作为。借力"双区"优化"双核"对理论和实践都具有重要意义。

1. 从全省看,是推动高质量发展的重大举措

依托改革开放40年的发展成果,广东经济呈现总量大、韧性强、潜力足、预期好的特征,但经济下行压力持续加大,经济结构仍待优化,现代产业体系发展仍不充分。湾区经济是典型的创新型经济,体量大、密度高、创新能力强。"双区驱动"与"双核联动"有助于广东经济围绕湾区经济的目标增强"扩区强芯"功能,助推广东经济高质量发展。一方面将加快珠三角优化发展步伐,发挥大湾区主阵地、对接先行示范区建设第一方阵作用,把沿海经济带打造为全省产业发展的主战场,推动北部生态发展区融入大湾区、先行示范区,走出生态优先、绿色发展的新路;另一方面推动广州、深圳推进供给侧结构性改革,加快培育新动能,实现创新驱动发展,提升创新力和竞争力。正如美国知名学者苏拉布·古普塔说的,先行示范区和大湾区是"当今世界进行的最令人激动的经济试验"。[①]

---

① 《综述:海外专家学者认为深圳先行示范区彰显中国开放创新决心》,新华网,2019年8月31日,http://www.xinhuanet.com/2019-08/31/c_1124945058.htm。

2. 从全国看，是改革开放示范引领的重要力量

广东是改革开放排头兵、先行地、实验区，深圳更是一座因改革开放而生的城市，自始至终肩负着先行探路的崇高使命。进入新时代，广东被赋予"向世界展示我国改革开放成就的重要窗口，也是国际社会观察我国改革开放的重要窗口"的光荣使命。实施"双区驱动"与"双核联动"战略通过携手港澳打造国际一流湾区，深度参与"一带一路"建设等，在"一国两制"框架下探索"一事三地""一规三地""一策三地"，加快制度创新步伐，印证了中国特色社会主义的伟大成功，也将对台湾问题的解决产生示范作用，有助于推动早日实现祖国完全统一。

3. 从国际看，是重塑世界经济格局的坚定力量

当前，世界经济重心由西向东转移，中国对世界经济增长的贡献率超过 30%，对亚洲的贡献率超过 50%。粤港澳大湾区是在一国整体综合优势的基础上，把两种制度的优势发挥到极致，实现优势互补、合作互动、互利共赢的发展模式，是世界上从来没有过的。粤港澳大湾区现代制造体系对标东京湾区，现代创新体系对标旧金山湾区，现代金融体系对标纽约湾区，打造具有世界影响力的经济新增长极，并成为"一带一路"建设的重要支撑，成为面对太平洋、印度洋的重要开放带，这对进一步提升中国的经济地位、加快世界经济重心转移和格局重塑有独特的意义，也拓展了发展中国家走向现代化的新路径，增强科学社会主义在全球范围的吸引力、号召力、影响力，为构建人类命运共同体贡献更多中国智慧、中国方案。

二　持续发挥先行优势，为实施"双区驱动"与"双核联动"发展战略探明道路

总结经验是为了把握规律，更好前行。改革开放 40 年，广东从落后的农业省转变为全国第一经济大省、外贸大省、创新大省和全球重要的制造基地。广东经验彰显了中国特色社会主义制度的优越性，也为推动实施"双

区驱动""双核联动"重大战略探明路径、提供指引，要长期坚持，确保经济发展不偏离正确道路和方向。

（一）高举改革开放旗帜，以"杀出一条血路"的精神，结合实际创造性开展工作

"所当乘者势也，不可失者时也。"广东改革开放 40 年的首要经验，就是始终坚持党的领导，坚持社会主义制度，抓住机遇创造性开展工作。1978年，广东把握历史脉搏和时代先机，大胆先行先试，国有企业改革、价格改革、外贸改革、金融改革等始终"走在前列"。从 1992 年邓小平南方谈话到 21 世纪初，在邓小平理论、"三个代表"重要思想、科学发展观的指引下，广东推行企业制度市场化改革，产权关系、投资体制、财税体制、金融体制等改革不断深入。进入新时代，在习近平新时代中国特色社会主义思想的指引下，广东改革开放再出发，在自贸区、营商环境、供给侧结构性改革等方面先行先试，打造改革开放新高地。正是始终坚持党的领导，凭借"杀出一条血路"的大无畏精神，广东才取得累累硕果。"双区驱动""双核联动"是改革开放的大逻辑、大方向，广东不仅具备"走在前列"的基础，更具备"走在前列"的重要机遇。

（二）坚持以民为重的发展思想，以"走出一条新路"的干劲，充分调动社会各界积极性

民生好坏决定民心向背，民心向背决定政策成败。40 年前，是民生维艰构成了改革开放的最根本动力；40 年来，是民生持续改善检验了改革开放的最大成果。改革开放之后，广东遵循以人民为中心的"三个有利于"标准，不断提高人民生活水平，激发人民群众、市场主体与社会主体的活力。通过发展教育、文化、卫生、体育事业，提高人力资源整体水平，发挥"人口红利"；通过发展非公有制经济、推进城镇化，创造大量的就业机会；通过农业改革、户籍制度改革，促进农村富余劳动力不断向第二、第三产业转移。进入新时代，广东继续推动经济繁荣发展，提高人民生活水平，以先

富带动后富,让更多人获得"改革红利"(见表1)。突出民生为重、民生优先,以人民为中心的发展取向,是改革开放的出发点和落脚点。"双区驱动""双核联动"将为港澳居民在内地学习、就业、创业、生活提供便利,也将全面提高广东人民的生活水平,推动"幼有善育、学有优教、劳有厚得、病有良医、老有颐养、住有宜居、弱有众扶",形成共建共治共享共同富裕的发展格局。

表1 1978~2018年广东省城乡居民生活主要指标

主要经济指标	1978年（元）	2018年（元）	累计增长（倍）	2019年（元）	比上年增长（％）
人均可支配收入	229	35810	155.4	39014	8.9
城镇居民	412	44341	106.6	48118	8.5
农村居民	193	17168	88	18818	9.6
人均生活消费支出	220	26054	117.4	28995	11.3
城镇居民	400	30924	76.3	34424	11.3
农村居民	185	15411	82.3	16949	10.0

资料来源:国家统计局广东调查总队。

(三)积极融入经济全球化潮流,以"走出国门看世界"的胸怀,科学把握发展窗口期

广东发展始终是在国际产业分工的大背景下进行的。改革开放以来,广东由被动外向带动向主动参与全球资源配置转变,现代化与经济全球化紧密联系在一起。改革开放之初,广东从"三来一补"① 起步,率先发展外向型经济,迅速实现经济腾飞。20世纪90年代开始,广东又抓住国际信息产业转移机遇,推动以电子信息产业为龙头的高新技术及重化工业崛起,实现了经济的二次腾飞。2008年世界金融危机后,广东利用市场倒逼机制,实施创新驱动发展战略,逐步培育新动能。正是把握住每个发展窗口,广东经济

---

① "三来一补"指的是来料加工、来样加工、来件装配和补偿贸易。

每隔几年就上一个大台阶。2001 年，广东利用中国加入 WTO 的战略机遇，进一步扩大开放，外贸进出口有力支撑了广东的经济增长（见图1）。在经济全球化的大潮中，没有与世隔绝的孤岛。实施"双区驱动"与"双核联动"发展战略，进一步融入经济全球化潮流，充分发挥港澳在对外开放中的作用，充分利用两个市场、两种资源、两种制度的优势，继续优化投资和营商环境，提升市场一体化水平，形成陆海内外联动、东西双向互济的开放格局。

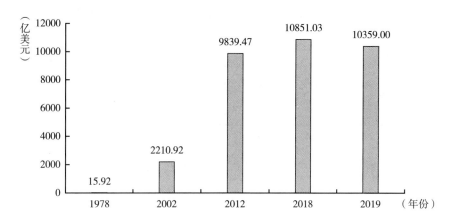

图1　1978～2019 年广东地区外贸进出口总额情况

资料来源：广东省统计局。

（四）持续深化自主创新环境，以"百舸争流，奋楫者先"的勇气，增强经济发展新动能

"周虽旧邦，其命维新。"创新是大国崛起的必由之路，也是广东经济高质量发展的成功经验。改革开放以来，广东按照"科学技术是第一生产力"的论断，率先推动科技体制改革，实施"科技兴粤"战略，制定了一系列科研计划和攻关计划，通过创建科技园区、开辟技术市场，促进科技成果的产生、推广和应用，为经济发展提供支撑。进入新时代，广东将创新驱动作为发展的"第一动力"，从体制机制上推动企业持续提升创新能力，设立研发机构（见图2），加快培育新经济增量。"双区驱动"与"双核联动"

战略的实施将整合广深等地的优势和需求，加快创新联动产业共建，更好把握新一轮科技和产业革命趋势，深化供给侧结构性改革，推动战略性新兴产业集聚发展，促进互联网、大数据、人工智能与实体经济深度融合，逐步建成以创新为主要支撑的经济体系和发展模式。

图2　2013～2019年广东规模以上工业企业研发机构设立情况

资料来源：广东省统计局。

（五）全面统筹布局区域发展，以"十个手指弹钢琴"的艺术，推动工业化和城镇化双轮并行

改革开放以来，广东工业化、城镇化是现代化的主要动力。改革开放之初，粤港"前店后厂"分工开始确立，极大促进了珠三角的工业化和城市化进程，深圳、珠海等城市由过去的国防前线、边远地区变成了对外开放的前沿，东莞、佛山、中山等城市涌现大批新兴工业镇。珠三角工业化提供大量就业机会，人口快速增加，虹吸效益明显，城市化进程加快。进入21世纪，广东推动劳动密集型、资源密集型产业向粤东西北转移，以交通基础设施、产业园区、城镇化作为培育经济新增长极的重要抓手。党的十八大之后，广东坚定走新型工业化和新型城镇化之路，技术、资本密集型产业向珠三角核心城市集聚，外圈层的江门、惠州和肇庆等市接受技术溢出，粤东西

北与珠三角形成产业共建和分工协作。近年来,广东一方面推动先进制造产业集群,完善制造业产业链、价值链、生态链;另一方面实施以功能区为引领的"一核一带一区"区域发展新战略,珠三角核心区、沿海经济带、北部生态发展区因地制宜布局交通基础设施、产业园区和产业项目。"双区驱动"与"双核联动"战略的实施将使深圳加快建设现代化国际化创新型城市,提升广州的创新带动力、要素集聚力,使珠三角形成现代化城市群,辐射带动周边发展,打造更为完整的产业生态,实现新型工业化城镇化齐头并进。

三 广东积聚了从"大"向"强"转变的重要基础

通过40年发展,广东已经构建了借力"双区"优化"双核"的重大发展平台,逐步完善了从"大"向"强"转变的制度、物质和文化基础。

(一)制度基础

不断改革创新、富有生命力和显著优越性的中国特色社会主义制度就是广东高质量发展的最根本的制度基础。一是坚持公有制为主体、多种所有制经济共同发展。广东是民营经济大省,民营经济贡献了50%以上的GDP、约60%的投资、70%以上的创新成果、80%以上的新增就业和95%以上的市场主体。二是按劳分配为主体、多种分配方式并存。广东大力推进就业创业、民生保障、惠农富农、薪酬增长、阳光分配为重点的收入分配制度改革,居民收入增长和经济发展同步,劳动报酬增长和劳动生产率提高同步。2019年城镇调查失业率5%以内、城镇登记失业率2.25%,居民人均可支配收入3.9万余元、增长8.9%。三是市场在资源配置中起决定性作用和更好发挥政府作用有机统一。广东以市场化改革为导向,在"数字政府"、社会信用体系建设、"放管服"改革、商事制度改革等方面走在全国前列,全省营商环境跃升至全国前列。四是更高水平开放型新体制。广东推进全方位对外开放,加快建立与国际

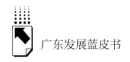

接轨的投资贸易规则体系，超过99%的外资项目以备案方式准入，引进巴斯夫、埃克森美孚、富士康、LG等重大外资项目。改革开放之初，深圳曾创造了3天建设一层楼的"深圳速度"；今天，又创造了平均3天推出一项制度创新成果的"前海速度"。

（二）物质基础

高质量发展不仅需要制度基础，还需要经济、财力、创新等方面的物质基础。经过40多年发展，广东已具备了相应的物质基础。一是在经济总量上，经济规模不断扩大，已迈进中高等收入国家或地区新门槛，广州、深圳成为广东重要的经济增长极（见表2）。二是在创新引领上，区域创新综合能力保持全国第一，全省研发经费支出占地区生产总值的比重约3%，技术自给率约75%，有效发明专利、PCT国际专利申请量持续位居全国首位，共有国家级重点实验室28家，高新技术企业数量4万家，新经济增加值占比达25%。在通信网络技术、人工智能、生命科学等领域汇聚大批科学创新团队。三是在产业体系上，广东已形成电子信息、绿色石化、汽车、智能家电、建筑业等产值超万亿的实业集群，先进制造业和高技术制造业占规模以上工业比重分别达56.3%和32%，4K电视产量、5G基站数量居全国第一，13家企业进入世界500强，实体经济发展走在全国前列。

表2　1979～2019年广东有关地区GDP总量占全国的比重（按可比价计算）

单位：亿元，%

区域	1979年	2012年	2018年	2019年	占比
全国	4100.50	538580.00	900309.50	990865.00	100
广东	209.34	57924.76	97277.77	107671.07	10.87
珠三角	111.78	48593.96	81048.50	86899.05	8.77
广州	48.75	13697.91	22859.35	23628.60	2.38
深圳	1.96	13319.68	24221.98	26927.09	2.72

资料来源：国家统计局，广东省统计局。

（三）文化基础

文化自信是国家民族发展中更深沉、更持久的力量。在新的历史方位上实现高质量发展，要从丰厚的文化积淀中汲取奋进的力量。改革开放40多年来，尤其是党的十八大以来，广东物质文明和精神文明建设都取得巨大成就。一是从历史文化看，岭南文化（含广府文化、客家文化、潮州文化、雷州文化）不断实现创造性转化和创新性发展，开放、包容、进取、实在的特性与市场经济发展共融。二是从时代文化看，作为改革开放前沿地和意识形态斗争主阵地，广东在和多样化社会思潮的斗争中，强化了社会主义核心价值观培育实践，人民群众思想上精神上团结一致，不走封闭僵化的老路，也不走改旗易帜的邪路，坚定不移地走中国特色社会主义道路，具有无比强大的前进定力。三是从人文特征看，40多年的改革开放历程磨砺了广东人敢闯敢试、敢为人先的精神气质，新时代实践又强化了开放兼容、敬业奉献等特征。在互联网时代，分享、协作、普惠、平等的理念广泛传播，年青一代的思维更自信、开放、包容，文化传承更具活力，也会推动新经济的发展。

四 以供给侧改革为主线，推动广东经济从"大"向"强"转变

"天下之治，有因有革，期于趋时适治而已。"国家治理方式，有继承有改革，都是为了符合时代的需要，适应发展的目的。实现"两个一百年"奋斗目标，要把握机遇，乘势而上，抓住"双区驱动"与"双核联动"这个核心关键，以供给侧结构性改革为主线，以只争朝夕、不负韶华的担当精神，加快推动经济高质量发展，推动广东经济实现从"大"向"强"转变。

（一）坚持疫情防控与复工复产两手抓，确保经济平稳运行

破茧成蝶都有伤痛，短期阵痛必须承受，不能因为阵痛就止步不前。应对新冠肺炎疫情，稳定经济增长就是广东当前必须面对的阵痛。

新冠肺炎疫情的影响不仅限于交通、旅游、餐饮住宿、零售等消费行业，而且蔓延到投资、生产、出口领域，对财政收入、企业发展和居民就业等均造成较大压力。但经济发展的大逻辑没有变：新型城镇化历史进程没有变，消费升级大方向没有变，科技创新的趋势没有变，制造业集群发展也没有变。疫情防控也提供了利用韧性和余地，加快改革转型，推动高质量发展的良机。因此，要采取有力的政策组合拳应对疫情的短期和中长期影响，坚决落实中央"六稳"部署，实现年初制定的发展目标。出台务实管用的一揽子政策措施，稳定发展预期，提升发展信心，熨平经济波动。要推动减税、减租、续贷等，加大对企业的扶持力度，稳定就业，稳定企业。及时组织复工复产，稳定产业链，恢复正常运转。在适度扩大总需求的同时，着力加强供给侧结构性改革。要把握好节奏和力度，要从生产端入手，促进产能过剩有效化解和产业优化重组，处置"僵尸"企业。

（二）坚持全面深化改革，推动治理体系和治理能力现代化

改革开放是广东的"根"和"魂"，也是高质量发展的"关键一招"。当前，广东省经济下行压力加大，外贸进出口面临不少挑战，传统消费进入瓶颈期，工业增长仍低位运行。体制机制改革进入深水区，不可避免触及深层次矛盾和利益调整，改革的复杂程度、敏感程度、艰巨程度不亚于改革开放初期。广东要勇敢承担改革开放再次先行先试的重任，宏观政策要稳、产业政策要准、微观政策要活、改革政策要实、社会政策要托底，战略上坚持持久战，战术上打好歼灭战。要推动全面深化改革系统集成、协同高效，发挥社会主义制度的显著优越性，赢得发展先机。坚持党对改革的集中统一领导，按照中央顶层设计和总体部署，紧扣"双区驱动"与"双核联动"战

略机遇，在推动高质量发展、建设现代化经济体系、提高发展平衡性协调性、营造共建共治共享社会治理新格局等方面谋划推动创造性引领型改革。坚持改革的市场化导向，聚焦营商环境、"数字政府"、乡村振兴、财政体制等重点领域，推动高质量发展政策体系不断完善。鼓励基层改革探索，抓好改革创新试验区建设，总结粤港澳大湾区、深圳先行示范区、广东自贸试验区等经验，及时复制推广。

（三）坚持全面扩大开放，建设高水平开放型经济新体制

以开放倒逼改革，融入并分享经济全球化红利，是广东经济发展的宝贵经验。当前，国际经济形势正在发生重大变化，世界处于百年未有之大变局，世界经济仍处于增长低谷期，不确定不稳定因素增多，国际金融市场动荡不稳，全球贸易持续低迷，这对经济外向度高的广东带来较大的外部挑战，但也是推进供给侧结构性改革的良机。要抓住粤港澳大湾区建设这个高水平开放的"纲"，深化粤港澳合作，促进资源融合、优势互补、错位发展，共同参与"一带一路"建设，加强与相关国家和地区基础设施互联互通、经贸合作及人文交流，打造"一带一路"建设重要支撑区。要全面参与国际经济合作，进一步拓展国际发展空间，推动外贸提质增效，鼓励粤港澳三地企业合作开展跨国兼并收购和共建产业园区，共同开拓国际市场，带动大湾区产品、设备、技术、标准、检验检测认证和管理服务等"走出去"。要高标准建设广东自贸试验区，在内外贸、投融资、财政税务、金融创新等方面探索灵活举措，推动与国际通行规则衔接，发展高层次开放型经济，形成陆海内外联动、东西双向互济的开放格局。

（四）坚持创新引领发展，建设高质量发展的现代产业体系

发展是第一要务，人才是第一资源，创新是第一动力。当前，广东正处于转方式、调结构、转动能的攻坚窗口期，要勇敢跨越关口，推动经济质量变革、效率变革、动力变革。广东是靠制造业起家的，要把制造业作为供给

侧结构性改革的主阵地，靠制造业引领实体经济发展赢得未来。推动制造业高质量发展，把握全球新一轮技术与产业变革机遇，加快培育新一代信息技术，绿色石化、超高清视频、生物医药、人工智能、机器人等先进制造业集群。要谋划推动产业规划布局、产业园区布局，培育打造一批高成长性的、支撑未来的骨干企业。要大力发展战略性新兴产业和现代服务业，增加公共产品和服务供给，提高供给结构对需求变化的适应性和灵活性，加速结构调整，优化要素供给，支撑新旧动能转化，提高全要素生产率，建设现代化协同发展产业体系。要加强基础与应用基础研究，加快推进大湾区重大科技基础设施、交叉研究平台和前沿学科建设，建设"广州－深圳－香港－澳门"科技创新走廊，对接整合全国和全球创新资源，建立科技创新的成果转化机制，优化可持续的自我进化创新生态，实现由创新型大省向创新型强省提升。

（五）坚持区域协调发展，打造"一核一带一区"新优势

城乡区域发展不平衡不协调是广东经济的最大短板。当前，广东省区域发展差距仍然较大，沿海经济带东西两翼支柱产业不强、带动能力不够，北部生态发展区绿色优势尚未转化为生产力，农业生产规模化产业化水平不高，农村面貌仍未根本改观。要把握好"加法"和"减法"、当前和长远、力度和节奏、主要矛盾和次要矛盾等关系，锐意进取、敢于担当，打赢这场硬仗。坚定落实"一核一带一区"新战略，围绕珠三角、东西两翼、北部山区的功能定位、具体发展目标和任务，将政策优势转化为现实的生产力。要以新型城镇化为动力，加速城乡二元结构转换，培育壮大区域城市群，建立城市群为基础的区域分工合作体系。要推动珠三角核心区优化发展，完善珠三角城际轨道网络，推动深莞惠区域协同、广佛同城、广清一体化，发挥核心城市溢出效益和辐射带动功能。要打造沿海经济带东西两翼重要发展极，支持汕头、湛江省域副中心建设，推动粤西打造沿海重工业带，粤东发展临港大工业。要推动北部生态区绿色发展，发展南药、旅游、文化等产业。打赢精准扶贫、精准脱贫攻坚战，深入实施乡村振兴战略，促进老区苏

区、民族地区振兴发展，健全城乡融合发展的体制机制，推进农村一、二、三产业全面升级。

（六）坚持绿色发展，转变发展方式建设生态文明高地

"绿水青山就是金山银山。"当前，广东省生态环境建设仍有较多欠账，环保基础建设任务繁重，污水管网和处理设施还存在短板，空气质量持续改善难度较大，重污染河流和黑臭水体治理仍需攻坚。这些问题稍有放松就会断送高质量发展的良好开局。要坚决打好污染防治攻坚战，推动生态环境质量持续好转，以生态文明倒逼高质量发展，形成节约资源和保护环境的产业结构，走出一条绿色、生态、可持续的发展道路。要将创新发展与绿色发展相结合，以技术创新加快传统产业绿色化改造，大力发展循环经济和环保产业，实现结构调整与技术提升双轮驱动绿色发展。要推动资源节约集约循环利用，严格实行能源和水资源消耗、建设用地等总量和强度"双控"，推进能源生产和消费革命，推动资源利用方式加快改变。要加强环境保护和生态建设，落实生态保护红线、永久基本农田和耕地保护制度，统筹山水林田湖系统治理，制定实施国土空间生态修复规划，实施重要生态系统保护修复重大工程。要实行最严格生态环境保护制度，加强生态环境监管执法，对违法行为"零容忍"，推动群防群治。

（七）坚持改善民生，推进共建共治共享实现共同富裕

满足人民对美好生活的向往，是经济发展的终极目标。供给侧结构性改革的根本目的是提高社会生产力水平，落实好以人民为中心的发展思想。推动经济高质量发展，必须把保障和改善民生抓紧抓实。要用社会政策托底，守住民生底线。积极应对人口老龄化挑战，提升教育医疗事业发展水平，加快推动流动人口市民化，健全家庭服务体系，提升人口质量，挖掘"人力资本红利"。要优化收入分配结构，完善社会保障体系，改善困难群众生活，扩大中等收入群体，推进社会结构从金字塔形向橄榄形过渡。要激发文化对经济社会的创新创造能力，建设现代文化新高地，抓住文化消费需求推

动经济转型，建立文化自信。要推进健康广东、平安广东、法治广东建设，逐步解决群众看病难、看病贵的问题，提升安全生产管理水平，不断完善公平正义的现代社会制度。要加强粤港澳民生服务保障和社会治理合作，共同建设教育和人才高地，共建人文湾区、休闲湾区、健康湾区，打造宜居宜业宜游的优质生活圈。

参考文献

国务院发展研究中心课题组：《充分发挥"超大规模性"优势推动我国经济实现从"超大"到"超强"的转变》，《管理世界》2020 年第 1 期。

广东省统计局、国家统计局广东调查总队编《数说广东 70 年》，广东人民出版社，2019。

B.12

推动粤港澳大湾区提升市场一体化水平

杨广丽　周阳*

摘　要： 本报告在借鉴欧盟、俄白哈三国等关税同盟建设经验基础上，对粤港澳三地关税区之间开展类（准）关税同盟合作面临的人员流动在通关模式、查验手段、判定标准上仍存在较大差异，关税征管、监管模式、管理机制等差异影响货物自由流动，服务业政策开放不足等问题进行了分析，提出了大湾区建设"类（准）关税同盟"的原则和目标设想，并提出了创新粤港粤澳边境旅检口岸查验模式、创新湾区内的口岸物流监管联动模式、对标自由贸易港制度推动广东自贸试验区与港澳形成"2+3"组合发展模式、探索以安全准入一体化推动粤港澳大湾区市场一体发展等对策建议。

关键词： 粤港澳大湾区　关税同盟　市场建设

建设粤港澳大湾区，是习近平总书记亲自谋划、亲自部署、亲自推动的国家战略，2018年10月，习近平总书记到广东调研时再次强调，要把粤港澳大湾区建设作为广东改革开放的大机遇、大文章，抓紧抓实办好。针对湾区"一个国家、两种制度、三类法律体系和三个独立关税区"的独

---

* 杨广丽，广东省人民政府发展研究中心党组成员、副主任，主要从事对外经济贸易合作、自贸试验区建设、金融改革发展和生态文明建设等领域的决策咨询研究工作和省委省政府重要文稿服务；周阳，广东外语外贸大学法学院教授，云山杰出学者。

特格局，以及湾区内要素自由流动仍存在较多障碍亟待突破的现状，广东省人民政府发展研究中心组织课题组在借鉴欧盟、俄白哈三国等关税同盟建设经验基础上，提出大湾区建设"类（准）关税同盟"的原则和目标设想，并给出若干对策建议。

一 关税同盟实践经验、借鉴及启示

（一）关税同盟的内涵及特征

关税同盟是区域经济一体化的重要形式，由两个或两个以上国家缔结协定，建立统一的关境，在统一关境内缔约国相互间减让或取消关税，对从关境以外的国家或地区的商品进口则实行共同的关税税率和外贸政策。

其特征主要是成员国相互之间不仅取消了贸易壁垒，实行自由贸易，还建立了共同对外关税。一是成员国之间降低直至取消同盟内部的关税。为达到这一目的，同盟往往规定成员国在同盟内部必须在一定期限内分阶段、逐步地从各自现行的对外关税税率，过渡到同盟所规定的统一关税税率，直至最后取消成员国彼此间的关税。二是成员国制定了统一的对外贸易政策和对外关税税率等。同盟往往规定成员国必须在规定时间内，分别调高或调低各自原有的对外关税税率，最终建立共同的对外关税税率，并且逐步统一各自的对外贸易政策，如对外歧视政策、进口数量限制等。

（二）关税同盟的重要实践

1. 欧盟的实践

第二次世界大战后，法国、德国等欧洲国家为应对经济萧条和抗衡美国、苏联压力，启动了欧洲单一市场计划，旨在逐步消除西欧国家内货物、人员、服务、资本自由流动的有形、无形壁垒，形成无内部边界的一体化市场。这一进程主要经过共同市场（1957～1993年）和《单一欧洲法案》（1993年至今）两个阶段。1968年，欧洲共同体建立关税同盟，取消商品的关税和限额，各成员国海关对外实行统一关税。1993年1月1日，《单一欧洲法案》正式实施，最终将单一市场从理论变成了现实。这标志着欧洲共同市场向单一市场的成功过渡，边境海关关卡检查的取消及行政手续的简化为其标志性特点。1994年，欧盟颁布了新版海关法，简化了海关程序，统一了海关规则。《马斯特里赫特条约》（*Treaty of Maastricht*）则进一步确立了欧洲联盟单一市场的贸易制度，各国于当年一致同意取消此前由各国实行的6400多种进口配额。至此，在单一市场的推动下，欧盟成员国在海关领域已将部分主权转移至欧盟，执行统一海关制度。整个欧盟内部成为统一关境，在成员国之间运输的货物，海关不再视为进出口贸易，无须办理报关手续。当货物从欧盟外部进口至欧盟时，只需在其中一个国家海关办理报关：可选择货物进入欧盟的第一个国家报关，亦可选择最终进口国家进行报关。

2. 俄白哈三国欧亚经济联盟

2000年10月，以俄罗斯为主导的欧亚经济共同体成立，确定了欧亚经济一体化的战略发展目标——建立关税同盟、建立统一经济空间和建立欧亚经济联盟的"三步走"战略。2009年11月俄白哈关税同盟宣布建立，标志着欧亚一体化进入实质性阶段。三国统一了海关法律，实施《关税同盟海关法典》；并于2011年7月统一了海关关境，开始对外统一征收关税，并按照俄87.97%、白4.7%和哈7.33%的比例对关税同盟进口关税收入进行分配；同时三国间边境口岸海关不再征收进口关税，由各国税务机关自行征收增值税和消费税。2012年1月1日，俄白哈三国启动统一经济空间。在统一经济空间内将货物贸易一体化扩大到服务、资金、商品、劳动力的自由流动，并在宏观经济、金融市场、技术标准、知识产权保护、交通运输、管道运输等领域实行统一政策。2012年2月1日欧亚经济委员会开始运作，强化了对欧亚经济一体化的管理职能。该委员会获得俄白哈三个成员国的部分职能和授权，全权负责关税同盟和统一经济空间

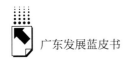

框架内的一体化事务协调与管理，并于 2012 年 7 月 1 日正式取代关税同盟委员会。

（三）欧盟从关税同盟向单一市场发展的经验启示

欧盟的发展，起始于单一产业或部门的合作，逐步向各产业扩张，然后通过关税联盟使欧共体结成综合的"共同市场"，再通过消除人员过境关卡限制以期达到更完善的"单一市场"。其经验主要有以下四个方面。

1. 关税同盟是欧盟发展的起点和重要基石

这不仅是欧洲共同市场的基础，也是欧洲共同体经济一体化的起点。如《欧洲原子能共同体条约》建立了欧共体"核共同市场"，共同农业政策建立了"农产品共同市场"，而正是关税联盟使各成员国构建了一个"单一的共同市场"，其不仅促进了货物自由流动、专业分工、经济增长，更为经济一体化开辟了道路。

2. 单一市场是关税同盟的发展目标和方向

欧盟单一市场的出现，促成了欧洲经济货币联盟的建立和欧元的问世，深刻改变了欧洲经济环境。就海关关境而言，欧盟内部从此被视为一个整体，成员国间不再设置物理边境，物流、人员、资本和服务均可在内部自由流通。

3. 共同的法律制度是维系欧洲单一市场的基础保障

1993 年以后，为统一各成员国的海关操作，保障统一政策的有效实施，欧盟层面通过三种形式颁布了一系列海关法律法规，包括法令（Decree）、指令（Directive）和决定（Decision）。欧盟针对海关颁布的法规主要通过欧法令形式实现，对成员国具有直接法律拘束力，各成员国海关在此法律框架下统一协调海关操作，从而保障了单一市场的有效运作。

4. 单一市场必然要求欧盟国家内部传统关境限制的取消

随着欧盟相关法令的实施，对欧洲国家海关的传统工作产生了颠覆性影响，包括三个版本的《海关法典》、欧盟海关通关监管及免税政策调整等一系列海关规定，加之在全欧盟海关推行的海关情报系统（SID 系统）、新版转关运输管理系统（NSTI 系统）等配套电子系统，从根本上改变了海关的日常工作，使一直存在的国与国之间的关境限制和障碍基本得以消除。

二 粤港澳三地关税区之间开展类（准）关税同盟合作面临的主要问题

改革开放 40 年来，内地与港澳在关税减让、口岸通关执法互认、服务贸易开放等领域开展了一系列类似于关税同盟的合作，积极推动 CEPA（《内地与香港关于建立更紧密经贸关系的安排》）框架下的关税减免政策落地实施、率先基本实现粤港粤澳服务贸易自由化、加强口岸基础设施建设和推动粤港澳通关便利化等措施，有效推动了粤港澳市场一体化进程。但目前，粤港澳三地仍采用类似于国与国之间的制度框架设计，湾区内货物、人员、服务、资本等要素难以跨境自由流动，这是大湾区建设首先面临但又必须破解的第一道障碍。

（一）人员流动在通关模式、查验手段、判定标准上仍存在较大差异

旅检通关模式改革未取得重大突破，湾区内的多数口岸仍采用"在各自境内处理各自出入境程序"的传统模式，通关时需双边查验、双重轮候，自助查验技术应用不足；内地海关一直延续着经验式、密集型的人工作业模式，人海战术、察言观色、手工查验等是旅检现场作业的主要方式。粤港澳人员通关信息难以共享，部分口岸的内地与港澳自助查验设施建设不同步，旅客感受不方便。三地口岸卫生检疫和疑似病例判定等标准不统一，容易造成执法资源的浪费、降低旅客体验感。

（二）关税征管、监管模式、管理机制等差异影响货物自由流动

在关税政策上，内地与港澳三者要在 CEPA 框架下共同形成更优良的自由贸易环境和产生积极的叠加效应，则需同在大湾区内的珠三角九市也

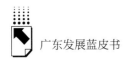
执行特殊的关税政策，而目前内地与香港、澳门之间关税征管政策差异的客观存在，一定程度上阻碍了湾区进出口货物的自由流动。内地海关的物流通关监管模式还有待改革创新，香港作为自由贸易港，是湾区内地进出口主要转口港，口岸监管宽松而规范，申报程序简便而透明；而湾区的内地口岸实行严格监管制度，通关手续相对繁杂，在三地物流通关往来时，三地之间按照三个独立关税区进行监管查验，与普通口岸进出境程序一样，存在通关手续烦琐、通关成本较高、通关时间较长等问题。粤港澳三地口岸执法部门的"信息互换、执法互助、监管互认"合作力度也还不够大，物流通关数据交换共享机制尚未建立，湾区物流通关数据缺乏统一的平台支撑等。

（三）服务业政策开放不足，相关合作领域普遍存在"大门开，小门未开"的现象

在物流合作方面，多式联运、跨境监管及检疫审批等方面的特殊政策仍需进一步明确。以冷链物流为例，香港和澳门的土地资源稀缺导致食品仓储冷库不足的问题日益凸显，而邻近内地具有土地、劳动力、交通便捷等优势，"跨境暂存、保税转运"的模式能为香港和澳门企业节省30%左右的运营成本，并可推动内地冷链存储冷库利用率由当前的不足20%提高到80%以上。在服务宜居宜业宜游方面，以游艇自由行为例，缺乏专门针对粤澳游艇自由行检疫监管配套政策，导致实际操作中许多检疫监管无法进一步优化，一定程度上影响了对粤澳游艇自由行的检疫监管便利化，同时我国尚未形成专门针对游艇的检疫处理方法，目前对游艇的检疫处理方法主要参照船舶或邮轮的卫生检疫处理规程进行，传统的船舶检疫处理方式不适合游艇，如操作不当可能腐蚀游艇的精密仪器。在技术标准化建设方面，管理机制和执行的法规标准存在较大差异。港澳执行国际标准，其检测机构在市场化运行机制上更加灵活，在检测指标上更贴近国际前沿，在技术标准的制定和使用方面更加具备国际化视野，市场服务能力更强。目前，国内海关技术机构是由政府管理的行政技术性支持第三方检测机构，双方在检测能力互认、完

善实验室检验检测能力评价体系以及推进检验检测能力与国际接轨等方面存在较大差异。

三 借鉴关税同盟经验推动粤港澳大湾区一体化市场建设的原则和目标设想

借鉴国际上关税同盟特别是欧盟单一市场的发展经验，对于加快粤港澳大湾区建设具有重要参考价值。

（一）粤港澳大湾区借鉴关税同盟经验应遵循的原则

1. 坚守底线，顾全大局

必须把坚持"一国两制""港（澳）人治港（澳）""高度自治"作为加快粤港澳大湾区建设的底线，同时深刻领会"要支持香港、澳门融入国家发展大局"的战略意图，按照习近平总书记在广东调研时提出粤港澳大湾区建设要算政治账、长远账的要求，做好总体规划和方案设计，使大湾区建设真正惠及粤港澳三地居民。

2. 解放思想，为我所用

必须在坚持"一国"共性的前提下，强化"两制"的互补性，聚集各类要素在粤港澳三个独立关税区跨境自由流动面临的问题，不简单照抄照搬国外关税同盟发展经验和模式，着力破除制度差异形成的体制机制障碍，加快形成粤港澳三地生产要素跨境便捷流动的机制通道，化制度差异为制度优势。

3. 循序渐进，先易后难

必须充分认识粤港澳大湾区建设中突破三个独立关税区现行制度安排可能遇到的风险性和敏感性，认识到欧洲国家从关税同盟发展到单一市场所经历三十多年的漫长历程和曲折，应从寻求粤港澳三地合作的最大公约数入手，不急于求成，先从物流、信息流开始，逐步推进到人流和资金流；先从

特定领域、特定模式和特定人群开始，再推进到全领域覆盖；先从成熟的体制机制对接开始，再推进到共同设立类似于关税同盟的制度安排，积小胜为大胜，通过完善创新合作机制，促进互利合作共赢。

（二）目标设想

从欧洲国家关税同盟到单一市场的实践发展经验来看，其最大特点和亮点之一，是执行统一的海关法律制度，使整个欧盟内部成为统一关境。作为"一个国家、两种制度、三类法律体系和三个独立关税区"的粤港澳大湾区，则不能简单复制模仿欧盟的经验做法，需因地制宜、灵活创新，在湾区内形成具有中国特色的要素跨境自由流动新机制。

1. 近期目标（3年左右）

以社会公众最关切、粤港澳三个关税区制度差异相对较小也较容易达成多方合作共识的旅检口岸监管为突破，探索实行"单边验放"通关模式，以口岸查验监管创新促进人流、车流的"小流动"，进而撬动物流、资金流、信息流等要素在湾区内的"大流动"。

2. 中期目标（3～10年）

充分发挥广东自贸试验区制度创新和先行先试优势，以试验区内的海关特殊监管区域为核心载体，对标港澳自由贸易港制度，推动形成"2（港澳自由贸易港）+3（广州南沙、深圳前海、珠海横琴自贸片区）"联动发展格局，使自贸试验区成为港澳自由贸易港制度外溢的首要承接地，为资本、技术、服务、信息和人员在大湾区范围内的自由流动提供更为广阔的空间和平台。

3. 远期目标（20年左右）

以机制对接、制度创新为核心，探索破除粤港澳现行类似国与国的通关流程设计，将国外直接进入大湾区的国际机场、港口码头第一站视为"一线"，粤港、粤澳间的边境视为"二线"，最终形成有别于现行按照国与国之间关系进行制度设计的跨境通关监管新模式。

四 推动粤港澳大湾区一体化市场建设的对策建议

（一）创新粤港粤澳边境旅检口岸查验模式

针对目前湾区内地与港澳多数口岸仍采用"在各自境内处理各自出入境程序"传统模式对旅客、车辆通关造成的不便，以港珠澳大桥建成通行为契机，提请中央允许驻粤口岸单位在不违背"一国两制"的前提下，大胆创新旅检口岸通关查验机制，联手港澳共同切实解决旅客、车辆通关时需双边查验、双重轮候的问题，探索三地特别人群"出入一票通"，进一步提升口岸便利通关体验和湾区内居民的获得感。

1. 探索建立粤港澳大湾区口岸"执法合作查验区"

积极推动中央和香港、澳门特区立法进行授权，允许突破现行旅检口岸通关查验的部分政策法规限制，在粤港澳大湾区旅检口岸区域分界线位置建立"执法合作查验区"，将现行深港、珠澳分界线扩展为深港、珠澳双方口岸联检单位共同作业的边境执法区域，使进出境旅客进出深港、珠澳只过一次关，只接受一次海关查验。

2. 探索实行"单边验放"通关模式

在"严进不管出"的大原则下，对内地和港澳海关均需管制的进出境行李物品交由入境方海关管辖，入境方海关定期向出境方海关通报情况，保留出境方海关对旅客申报行李物品及重点布控行李物品的监管权。探索研发智能旅客出入境信息管理系统，实现与边检出入境人员信息交换。把港澳居民信息纳入全国信用体系平台，实现智能旅客出入境信息管理系统与全国信用体系平台对接。

3. 建立跨部门共管的两地牌车辆管理模式

在深港、珠港、珠澳的关境之间，简化准入审批程序。大湾区内，强化事中监管手段。大湾区与省内其他城市之间，完善事后处置机制。同时建立车主及粤港澳三地行政机关共同使用的车辆管理信息系统，并明确通行大湾

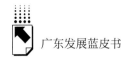

区港澳私家车的相关条件。各主管部门各司其职，由公安交管部门承担车辆境内通行监管责任、海关承担进出境监管责任、出入境管理部门承担对违法人员的管控责任、港澳政府承担车主管理责任。对等开放大湾区内地9市车辆通行港澳。

（二）创新湾区内的口岸物流监管联动模式

应充分利用粤港、粤澳海关多年来的合作成果和基础，完善大湾区海关口岸查验、检验检测互认机制，简化出境货物通关手续，推动粤港澳之间水、陆、空、铁等多式联运业务发展，优化多式联运货物海关监管模式，促进大湾区范围内航运、金融、科技等服务业的融合发展。

1. 在湾区内复制推广深圳"组合港"模式

参照空港在异地设立城市候机厅的模式，深圳港、南沙港、珠海港作为项目主体，珠三角码头及内陆无水港作为组合港的组成部分，通过三地码头业务的有序衔接，把深圳港、南沙港、珠海港的服务延伸至珠三角地区及内陆无水港，实现客户异地交收柜等同于深圳港、南沙港、珠海港交收，降低物流成本，提高效率；吸引更多的港澳和境外、内陆腹地的货物集聚深圳、南沙、珠海分拨处理，强化深圳、南沙、珠海在粤港澳大湾区中的辐射带动作用。

2. 扩大粤港海关"跨境一锁"应用范围

利用"跨境一锁"在口岸海关和香港海关实现快速自动验放的功能，提供"航空打板"顺势监管服务，海关在二线车检场内设立空运集货仓和空运打板仓，节省货物在香港二次仓储、理货、打板的时间和资金成本的同时，完成货物暂存、分拣作业后，按货物最终实际流向办理相应海关手续，将香港机场的理货、分拣、拆拼等物流服务功能延伸到内地。

3. 探索创新中欧班列监管模式打造多式联运中心

利用粤港澳大湾区直接连通东南亚地区的地利之便，吸引港澳和东南亚地区货物通过过境方式搭乘中欧班列出口到欧洲，推动过境货物申报电子化，实现过境货物报关单与境内中转、换乘、换箱、拆拼等物流环节信息相对碰，优化物流监管链条；发挥保税场所仓储、拆拼、包装等功能，吸引境内外货物通过各种运输方式向保税场所集聚，打造面向"一带一路"沿线国家的多式联运中心。

4.由三地政府统筹"智慧港口"建设

推动湾区内重要外贸码头、机场空港货站同步实施自动化作业，引入自动化机械设备及配套的控制系统、指挥调度系统，实行供港食用动物电子耳标标识管理，全面实现供港澳食品农产品信息化溯源管理，全面应用航行港澳小型船舶检疫监管系统。广泛应用射频识别（RFID）、红外感应器、环境传感器等技术设备，自动感知港口货物状态信息，实现智能化识别、定位、跟踪、监控等功能，重点在智慧物流、智慧航运、智慧仓储、智慧服务等领域形成核心竞争优势。

（三）对标自由贸易港制度推动广东自贸试验区与港澳形成"2+3"组合发展模式

在现阶段暂不具备条件突破三个税制区限制的情况下，充分利用广东省内3个自贸片区中的海关特殊监管区域政策功能优势和物理隔离条件，探索实施"2（港澳自由贸易港）+3（广州南沙、深圳前海、珠海横琴自贸片区）"组合联动，在区域内实施与港澳相同的关税政策和海关监管模式。

1.创新海关特殊监管区域监管机制

对标香港的自由贸易港政策，在广州南沙保税港区、深圳前海湾保税港区等海关特殊监管区域全面实施"一线放开、二线管住、区内自由"，当前可率先对"两头在外"的国际转运货物，借鉴"先进区，后报关"模式，在一线环节以舱单信息进行申报。

2.构建"2+3"联动发展模式

利用安全智能锁及全球定位系统等科技手段，组合运用来往港澳小型船舶的水水联运、粤港公路运输"跨境一锁"等，建立自贸试验区特殊监管区域与港澳之间的直通走廊，实现与港澳的海港、陆港和空港口岸对接。

3. 分步扩大和推进粤港澳大湾区关税减免

第一阶段，着眼于推动 CEPA 的升级，将目前 CEPA 框架下对原产于香港的 1894 个品目货物和原产于澳门的 1527 个品目货物范围进一步扩大，直至取消所有原产于港澳货物出口内地的关税。第二阶段，尝试采取三方协议的形式代替原双边协议形式的 CEPA，通过多边性的《粤港澳大湾区自由经贸协定》，将粤港澳地区内部经济有机联系起来。

4. 以"负面清单"制度加快推进投资便利化

全面实行"准入前国民待遇＋负面清单"管理模式，落实外商投资准入特别管理措施（负面清单），探索推进粤港澳大湾区实施更短的负面清单。探索实施外商投资全周期监管，建立完善外资备案和信息报告制度。推进粤港澳大湾区在 CEPA 框架下对香港、澳门进一步扩大开放，按照国家统一部署，推动扩大金融、教育、科研、文化、医疗、法律、会计、建筑等专业服务业市场准入。

（四）探索以安全准入一体化推动粤港澳大湾区市场一体发展

围绕粤港澳三个独立关税区在安全准入方面的共性，加大三地执法部门的"信息互换、监管互认、执法互助"合作力度，为粤港、粤澳两地突破现行类似国与国之间的通关监管模式奠定基础。

1. 深化粤港澳海关执法互认合作

在粤港澳三地海关现已实施的查验结果参考互认合作基础上，针对具有共同执法交集的安全准入领域，引入执法"正面清单"制度，将枪支弹药、毒品、卫生防疫等列入"正面清单"作为三地海关共同防控内容，互认对方查验部门的检查结果，使原来聚集在彼此口岸一线的监管行为前伸后移，推动粤港澳大湾区成为一个大的"一体化"监管区域。

2. 推进粤港澳检验检疫、物流技术标准互认和信息互联

扩大粤港澳三地在口岸通关卫生防疫、动植物检验、食品检测等领域合作，推动检验检疫标准互认和实验室资源跨境共享，共建共享数据库，适应粤港澳人员、车辆、货物跨境便捷流动的需求，共同提升突发性公共卫生事

件的快速反应能力。

3. 寻求粤港澳大湾区范围内的安全准入立法突破

条件成熟时，积极推动中央从法律层面统一粤港澳三地对安全准入的执法范围、执法标准、作业要求，确立将国外直接进入大湾区的国际机场、港口码头第一站视为"一线"，粤港、粤澳间的边境视为"二线"，在湾区范围内全面实行"一线管控、二线放开"的口岸通关监管新格局。

B.13
深入实施创新驱动发展战略
全力推进科技创新强省建设

广东省科学技术厅*

摘　要： 2019 年，广东省把学习贯彻习近平总书记对科技创新、广东工作的系列重要讲话精神作为创新工作的首要任务，深入实施创新驱动发展战略，主要包括：全力推进粤港澳大湾区国际科技创新中心建设，以攻克"卡脖子"技术为着力点打造创新成果"原产地"，加强基础与应用基础研究打造原始创新"策源地"，锻造高质量发展筋骨培育更多新经济"增长极"，以人才专项计划为抓手打造会聚全球创新人才"强磁场"，深化创新治理改革、优化创新治理软环境。各领域创新发展取得了重要的阶段性突破，有效地推动了全省加快迈向高质量发展。

关键词： 创新驱动　科技创新　高质量发展

　　2019 年，在广东省委、省政府的正确领导下，全省把学习贯彻习近平总书记对科技创新、广东工作的系列重要讲话精神作为创新工作的首要任务，紧密围绕"四个走在全国前列"、当好"两个重要窗口"总目标，深入实施创新驱动发展战略，把创新工作聚焦到全省"1 + 1 + 9"的任务部署，

---

　　* 执笔人：李妍，广东省科学技术情报研究所综合研究中心副主任。

各领域创新发展取得了重要的阶段性突破，有效推动了全省加快迈向高质量发展。2019 年广东区域创新能力三年蝉联全国第一，预计全省研发经费支出约 3000 亿元，有效发明专利量、PCT 国际专利申请量及专利综合实力持续位居全国首位，获得国家科学技术奖 50 项，比 2018 年增长 11.11%，获奖项目数占全国 16.23%，再创新高。粤港澳三地创新合作更加紧密，高新区、高企、成果转化等工作相继取得新突破，国内外高层次创新人才和创新资源加快汇聚广东，为全省经济高质量发展提供了强有力支撑。

一　全力推进粤港澳大湾区国际科技创新中心建设，开启科技创新开放合作新篇章

（一）深化粤港澳创新合作

积极发挥港澳密切联系世界的窗口桥梁作用，开展"钱过境、人往来、税平衡"等政策创新，推动重大科学基础设施、实验动物平台、科普基地向港澳开放，把港澳原始创新资源与广东产业资源融合起来。推动省科技计划项目向港澳高校、科研机构开放，全省陆续实现财政科研资金过境拨付港澳累计超亿元。启动粤澳联合资助计划，继续实施粤港联合资助计划，三地同时发布 2019 年度联合资助计划指南。启动建设首批 10 家粤港澳联合实验室，积极践行广东省在"一国两制"中的责任担当和历史使命。全省港澳创业孵化载体共 134 家，大力支持港澳青年来粤创新创业。

（二）加强重大科技基础设施布局

加快推进一系列大科学装置落地广东建设，中国科学院在粤重大科技基础设施建设已初步实现体系化布局并取得突破性建设进展，目前已建成东莞中国散裂中子源，惠州强流重离子加速器、加速器驱动嬗变研究装置，江门中微子实验站，新型地球物理综合科学考察船等正在推进建设中，筹建及拟建脑解析与脑模拟、合成生物研究、南方光源、冷泉生态系统观测与模拟装

置、人类细胞谱系、动态宽域飞行器试验装置、大型水下智能无人系统等一批大科学装置，对创新资源的"虹吸效应"不断放大，在广东前沿基础研究中发挥着越来越重要的作用。

（三）完善多层次国际科技合作机制

积极发展与世界创新型国家、"一带一路"沿线国家及"关键小国"的科技交流与创新合作。加强与白俄罗斯国家科学院、澳大利亚昆士兰科技大学等国际知名科研组织和大学的合作。重视民间国际科技交流，开创单独设立科研人员国际交流资助专题，加强外籍青年科研人员来粤开展学术交流与研发合作的引导和组织，面向16个发展中国家的高级官员与学者举办"促进可持续发展的科技创新战略与政策培训班"。通过参与组织高交会、海交会、人工智能大会等系列高端交流活动，大力将国际高端资源"引进来"，推动广东省企业和科研机构"走出去"。

二 以攻克"卡脖子"技术为着力点，打造创新成果"原产地"

（一）重点领域研发计划顺利推进

组织实施4批省重点领域研发计划项目，包括11个重大专项、16个重点专项以及2个应急专题，财政资金投入44.2亿元，带动社会投入89.44亿元，涵盖量子通信等前沿领域，电子设计自动化（EDA）开发工具、电子曝光机、聚酰亚胺等"卡脖子"环节，以及练江、茅洲河污染治理技术等民生工程。前两批项目已取得重要阶段性研究成果。

（二）实施应急专项积极应对中美经贸斗争

组建防范化解科技领域重大风险工作小组，快速响应制定应急工作方案，厘清受贸易斗争影响的企业、产品和技术、项目"三个清单"，有针对性地组织实施"广东省加快推进产学研合作专项行动计划""广东省促进国产技术市场化行动计划",按照"聚焦重点、先易后难、定向组织、分批支持"的项目组织思路,围绕5G、人工智能、集成电路、高端装备制造等主要领域,先后启动三批共30个快速响应项目。组织省实验室等一批高端创新平台与重点高技术企业开展技术对接,一方面根据企业需求组织材料、技术开发,另一方面引导省实验室为国产技术产品提供应用场景,从供应链、产品链、技术链支撑企业渡过难关,扎实做好应对中美经贸斗争"六稳"工作。

(三)主动承接国家重大科技项目

充分发挥广东省在移动通信领域的优势,主动承接国家重大战略任务,与科学技术部联动推进实施国家重点研发计划"宽带通信和新型网络"重点专项,广东省承担了一半的科研攻关和应用示范任务,带动社会资本投入超过100亿元。通过接续支持、联合支持、补齐支持、补充支持等方式,联动中央、省、市财政资金大力支持国家布局且可落地广东的重大科技项目。积极引导组织省内有条件的机构申报国家01、02专项,以及国家科技重大专项、重点研发计划专项。

三　加强基础与应用基础研究,打造原始创新"策源地"

(一)对标最高最好最优建设省实验室体系

按照"一室一策""核心+网络"等新模式启动组建第三批3家省实验室,全省10家省实验室布局基本完成,为争取国家实验室在粤布局奠定先手并打下良好基础,初步形成了以省实验室建设为龙头、珠三角与粤东西北竞相创新发展的良好势头。出台首个省实验室建设管理的规范性文件,赋予省实验室自立项目视同省科技计划项目、正高职称评审权、进口科研设备备案制采购、社会化用人模式和市场化薪酬等多项自主权限。大力推进与科学

技术部在广东共建中医湿证国家重点实验室，填补我国中医技术领域国家级创新平台的空白，全省国家重点实验室总数达 30 家，并启动实验室体系"创新赋能计划"，全面激发广东省实验室体系科研骨干的创新思维与创新活力。

（二）大手笔启动基础研究重大项目

面向世界科技前沿，聚焦国家经济社会发展关键领域和广东优势特色产业的重大科学问题，启动实施首批 13 个省基础与应用基础研究重大项目，财政资金总投入 5.6 亿元，平均资助强度约 4300 万元，对广东战略性新兴产业的长远发展意义重大。

（三）初步建立纵横联动的基础与应用基础研究的资助体系

启动 NSFC－广东联合基金新一轮合作，签署广东省加入国家自然科学基金区域创新发展联合基金协议，大力加强粤港澳大湾区特色的基础研究工作。全面启动实施省市、省企联合基金，已完成粤穗、粤深、粤佛、粤莞及温氏共 5 只联合基金组建，带动地市财政及企业投入 1.9 亿元，资金总盘达 2.53 亿元。着力发挥省自然科学基金的引导作用，2019 年资助面上项目 1651 项，杰出青年项目 65 项，资助总金额约 2.3 亿元。已初步建立起从重大项目、国家联合基金到省内联合基金、省自然科学基金等较为完善的基础与应用基础研究资助体系。

四　锻造高质量发展筋骨，培育更多新经济"增长极"

（一）注重创新型企业的梯度培育

科学开展"瞪羚"企业、中小型科技企业的遴选培育，强化高新技术企业的认定管理，制定普惠性政策鼓励企业建设研发机构。推动科技企业孵化载体提质增效，引导全省科技孵化载体向国际化、专业化、生态化发展，截至 2019 年底，全省纳入国家火炬统计的孵化器 989 家，众创空间 986 家，在孵企业超 3.1 万家，数量居全国首位。成功创建国家印刷及柔性显示创新中心，新建省级企业工程技术中心超 700 家，高新技术企业累计超 5 万家，有效提升了全省企业创新能力。

（二）推动高新区高质量发展

出台《关于促进高新技术产业开发区高质量发展的意见》，通过制度创新、技术提升、产业发展等多项举措推动高新区焕发新一轮创新发展活力。推动国家级高新区地市全覆盖，韶关、阳江高新区进入国家级高新区升级程序；全面启动省级高新区认定组织工作，首批 6 家新认定省级高新区正在确定四至范围，准备上报省政府审定。

（三）强化对产业高质量发展的支撑引领

加速推进高水平创新研究院建设，成建制、成体系、机构化引进中国科学院空天信息创新研究院、中国科学院苏州纳米技术与纳米仿生研究所、北京协同创新研究院、中国科学院微电子研究所、中国科学院沈阳自动化研究所、中国科学院力学所等 14 家国家级大院大所在广东省落地建设高水平创新研究院，吸引了一批高层次人才和团队汇聚广东。率先在全国实行"全国使用、广东兑付"，全年接受创新券订单 1854 张，受惠企业 2060 家，推动省内各类科技服务合同签订多达 1.9 亿元。积极推动国家科技重大成果转化基金落户广东，推进中国科学院成果转化母基金落地。

五　以人才专项计划为抓手，打造会聚全球创新人才"强磁场"

（一）持续推进省重大人才工程

突出领域产业重点，组织实施"珠江人才计划""广东特支计划"（国

家高层次人才特殊支持计划）等，更加聚焦粤港澳大湾区建设需求引进人才。实施高端外国专家引进计划，61 个项目获科技部批准，获批项目数和资助经费分别是 2018 年的 1.9 倍和 2.5 倍。探索开展"银龄人才计划"，重点引进并用好一批海内外已退休或即将退休的高端专家，到广东省高校、科研机构、企业发挥余热，实现人才"二次开发"。

（二）大力营造爱才惜才重才用才浓厚氛围

贯彻落实粤港澳大湾区个人所得税优惠政策，深圳前海地区先行先试，累计认定境外高端人才 453 人并为其发放个税补贴 1.73 亿元。举办"岭南科学论坛·双周创新论坛"等系列论坛，不断弘扬科学家精神，利用国家外国专家来粤休假考察的宝贵机会，邀请外国专家对广东创新发展建言献策。全省创新生态的营造，使广东省人才"虹吸效应"明显，高端人才和青年科技人才不断流入。

六　深化创新治理改革，优化创新治理软环境

（一）完善科技政策法律体系

对标先进地区，全面梳理现有政策，围绕打破制约创新发展的体制机制障碍，以省政府一号文出台了《关于进一步促进科技创新的若干政策措施》（"科创 12 条"）及 10 余个配套政策，带动各地市制定完善系列配套政策。推动自主创新示范区与自贸试验区联动发展，累计形成 456 项制度创新成果，复制推广 5 批 122 项改革创新经验。修订了《广东省自主创新促进条例》《广东省科学技术奖励办法》等地方性法规规章，在立法层面对产权激励进行原则性规定、对科研伦理进行规范等。

（二）推进科技领域"放管服"改革

大力实施省科技专项管理体制改革，落实"大专项＋任务清单"，将主

要由地市承担组织任务的科技项目组织管理权限下达至各地市；在重大项目组织上，赋予并发挥核心科学家和项目承担单位的主导性主动性，主要由省实验室管理自身人事、财务、薪酬、科研组织等事项，实行社会化用人和市场化薪酬制度；在高校建立健全符合科技创新规律的科研项目遴选、过程管理、验收评价和审计检查等制度体系，保障科研人员心无旁骛潜心科研。

（三）加强创新治理服务

紧跟全球科技、产业变革发展趋势，加强科技战略研判，围绕广东省重点产业发展当前和长远需求，调集各领域战略科学家启动省中长期科技发展规划、"十四五"科技创新规划研究；强化部门协同创新，在交通、水安全、疾病防控等19个领域布局建设省协同创新中心，有效促进科技部门推动的"大科技"与各职能部门的"行业科技"深度融合，强化科技创新合力，推动各行业领域重大科技攻关，加快科技成果示范推广；深入实施农村科技特派员计划，2019年新选派农村科技特派员团队267个，新对接749个省定贫困村；制定广东省"三评改革"实施方案，实施科研诚信、科研伦理的评估与审查，推进科技奖励制度改革。

七　广东省科技创新发展展望

当前，我国正处在转变发展方式、优化经济结构、转换增长动力的攻关期，同时，世界经济增长持续放缓，世界大变局加速演变。习近平总书记深刻指出："科技创新是核心，抓住科技创新，便抓住了发展全局的牛鼻子。"省委十二届九次全会强调"科技创新是牛鼻子和攻防大局必争必胜制高点"。新时期新形势对全省科技创新工作提出了新的更高要求，任务艰巨、使命光荣。下一步，广东省将继续坚持以习近平新时代中国特色社会主义思想为指导，深刻把握中华民族伟大复兴战略全局和世界百年未有之大变局的"两个大局"，深入贯彻党的十九届四中全会精神，全面落实省委十二届八次、九次全会部署，坚定信心决心，牢记初心使命，主动担当作为，不断强

化斗争意识、提升斗争本领，紧抓粤港澳大湾区建设和支持深圳建设中国特色社会主义先行示范区的历史机遇，坚持融入国家大局与突出广东特色相结合，坚持自主创新与开放合作相结合，坚持重点突破与全面优化相结合，坚持先行先试与一张蓝图绘到底相结合，坚持雷厉风行与久久为功相结合，积极对接国家科技战略布局，夯实基础与应用基础研究，加快突破和掌握关键核心技术，大力培育壮大经济发展新动能，全力支撑全省高质量发展，在全国率先建成科技创新强省。

参考文献

中国科技发展战略研究小组、中国科学院大学中国创新创业管理研究中心：《中国区域创新能力评价报告（2019）》，科学技术文献出版社，2019。

李妍、李栋亮、谈力：《广东离科技创新强省还有多远——基于基础研究发展的视角》，《科技管理研究》2019年第2期。

曾祥效、张伟良、胡品平：《广东科技创新发展40年》，中山大学出版社，2018。

B.14
"十四五"时期广东重点高科技产业的选择、突破口与政策建议

广东省人民政府发展研究中心课题组*

摘　要：　"十四五"时期是全球新一轮科技革命从蓄势待发到产业化竞争的关键期和新旧动能转换的关键期。瞄准世界科技发展和产业变革前沿，选准重点发力的高科技产业，强化并优化产业规划和产业政策，成为广东省经济高质量发展的关键引领力量。本报告通过对广州、深圳、佛山、东莞等地市进行专题调研，在深入分析省内高科技产业发展现状、研判国际国内产业变革趋势和借鉴京沪苏浙等先进省、直辖市经验做法的基础上，提出了"十四五"时期广东应重点发展的高科技产业，包括新一代信息技术、智能经济、高端装备制造业、绿色低碳与新能源产业、生物医药产业、数字经济、新材料产业、海洋经济、现代农业等，提出了发展重点高科技产业的突破口的政策建议：着力发挥产业规划的引领作用，研究出台高科技产业发展地图，以广州、深圳"双核"驱动引领广东省高科技产业发展，建设一批支撑高科技成果产业化的校企联合研究平台，健全完善高科技产业领域的监管体系等。

关键词：　高科技产业　产业规划　广东经济

---

* 课题组组长：李惠武；课题组成员：韦祖松、刘慧琳、陈彦玲；执笔人：陈彦玲，广东省人民政府发展研究中心创新产业研究处研究人员。

"十四五"时期是全球新一轮科技革命从蓄势待发到产业化竞争的关键期，也是广东省新旧动能转换的关键期。这一阶段，广东省要瞄准世界科技发展和产业变革前沿，选准重点发力的高科技产业，强化并优化产业规划和产业政策，使其成为政策与市场聚焦的"资源高地"，成为广东省经济高质量发展的关键引领力量。近期，省政府发展研究中心成立专题调研组，到广州、深圳、佛山、东莞等地市进行调研，在深入分析省内高科技产业发展现状、研判国际国内产业变革趋势和借鉴京沪苏浙等先进地区经验做法的基础上，围绕广东省建设国家科技产业创新中心的目标，提出了"十四五"时期广东应重点发展的高科技产业、相关突破口以及政策建议。

一 "十四五"时期广东省重点高科技产业领域的选择

（一）根据世界科技前沿和产业发展预测确定广东省重点高科技产业领域

新一轮科技革命正深刻影响着全球产业变局。根据国内外权威智库预测，新一代信息技术、数字经济、智能经济、新能源、海洋经济和生物医药等，将在新一轮核心技术取得突破的推动下，成为世界经济中增长最快、技术创新最活跃的高科技产业，并以惊人的速度整合和重构全球价值链条，重塑经济新周期的国际产业竞争格局（见表1）。

表1　全球高科技产业发展预测

产业领域	经济规模预测	来源
新一代 信息技术	2025 年全球 5G 连接数量将达 14 亿个，未来 15 年间，5G 将为全球经济贡献 2.2 万亿美元产值	全球移动通信系统协会
	2025 年全球物联网市场规模将达 11.1 万亿美元	麦肯锡
	全球集成电路市场规模在 2021 年到 2030 年为 4000 亿元～5375 亿美元	《〈中国制造 2025〉重点领域技术路线图(2015 版)》
	2025 年全球新型显示市场规模将达到 1200 亿美元，其中 OLED(有机发光二极管)面板约为 490 亿美元	国际市场研究机构 IHS Markit

产业领域	经济规模预测	来源
数字经济	2025 年全球数字经济规模将达 23 万亿美元,比 2017 年增长近一倍	华为《全球联接指数(GCI) 2018 报告》
	2025 年前工业互联网每年可以产生 11 万亿美元的产值,到 2030 年工业互联网将为全球带来 14.2 万亿美元的经济增长	麦肯锡
	2025 年区块链产业产值将占全球 GDP 的 10%	世界经济论坛发布的"区块链白皮书"
	2025 年 AR/VR 产值达 2920 亿美元	京东方科技集团
智能经济	2022 年全球智能制造产值将达到 1.51 万亿美元	前瞻产业研究院
	2025 年全球人工智能市场规模将超 6 万亿美元。2030 年人工智能将拉动全球 GDP 增长 14%,对世界经济贡献达 15.7 万亿美元	德勤咨询公司、全球信息技术研究和顾问公司 Gartner
	2025 年机器人产值为 1.7 万亿到 4.5 万亿美元	麦肯锡
	2025 年全球智能驾驶产值可达 2000 亿至 1.9 万亿美元	麦肯锡
	2025 年全球增材制造产业预计产生 2000 亿~5000 亿美元经济效益	麦肯锡
新能源	未来 30 年将有 13.3 万亿美元投资新能源产业,其中 77% 用于可再生能源	彭博智库《2019 全球新能源展望白皮书》
海洋经济	2025 年全球海洋工程装备及高技术船舶市场需求将增加至 2600 亿美元	《〈中国制造 2025〉重点领域技术路线图(2015 版)》
	预计到 2030 年全球海洋经济价值将达 8 万亿美元	联合国
生物医药	2022 年全球生物医药市场将达 3260 亿美元	国际智库 Frost&Sullivan
	2025 年全球生物技术产业产值将达 7271 亿美元	大观研究
	2025 年智慧医疗市场投资预计将超过 2300 亿美元	华为《5G 时代十大应用场景白皮书》

面对世界科技发展和产业变革新趋势,发达国家纷纷通过制定战略规划加快发展新兴产业,力图抢占未来产业发展制高点。如美国在金融危机后启动再工业化战略,近年来出台了《重振美国制造业框架》《振兴美国先进制造业 2.0 版》《美国先进制造业领导战略》《未来工业发展规划》等一系列战略规划,重点支持人工智能、量子信息、5G、先进材料、生物工程、智能制造、绿色制造等产业发展。德国继推出工业 4.0 战略后,在 2019 年出台了《德国工业战略 2030》,提出重点发展纳米和生物技术、新材料、轻质

建筑技术和量子计算机、智能驾驶等产业。日本出台《第五期科学技术基本计划》，提出建立超越"工业4.0"的"超智能社会5.0"，将智能物联网、机器人、人工智能、大数据等技术与实体经济和社会发展深度融合，既提升产业结构层次，又提升生活的便捷性，重点解决人口老龄化、环境和能源约束等社会课题。韩国立足自身产业优势确立重点扶持的未来产业，在2015年发布了《未来产业发动机：综合实践计划》，确定了智能半导体、5G、智能生物等19个新增长点。2018年又推出了优先发展未来汽车、新能源、物联网家电、生物和健康、半导体及显示器的"五大新产业"战略（见表2）。

表2　部分发达国家高科技产业发展规划与战略

国家	创新政策	重点产业
美国	《重振美国制造业框架》《制造业促进法案》《先进制造伙伴计划》《先进制造业国家战略计划》《振兴美国制造与创新法案》《振兴美国先进制造业2.0版》《国家人工智能研究与发展战略规划》《未来工业发展规划》	人工智能、先进材料、5G、生物工程、量子科技、智能制造、增材制造、绿色可持续造、新能源、航天航海工程、区块链等
德国	《新高科技战略（3.0）》《数字化战略2025》《德国工业战略2030》	人工智能、纳米和生物技术、新材料、轻质建筑技术和量子计算机、绿色科技、航空航天、增材制造、智能驾驶、量子通信等
日本	《第五期科学技术基本计划》《第5次能源基本计划》《日本机器人战略：愿景、战略、行动计划》	人工智能、无人驾驶、生命科学、生物医药、物联网、机器人、大数据、高端制造、高科技材料、可再生能源、海洋经济、生态环保、智能器械等
韩国	《新增长动力规划及发展战略》《未来产业发动机：综合实践计划》《"五大新产业"战略》	未来汽车、新能源、物联网家电、生物和健康产业、半导体及显示器产业、绿色技术产业、高技术融合产业和高附加值服务业、AI半导体、5G、智能生物、海工装备等

综上，新一代信息技术（包括5G、量子科技、物联网）、智能经济（包括人工智能、智能汽车、智能器械、增材制造）、生物医药（包括生物技术、生命信息、精准医疗）、绿色科技（包括生态环保、绿色制造）、高端制造（包括航天航空工程）、新材料（包括半导体、高技术材料）、新能源、海洋经济（包括海工装备），战略意义重大，未来发展前景好，被主要发达国家列为重点发展领域，值得我们高度重视，并及早采取应对策略。

（二）根据国家战略部署与产业发展需求来确定广东省重点高科技产业领域

近年来，党中央高度重视新兴产业的培育和发展，先后出台了一系列战略部署和政策文件（见表3）。

表3　我国发展高科技产业的战略部署

文件	重点领域
党的十九大报告	加快发展先进制造业,推动互联网、大数据、人工智能和实体经济深度融合。发展海洋经济、节能环保、清洁生产、现代农业、新能源（清洁能源）、国防科技等
《中国制造2025》	新一代信息技术、高档数控机床和机器人、航空航天、海洋工程装备、先进轨道交通装备、新能源汽车、电力装备、农机装备、新材料、生物医药及高性能医疗器械
《粤港澳大湾区规划发展纲要》	新一代信息技术（包括5G、高性能集成电路、新型显示）、生物医药（包括生物技术、高端医学诊疗设备、基因检测、现代中药、新型健康技术）、高端装备制造（包括北斗卫星应用）、新材料、新能源（包括新能源汽车）、数字经济（移动互联网、数字创意）、海洋经济（包括海洋工程装备）、绿色产业（包括节能环保）、智能产业（包括智能机器人、3D打印）、高技术服务业
《关于支持深圳建设中国特色社会主义先行示范区的意见》	新一代信息技术（包括5G与未来通信高端器件、网络空间）、人工智能与智能经济、生命信息与生物医药（包括高性能医疗器械、健康产业）、数字经济（包括数字文化产业）、绿色产业

根据国家相关部门和权威智库预测，"十四五"时期，我国数字经济、智能经济、海洋经济、绿色经济和生命科技等产业领域将迎来爆发式发展（见表4）。

表4　我国高科技产业发展预测

产业领域	规模预测	来源
数字经济	2025年我国数字经济规模为40万亿~45万亿元,占GDP比重超过35%	中国信息通信研究院
新一代信息技术	2025年我国集成电路产业规模占全球49%,中国芯片自给率达到70%,行业增速超过20%	《中国制造2025》
	2020年至2025年,我国5G商用直接创造的经济增加值达3.3万亿元	中国信息通信研究院

续表

产业领域	规模预测	来源
海洋经济	2025 年我国海洋经济产值有望超过 14 万亿元,占 GDP 比重达 10% 左右,年均增速可达 10%	中国宏观经济研究院
绿色经济	2025 年我国绿色经济总产值有望超过 12 万亿元,占 GDP 比重超过 3%,年均增速超过 10%	中国宏观经济研究院
新材料	2025 年我国新材料产业产值有望达到 10 万亿元,保持年均增长 20%	工业和信息化部
生命科技	2025 年我国生物技术产业产值规模有望突破 10 万亿元,占 GDP 比重有望超过 3%。2030 年我国生物健康产业规模将突破 16 万亿元,健康产业占 GDP 的比重达到 15%	中国宏观经济研究院、《"健康中国 2030"规划纲要》
智能经济	"十四五"末我国人工智能及高端装备制造产业规模有望突破 7 万亿~8 万亿元,占 GDP 比重约为 3%。2030 年人工智能核心产业规模超过 1 万亿元,带动相关产业规模超过 10 万亿元	中国宏观经济研究院
	2025 年我国民用无人机产值将达到 1800 亿元,年均增速 25% 以上	工业和信息化部

综上,近年来国家明确支持新一代信息技术、人工智能、生物医药、高端装备制造、新材料、新能源、海洋经济、绿色产业、数字创意产业和现代农业等重点领域发展。其中,明确要求粤港澳大湾区要重点发展新一代信息技术(包括新型显示)、生物医药、高端装备(包括北斗卫星应用)、新材料、新能源、数字创意、海洋经济、绿色产业、智能经济(包括智能机器人、3D 打印)和高技术服务业等产业;要求深圳重点发展新一代信息技术(包括未来通信高端、网络空间)、人工智能、生命信息与生物医药、智能经济、数字经济(包括数字文化)、绿色产业等。广东省要全面贯彻落实国家战略部署,积极推动上述产业发展,且上述领域在"十四五"时期市场需求大、增长速度快,广东省更应高度重视。

（三）参考国内先进地区发展高科技产业的做法确定广东省重点高科技产业领域

北京在 2018 年发布了构建"高精尖"经济结构的"10＋3"政策①，选取人工智能、集成电路、医药健康等十个产业作为发展重点，并从资金、人才、用地等方面全力支持"高精尖"产业发展。

上海在 2018 年底发布的《上海市产业地图》提出，要打造未来产业高地，聚焦发展融合性数字产业、战略性新兴产业、现代服务业和现代农业，引导社会资本向重点区域集聚（见表 5）。

表 5　上海产业发展重点领域

主要类别	重点领域
融合性数字产业	人工智能、大数据、工业互联网
战略性新兴产业	集成电路、机器人、卫星导航与位置服务、新能源智能汽车、生物医药、航空、新材料、节能环保、高端能源装备、船舶和海洋工程装备
现代服务业	金融服务、航运服务、生产性服务、软件和信息服务、文化创意、现代物流、检验检测、会展、人力资源服务、现代商贸、健康服务、旅游业、体育产业
现代农业	都市现代绿色农业

资料来源：《上海市产业地图》，map. sheite. gov. cn。

江苏早在 2010 年就提出"新兴产业倍增计划"，近年来着力重点发展新一代信息技术、高端软件和信息服务业、生物技术和新医药、新材料、高

---

① 政策文件分别为《北京市加快科技创新发展集成电路产业的指导意见》《北京市加快科技创新发展节能环保产业的指导意见》《北京市加快科技创新发展科技服务业的指导意见》《北京市加快科技创新发展软件和信息服务业的指导意见》《北京市加快科技创新发展新材料产业的指导意见》《北京市加快科技创新发展新一代信息技术产业的指导意见》《北京市加快科技创新发展医药健康产业的指导意见》《北京市加快科技创新发展智能装备产业的指导意见》《北京市加快科技创新培育人工智能产业的指导意见》《北京市加快科技创新培育新能源智能汽车产业的指导意见》《关于加快科技创新构建高精尖经济结构用地政策的意见》《关于财政支持疏解非首都功能构建高精尖经济结构的意见》《关于优化人才服务促进科技创新推动高精尖产业发展的若干措施》。

端装备制造、节能环保、新能源和能源互联网、新能源汽车、空天海洋装备、数字创意产业等十大战略性新兴产业，并积极布局区块链等前瞻性领域。浙江通过采取规划引领、创新驱动、载体支撑、试点示范等四大举措，重点推动信息技术、物联网、人工智能、高端装备制造、新材料、生物、新能源汽车、新能源、节能环保、数字创意等产业发展。

综上，国内先进地区重点发展的产业领域主要集中在新一代信息技术、人工智能、高端装备制造、生物医药、新能源、新材料、绿色产业、集成电路、数字创意和现代农业等。

（四）根据广东省当前产业和技术基础确定重点高科技产业领域

第一，产业优势。近年来，广东省各地积极发展高科技产业，如广州实施 IAB（新一代信息技术、人工智能、生物医药）、NEM（新材料、新能源）产业行动计划。深圳围绕新一代信息技术、绿色低碳、海洋经济等七大战略性新兴产业打造产业集群。佛山、东莞、惠州等地在高端装备制造、智能制造、新材料与新能源等领域实现突破。目前，广东省新兴产业发展快速，信息通信设备、集成电路、卫星及应用等产业总产值超过万亿元，绿色石油化工、汽车制造、新材料制造等产业总产值均超过 7000 亿元（见表6）。预计到 2022 年，将形成电子信息、汽车、智能家电、机器人、绿色石化等世界级先进制造业集群。

表6　2018 年广东省优势新兴产业总产值及企业数

单位：亿元，个

产业	总产值	企业数	领域
信息通信设备	20158.8	684	新一代信息技术
集成电路（包括关键元器件）	11470.7	3405	
新型显示	1472.0	120	
卫星及应用	10287.6	433	高端装备制造
汽车制造	8558.9	833	
装备制造重要基础件	1779.9	1346	
航空装备	228.9	19	

续表

产业	总产值	企业数	领域
绿色石油化工	8602.1	2283	绿色低碳与新能源
新能源装备	2056.5	1143	
节能环保装备	1568.1	797	
新材料制造	7043.2	4982	新材料
高附加值功能性纺织品	2229.2	6201	
智能节能型家电	4511.9	1218	智能经济
智能制造装备	2692.1	1417	
生物制药	1366.1	453	生物医药
高性能医疗器械	510.5	318	
船舶与海洋工程装备	203.6	91	海洋经济

资料来源:《广东统计年鉴2019》。

第二,技术优势。根据调研发现,华为、腾讯等一批龙头骨干企业已在新一代信息技术、人工智能、海洋工程装备及高技术船舶、新能源、现代农业、新材料、数字经济、生物医药等重点领域掌握了部分核心关键技术。如在新一代信息技术领域,华为研发的控制信道编码方案成为世界标准,海思半导体公司的麒麟990芯片达到国际主流水平,汇顶科技指纹识别芯片技术全球领先。在物联网领域,华为贡献了全球 NB-IoT(窄带物联网)标准总量的41%,位居世界第一。在人工智能和机器人领域,腾讯医疗影像成为国家人工智能四大平台之一,广州新科佳都人脸识别核心算法达到国际先进水平。在海洋工程装备及高技术船舶领域,明阳风电的海上风电大型整机达到世界领先水平,江龙船艇研发出中国首艘自主知识产权甲醇燃料动力船艇。在新能源领域,广东国鸿的燃料电池实际装车量占国内氢燃料电池车辆总数的70%以上,广顺新能源成为国内唯一具备生产氢燃料电池压气机等核心部件能力的企业。在新材料领域,阿格蕾雅的金属磷光材料水平已超国外企业,广州奥翼电子的柔性电子纸材料前板技术、有机薄膜晶体管柔性背板技术和石墨烯电子纸技术世界领先。在生物医药领域,微芯生物历时12年自主研发的一类新药西达本胺,作为一种抗肿瘤口服药物填补了我国 T 细胞淋巴瘤治疗药物的空白。在现代农业领域,科里亚的育秧成套设备、水

稻抛秧机、联合收割机等产品填补了多项国内空白。

综上，广东省在新一代信息技术、智能经济、高端装备制造、新能源、新材料、生物医药、数字经济、海洋经济和现代农业等领域具有一定产业基础和技术优势，应重点发展。对于基础条件不足、技术难度较高，且在短时期内较难取得突破的产业应暂缓选择，防止低效建设、浪费资源。

（五）广东省重点产业领域的选择结果

根据经济社会发展和国家安全重大需求，瞄准世界科学发展和产业变革前沿，围绕国家科技产业创新中心定位和科技创新强省目标，对标国内先进省市，立足广东省已有的产业基础和技术优势，"十四五"期间，建议重点发展以下 9 个产业领域，力争到 2025 年达到国际领先地位或国内先进水平。

一是新一代信息技术领域。当今世界正在进入以信息产业为主导的新经济发展时期，发达国家普遍将新一代信息技术产业作为未来发展的重中之重。我国出台的《中国制造 2025》《粤港澳大湾区发展规划纲要》《"十三五"国家战略性新兴产业发展规划》等重要战略与规划中，新一代信息技术均被排在重点发展领域的首位。"十四五"是新一代信息技术溢出效应倍增的黄金期。广东省作为全国新一代信息技术产业发展的领头羊，在"十四五"时期应优先发展 5G、高端集成电路、新型显示、空间网络、操作系统与工业软件、高性能计算机、激光和光电产品、量子通信等，做大做强新一代信息技术产业，打造若干世界级产业集群。

二是智能经济领域。以人工智能为核心的智能技术是具有"头雁"效应的基础性技术，技术突破快，带动作用强，将引领本轮科技革命和产业变革。根据华为公司预测，到 2025 年大企业人工智能利用率将达 97%，智能个人终端助理将覆盖 90% 的人口。以人工智能为代表的智能经济是我们赢得全球科技竞争主动权的重要战略抓手，是推动广东省科技跨越发展、产业优化升级、生产力整体跃升的重要战略资源。因此，广东省应将人工智能、智能机器人、智能汽车、无人机和无人艇等具有深度学习、人机协同、群智开放、自主操控等特征的智能产业，作为优先发展的重点产业领域。

三是高端装备制造领域。装备制造是制造业的脊梁，是衡量一国一地工业实力强弱和技术水平高低的重要标志。广东省是全国制造业大省、全球重要的制造业基地，但目前仍未完成工业化进程，制造业大而不强，自主创新能力弱，高端装备对外依存度高。广东省制造业投资规模长期低于江苏、山东等省份，并被安徽、湖北等省份超越，一个重要原因就在于装备制造业等重型化产业投资偏少。"十四五"时期，广东省必须始终坚持制造业立省不动摇，重点发展高精度数控机床、工作母机、高端仪表仪器、高端数控系统、电子信息装备、航天航空装备、北斗卫星及应用等，大力提升装备制造业和整体工业的竞争力。

四是绿色低碳与新能源领域。发展绿色低碳和新能源产业是广东省应对资源约束和环境污染的重要抓手，也是培育新动能的重要途径。展望"十四五"，绿色转型将成为经济社会发展的重要趋势。根据中国宏观经济研究院预测，2025 年我国绿色经济总产值将超过 12 万亿元，绿色经济将成为重要的增长点。[①] 为贯彻落实绿色发展理念，做大做强绿色经济，广东省在"十四五"时期应大力推动新能源汽车发展并向智能网联方向转型，优先发展先进核能、氢能、高性能燃料电池、环保节材型家具与节能家电、废弃物资源化利用技术应用等产业，做大做强绿色经济。

五是生物医药领域。据统计，2013～2018 年全球生物产业产值年均增速保持在 20% 以上，是世界经济中增长最快、技术创新最活跃的产业之一。广东省生物医药产业综合实力较强，但近年来增速逐步放缓。在 20 世纪 90年代，广东省产业规模居全国第一，但随后被江苏、山东、河南等省反超。展望"十四五"，以基因测序、合成生物技术、高端医疗器械等为代表的生物技术将进一步发展，广东省应抓住机会重点发展干细胞、生命技术、精准医疗、创新药物、特色南药、高端医疗器械等，构建全链条、集聚化的生物

---

① 盛朝迅：《五大新经济将引领"十四五"产业发展》，https://jjsb.cet.com.cn/show_507387.html。

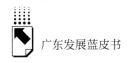

医药产业体系，推动生物医药产业发展走在全国前列。

六是数字经济领域。数字经济是继农业经济、工业经济之后新的经济发展形态。目前广东省数字经济发展全国领先，大数据发展指数、互联网发展指数、数字经济发展指数均居全国首位。展望"十四五"，随着大数据、云计算等数字技术加速与传统产业融合，数字经济对经济发展的推动作用将进一步加强。根据预测，2025 年我国数字经济规模将高达 45 万亿元。[①] 广东省作为数字经济大省，更应大力发展工业互联网、移动互联网、大数据、云计算、虚拟现实、增强现实、4K/8K 高清视频、全息成像、裸眼 3D 等产业，将数字经济打造成经济增长重要引擎。

七是新材料领域。新材料是国民经济先导性产业，是高端制造及国防工业的关键保障。没有质量过硬的材料，再先进的生产设计和制造构想也难以实现。关键材料若不突破，先进制造就是空中楼阁。广东省新材料产业规模仍较小，产业链有待培育和完善，产品性能稳定性亟待提高。"十四五"时期，广东省应加快发展高端装备特种合金、高性能纤维及复合材料、高性能新型陶瓷、稀土、石墨烯、先进半导体、新型显示材料、纳米材料等关键战略材料。大力发展深加工的化学纤维、高性能合成材料、特种工程塑料、功能橡胶、功能涂料等，向应用端延伸先进石化材料产业链，推动绿色石化产业集群向高端跃升。

八是海洋经济领域。海洋是支撑未来发展的战略空间，也是经济增长的重要引擎。根据中国宏观经济研究院预测，到 2025 年我国海洋生产总值有望超过 14 万亿元，占 GDP 比重达 10%。广东省海域面积是陆地面积的 2.3 倍，海岸线长度占全国的 1/5，居全国之首，港口岸线资源丰富。[②] 面对国际海洋经济发展新趋势和现代化经济体系发展新要求，大力发展海洋电子信息、海上风电、海洋生物、海工装备、天然气水合物（可燃冰）等高科技产业，向科技要潜力、向远洋要资源，将成为广东省海洋产业高质量发展的

① 盛朝迅：《五大新经济将引领"十四五"产业发展》，https：//jjsb. cet. com. cn/show_507387. html。

② 杨黎静、钱宏林、李宁：《广东：海洋强省建设策略》，《开放导报》2016 年第 6 期。

必由之路。

九是现代农业领域。现代农业是乡村振兴的重要支撑，是建设现代化经济体系的重要内容。根据调研发现，广东省农业科技水平与国际发达国家、国内先进省份相比仍有较大差距，劳动生产率不高，农业现代化、产业化、集约化发展水平较低，小农经济仍然是广东省农业发展的重要特征。现代农业发育不足，将有可能成为制约广东省在 2035 年基本实现现代化的突出短板。"十四五"时期，为加快建设现代化经济体系、全力推进乡村振兴，广东省应大力发展农业高端机械设备、现代种业、生物农药、绿色高效生物肥料等现代化农业产业，补齐现代农业发展短板，确保到 2035 年顺利实现农业现代化。

二 "十四五"时期广东省发展重点高科技产业的突破口

作为重点突破口的细分领域，一般拥有以下特征：一是需求急，该产业的产品或技术是经济社会发展非常急需的，若不突破就会成为发展的突出短板；二是发展快，市场潜力大，能够在短时间取得明显成效；三是带动力足，对相关产业的发展能够产生较大的带动作用；四是影响力强，有利于促进经济结构调整和发展方式转变，并能够解决可持续发展面临的约束。根据上述特征，综合广东省产业基础实际，应将 5G、集成电路、人工智能、新能源智能网联汽车等作为 9 大高科技产业领域的重要突破口（见图 1）。

（一）新一代信息技术领域应以 5G 和集成电路为突破口

一是打造世界级 5G 产业集聚区。"十四五"时期，我国将建成全覆盖的 5G 基站网络，成为全球最大的应用市场。据中国信息通信研究院预测，2020 年至 2025 年，我国 5G 商用直接创造的经济增加值达 3.3 万亿元。[1] 目

---

[1] 张春飞、左铠瑞、汪明珠：《中国信通院：5G 产业经济贡献》，《机电商报》2019 年 3 月 4 日。

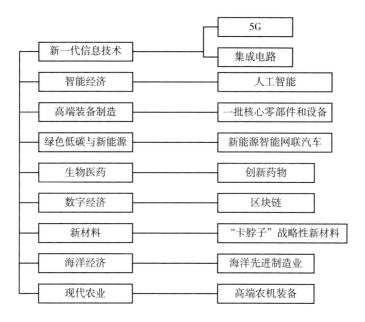

图1 重点产业领域与重点突破口选择

前，珠三角地区已成为全球最大的5G产业集聚区。广东作为我国发展5G产业的主力军，"十四五"时期应大力推动基于5G的芯片、终端、系统设备和软件等关键产品产业化，积极培育相关信息内容服务业，加快把5G产业培育成世界级产业集群。二是健全集成电路产业链，破解"缺芯少核"的困境。广东是全国电子信息产业大省和芯片应用大省，但集成电路自给率只有14%左右，产业"空芯化"严重，90%以上的芯片包括处理器、控制器、逻辑芯片、放大器等都依赖进口，巨大的市场需求和供给匮乏受制于人的矛盾长期存在。"十四五"时期要加强芯片研发与制造能力，大力拓展建立完整的集成电路产业链，集中突破高端芯片创新能力不足的短板。

（二）智能经济领域应以人工智能为突破口

人工智能是未来十年全球最具有颠覆性的技术。广东省人工智能发展基础良好，产业规模居全国前列。但广东省人工智能基础性研发自2010年后才起步，与美国相差10～15年，也落后于北京、上海、浙江等地。"十四五"时期，要在推动人工智能与实体经济深度融合的同时，强化人工智能原创理论研究，重点发展神经网络芯片、AI 高端软件、微型器件、图形处理器等核心软硬件，努力在更深层次的深度学习、人工意识、情绪感知环节等实现突破。

（三）高端装备制造领域应重点突破一批核心零部件和设备

目前，广东省高端装备制造企业自主研发能力较弱，关键零部件 90%以上严重依赖进口，大多未掌握先进设备和重大成套设备技术。如在电子信息装备领域，智能手机制造设备主要从日本进口；在集成电路装备领域，光刻机、蚀刻机、离子注入机、检测与测试设备等均需进口；在智能制造装备领域，自主研发的工业机器人减速器、伺服电机等稳定性和可靠性仍难以满足规模化商用要求。有企业反映，虽然不少大型机组由广东省制造，但由于核心零部件和技术不掌握在自己手中，企业只能算是加工制造。"十四五"时期，广东省要重点突破一批核心零部件和设备，补齐高端装备制造业短板，提升高端装备制造自主品牌核心竞争力。

（四）绿色低碳与新能源领域应以新能源智能网联汽车为突破口

广东省新能源汽车产业发展迅速，技术水平居全国前列。但根据调查发现，广东省新能源汽车产业与信息技术融合度不足，广汽、比亚迪等汽车生产企业主要布局在传统生产制造环节，仍未向智能网联等高端领域拓展。展望"十四五"，智能化、轻量化、网联化将成为新能源汽车发展的重要方向，智能网联汽车将成为汽车产业未来发展的制高点。广东省应大力推动新能源汽车与智能网联技术深度融合，加快布局无人驾驶和智能网联汽车产业，协同发展电动汽车与分布式能源、智能电网、智慧城市等，实现电动化与智能化深度融合。

（五）生物医药应以创新药物为突破口

目前，广东省生物医药产业呈现"器械强、医药弱"的特征。2018 年

全省医疗器械制造产业规模占全国 1/6，企业数量居全国首位。但医药水平长期排在长三角和北京之后，在新药创制、靶向治疗、生物芯片、个体化药物等方面与先进地区差距较大。90% 以上的药企处于跟踪研究和仿制阶段，具有自主知识产权的创新药物偏少，90% 以上的化学药品和大部分生物药品为仿制品，且重复生产现象突出。而广东省特色的南药仍达不到国际市场技术要求。预计在"十四五"时期，我国将超越美国成为全球最大的药品消费市场，广东省应抓住机会大力推动新药创制，研制一批符合国际药品规范和要求的高端药物制剂，并加快中药创新药研发和产业化，做强特色南药。

（六）数字经济应以区块链为突破口

区块链是数字经济的重要支撑基础。《"十三五"国家信息化规划》将区块链列为"战略性前沿技术、颠覆性技术"。达沃斯论坛创始人施瓦布提出，区块链是继蒸汽机、电气化、计算机之后的"第四次工业革命"的重要成果，预计到 2025 年全球 GDP 总量的 10% 将利用区块链技术储存。目前，广东省的区块链布局进展相对缓慢，落后于国内部分省市，区块链技术主要应用于电子政务、金融业务、食药品监管等领域，应用到与实体经济的项目仍然偏少。"十四五"时期，广东省应运用区块链技术深化"互联网 +先进制造业"，利用区块链的分布式账本结构和基于区块的方式，提高制造业供应链效率并提升产品品质，促进区块链全面赋能实体经济发展。

（七）新材料领域应以"卡脖子"战略性新材料为突破口

当前，广东省新材料产业仍处于培育发展阶段，部分高端新材料严重依赖进口，成了重点产业和重大工程配套"卡脖子"的根源。如集成电路装备用关键陶瓷材料、医疗装备用关键射线管理合金、军用装备工程用碳纤维复合材料等均需进口，重大装备、重大工程"等米下锅"现象突出。2019年 7 月日本政府仅对韩国三个品种材料（光刻胶、氟化氢、氟聚酰亚胺）实施出口管制，就重创韩国半导体和平板显示产业，这为我们敲响警钟。

"十四五"时期，广东省要重点发展第三代半导体材料，并努力在集成电路装备新材料、医疗装备新材料、新能源汽车电池新材料、新型显示材料等重点领域实现突破，提高新材料支撑保障能力。

（八）海洋经济应以海洋先进制造业为突破口

2018 年广东省海洋生产总值 1.93 万亿元，连续 24 年位居全国首位。从结构看，滨海旅游业增加值达 3283 亿元，占全省海洋产业增加值的 50.2%。但海工装备、海上风电等先进制造业占比严重偏少，发展相对滞后，如船舶与海工装备产值仅为 203.55 亿元，增速同比下降 38.4%。[①] 反映出海洋经济与电子信息、装备制造等先进制造业融合不足，海洋产业的科技基础支撑能力弱。近年来，海洋交通运输业、海洋油气业等传统海洋产业发展速度已逐步放缓。"十四五"时期，广东省应大力推动海洋经济与电子信息、装备制造等优势产业融合发展，加快把高端智能海洋工程、无人艇、现代海洋通信、海工装备和海上风电等海洋先进制造业培养成增长极，优化海洋经济内部结构。

（九）现代农业应以高端农机装备为突破口

农业机械化是农业现代化的重要标志，农机装备是发展现代农业的核心。近年来，广东省农机装备增速有所放缓。2018 年全省农作物耕种收综合机械化率仅 47%，远低于全国 67% 的平均水平，与江苏 84% 的水平更是差距较大。"十四五"时期，广东省要着力提高现代农机装备自主创新能力，集中开发并应用一批具有自主知识产权的农机核心技术和新型装备产品，如卫星智慧农机、植保无人机、成套育秧智能设备、高端联合收割机等，并扶持建设一批农业机械化专业合作示范社，培育一批具有较强核心竞争力的农业装备企业。

---

① 广东省自然资源厅：《2018 年广东省海洋经济发展报告》，hr. gd. gov. cn/gkmlpt/content/2/2886/mpost_ 2886891. html#684。

三　政策建议

（一）着力发挥产业规划的引领作用

产业规划对产业发展的引领作用极其重要。"十四五"时期，要加快健全完善广东省的产业规划。一是及时出台一批产业发展规划或指导意见。建议借鉴北京经验，在2020年编制一批产业发展规划，打出政策"组合拳"，超前谋划建设一批万亿级或千亿级规模的高科技产业。根据新一代信息技术、新材料、新能源智能网联汽车、区块链等产业实际特点，各有侧重，精准施策，分别编制指导意见或研究出台产业发展规划。细化各个产业重点发展的细分领域，指明产业布局优化的方向，明确各产业领域的重大工程、重点项目等。在资金、人才、土地、研发、技术标准、检测认证、政府购买等方面完善配套政策，强化保障。二是及时更新一批产业发展规划或行动计划。《广东省信息化发展规划纲要（2013～2020年）》《广东省先进制造业发展"十三五"规划（2016～2020年）》《广东省新能源汽车产业发展规划（2013～2020年）》《广东省物联网发展规划（2013～2020年）》《广东省大数据发展规划（2015～2020年）》《广东省云计算发展规划（2014～2020年）》《广东省促进医药产业健康发展实施方案》等一批规划或方案将于2020年到期，建议根据现实需要及时更新，为产业发展继续提供政策指引。三是提前部署跨"十三五""十四五"规划或计划的衔接工作。《广东省超高清视频产业发展行动计划（2019～2022年）》《广东省加快5G产业发展行动计划（2019～2022）》等规划计划跨越了"十三五""十四五"，部分将在2022年到期，应提前研究部署规划或计划的衔接工作。

（二）研究出台高科技产业发展地图

建议借鉴上海经验，以产业地图统筹全省高科技产业发展，为全省高科技产业发展提供"路线图"，为企业创新发展亮出"信号灯"，防止地方一哄而上，造成低水平、盲目重复建设。一是编制产业发展"现状图"。针对重点产业，全面梳理广东省辖区内高校、科研院所、重点实验室、制造业创新中心、工程研究中心、研发与转化功能型平台、质量监督检验中心、计量测试中心、行业协会或联盟等创新资源并进行标识，为企业寻找技术、标准、人才服务和产业链合作提供便捷指引。二是编制产业发展"未来图"，明确广东省各地市及重点区域产业布局定位。在全面摸清省内外高科技产业发展布局的基础上，编制"未来图"和产业链指导目录，加强对各地招商引资重大项目的统筹指导，防止单纯拼成本的恶性竞争。发挥产业未来图的指南作用，为各类投资者提供投资指引，推动重大项目与产业地图精准匹配、快速落地，引导各区域立足优势，优化产业定位和空间布局。

（三）以广州、深圳"双核"驱动引领广东省高科技产业发展

广州、深圳作为粤港澳大湾区的重要核心引擎，应在高科技产业发展中抢占先机，发挥引领示范作用。一要把广州、深圳建设成为高科技产业的技术创新策源地。"十四五"时期，要加快光明科学城、深港科技创新合作区、南沙科学城、广州知识城、广州科学城等"广深港澳"科技创新走廊重要节点的建设。在南沙科学城和光明科学城一带打造高度集聚的重大科技基础设施群，集聚大科学装置、重点实验室、研究型大学、高水平研究所和创新型企业等，建设成为大湾区原始创新策源地。支持广州、深圳与中国科学院开展全方位的深度合作，争取在新一代信息技术、高端智能制造、生物医药等领域建设一批科技基础设施，共同打造"大国重器"，力争在优势产业实现重大的、突破性的源头型创新。二要把广州、深圳建设成为高科技产业的集群高地。瞄准国际先进标准提高产业发展水平，在新一代信息技术、高端制造、生物医药、数字经济等优势领域打造世界级产业集群。抢抓人工智能发展先机，加快计算机视听觉、新型脑机交互等应用技术产业化，建设全球领先的人工智能产业示范区。加大5G应用推广力度，打造5G产业发展引领区。实施集成电路产业跨越发展工程，完善涵盖设计、封装测试、晶圆制造、产业配套等全产业链。强化科技创新先发优势，提前布局量子通信

与计算、空间网络、区块链等未来产业。推动广州、深圳产业、交通、营商环境、基本公共服务深度一体化，支持两地龙头骨干企业强强联合，争取在人工智能、生物科技、智能网联新能源汽车等重点产业领域率先取得突破性进展。三要把广州、深圳建设成为"专精特新"高科技企业集聚高地。2018年深圳、广州高新技术企业分别为1.4万家、1.1万家，位居全国城市第二、第三，但大多数高企竞争力不强。"十四五"时期，要持续推动高企树标提质，在信息技术、人工智能等9大重点领域培育一批长期专注并深耕于产业链中某个环节或某个产品，为大项目研发制造关键零部件、元器件和配套产品的"小巨人"，将高企数量优势转化为高质量发展优势。研究建立"瞪羚""独角兽"企业评价制度，建立高成长性企业行政审批绿色通道，在土地、资金、人才、技术等方面予以政策扶持。

（四）建设一批支撑高科技成果产业化的校企联合研究平台

目前，广东省技术创新体系中最薄弱一环在于科技创新成果产业化环节，特别是高校创新成果不符合产业需求，产业化率偏低问题突出。广东省高校创新成果转化率最高的是中山大学，但转化率也仅2%左右。建议研究建设一批校企联合研究平台，推进"以产定研、以需定研、以研促产"。一是探索"定向研发、定向转化、定向服务"的"订单式"科技成果转化新模式。平台要瞄准企业需求开展定向研发，根据企业提交的科研订单来组织科研项目，进行专项技术攻关。瞄准市场需求开展定向转化，研发出的成果按既定需求由当地企业进行定向转化。瞄准企业需要开展定向服务，研发团队全程参与企业技术攻关和成果转化，提供后续技术支持和服务。二是在校企联合研究平台的基础上探索设立校企联合学院。参考韩国三星等企业在高校设置包录用"签约系"做法，引导企业抱团与学校合作设立联合学院。学院根据产业需求和企业要求设置具体专业和课程，把岗位职业标准融入教学中，为企业"私人订制"技术研发和应用人才。探索推出"3＋1""2＋2"等联合培养模式，大学生在大学三、四年级时到企业实践，毕业后可留在企业工作。三是完善学校与企业合作机制。将大学积极与企业和研发机构合作、参与产学研等指标纳入学校核心评价指标体系。借鉴德国"双元制"、欧林工学院"工程创新人才"模式等，探索"学历教育＋企业实训＋工程项目"培养模式，研究建立校企协同创新、协同育人机制。

（五）健全完善高科技产业领域的监管体系

人工智能、生物技术、大数据等新技术易对经济社会造成强烈冲击。如大数据容易导致个人信息泄露和滥用，近年来广东省手机 App 违法收集使用个人信息、智能机器人批量拨打骚扰电话、大数据"杀熟"等问题频现。又如人工智能会带来就业冲击、算法歧视、伦理风险、隐私滥用等问题。展望"十四五"，随着5G、生物识别、智能驾驶、人工智能等技术加快发展，经济社会安全将面临更大挑战。广东省在推动产业发展的同时，必须着力提高监管体系建设。一是加快大数据地方立法进程。《广东省促进大数据发展行动计划（2016～2020年）》提出在2020年前，研究推动大数据地方立法和网上个人信息保护立法工作。但目前广东省大数据、网上个人信息保护立法工作相对滞后。建议借鉴贵州大数据立法做法，加快研究出台大数据发展应用促进条例、大数据安全保障条例等，规范大规模数据采集的收集、分析和使用，防范和杜绝数据滥用、深度伪造和侵犯个人隐私等。二是提高监管的灵活性。加强对新技术新产业发展规律的研究，强化对人工智能、生物科技等新技术的风险研判，分类量身定制监管规则和标准，探索建立更具弹性的审慎包容监管制度。根据不同领域的特点和风险程度，区分一般领域和可能造成严重不良后果、涉及安全的重要领域，分别确定监管内容、方式和频次。

B.15
加大供给侧结构性改革力度
促进广东工业高质量发展

广东省人民政府发展研究中心课题组*

摘 要： 工业是立国之本，要大力发扬自力更生精神，研发生产自己的品牌产品，形成自己的核心竞争力。本报告对2019年广东省工业发展情况进行分析，包括规模逐步提升、工业创新动力明显增强、工业质量效益不断提高、工业企业综合实力稳步加强。同时对目前存在的工业增长面临较大下行压力、工业大而不强、工业利润空间收窄、工业供给质量仍有待进一步提升、工业区域发展不平衡问题长期存在、工业人才要素存在结构性短板等问题进行了总结，并提出了未来广东省要进一步深化工业供给侧结构性改革推动工业高质量发展，包括着力稳住工业增加值增速、着力增强工业发展的创新驱动力、着力提升工业全要素生产率、着力提高工业发展质量、着力构建"一核一带一区"工业区域发展新格局等对策建设。

关键词： 广东工业 供给侧改革 高质量发展

习近平总书记指出，工业是我们的立国之本，要大力发扬自力更生精神，研发生产自己的品牌产品，形成自己的核心竞争力。近年来，广东省工

* 课题组组长：刘慧琳；课题组成员：韦祖松、陈彦玲、连晓鹏、廖郡；执笔人：陈彦玲，广东省人民政府发展研究中心创新产业研究处研究人员。

业实现了质量提升、结构优化、动能调整，但同时也面临增速放缓、利润回落等问题。当前及今后一段时期，广东省经济发展形势依然复杂多变。我们必须保持战略定力和战略耐心，持续深化供给侧结构性改革，围绕实施制造业"六大工程"持续发力，坚定不移推动广东省工业高质量发展，实现工业质量变革、效率变革、动力变革。

一　2019年广东省工业发展情况

（一）工业发展规模逐步提升

从规模看，2019年全省规模以上工业实现增加值33616.10亿元，比上年增长4.7%。其中12月规模以上工业增加值同比增长7.1%，为全年最高（见图1）。惠州埃克森美孚、中海壳牌三期等重大外资项目顺利推进，GE海上风电制造基地正式开工。从产业结构看，先进制造业增长5.1%，增速比规模以上工业快0.4个百分点，占规模以上工业的比重为56.3%；高技术制造业增长7.3%，增速比规模以上工业快2.6个百分点，占规模以上工业的比重为32.0%。从支柱产业看，计算机、通信和其他电子设备制造业增加值增长7.4%，电气机械和器材制造业增长8.8%，两大龙头行业合计

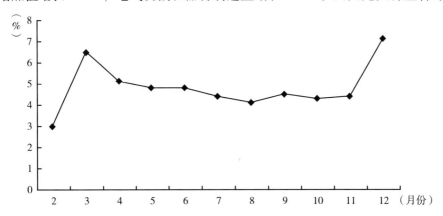

图1　2019年2~12月广东省规模以上工业增加值同比增长速度

资料来源：《广东统计年鉴》。

187

对全省规模以上工业增长的贡献率达 60.1%。从发展后劲看，工业投资增长 6.3%，其中工业技改投资增长 12.9%。民间投资增长 6.4%。①

（二）工业创新动力明显增强

以创新为引领和主要支撑的工业体系和发展模式正加快形成。2019 年广东有效发明专利量、PCT 国际专利申请量稳居全国首位，国家级高新技术企业总量超 5 万家。新经济增加值比上年增长 8.0%，占地区生产总值比重达 25.3%。规模以上工业企业建立研发机构比例达 40.0%，培育建设省级企业技术中心 162 家（总数达 1407 家），国家技术创新示范企业 47 家。研制开发首台（套）重大技术装备项目 345 项，四成以上实现进口替代。5G、4K 等重点产业发展势头良好。截至 2019 年 11 月底，全省共建成 5G 基站 32285 座，居全国第一。全年 5G 产业产值达 1900 亿元，约占全国的 42.0%。4K 电视机产量、电视面板产能均位居全国第一，2019 年 1～11 月全省 4K 电视产量 2602.79 万台，同比增长 32.2%。建设 5G＋超高清视频、智慧医疗等 300 个应用示范，培育 8 个 5G＋工业互联网应用示范园区。工业新产品产量增长较快，动车组增长 383.3%，3D 打印设备增长 215.2%，城市轨道车辆增长 123.5%，新能源汽车增长 17.5%。②

（三）工业质量效益不断提高

2019 年广东省高规格召开全省推动制造业高质量发展大会，出台"制造业十九条"，部署实施"六大工程"，高起点培育了一批国际竞争力强的产业集群。先进测量体系、标准体系、合格评定体系建设不断加快，全年建成了 2 个省级产业计量测试中心、5 个国家技术标准创新基地、54 个国际和全国标准化技术委员会，累计在全国标准信息服务平台新公开团体标准 1169 项，累计

---

① 《2019 年广东省国民经济和社会发展统计公报》，广东统计信息网，2020 年 3 月 7 日，http：//stats. gd. gov. cn/attachment/0/388/388463/2923609. pdf。
② 《2019 年广东省国民经济和社会发展统计公报》，广东统计信息网，2020 年 3 月 7 日，http：//stats. gd. gov. cn/attachment/0/388/388463/2923609. pdf。

有效期内认证证书43.16万张，居全国第一。工业绿色化发展步伐加快，全年创建国家级绿色工厂57家、绿色设计产品62种、绿色园区2家、绿色供应链4个，全省绿色制造示范数量高居全国首位。工业经济效益稳定向好。2019年1~11月，全省规模以上工业实现利润总额7953.11亿元，比上年增长4.5%，增幅比上年同期提高0.9个百分点。电子、电气、电力行业实现利润增长较快，其中电气机械和器材制造业增长20.0%，计算机、通信和其他电子设备制造业增长13.9%，电力、热力生产和供应业增长15.0%。①

（四）工业企业综合实力稳步加强

2019年全省各类市场主体1253万户，占比超过全国的10.0%，其中新登记市场主体221万户。龙头企业带动作用增强，全省的规模以上工业企业已经超过5.5万家，仅新增工业企业预计就可拉动全省规模以上工业增长1.0个百分点左右。全省规模以上工业企业中百强企业合计实现增加值增长8.3%，比规模以上工业平均水平高3.6个百分点，对全省规模以上工业增长的贡献率达57.9%。民营企业保持较快发展，全省规模以上民营工业企业实现增加值比上年增长7.6%，增幅比前三季度提高0.5个百分点，占全省规模以上工业的比重为53.4%，对全省规模以上工业增长的贡献率达84.3%。9000多家企业实现"小升规"，前三季度新升规企业对规上工业增加值增长的贡献率超过45.8%。②

二 全省工业发展存在的主要问题

（一）工业增长面临较大下行压力

一是近年来广东省规模以上工业增加值增速逐年下降。规模以上工业增

---

① 《2019年广东经济运行情况分析》，广东统计信息网，2020年2月25日，http://stats.gd.gov.cn/attachment/0/387/387100/2908511.pdf。

② 《2019年广东经济运行情况分析》，广东统计信息网，2020年2月25日，http://stats.gd.gov.cn/attachment/0/387/387100/2908511.pdf。

加值增速从 2010 年的 16.8% 下降到 2019 年的 4.7%（见图2），下降速度明显过快。2019 年全省规模以上工业增加值增速自一季度达到 6.5% 的年度高位后持续下滑。规模以上制造业增加值占 GDP 比重在 2010 年达到高峰的 45.0% 后，一路下降为 2018 年的 30.2%。二是工业增长动力不足问题突出。自 2001 年起，广东省工业投资规模先后被山东、江苏、安徽等省份超越。从近两年工业投资走势看，广东省工业投资增速呈不断下降趋势，甚至出现了负增长。如工业投资从 2018 年上半年以来增速基本在负增长区间；工业民间投资持续低迷，2019 年上半年增速下降 7.2 个百分点。三是 2020 年初爆发的新冠肺炎疫情对工业增长造成了一定冲击。随着疫情的不断发展，工业受到的影响不断加强和深化，不少企业困难重重。工业生产活动同时受到了供给、需求双方面冲击，部分行业企业出现"停摆"、生产经营困难加大，部分重点产业项目的进度也受到影响。个别重点企业的延迟复工将像多米诺骨牌一样，影响整个产业链的发展态势。

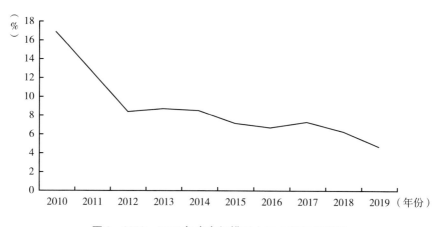

图2　2010~2019 年广东规模以上工业增加值增速

资料来源：《广东统计年鉴》。

（二）工业大而不强

目前，广东工业整体处于工业 2.0 向 3.0 过渡的水平，处于全球产业价值链的中低端，高新技术产业产品技术水平达到国际水平的仅占20%左右，拥有自主核心技术的制造业企业不足10%。战略性新兴产业的"缺芯少核"问题相当突出，不少产业核心技术仍面临"卡脖子"问题，如集成电路方面的技术自给率只有14%左右，基础软件方面90%以上依赖进口。而中美经贸摩擦的爆发与升级，逐步筑起了国际要素流动和技术交流的壁垒，使得新动能发展受到影响，旧动能在转型过程中也失去了一部分市场支撑，如纺织服装等传统行业低位运行，劳动密集型产业萎靡不振，产业转型升级任重道远。

（三）工业利润空间收窄

近年来，广东省工业生产者出厂价格指数（PPI）增速不断下滑，2019年11月降至0.3%（见图3），导致企业利润空间不断收窄，甚至达不到社会平均利润率，扩张产能动力下降。同时，广东省要素市场改革相对滞后，人才、资金、技术、土地等要素向高收入部门流动仍遇到较多的体制机制障碍和壁垒，要素的市场化价格决定机制不完善和流动不畅顺，导致要素价格居高不下。土地、劳动力、物流、融资等企业经营成本持续升高，进一步挤压企业利润空间。

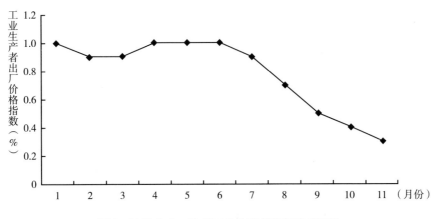

图3　2019年1~11月工业生产者出厂价格指数

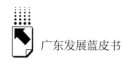

（四）工业供给质量仍有待进一步提升

"质量第一"的质量意识仍未在全社会树立。企业品牌意识、质量文化、工匠精神仍未真正树立，一些生产经营者偷工减料、掺杂使假。许多产品仍是贴牌产品，缺乏世界知名品牌。企业质量管理制度较落后，不少企业未能有效建立并运行标准、计量、检验检测、认证认可体系，组织管理系统、工艺管理系统、产品质量管理系统还不够健全。政府部门对高质量发展不够重视，一些部门、地市的经济工作仍"重速度、轻质量"，部分地方在基层机构整合中削弱了质量监管、质量发展职能。

（五）工业区域发展不平衡问题长期存在

区域发展不平衡一直是制约广东省工业高质量发展的突出问题。2018年珠三角地区规模以上工业增加值占全省比重达到85.2%，粤东西北地区仅占14.8%。产业园区是粤东西北地区工业发展的主战场和主引擎，但部分地方政府对园区工作重视程度不够、要素保障不足，导致产业园基础设施建设不完善，园区工业发展速度放缓。园区工业增加值增速从2015年的16.6%下滑至2018年的8.1%；全口径税收增速从2015年的25.7%下滑至2018年的13.3%，2019年上半年仅增长2.3%。

（六）工业人才要素存在结构性短板

广东高水平工业创新人才稀缺，院士、973首席专家、长江学者等高端人才比例均低于长三角省份，具有重大原始创新能力的工业领军人才尤其匮乏。在集成电路方面，我国集成电路从业人员总数不足30万人，缺口达40万人；广东省集成电路进口量占全国1/3，集成电路人才缺口至少为10万人。广东省高校的微电子专业大学生数量少，80%以上都是从省外引进。在人工智能方面，全国人工智能核心技术职位主要分布在北京、浙江和上海，三地所招职位占比合计近90%，而广东省人工智能人才十分匮乏，如优必选公司反映，研发团队 500 余人，人工智能领域的博士仅 30 人，且多为其他地区引进。①

三 进一步深化工业供给侧结构性改革，推动工业高质量发展

2020 年是全面建成小康社会决战决胜之年，也是"十三五"规划收官之年。要坚持稳中求进工作总基调，坚持新发展理念，坚持以工业供给侧结构性改革为主线，坚持以改革开放为动力，深入落实"1+1+9"工作部署，贯彻落实全省推动制造业高质量发展大会精神，围绕实施"六大工程"持续发力，坚定不移推动广东省工业高质量发展，实现工业质量变革、效率变革、动力变革。

（一）着力稳住工业增加值增速

一是狠抓工业投资特别是工业技术改造投资。大力抓工业投资和工业项目建设，全力推动制造业重大项目建设，做好项目跟踪服务。实施新一轮技术改造，加强技术改造专项资金引导。二是加大力度抓存量优质项目增资扩产。对现有企业扩大生产给予更大力度的支持，相关项目扶持政策要覆盖到存量优质项目。树立优先保证优质项目用地理念，通过盘活闲置土地、有序开展征地等方式破解项目用地难题。找准项目建设堵点、难点，及时收集汇总各地重点项目的困难问题，精准施策。三是大力推进"小升规"。推动传统产业转型升级，支持加大设备更新和技改投入，力争推动 8500 家企业技术改造、4000 家企业"上云上平台"、5000 家企业"小升规"，落实升规企业扶持政策。四是密切跟踪有外迁可能的企业特别是关键节点企业。要实施"一企一策"精准对接，千方百计做好"留"的工作。对下定决心转移产能的，要引导其留下研发、先进制造等核心环节。对确实留不住的要做好应对

---

① 刘慧琳：《广东人工智能发展面临的问题与建议》，《广东经济》2018 年第 6 期。

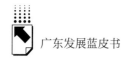

处置和产能承接预案,把影响降到最低。五是大力引进高水平外资项目。进一步强化与世界 500 强和行业领军企业的常态化沟通机制,以更多新项目的落户消化少数企业外迁的影响。

(二)着力增强工业发展的创新驱动力

充分发挥创新第一动力作用。一是大力提升工业"四基"能力。推动核心基础零部件、关键基础材料、先进基础工艺、产业技术基础的工程化产业化。积极发展智能制造,促进制造业加速向数字化、网络化、智能化发展。推动省市共建特色优势产业,支持各地围绕主导产业探索差异化发展,培育一批行业龙头企业和专精特新中小企业。二是大力发展新兴产业。重点培育新一代信息技术、绿色石化、超高清视频、生物医药、人工智能与机器人等 16 个先进制造业集群。培育壮大战略性新兴产业,形成新的产业支柱,推动产业迈向全球价值链中高端。大力发展 5G 和 4K 产业,深入实施加快5G 产业发展行动计划,推进 5G 网络规模化部署,基本实现珠三角中心城区连续覆盖;推进超高清视频产业发展,建设广东省超高清视频产业发展试验区,推动建设一批超高清视频示范应用。大力发展工业互联网,推动4000 家工业企业"上云上平台"实施数字化网络化智能化升级。三是强化企业创新主体地位。持续开展高新技术企业树标提质行动,培育更多具有自主知识产权的创新型企业,培育更多"瞪羚""独角兽"企业。鼓励领军企业建设一流研发机构,推动规模以上工业企业建立研发机构比例达 43%以上。

(三)着力提升工业全要素生产率

一是提升工业科技成果转化效率。立足广东实际并借鉴上海经验探索设立"绿色技术银行",将技术供给、需求者,以及信托、担保、金融、技术评估等政府扶持措施整合入"技术银行"网站,开展技术对接、技术信托管理、技术捐赠管理等服务。改变传统成果转化模式中各环节之间相互割裂、信息不对称、资源分散的做法,推广全链条成果转化模式。如鼓励各地市借鉴深圳在深港科技创新合作区构建"基础研究＋技术攻关＋成果产业化＋科技金融"全过程科技创新生态链的做法。二是提升工业人才引进与培养效率。坚持以"高精尖缺"为导向，强化靶向引才，依托"珠江人才计划"等，探索建立吸引集聚高水平顶尖人才团队的有效机制，引进一批创业人才、高层次科技人才和应用型技术人才。注重培育本土科技人才。建立健全稳定支持、竞争激励相融的合理的"基本科研经费制度"，鼓励创新人才自主组建科研团队，加快培育一支综合能力强的本土创新人才队伍。鼓励各地有条件的职业技术学院、技工院校和培训机构开展技能人才培训，鼓励校企合作，建立实操基地，开展订单式技能型人才培养。三是提升资金在工业领域的利用效率。推动全省各级政府风险投资引导基金向更加市场化、专业化、规范化和国际化的方向转变，撬动更多社会资本进入工业特别是新兴产业、未来产业等领域。补足工业领域天使投资短板，借鉴上海建立天使投资引导基金做法，探索设立广东省级天使投资引导基金。推动部分传统商业银行向"科技银行"改革。复制推广建设银行、广发银行等设立科技支行的做法，推动商业银行积极在高新技术产业开发区、专业镇和孵化器等建立科技分（支）行，为科技含量较高的工业项目提供融资服务。

（四）着力提高工业发展质量

一是推动传统产业升级提质增效。推动制造业加速向数字化、网络化、智能化发展，在汽车、先进装备、电子信息、家电等行业建设一批工业互联网标杆示范项目。推动企业加快智能化升级，推广机器人应用，打造一批数字化车间、数字化工厂和智能工厂。二是提高广东工业标准体系整体水平。深化大湾区标准化合作，融会贯通国际高水平质量标准为我所用。以智能电子产品、家用电器、日用品等制造业优势领域为突破口，支持企业参与国际标准化活动，鼓励行业龙头企业牵头成立国际性产业标准联盟，推动广东省优势特色行业标准成为国际标准。三是推动工业企业完善质量管理体系。开展制造业名企名品培育行动，推动重点企业在拳头产品上深耕细作，打造质量过硬的广货品牌。发挥龙头企业作用，将产业链上中小企业纳入共同的质

量、标准管理体系，实现产业质量整体提升。实行最严格的质量监管，建立健全企业产品质量追溯机制，让产品质量成为企业永远的标签和诚信经营的基石。

（五）着力构建"一核一带一区"工业区域发展新格局

强化珠三角全球先进工业基地地位。推动珠三角地区产业高端化，重点发展战略性新兴产业和生产性服务业，做优做强珠江东岸电子信息产业带和珠江西岸先进装备制造产业带，建设好珠海－江门高端产业集聚区，支持广州市创建车联网（智能网联汽车）先导区。把沿海经济带东西两翼打造成为全省工业新的增长极。支持沿海经济带东西两翼着力培育引进重大产业项目，依托大项目、大园区，延伸产业链条。省市合力加强规划建设，完善东西两翼的基础设施，为工业发展提供有力支撑。充分发挥"湾＋区＋带"联动优势，加快构建贯通东西的世界级沿海产业带。推动北部生态发展区工业绿色转型发展。推动北部生态发展区加快特色优势产业转型升级，因地制宜发展绿色低碳新型制造业。粤北地区要立足资源环境承载能力，主动对接珠三角产业链，形成紧密衔接、互为支撑的产业分工合作关系。

B.16
大力推动北部生态发展区
高质量融入"双区"

广东省人民政府发展研究中心课题组*

摘　要： 北部生态发展区作为全省重要生态屏障，要在高水平保护中实现高质量发展。首先，本报告对目前北部生态发展区融入"双区"的四大优势、四大短板、三大机遇和三大挑战进行了分析。其次，提出了北部生态发展区融入"双区"可通过推进农业农村现代化、加强水资源涵养、发展文化旅游康养产业、推动重点开发区产业生态化发展、打通要素流动通道等途径。最后，提出了建立健全北部生态发展区融入"双区"的配套政策，包括出台支持北部生态发展区高质量发展的政策文件，进一步落实主体功能区战略；健全生态保护补偿机制；完善基础设施投入保障机制；健全多方对口帮扶制度；支持北部生态发展区开展改革试点。

关键词： 生态发展区　高质量发展　广东

党的十九届四中全会提出，构建区域协调发展新机制，形成主体功能明显、优势互补、高质量发展的区域经济布局。构建"一核一带一区"区域发展新格局，是省委、省政府适应新时代实施区域协调发展战略需要做出的

---

* 课题组组长：刘洪盛；课题组成员：李登峰、宁雪兰；执笔人：宁雪兰，广东省人民政府发展研究中心三级主任科员。

重大部署，是贯彻落实习近平总书记视察广东重要讲话精神、解决广东区域城乡发展不平衡问题的重要举措，与建设粤港澳大湾区、支持深圳建设中国特色社会主义先行示范区在时空上交汇、在战略上对接。其中，北部生态发展区作为全省重要生态屏障，由于自然地理条件和生态保护的限制，内生发展动力不足，要在高水平保护中实现高质量发展，必须用好粤港澳大湾区和深圳先行示范区"双区驱动效应"，根据山区所能、"双区"所需，精准对接"双区"、全面融入"双区"。

一 广东北部生态发展区融入"双区"的内外部环境分析

（一）四大优势

1. 生态环境良好

2018 年底，北部生态发展区森林覆盖率达 73.69%，森林蓄积量达 3.31 亿立方米。2019 年 11 月，梅州市成功创建国家森林城市。粤北五市大气质量保持优良水平，AQI（空气质量指数）达标率达 92.3%，高于全省平均水平（88.9%）3.4 个百分点。粤北五市水资源丰富，拥有 5300 多条河流，总长度 3.82 万公里，重要江河地表水国考断面（Ⅰ~Ⅲ类）水质优良率 99.9%，是东江、西江、北江、韩江等重要流域上中游和重要水源涵养地。2018 年，粤北五市水资源总量达 759.25 亿立方米，占全省的 40.8%。近 5 年来，通过东深供水工程，每年供香港水量约 7 亿立方米，占香港年用水量的 70%~80%。

2. 现代农业发展基础良好

粤北五市耕地面积占全省的 34.5%，正在建设省级现代农业产业园 42 个，占全省的 42.0%；"一村一品、一镇一业"建设项目已审批通过的立项村 533 个，占全省的 53.3%。2018 年，粤北五市第一产业占地区生产总值的 14.4%。水稻种植面积和产量分别占全省的 32.7% 和 33.9%，拥有罗定稻米、连山大米等知名产品。蔬菜种植面积和产量分别占全省的 24.4% 和

23.2%。水果种植面积和产量分别占全省的24.9%和23.0%，拥有梅州金柚、仁化贡柑、和平猕猴桃等特色产品（见表1）。茶叶种植面积和产量分别占全省的57.6%和42.4%，拥有英德红茶、新兴象窝茶等知名品牌。南药种植面积和产量分别占全省的37.2%和32.1%，其中云浮市占30.4%和17.3%。

表1　2018年广东各区域主要农产品占全省的比重

单位：%

区域	水稻		蔬菜		水果	
	面积	总产量	面积	总产量	面积	总产量
珠三角	25.1	23.9	39.2	38.2	25.7	24.9
东翼	12.7	13.4	12.3	15.3	11.2	8.3
西翼	29.6	28.8	24.1	23.3	38.8	43.7
粤北生态发展区	32.7	33.9	24.4	23.2	24.9	23.0

3. 旅游文化资源丰富

北部生态发展区绿色、红色、彩色旅游资源丰富，拥有丹霞山、南岭国家森林公园、大峡谷、万绿湖等自然景观，37个县（市、区）中有31个属于老区苏区，有3个民族自治县和6个民族自治乡。近年来，粤北五市文化旅游产业快速发展。2018年，韶关市接待游客4790万人次，同比增长13%；旅游收入453亿元，同比增长16%。梅州市规划建设梅江韩江绿色健康文化旅游产业带，全市3A以上景区33个，位列全省第二。清远市形成了"亲情温泉、激情漂流、闲情山水、奇情溶洞、热情民族、浓情美食"六大旅游特色产品。

4. 跨区域合作基础良好

自2013年11月省委、省政府调整对口帮扶关系以来，广州帮扶梅州和清远，深圳帮扶河源和汕尾，佛山帮扶云浮，东莞帮扶韶关，在产业共建、项目落地、民生帮扶等方面积累了经验，也取得了不错的成效。2018年，

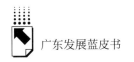

粤北五市省级产业转移园实现规上工业增加值480.2亿元，与珠三角对口共建的产业园共有184个亿元以上工业项目落地建设。以广州-清远为例，两市高质量推进广清一体化，广清产业园进一步提质升级，广清城际二期、广清重高铁、广连高速、广州北江引水工程等重大合作项目顺利推进，清远市206所学校、32家县级以上医院与广州市建立了帮扶关系。

（二）四大短板

1. 交通基础设施比较落后

北部生态发展区除了清远南部、云浮东部等地，大部分地区还没有真正融入"双区""一小时生活圈"，连接"双区"的高速公路、高速铁路、航空运输等交通网络尚未形成体系。例如，河源市公路密度为101.7公里/百平方公里，低于全省平均水平（122.37公里/百平方公里）；二级以上公路里程占全市通车总里程的10.4%，低于全省平均水平（18.1%）。梅州市在梅汕高铁通车后，到广州仍需3~4小时，区位条件没有得到根本改善。

2. 产业基础比较薄弱

传统工业占主导地位，新兴产业尚未形成规模。2018年，韶关市钢铁、有色金属、电力等7大传统支柱产业增加值占全市规模以上工业增加值的比重为67.8%，新能源、商贸物流、电子信息、生物医药、机电制造等新兴产业刚刚起步。骨干企业支撑不足，科技创新能力欠缺。2018年，梅州市467家规模以上工业企业中产值上亿元企业仅99家，尚无产值超百亿元的企业，高新技术企业仅占全省的不到1%，R&D经费投入占GDP的比例仅为0.31%，居全省末位。

3. 公共服务水平较低

粤北五市财政收入总量小，财政收支矛盾突出，不少县（市、区）靠上级财政转移支付、税收返还及专项补贴维持运转，在公共服务方面投入不足。2018年，粤北五市基本公共服务支出完成976.28亿元，人均基本公共服务支出5786.65元，低于全省平均水平（7935.65元），远低于珠三角九市的平均水平（9065.13元）。教育、医疗等基本公共服务水平较低，特别是基础教育、医疗卫生优质资源比较缺乏。

4. 城乡区域发展差距较大

北部生态发展区农村发展欠账多，基础设施、公共服务等发展滞后。2018 年，粤北五市农村居民可支配收入均低于全省平均水平。2019 年初，粤北五市仍有 3.4 万建档立卡贫困人口尚未脱贫，占全省的 30%。区域发展差距大，中心城市辐射带动能力不足。以清远市为例，清远北部地区（三连一阳）GDP 总量仅占全市的两成，近两年完成固定资产投资仅占全市的 12.3%、12.9%，唯一的省级产业园区——连州民族工业园，2016 年、2017 年园区完成工业增加值分别为 0.08 亿元和 0.5 亿元，在全市的占比几乎可以忽略不计。

（三）三大机遇

1. "双区"的辐射带动

建设粤港澳大湾区和深圳先行示范区，是党中央赋予新时代广东改革开放再出发的重大平台、重大机遇、重大使命。推动粤港澳大湾区建设、支持深圳建设中国特色社会主义先行示范区、广州推动"四个出新出彩"实现老城市新活力与构建"一核一带一区"发展格局相互促进、不断推进。珠三角地区迎来了新的巨大发展机遇，必将释放出更强的发展动能，形成更大的示范带动效应。

2. 北部生态发展区享有特殊的政策红利

广东省委、省政府结合"一核一带一区"区域发展格局，实行差异化的区域发展政策，省级财政转移支付向粤北倾斜。2018 年，省财政安排粤北五市税收返还和转移支付 1206 亿元，比上年增长 24%，占粤北五市一般公共预算支出的 72%。生态补偿力度不断加大。截至 2019 年 9 月底，省财政厅已下达韶关市 2019 年生态补偿资金 15.14 亿元，较 2018 年增加 3.08 亿元，增长 25.54%。革命老区和原中央苏区以及民族地区的扶持力度进一步增强。2019 年，省委、省政府出台了《关于进一步推动我省革命老区和原中央苏区振兴发展的意见》和《关于推动我省民族地区加快发展的若干

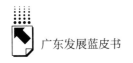
政策措施》，政策干货多、实招多，并召开了现场会大力推动。

3. 生态文明建设进入关键期

2018 年，习近平总书记在全国生态环境保护大会上指出，生态文明建设正处于压力叠加、负重前行的关键期，已进入提供更多优质生态产品以满足人民日益增长的优美生态环境需要的攻坚期，也到了有条件有能力解决生态环境突出问题的窗口期。习近平总书记这一重大科学判断，指明了生态文明建设面临的新形势。北部生态发展区通过抓住"关键期""攻坚期"和"窗口期"这三期，积极探索把绿水青山变成金山银山的有效路径，满足群众对优质生态产品的需求，将能释放出生态环境蕴含的巨大经济、生态、文化价值。

（四）三大挑战

1. "双区"强大的"虹吸效应"

"双区"在经济规模、产业基础、市场化水平、资源环境、对外开放度、可持续发展潜力等诸多方面的显著优势和巨大潜力，对人才、技术、资本等发展要素都有强大的吸引力。北部生态发展区的人流、物流、资金流将进一步流向"双区"，由此带来消费、投资、公共服务、企业发展机会等在区域上分布不平衡，区域发展的"马太效应"将进一步显现。例如，韶关市本地培养的高等教育人才、高级技术人才、普通员工等严重外流，本地生源大学毕业生回韶工作的比例仅约10%，高端人才引进难、留住难。

2. 兄弟省区争先融入"双区"

广西、湖南、江西、云南、贵州、海南、福建等周边省（自治区）都把对接"双区"建设作为重点，强化与泛珠各省（自治区）合作交流互动。特别是广西、江西、云南等地陆续出台了对接大湾区建设的行动方案，从省级层面高位推动。与相邻的兄弟省（自治区）市相比，粤北五市的经济发展、扶持政策领先优势并不明显，甚至有的明显落后。例如，中央规定，"减按15%的税率征收企业所得税"政策只对赣州市适用，龙岩市在基础设施建设、农业农村、用地等方面参照执行西部地区政策。而梅州市仅限于在安排中央预算内投资和国外优惠贷款资金方面参照执行西部地区政策。在政策比较优势不明显等情况下，已有不少从珠三角转移出来的企业没有转到粤北，而是跳到了相邻省（自治区）的市、县（区）。

3. 环境保护的刚性约束越来越严

根据《国家产业结构调整指导目录》《市场准入负面清单（2018年版）》《广东省国家重点生态功能区产业准入负面清单》等产业准入政策文件，北部生态发展区的产业环境准入条件严格，产业选择范围有限。在用地方面，北部生态发展区生态保护红线比例达26.6%，尽管开发强度较低，但也面临用地指标不够等问题。生态保护要求高，但生态补偿投入总量不足。据清远市有关部门反映，按现有方式，2018～2020年，清远市生态保护补偿所需资金缺口达150亿元。

二 北部生态发展区融入"双区"的主要途径

北部生态发展区融入"双区"应该是双向的、互动的。一方面，北部生态发展区基于自身的资源优势，服务和支撑"双区"的发展，为"双区"提供优质农产品、生态产品和文旅产品等；另一方面，"双区"应充分发挥辐射带动作用，为北部生态发展区引入更多的资源要素。

（一）推进农业农村现代化，打造"双区"的"米袋子""菜篮子""果盘子""茶罐子""药箱子"

坚持农业农村优先发展，强力实施乡村振兴战略。用好现代农业产业园、"一村一品、一镇一业"等重要平台，培育一批特色产业镇、专业村，打造英德红茶、梅州柚子等农业优势产业区（带）。积极对接国内优质资源，引进省内外农业龙头企业，开展"百强国龙进广东""农业龙头企业粤北行"等活动，吸引大资本、大企业、大项目。继续做大做强梅州金柚、英德红茶、仁化贡柑、罗定稻米等一批在国内具有较高知名度和影响力的"粤字号"品牌及特色农产品优势区，大力推进粤港

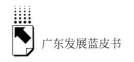

澳大湾区"菜篮子"工程建设，在"双区"加大对粤北特色农产品的宣传推介力度。

（二）加强水资源涵养，打造"双区"的"水缸子"

全面落实河长制、湖长制，全面开展粤北山区生态型碧道建设，加强东江、西江、北江等重要江河水环境保护和水生生物资源养护。加快推进西江干流治理工程、北江潖江蓄滞洪区项目等重点项目建设，推动大中型水库安全及管理提档升级，提升山洪灾害防治及预警预报能力，保障"双区"大江大河泄洪安全。实施最严格的水资源管理制度，优化调度粤北梯级水库群。推进中小河流治理，推动小型水库管理标准化及小水电绿色转型发展。以生态清洁小流域建设和崩岗治理为抓手推进粤北水土流失综合整治，打造粤北水土保持综合治理示范区。

（三）发展文化旅游康养产业，打造"双区"的"后花园""康养地""体验场"

把旅游与文化、红色资源、绿色生态、乡村振兴等结合起来，串点成线、线路联动，打造一条条特色鲜明的旅游产业带。加大旅游招商引资力度，抓好重点项目建设。加强旅游市场营销，与"双区"建立稳定的旅游合作关系，提升海内外市场的知名度和美誉度。谋划发展健康养老、健康旅游、健身休闲运动、健康食品等康养产业，探索"医疗＋康养基地＋龙头企业"的产业发展模式，在粤北布局一批养老综合体项目，打造粤北大健康产业高地。筑牢生态保护屏障，高标准建设粤北生态特别保护区，开展山水林田湖草生态保护修复，集中力量坚决打好污染防治攻坚战，守住绿水青山。

（四）推动重点开发区产业生态化发展，打造"双区"的产业"共建地""承接地""转化地"

推进中心城区提质升级，在重点开发区加强区域发展平台建设，精心布局打造一批产业发展载体，大力推进人口和产业集聚。积极探索扶持共建、股份合作、托管建设等产业合作模式，完善共建园区 GDP 核算、税收分成等制度，形成责任共担、利益共享、合作共赢的长效机制。大力推广"珠三角前端 + 粤北后台""珠三角研发 + 粤北制造""珠三角孵化 + 粤北产业化"等合作模式，提升粤北科技创新能力。加快传统产业生态化改造，开展重点行业企业节能减排行动，加强重点能耗企业能耗标准管理，继续淘汰落后产能。推动工业集中进园，推进园区循环化改造，着力打造资源节约型、环境友好型现代化绿色产业园区。

（五）打通要素流动通道，打造"双区"的资源要素"流入地""集聚地"

北部生态发展区应对标"双区"先进标准，大力推进营商环境综合改革和商事制度改革，优化投资审批服务，推进社会信用体系和市场监管体系建设。结合"万企帮万村"行动，完善鼓励"双区"企业、资本到粤北投资的配套政策。主动对接"双区"的高校、科研院所、人才工作平台等，围绕产业发展需求开展引智行动，探索开展高层次人才税收补贴、住房补贴、子女入学、医疗保障等方面的优惠政策及奖励措施。鼓励"双区"的银行、证券、保险、金融租赁、基金等金融机构在粤北设立绿色金融子公司或分支机构，大力发展绿色信贷、绿色债券。

三　建立健全北部生态发展区融入"双区"的配套政策

推动北部生态发展区加快融入"双区"，需要各级，特别是省级层面完善政策体系，优化生态补偿、投入保障、对口帮扶、改革等机制，引导资源要素流入北部生态发展区，增强其内生发展动力。

（一）出台支持北部生态发展区高质量发展的政策文件

进一步落实主体功能区战略，实行差别化的财政、投资、产业、环保、

用地、用林、用水、人才等发展政策。系统梳理促进北部生态发展区基础设施、产业发展、城乡建设、公共服务和乡村振兴等全面发展的政策措施，将北部生态发展区打造成营商环境的政策洼地。加强政策宣传力度，帮助干部群众深刻理解构建全省"一核一带一区"区域发展新格局的核心要义，为北部生态发展区实现绿色发展奠定坚实基础。

（二）健全生态保护补偿机制

加大对粤北因生态保护、污染治理、控制减少排放而带来的财政减收增支的财力补偿。推进实施省内流域上下游横向生态保护补偿，在东江流域开展跨市生态补偿试点工作。支持粤北开展资源开发补偿、污染物减排补偿、水资源节约补偿、碳排放权抵消补偿、水权交易等试点，建立健全市场化、多元化生态保护补偿机制。研究推出建立市场化、多元化的生态保护补偿机制，建立完善生态保护考核指标体系。

（三）完善基础设施投入保障机制

支持粤北构建无缝对接"双区"的现代化交通运输体系，实现与广州、深圳等核心城市形成 1 小时交通圈、生活圈。规划建设一批高（快）速铁路、高速公路、机场等重大项目，加强高速公路、高铁与沿线产业园区、城市新区、重要城镇、重点景区的连接，提高交通辐射水平。抓好"四好农村路"建设，补齐农村基础设施短板。对北部生态发展区实施的交通建设项目占用耕地、永久基本农田给予倾斜支持。

（四）健全多方对口帮扶制度

研究出台新一轮全面对口帮扶工作的政策文件，深化广州－梅州、广州－清远、深圳－河源、佛山－云浮、东莞－韶关对口帮扶，加强在产业、科技、教育、文化、就业等领域合作。推动机关、高等院校（科研院所）、大型国有企业、大型民企、经济相对发达的县（市、区）与粤北经济相对薄弱的县（市、区）建立稳定的结对关系，促进教育医疗资源、教师卫生队伍互动交流。积极探索各种人才培养交流的长效机制，搭建高校毕业生就业见习平台，共享毕业生就业信息，吸引更多的优秀毕业生到粤北就业。

（五）支持北部生态发展区开展改革试点

支持清远市打造国家城乡融合发展试验区，鼓励更多县（市、区）开展城乡融合发展试点。支持梅州市、清远市深入开展乡村振兴综合改革试点，鼓励各地深化农村综合改革，夯实乡村振兴发展基础。支持粤北五市打赢脱贫攻坚战，巩固脱贫成果，探索建立稳定长效脱贫机制。支持梅州市创建国家中医药综合改革试验区，打造以中医药为龙头的大健康产业。

B.17
广东加快海洋经济发展的研究报告

广东省人民政府发展研究中心课题组*

摘　要： 广东建设海洋强省，是落实习近平新时代中国特色社会主义思想的具体体现，是落实"四个走在全国前列"、推动高质量发展的历史使命，也是拓展发展空间、推动"双区"建设和构建"一核一带一区"区域发展新格局的重要抓手。为此，广东省人民政府发展研究中心成立专题调研组，深入广东省内沿海相关地市及山东、浙江和上海等地调研，梳理国内外可资借鉴的发展海洋经济的主要经验，在综合分析研究的基础上，对广东如何构建现代海洋产业体系，统筹优化海洋经济空间布局，加快海洋经济发展提出了相关政策建议。

关键词： 海洋经济　现代海洋产业体系　海洋绿色发展　科技创新

习近平总书记深刻指出："纵观世界经济发展的历史，一个明显的轨迹，就是由内陆走向海洋，由海洋走向世界，走向强盛。"海洋占地表71%的面积，其丰富的资源和广阔的通道空间，孕育滋养着无限的生命生机，更对人类生存发展和世界文明进步产生着重大影响。进入21世纪，随着世界经济格局的重新构建和科技的加速发展，各国对拓展发展空间、开发利用海洋资源的需求越发迫切。党的十八大提出建设海洋强国的战略目标，党的十

---

* 课题指导：李惠武；课题组组长：刘洪盛；课题组成员：康念福、刘勇、张冬霞、刘培培、蔡子平、李松杰、连晓鹏、管理。

九大进一步提出"坚持陆海统筹,加快建设海洋强国"的战略部署。广东海域面积42万多平方公里,岛屿1963个,大陆海岸线4114公里,南海自然资源丰富,战略地位突出,加快发展海洋经济,建设海洋强省,广东责无旁贷,重任在肩。

广东建设海洋强省,是落实习近平新时代中国特色社会主义思想的具体体现,是落实"四个走在全国前列",推动高质量发展的历史使命,是拓展发展空间,推动"双区"建设和构建"一核一带一区"区域发展新格局的重要抓手。为此,中心成立专题调研组,深入省内沿海相关地市及山东、浙江和上海等地调研,梳理国内外可资借鉴的发展海洋经济的主要经验,综合分析研究形成本研究报告。

一 广东海洋经济发展现状

(一)广东海洋经济总量居全国首位

广东作为海洋大省,海洋旅游、文化、生物、能源、矿产等资源丰富。2018年,广东海洋生产总值为1.93万亿元,连续24年居全国首位,占全国海洋生产总值的23.2%,占全省地区生产总值的19.9%。[①] 2012~2018年,广东省海洋生产总值年均增长10.7%,明显高于全国6.79%的水平,海洋经济已成为全省经济发展的新增长极。广东主要海洋产业、海洋相关产业及海洋科研教育管理服务业各约占海洋生产总值的1/3(见图1)。

(二)海洋产业结构不断优化

广东海洋三大产业结构比从2017年的1.8∶38.2∶60.0进一步优化为2018年的1.7∶37.1∶61.2。

---

① 《2018年广东省海洋经济发展报告》,http://nr.gd.gov.cn/gkmlpt/content/2/2886/post_2886891.html#684。

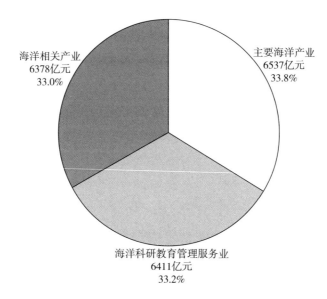

图1 2018年广东海洋生产总值构成

资料来源:《2018年广东省海洋经济发展报告》。

1. 主要海洋产业持续稳定增长

滨海旅游业、海洋交通运输业、海洋化工业、海洋油气业、海洋工程建筑业、海洋渔业是广东省海洋经济六大支柱产业。2018年,六大支柱产业分别比上年增长6.24%、9.11%、12.96%、23.20%、1.63%、5.99%,其增加值占主要海洋产业增加值的比重分别为50.2%、14.3%、11.7%、8.2%、7.6%、6.8%(见图2)。①

2. 省重点支持的海洋六大产业加速发展

2018年,广东省政府工作报告提出要大力支持海洋电子信息、海上风电、海洋生物、海工装备、天然气水合物、海洋公共服务等海洋六大产业创新发展,新技术、新成果不断涌现。

一是海洋电子信息产业发展态势良好。2018年,全省新注册300多家

---

① 《2018年广东省海洋经济发展报告》,http://nr.gd.gov.cn/gkmlpt/content/2/2886/post_2886891.html#684。

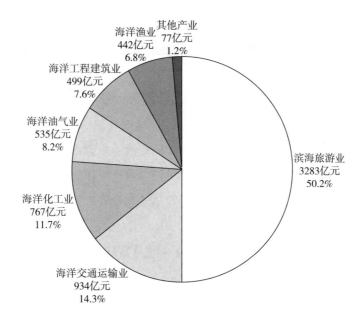

图 2 2018 年广东主要海洋产业增加值构成

资料来源：《2018 年广东省海洋经济发展报告》。

从事海洋电子信息技术研发与服务的企业，涉及海洋应用软件研发与应用、现代海洋通信等领域。2018 年 6 月，广州港集团与华为公司签署战略合作框架协议，根据"智慧港口"建设理念，以先进数字化港口为建设目标，打造信息化国际大港。

二是海上风电产业发展迅猛。截至 2018 年底，广东海上风电产业开发与服务企业有 100 多家，其中包括"四上企业"40 家。2018 年，海上风电项目布局不断加快，全省浅水区新核准风电项目装机容量 873 万千瓦，浅水区并网、在建、核准总规模达 1035 万千瓦。全省基本形成装备—施工—运营—专业服务海上风电产业体系。

三是海洋生物产业集聚效应明显。截至 2018 年底，全省从事海洋药物和生物制品生产或生物技术研发的法人单位超过 500 家，其中"四上企业"80 多家，上市企业 21 家，广州、深圳、湛江、珠海已成为海洋生物医药产业集聚地。2018 年，中国（珠海）海洋功能性食品创新研发中心等平台建

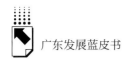

设取得重大进展。

四是海工装备产业创新发展成效明显。2018年，全省新注册海洋工程装备技术研发、生产与服务活动企业131家。广东积极打造高端智能海洋工程装备超级产业，新技术及新产品研发取得重大突破，海上油气井口架及移动平台、海上通信系统等获得国家专利，成功研制超深水半潜式钻井平台、小型化水面机器人、深远海智能化坐底式网箱等一批创新实用型产品。

五是天然气水合物勘察开采技术攻关持续推进。国家级天然气水合物工程技术中心在南沙落户，在南海实现了天然气水合物勘察重大突破，钻获了天然气水合物实物样品，资源量丰富。2018年，全省天然气水合物勘察开发相关专利超30项，实现了自主品牌深海作业级潜水器"海马号"和"深海勇士号"首次联合探查"海马冷泉"。

六是海洋公共服务业支持海洋经济发展作用显著增强。2018年，4个近海海洋水文气象浮标、4个岸基观测站和海洋卫星遥感广东数据应用中心建设重点推进，空中无人机和海洋卫星遥感、海面船舶调查、海洋潜标、海底原位监测"三维一体"的海洋立体观测网与大数据云平台顺利搭建。

（三）海洋科技创新能力不断增强

广东在海洋科技创新上持续发力，内生动力不断增强，为海洋经济高质量发展奠定基础。

1. 海洋科技主体日益壮大

2018年广东省财政支持海洋创新专项48个，组织了68家法人单位，对一批海洋关键技术和共性技术进行联合攻关。全省共建成海洋科研机构24个，南方海洋科学与工程广东省实验室建设启动，以企业为主体、产学研紧密结合的海洋科技创新体系初步构筑。

2. 海洋创新平台建设顺利

广州、湛江加快国家海洋高技术产业基地建设，深圳、湛江国家级海洋经济示范区稳步推进。广州南沙新区、珠海经济技术开发区和深汕特别合作区等省级现代海洋产业聚集区建设有序推进。依托广东海洋创新联盟，50 多家联盟成员单位共享了 150 多项涉及软件平台、科考船、实验室等科研资源库，建立广东海洋创新联盟专家智库，启动首次海上联合科学考察。

3. 海洋科技创新成果显著

核心技术攻关成果丰硕。在无人艇方面，广东企业已掌握先进的自主控制、自主避让等关键核心技术；在海洋装备智能化方面，取得了海洋工程装备设计研发、实时海域监测感知及信息融合关键技术的突破，实现了海洋工程装备设计及运维保障智能化；在船舶电子、海洋通信、海洋电子元器件等海洋电子信息设备和产品，以及海洋信息系统与技术服务等方面取得了多项关键技术突破。

（四）海洋绿色发展持续深化

按照节约优先、保护优先、自然恢复为主的原则，坚持陆海统筹，努力打造蓝色生态屏障。

1. 海洋环境保护得到加强

《广东省加强滨海湿地保护严格管控围填海实施方案》出台，严格控制用海增量，盘活存量，从"向海索地"向综合利用和保护转变，实现严格保护、有效修复、集约利用海洋资源。大亚湾等重点海域总量控制工作启动，广东海洋与渔业污染源普查工作部署开展，在深圳、惠州、湛江及汕头南澳、茂名电白开展湾长制试点工作。

2. 海洋生态建设得到加强

实施海岸线占补平衡制度，统筹山水林田湖草系统治理。大力实施海岸带综合示范区试点建设，以生态空间拓展发展空间，优化生活空间，组织编制《广东省严格保护岸段名录》，制定出台《广东省海岸带综合示范区建设的指导意见》，东莞、汕头和湛江三个海岸带综合试验区建设正式启动。

3. 海洋生态修复得到加强

编制《广东省美丽海湾建设总体规划（2019～2035 年）》，开展汕头南澳青澳湾、惠州考洲洋和茂名水东湾三个省级美丽海湾建设。开展"蓝色

"海湾"综合整治行动,实施一批海岸带整治修复工程,湛江、珠海、汕头、惠州、东莞等地海岸整治修复取得实效。

(五)海洋经济区域合理布局初步形成

"十三五"以来,按照《广东省海洋经济发展"十三五"规划》积极优化海洋经济区域发展布局,加快建设珠三角海洋经济优化发展区和粤东、粤西海洋经济重点发展区,优势集聚、分工合理、辐射联动的区域发展格局基本形成。

1. 珠三角海洋经济优化发展区主引擎作用明显

珠三角海洋经济优化发展区包括广州、深圳、珠海、惠州、东莞、中山、江门7市,以优化提升海洋产业为重点,大力培育海洋新兴产业,重点发展海洋高端制造业和海洋科研教育管理服务业,着力打造一批规模和水平居世界前列的现代海洋产业基地,是引领广东海洋经济发展的核心区和主引擎。该区海洋经济活动高度集中,目前聚集了全省80%以上的海洋法人单位,海洋经济产值占全省海洋经济总产值的75%左右。其中,以中山明阳风电为代表的风电产业和以深圳健康元、海王生物等为代表的海洋生物医药产业集群异军突起。中船龙穴造船基地、中山海事重工造船基地、中海油深水海洋工程装备基地、中船珠海基地、中铁南方装备制造基地等集聚发展,已形成海洋船舶、海洋工程建筑、海洋科教管理服务业等多个百亿级海洋产业集群,涌现出招商重工、中集集团、中兴通讯、研祥智能等一批龙头涉海企业。广东太平岭核电、惠东港口海上风电、LNG接收站、珠海横琴国际休闲旅游岛等一大批项目加快建设。广州、深圳等地大力发展游艇旅游和邮轮旅游产业,加强粤港澳邮轮航线合作,正在向国际高端滨海旅游目的地目标迈进。

2. 粤东、粤西海洋经济重点发展区海洋产业快速发展

粤东、粤西海洋经济重点发展区包括粤东的汕头、汕尾、潮州、揭阳4市和粤西的湛江、茂名、阳江3市。两大重点发展区通过加强与珠三角的海洋经济合作,打造国家海洋产业集聚区、临港工业基地和国家级重化工业基地,已成为全省海洋经济发展的重要增长极。粤东以汕头市为中心,形成了

临港工业、石油化工、海上风电、船舶制造、海工装备、滨海旅游、现代渔业等海洋产业发展集聚区；以中委合资广东石化炼油、惠来电厂、中海油粤东 LNG 项目、昆仑能源 LNG 项目、粤电 LNG 项目、吉林石化 60 万 ABS、汕尾电厂、陆丰核电、海丰华润火电、国电投海上风电、宝丽华风电、广澳港区等大项目为重点，大力推动临港工业加快发展；建成饶平柘林湾深水网箱产业园区达 136.7 公顷，共投放深水网箱 76 组 304 口，带动网箱养殖由"浅"入"深"转型发展。潮州港与广州港合作取得实质性进展，深汕特别合作区建设进展顺利，粤东与粤港澳大湾区的海洋产业对接合作不断深化。粤西以湛江市为中心，重点发展石油化工、钢铁等临港工业和配套产业，以及现代渔业、滨海旅游业。该区聚集了宝钢（湛江）钢铁、德国巴斯夫、中科炼化、茂名石化、粤西 LNG 项目、阳江核电、阳江风电装备制造等一大批重点临港产业项目。茂名市建成全国首个 30 万吨级海上单点系泊原油码头，完成石化油品质量升级工程，原油加工能力由 1350 万吨提高到 2250 万吨，2018 年石化产业实现增加值 300 亿元；建成放鸡岛深水网箱养殖产业园，投放了 30 个大型深水网箱。湛江"五岛一湾"滨海旅游产业园正加快建设，阳江海陵岛入选中国十大宝岛，被评为"广东海陵岛国家级海洋公园"。

二 广东海洋经济发展存在的主要问题

广东省海洋经济总量居全国首位，但大而不强的问题突出。海洋经济数据在实际统计中存在标准不规范、不统一，适用性、可比性不强的问题，我们不宜盲目乐观。如将沿海各市旅游业增加值全部纳入滨海旅游业增加值统计，使其在全省主要海洋产业增加值的占比高达 50.2%。虽然全国各省都沿用这一统计口径，但客观上夸大了"海洋经济"的总量和实力，掩盖了广东省海洋经济发展存在的不足和问题。

（一）海洋产业竞争力仍然较弱

一是产业结构仍有待优化。目前，第一产业仍以近海捕捞和养殖等传统

产业为主，远洋渔业、深水网箱、休闲渔业等现代渔业占比不高。远洋渔业、深水网箱水产品总量只占全省水产品总量的0.59%和0.48%，休闲渔业产值仅为全省渔业总产值的3%。第二产业中海洋船舶、海上风电和海洋工程装备等竞争力、成长性较强的产业尚在培育发展阶段，配套产业链条亟待完善。如省内造船企业的分段配套除部分自建、部分省内配套，还有大量分段需求要靠江苏、浙江等外省企业解决，高昂的运输成本、隐性的管理成本等严重制约了船企的生产经营。海上风电系统装备产业链涉及企业达30多个，但由于上下游配套企业还未能及时落户海上风电产业基地，大量的配套产品还要依赖外地供给，造成生产成本高、供货时间长等问题。第三产业占全省海洋生产总值的比例虽高达61.2%，但优势产业局限于传统的滨海旅游业（占主要海洋产业增加值的50.2%）和海洋交通运输业（占主要海洋产业增加值的14.3%），高附加值的航运金融、保险、咨询、经纪、海事法律等海洋现代服务业仍处于发展孕育阶段。沿海主要港口集疏运系统能力不足、衔接不畅，对拓展服务腹地产生了较大制约。深圳港和广州港共开通海铁联运班列15条，海铁联运比例不足1%，而大连港已开通海铁联运班列22条，对中远距离内陆腹地的带动能力强。

二是海洋产业同质化竞争严重、集群层次较低。广东省沿海各地港口、海洋装备制造、风电、海洋油气、海洋化工、滨海旅游等形成对岸线等滨海资源的竞争，同质化发展较为严重。尤其是港口行业，全省共109个港口，平均海域间隔不到50海里，点多、线长、面广，网络布局缺乏协调，区域分工协作与差异化发展不足，货源腹地高度重合，内部恶性竞争和重复建设严重，由于涉及复杂的产权性质和利益主体，统筹整合难度大，未形成发展合力。在推进传统海洋产业转型升级和培育海洋新兴产业方面，各地往往只注重单个项目的引进，对有计划、有步骤引导海洋产业集聚发展方面重视还不够，导致海洋产业企业普遍规模较小、产业层次较低、产业集聚度和关联度不高，不利于广东省海洋产业共同参与全球和区域间竞争。

（二）海洋科技创新总体实力不强

首先是核心技术竞争力不足。海洋科技成果供给不足，在深海开发、海洋经济绿色发展以及海上安全保障等方面的技术自主研发十分迫切。如在风电建设和产业发展的基础理论研究与应用技术研发方面，尤其是海上风能资源分析评价、海上风能转化、机组核心及集成设计等技术领域，与欧美先进国家还存在一定差距，严重受制或依赖于国外。其次是海洋科研机构力量仍较为薄弱。全省虽有 24 个海洋科研机构，但高层次、国家级的海洋科技科研平台相对较少，目前仅有 7 个省级海洋重点实验室，尚未建立国家级海洋实验室。而山东省共拥有国际及省级以上海洋科研机构 42 家，整合省内与部分国内科研机构建立了国家级海洋实验室，仅中国海洋大学就有中国科学院院士及中国工程院院士 13 人及一大批现代海洋科技人才队伍；浙江省拥有 27 个海洋科研机构、5 个国家级重点实验室（7 位院士），还专门成立了省级海洋科学院；上海则拥有 3 个国家级海洋重点实验室。海洋科研教育方面，广东海洋大学为全省唯一的专业性海洋大学，中山大学、华南理工大学等 6 所院校成立了海洋相关专业，海洋专业数共 19 个，明显低于江苏（34个）、浙江（32 个）、山东（32 个）、辽宁（24 个），海洋学科群和人才培养体系尚待加强。

（三）海洋经济区域发展不平衡问题突出

一方面，粤东粤西与珠三角海洋经济发展差距明显。从总量上看，珠三角地区 GOP（海洋经济产值）占广东省海洋经济总产值的 75% 左右，粤东和粤西占比分别为 14% 和 11%。珠三角单位岸线 GOP 保持绝对优势，分别为粤东、粤西的 5 倍和 3 倍（各区域海洋经济和资源情况如表 1 所示）。从发展水平看，珠三角地区吸引了大量资金、人才、企业聚集，开发强度较高、密度较大。而粤东粤西沿海则人才、资金、技术聚集较少，海洋基础设施较为落后，海洋经济主体发展不充分，市场不够活跃。另一方面，粤东粤西沿海交通基础设施明显滞后。粤东粤西地区航空、高铁等高速度、大容量的交通建设滞后，高速公路仍处于快速成网阶段，综合交通体系不够完善，特别是干线公路和城市道路的衔接不够畅通高效，与珠三角的联系不够快捷，与其他省区的联系更是不便，以致其丰富的资源未得到有效开发。

表1　2018年广东各区海洋经济和资源情况

单位：%，亿元/公里

地域	GOP比例	GDP比例	海域面积比例	岸线长度比例	单位岸线GOP
珠三角	75	82	16	44	2.53
粤　西	11	9	38	20	0.81
粤　东	14	10	46	37	0.56

（四）现有体制机制和政策体系难以适应加快海洋经济发展的需要

一是缺乏强有力的海洋经济发展协调机构。海洋经济涵盖范围较广，目前广东省海洋战略规划实施、海洋工程立项、投资、科技研发、用海审批、产业发展、环境保护等分属自然资源、发展改革、财政、农村农业、工信、文化旅游、交通、科技、海事、生态环境等十多个部门管理。加快海洋经济发展，迫切要求实现各部门之间的高度协调，但全省一直未建立起更高层级的决策统筹协调机构，各部门之间的协作通常局限于部门之间的公函，时效性较差，约束力和权威性也不强，对于需要多部门协作完成的海洋经济发展事项，缺乏有效的监督检查和责任追究机制。二是海洋经济发展规划衔接、协调性不够。近年来，广东省相继制定了港口布局、海洋经济综合试验区发展、海洋功能区划、海洋经济发展等多项海洋规划①，但由于规划普遍出台较早、规划期较长，与广东省当前"一核一带一区"发展新格局、粤港澳大湾区发展规划等衔接不够。沿海各地市相关海洋规划多依据上级规划编

---

① 《广东省沿海港口布局规划》《广东海洋经济综合试验区发展规划》《广东省海洋功能区划（2011~2020年）》《广东省海洋经济发展"十三五"规划》《广东省海洋生态环境保护规划（2017~2020年）》《广东省海岸带综合保护与利用总体规划》《广东省海洋防灾减灾规划（2018~2025年）》，以及沿海各市的海洋功能区划、海洋经济发展"十三五"规划、海洋环境保护规划。

制，相互之间也缺乏协调衔接，难以引导各地形成海洋经济区域分工协作、差异化发展的良好态势。三是财政金融支持力度较弱。尽管省委、省政府从2018年起连续三年，每年安排3亿元财政资金重点支持海洋新兴产业发展，但力度不及浙江（成立海洋港口发展产业基金，首期100亿元）、山东（成立新旧动能转换鲁信现代海洋产业基金，规模50亿元），在财政与金融手段相结合方面缺乏创新举措，缺乏现代新型融资、风险管理工具，与加快海洋经济发展的需求仍有较大差距。

（五）海洋经济发展与资源承载能力、环境保护矛盾日益凸显

全省近岸海域生态环境较为严峻，陆源污染尚未得到有效控制，主要河口和部分城市近岸海域生态环境保护压力较大。赤潮等生态灾害频发，海洋生物多样性降低，鱼类产卵场、洄游通道等受到较大破坏，红树林湿地面积减少。部分重大项目由于环境容量、能耗指标问题难以落地。当前全省大陆海岸线的自然岸线保有率仅36.2%，海岸带后备资源非常紧张。以惠来临港产业园为例，该园区海岸线总长12公里，除中海油LNG已使用的1.01公里和国电投前詹通用码头一期工程批复利用岸线0.56公里，现可利用海岸线仅为0.88公里，其余均为严格保护岸线。沿海各地市普遍反映，辖区内不少海洋产业项目亟须解决用海用地问题，如珠海横琴长隆国际海洋度假区、湛江吉兆湾国际海洋生态度假区等。但相关指标非常紧缺，且新增用海用地按照事权必须向国家部委重新报批或者适当调整方案，申办流程涉及层级多、部门多，进展慢、难度大，一定程度上影响了用海项目的落地实施进度。

三 国内外海洋经济发展的主要经验

广东发展海洋经济、建设海洋强省，应当坚持以问题为导向，充分借鉴国内外的经验做法，加快解决以上五大问题。为此，调研组认真梳理了中国山东、浙江、上海等海洋经济发展先进省市和日本、韩国等海洋经济强国的经验做法，相信对广东省加快海洋经济发展具有较好的借鉴作用。

（一）加强政府主导，构建谋划海洋经济发展的高层次专门机构

相关省市和国外海洋强国均建立了高规格的海洋经济工作政府主导机制，统筹协调海洋经济发展工作。山东加强省委对海洋工作的领导和综合协调，在 2018 年的机构改革中专门新增设省海洋发展委员会，由省委书记亲自担任主任，分别在省自然资源厅、省海洋局设置办公室和秘书处，对全省海洋产业发展方向、区域功能分工等进行顶层设计。上海建立市级海洋经济联席会议制度，由分管副市长担任总召集人，市相关部门、沿海区政府和中央驻沪单位等 29 个部门单位作为成员单位，加强对海洋资源开发利用、海洋生态环境保护等重大涉海事项综合协调和指导。浙江成立以省委书记任组长的省海洋港口发展领导小组，将领导小组办公室设在专门新成立的海洋港口发展委员会，主管全省海洋经济和海洋港口发展工作。日本成立海洋综合政策本部，直接由首相负责，研究制定海洋战略、政策，协调管理海洋工作。韩国将 16 个政府部门的涉海职能合并成立海洋水产部（MOMAF），统一负责全国海洋资源开发、环境保护、海洋政策法规制定等，是世界上首个实行海洋综合管理的国家，大大提高了管理效率。

（二）强化顶层设计，统筹制定海洋经济发展战略

相关省市和国外海洋强国十分注重制定发展海洋经济顶层设计蓝图和重点领域具体行动方案，从全局中谋划，在细节处发力。山东先后出台《海洋强省建设行动方案》等文件，明确了"龙头引领、湾区带动、海岛协同、半岛崛起、全球拓展"总体发展格局，同时针对下一步重点发展的新兴产业，分别编制《海洋生物医药业发展三年行动方案（2020～2022 年）》等具体推进方案，并细化分解到各责任单位落实。上海近年出台了《加快发展海洋事业行动方案》等政策和规划，始终按"两核三带多点"（临港海洋产业发展核、长兴海洋产业发展核，杭州湾北岸产业带、长江口南岸产业带、崇明生态旅游带，北外滩、陆家嘴航运服务业等多点）布局发展海洋经济，目前全市海洋产业布局已初步建立。浙江统筹制定全省海洋经济发展

规划，确定了"一个中心、四个示范"（全国重要大宗商品国际物流中心，海洋海岛开发开放改革示范区、现代海洋产业发展示范区、海陆协调发展示范区、海洋生态文明示范区）的战略定位，明确了"一核两翼三圈九区多岛"空间布局以及构筑"三位一体"港航物流服务体系、规划建设舟山群岛新区和发展海洋新兴产业三大任务。日本于20世纪60年代开始制定海洋发展规划；20世纪70~80年代，制定《立足于长远发展的海洋开发基本构想及推进方案》等政策；20世纪90年代，针对海洋产业出台了《海洋高技术产业发展规划》等具体发展政策；进入21世纪，颁布实施《海洋基本法》，以法律形式对海洋经济发展整体规划加以规范，日本各省厅根据该法陆续制定完善海洋产业发展政策。

（三）抓住主攻方向，把发展海洋支柱产业作为重中之重

相关省市和国外海洋强国均结合自身基础和优势，突出重点发展海洋支柱产业，引领带动海洋经济快速发展。上海以两大"发展核"为主战场，大力发展"一软一硬"两种海洋产业。一是临港海洋产业发展核，位于上海自贸试验区新片区，重点发展"软产业"，打造海洋高新技术产业集群。临港科创研发优势凸显，如支持深海无人潜水器、海洋生物疫苗、海底科学观测网等重点项目建设，一批具有核心竞争力的科创型企业苗壮成长，逐步成为海洋战略性新兴产业集聚区域。二是长兴岛海洋产业发展核，是国家重要的船舶、海洋装备制造基地，重点发展"硬产业"，打造世界一流的海洋装备岛。长兴岛集聚了江南造船、振华重工等重点企业，制造了一批具有国际领先水平的深海钻井平台、超大型集装箱船等，带动了海洋装备制造业集群发展。上海其他各规划功能区也根据各自优势，发展邮轮、海上风电等各具特点的海洋产业，共同推动全市海洋经济发展。浙江建设现代海洋产业体系思路明确，即做大做强港口物流、滨海旅游、现代渔业、海洋装备制造、船舶工业和海水综合利用等优势产业，大力扶持港航服务和海洋金融信息等潜力产业，积极布局海洋生物医药和深海资源勘探开发等未来产业。目前，浙江海洋产业结构不断优化，现代新兴海洋产业发展迅速。日本着力支持海

洋渔业、海洋交通运输及滨海旅游三大海洋支柱产业发展，使其成为推动海洋经济发展重要支撑。一是在保障传统型渔业稳步提升基础上，通过技术创新实现海洋渔业由传统型捕捞业向技术型养殖业转变，实现捕捞、养殖和水产品加工一体化发展。二是不断完善海港基础设施，推动形成以横滨、神户等为依托的现代化港口群，积极打造国际航运中心。三是将发展滨海旅游业置于国民经济重要位置，针对滨海旅游制定观光立国综合发展战略。四是注重海洋与腹地产业相互促进。结合腹地原有产业发展状况，建立一批临港产业集聚区，形成以大型港口城市为依托，以海洋产业为先导，腹地与海洋经济协同发展的格局。

（四）坚持科技兴海，不断增强海洋经济发展后劲

相关省市和国外海洋强国均高度重视发展海洋高新科技，抢占未来海洋产业技术制高点，并多措并举推动科技成果转化。山东海洋科技力量位列全国首位，致力于把丰富的海洋科技资源优势转化为发展海洋经济的有效动力。一是建设我国第一个海洋技术转移中心、首家省级海洋产权交易机构等平台，以市场化手段推动科技成果转化。二是开展海洋经济创新发展示范，青岛等国家示范城市成功转化"863计划"（国家高技术研究发展计划）等科技成果200余项，培育了多个行业重点企业。三是积极提升涉海企业自主创新能力，推动山东全省涉海企业建设3家企业国家重点实验室等，特别是建立23个海洋领域产业技术创新战略联盟，构建起以企业为主体、市场为导向的海洋产业技术创新体系。四是推动科教优势与产业优势、企业创新优势紧密结合，促进多方共建中国海洋大学深圳研究院等，加快海洋产学研用一体化发展。浙江通过出台《浙江省科技兴海规划》等来引导海洋科技创新，推进海洋科技成果转化与产业化，同时实施一大批科技兴海项目，在海水淡化、海洋装备、海洋生物资源开发和海水养殖、海洋生态保护等领域突破关键技术，转化了一批高水平科技产品。日本不断完善海洋科技创新管理体制，建立由内阁总理官房审议室长和14个省厅官房长官组成的海洋科技开发推进联络会议，综合协调海洋科技事务。制定并完善以高新海洋技术为

先导的海洋科技发展规划，重点带动发展本国海洋支柱产业所需的高新技术。加大科研投入，特别是不断加大深海勘探、海水综合利用和海洋生物工程等研究力度，不断提升海洋产业科技竞争实力。韩国政府制定了发展海洋科技综合计划，通过海洋水产部下设众多海洋科研机构及与涉海高校的联合研发，使产学研密切配合，在海洋新能源、海洋生物、海洋新材料等领域取得丰硕研究成果。韩国政府在研判海洋生物工程技术与信息技术发展前景广阔的基础上，大力支持该领域研发，如从海藻中提炼元素制成抗衰老药物、从海洋生物提炼物质制造新材料等，积极培育高附加值海洋生物工业。

（五）打造高规格海洋产业园区，探索海洋企业聚力发展新模式

近年来，沿海海洋经济大省纷纷建设海洋高新园区，如青岛蓝色硅谷、天津塘沽海洋高新区、舟山群岛海洋产业集聚区等，打造海洋经济发展新动力和区域发展新增长极。山东紧紧围绕海洋科技新城发展定位，高规格谋划建设青岛蓝谷国家级海洋经济发展示范区，突出科技孵化和创新驱动功能，明确产业导向，始终围绕海洋战略性新兴产业招商选资，集中布局海洋科研和成果转化等重大平台项目，加快海洋高科技研发、高科技人才、高科技产业和服务机构集聚，目前已汇集了 22 家"国字号"科研平台、4500 名专家、中国第一的海洋试点国家实验室、"蛟龙"号母港国家深海基地、可燃冰开采试验基地等"国之重器"，通过集聚大幅提高自主创新、成果转化和产业培育能力，不断打造全国海洋科技创新高地。上海在自贸区临港片区高标准打造海洋硅谷——临港海洋高新园区，园区坚持以海洋经济为统领，以高质量重大项目为主攻方向，坚决不引入非海洋高新技术项目，重点培育处于海洋产业链高端，具有全局性、长远性和导向性作用的海洋新兴产业。目前，临港海洋高新园区已构建了以深渊科学研究、深海材料研发为主，以彩虹鱼、亨通海装等企业为代表的深海高科技产业生态圈，通过生态圈内企业和科研机构的深化合作，进一步吸引更多海洋高新技术企业的集聚，形成了"抱团、聚力"发展新模式。浙江按照"突出重点、体现重大、集聚发展"原则，建立包括 25 个海洋特色产业基地、5 个省级海洋经济试验区在内的

一批现代海洋产业功能区，根据建设现代海洋产业体系目标，有选择地引进重大项目，如临港先进制造业重点引进海洋工程装备、海洋勘探开发、汽车类项目，海洋服务业项目重点引进航运服务、港口物流、金融保险、滨海旅游、海洋信息和商贸服务等。

（六）加强港口资源整合，促进海洋经济一体化发展

2015 年以来，各省市开启港口资源整合大幕，积极谋划省级港口资源整合，以减少同质化竞争和更高效配置资源。山东分三步走整合全省港口资源，先由山东最大的企业山东高速集团整合滨州港、潍坊港和东营港，组建渤海湾港口集团；再以青岛港为平台整合威海港，形成青岛港、日照港、烟台港、渤海湾港四大集团的格局；最后组建了山东省港口集团，统筹全省港口发展。浙江对全省沿海港口资产实施一体化运作，组建省海港集团，将原宁波港和舟山港集团通过股权等值划转方式整合组建宁波舟山港集团，省海港集团与宁波舟山港集团实行"两块牌子、一套班子"运作，并对温州港、嘉兴港、台州港和义乌国际陆港等港口资产整合，不断推动海洋经济与港口建设统筹发展、沿海与内河的联动发展、港产城融合发展，推进形成"一体两翼多联"的沿海港口发展格局。经过整合发展，2018 年，宁波舟山港继续保持世界唯一超 10 亿吨超级大港地位，年集装箱吞吐量首次跻身世界港口前三名。

（七）创新金融政策，拓展多元融资渠道

针对海洋经济发展的独特金融需求，各省市积极进行金融创新，不断拓展全方位、宽领域、多形式的融资渠道。山东发起设立国内第一只专注海洋战略的国家级产业投资基金——蓝色经济区产业投资基金，规模达 300 亿元，投资的正海生物、步长制药等项目均已实现上市；成立全省首家民营涉海银行——威海蓝海银行，专门服务蓝色经济区的开发，引导和汇聚更多资金投向海洋产业；培育发展涉海要素交易市场，充分发挥其资源集聚和定价作用，推动烟台海洋产权交易中心开展以海域使用权交易为核心的海洋产权

交易业务，威海国际海洋商品交易中心积极打造全国重要的海洋商品定价中心。上海积极探索通过开发性金融破解涉海企业融资难的问题。上海市海洋局、国家开发银行上海市分行、临港地区管委会等 6 家单位共同签署了《关于共建上海海洋经济开发性金融综合服务平台的合作框架协议》。

（八）重视人才引进与培养，确保智力资源支撑

各省市积极将海洋人才引进与海洋人才培养相结合，不断完善海洋人才梯队建设。山东大力支持中国海洋大学、山东大学等重点高等院校和科研院所加强海洋专业学科建设，积极实施示范性职业技术院校建设计划，共有 50 多所院校设置了海洋专业。浙江自 2011 年起，开始建设海洋学科专业，旨在提升海洋类院校实力，充分发挥浙江大学、浙江海洋大学、宁波大学等高校涉海领域学科专业的"龙头"作用，强化海洋学科和专业建设，对接与支撑现代海洋产业体系的专业布局，大力培养一批支撑海洋经济发展的应用型人才。2012 年，出台《浙江省海洋科技人才发展规划（2012～2020年)》，目前仅舟山海洋科学城就已集聚国家和省高层次人才 13 人，拥有博士 124 名、硕士 334 名，创业人才 2600 余名，领军人才企业落地 45 家。2018 年，浙江再次出台《关于加强涉海涉港高端人才培养工作的意见》，力争用 3 年时间，培养约 100 名政治过硬、勇于担当，并且具有国际视野、战略眼光、创新思维、精通涉海涉港专业知识、把握国际港口行业前沿动态的涉海涉港产业领军人才。

四 着力构建广东现代海洋产业体系

海洋产业是海洋经济的核心，体现着一个国家或地区海洋经济的综合实力和发展水平。日本、韩国等海洋经济发达国家及上海、浙江、山东等国内省市都将构建现代海洋产业体系作为海洋经济发展的重中之重。广东加快海洋经济发展，改变"大而不强"的局面，必须紧紧抓住产业建设这一重点，着力强化政府主导作用，围绕传统海洋产业和战略性新兴产业两大主阵地，

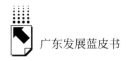
坚持强链补链延链，加快构建现代海洋产业体系，推动海洋经济高质量发展。

（一）从"强链"到"延链"，推动传统海洋产业转型升级

广东省作为海洋经济大省，长期以来形成了海洋渔业、海洋交通运输业、滨海旅游业等传统海洋产业。但由于产业技术水平较低以及资源密集型发展模式，广东省传统海洋产业处于产业链中低端，缺乏核心竞争力，"大而不强"问题尤为突出。目前，传统海洋产业仍然是广东省海洋经济的主要产业，推动传统海洋产业转型升级对全省保持海洋经济第一大省地位、提高海洋经济竞争力具有重要意义。建议以技术创新为重点，做好"强链"文章，大力提升传统海洋产业核心竞争力；以结构调整为重点，做好"延链"文章，推动产业集聚发展。重点围绕以下产业发展方向，推动传统海洋产业从粗放发展向集约发展转变、从要素驱动向技术驱动转变、从产业链低端向中高端转变。

1. 海洋渔业

广东省海洋渔业目前仍集中在低附加值环节，转型升级任务迫切，远洋渔业、海水健康养殖、海洋牧场、休闲渔业等是未来发展的主要方向。建议严格控制近海捕捞强度，积极发展中远洋捕捞业，优先推动与海上丝绸之路沿线国家特别是南太平洋和东盟国家的渔业合作，开辟新的作业海域和捕捞资源，培育以开发深海和远洋渔业资源为主的新型捕捞产业集群。推广深水抗风浪养殖网箱和深远海大型智能养殖，建设现代化海洋牧场，大力培育海水养殖特色品种，重点建设若干具有世界先进水平的海外水产育种、养殖、加工基地，培育具有较高市场占有率的知名品牌。布局建设集渔业生产、流通贸易、旅游观光、休闲娱乐、餐饮服务等于一体的现代渔港经济区，支持建设具备乡村旅游和休闲观光发展条件的乡村渔港，打造产业融合、特色明显的新型休闲渔业产业基地和创意渔业园区。

2. 海洋交通运输业

广东省海洋交通运输业仍主要集中在中低端环节，大部分沿海港口仍以

装卸、转运、仓储为主要功能，智慧物流、综合服务等发展不足，港口产业链有待延伸。建议紧紧抓住粤港澳大湾区世界级港口群建设重要契机，以产权为纽带，通过市场化方式推动珠三角港口资源适度整合，统筹发展粤东、粤西港口群，实现合作发展。完善港口快速集疏运网络，加快疏港铁路、高快速公路建设，实现主要港区与腹地的快速交通联系。加快推动智慧港口建设，建立港口运营和管理动态数据库，搭建信息服务平台，实现信息资源共享，提升港口服务能力。加快培育现代航运服务机构，吸引在国际航运服务领域具有一定话语权的航运组织分支机构落户珠三角。加快现代航运服务业发展，积极探索粤港澳在航运支付结算、融资、租赁、保险、法律服务等方面的服务规则对接。

3. 滨海旅游业

随着我国居民生活水平提高，旅游市场个性化、多元化需求日趋旺盛。统筹陆海旅游资源，提高有效供给水平，满足多层次的旅游消费需求，是加快滨海旅游业发展的重要方向。建议依托滨海旅游园区，积极发展海岛观光、度假养疗、海上运动、海底潜游等新兴旅游项目，着力构建集休闲度假、主题体验、海上娱乐和文化创意等于一体的多元化旅游产品体系。积极探索发展邮轮旅游，在广州、深圳、珠海等地开展邮轮旅游试点，推进深圳太子湾、广州南沙等国际邮轮母港基地及配套服务设施建设，开发优势互补的"一程多站式"精品旅游线路。加快滨海旅游项目建设，布局引进若干类似珠海长隆乐园的世界级主题公园，打造旅游景区、豪华酒店、购物中心、游乐场、休闲娱乐设施等高度集聚的旅游综合体。建设一批滨海民宿、渔村、自驾车营地等有特色、小而精的旅游项目。

4. 船舶制造业

世界船舶市场格局正处于加速调整阶段，发展高效节能的船舶运输体系，推进船舶制造从劳动密集型发展向技术密集型发展转变，实行智能制造，是船舶工业发展的重要方向。建议围绕船舶制造及相关工程装备产业，建设一批产学研用协同创新平台，组织优势企业联合申报国家高技术船舶项目，争取国家相关政策支持，力争攻克关键核心技术。优化提升船舶制造

业，加快散货船、油船、集装箱船等主流船型升级换代，提高大型液化天然气船、石油气船、超大型散货船及集装箱船建造能力，发展海洋科学考察船舶、游艇等新型船舶。推进军民融合发展，发挥好船舶和电子等军工领域传统优势以及湛江南海舰队驻地的优势，加快建设中电科华南电子产业园、电子五所总部等，推动军用船舶制造产业发展。

5. 临港产业

近年来，广东省已经引进了一批临港工业大项目，为临港产业发展打下了扎实基础。接下来，应依托大项目，建设大园区，引进配套上下游产业，延伸产业链条，打造世界级临港产业集群。建议集约发展临海石化工业，依托炼油和乙烯炼化一体化龙头项目，带动合成材料、石油化工、精细化工、有机化工、化学建材等快速发展，集群集约布局发展石化产业集群，建设高端临海石化产业基地。优化发展临海钢铁工业，积极推进全省钢铁企业联合重组，重点发展以汽车板、家电板为代表的高等级热轧、冷轧薄板等精品钢材以及造船用板、高强度结构板、高等级输油（气）管板和优质棒线材。促进临海能源产业多元发展，积极稳步推动核电发展，全面建设阳江核电基地，推进台山核电、汕尾陆丰核电、惠州核电等项目建设。加快发展天然气，推进沿海 LNG 接收站和海上天然气接收工程建设。

（二）从"补链"到"强链"，培育壮大海洋战略性新兴产业

海洋战略性新兴产业以环境友好、技术水平高、科技含量大为特征，处于海洋产业链高端，具有长远性、全局性和导向性作用。建设现代海洋产业体系，战略性新兴产业是关键。近年来，广东省加大力度支持海洋战略性新兴产业发展，但整体来看仍处于起步阶段，特别是研发环节仍然薄弱，直接制约广东省海洋新兴产业发展。建议从"补链"着手，积极培育新兴产业，完善上下游配套，补齐产业链；以"强链"为核心，大力支持海洋技术创新，推动研发等关键环节"招大引强"，建设国际一流的海洋技术创新体系，打造海洋战略性新兴产业集群。重点围绕以下产业发展方向，着力促进广东省海洋战略性新兴产业发展壮大。

1. 海洋电子信息业

电子信息产业是广东省的优势产业，具有良好的产业基础。加快海洋电子信息业发展，是推动广东省优势产业向海延伸、培育壮大海洋新兴产业的重要抓手，对拓展电子信息产业发展空间、巩固提升产业优势也具有重要意义。建议依托珠三角电子信息制造业的基础优势，以广州、深圳为核心，积极布局海洋电子信息科技创新平台和产业园区，支持大型电子信息企业向海洋领域拓展，推动海洋电子信息产业集群化发展。以海洋电子信息制造业带动服务业发展，聚焦海洋信息系统与信息技术服务，加快海洋信息体系建设，发展海上通信、海上定位、海洋大数据服务等。

2. 海洋工程装备制造业

海洋工程装备制造业是海洋产业价值链的核心环节，具有物资资源消耗少、知识技术密集、成长潜力大、综合效益好等特点，是海洋经济先导性产业，也是高端装备制造业的重要方向。建议以珠江西岸先进装备制造产业带作为海工装备产业发展主阵地，积极引进国内外知名海洋工程和配套设备生产企业，加快建设一批装备制造业公共服务平台，打造具备国际竞争力的装备制造集聚区。围绕海洋资源勘探、开采、储存、运输、服务等环节，在海洋油气储运装备、海上油气浮式生产装置、海上钻井装备、海洋工程辅助船等领域研发一批高端产品。围绕海上风电发展，重点发展大功率风电机组及关键零部件、风电场智能化开发与运维、海上风电场施工等领域的关键技术与设备。

3. 海洋生物医药业

海洋生物医药业具有附加值高、社会效益好、绿色高效等特点，是海洋战略性新兴产业的代表，也是生命科学与生物技术发展的前沿领域。合理开发药用生物资源，建立配套产业链、实现规模化产业集聚，是海洋生物医药产业发展的重要着力点。建议依托中国科学院南海海洋研究所，重点发展海洋生物活性物质筛选、海洋生物基因工程技术等，积极与美欧日韩等先进国家开展合作，加强海洋药物研发力度。支持海洋生物疫苗等高效海洋生物创新药物研制，推动开发高附加值的海洋生物功能制品和生物化工产品。积极

引进一批海洋生物医药科研机构及具备较强科研实力的龙头企业，打造一批高水平研发创新平台，培育一批具有竞争力的生物医药和生物食品企业。

4. 海洋新能源产业

以海上风电、可燃冰为代表的海洋新能源属于清洁能源，随着相关技术不断突破，发展空间十分广阔。广东省是沿海省份，也是对能源特别是清洁能源需求较大的经济大省，在发展海洋新能源方面拥有先天优势。建议以海上风电为重点，统筹海洋能源开发利用，支持海洋风能等关键技术研发，科学布局海上风电等海洋能发电利用项目。着力推动海上风电的科学有序开发，聚焦离岸漂浮式载体、海底电缆、独立发电装置、发电装置防腐蚀等关键技术，力争突破产业发展瓶颈。健全海上风电产业技术标准体系和用海标准，鼓励在深远海建设离岸式海上风电，推动配套储能建设。加强省部合作开发可燃冰项目，全力推进可燃冰试采和商业化开发，推动南沙可燃冰项目码头和广州海洋地质调查局深海科技创新中心基地建设，加快推进可燃冰产业化进程。

5. 海洋新材料产业

海洋新材料是海洋科技和产业发展的基础和支撑，属于"卡脖子"技术，具有十分重要的战略意义。目前，海洋新材料领域高端产品和核心技术仍依赖进口，直接制约了我国海洋科技和产业的发展。建议围绕造船、海上钻井平台、沿海风力发电等海工装备产业发展需求，聚焦腐蚀防护与防污技术，大力支持海洋防污涂料等关键技术研发，重点研制用于海洋开发的高分子材料、碳纤维材料、防腐新材料、无机功能材料。加快海中基础设施的水中粘接及加固体系的产业化生产，重点支持新型包覆防蚀材料和固体浮力材料产业化示范、高性能海中加固体系或胶剂研发等项目建设，形成从关键原材料制造、固体浮力材料生产加工到外形机加工等比较完整的产业链。推进海洋生物材料的基础研发，大力发展海洋生物纤维材料、新型功能纺织材料等，推进海洋提取物等高附加值精加工材料的产业化，推动海洋生物材料开发和海洋新材料技术产业示范基地等项目建设。

五　陆海统筹优化广东海洋经济空间布局

为破解广东省海洋经济发展区域不平衡、产业结构不合理、区域间协同发展和资源整合能力较弱等问题，必须树立全省"一盘棋"思想，立足各地自然资源条件和产业发展现状，充分发挥各地比较优势，抓住目前制约海洋产业布局的主要矛盾，按照主体功能区规划和海洋功能区划的要求，以海岸线为轴，以重大产业集聚区和重点园区为节点，统筹陆海空间功能布局，优化海洋产业结构，加快形成"一核两极"（珠三角海洋经济发展核心区，粤东、粤西海洋经济发展极）的海洋经济空间布局，形成优势互补、错位协同的合作机制，共同推动广东省海洋经济高质量发展。

（一）着力打造珠三角海洋经济发展核心区

按照《关于构建"一核一带一区"区域发展新格局促进全省区域协调发展的意见》，以功能区战略定位为引领，建议广东省加快建设珠三角海洋经济发展核心区，其范围包括广州、深圳、珠海、江门、东莞、中山、惠州7市海域及陆域，携手港澳共同推动粤港澳大湾区海洋经济发展，担负打造国际海洋科技创新中心、建设具有全球竞争力的现代海洋产业体系等重大历史使命。这一区域要以全面创新为引领，积极培育海洋战略性新兴产业，重点发展海洋高端制造业和现代服务业，打造一批规模和水平世界领先的现代海洋产业基地。同时要强化广州、深圳的龙头带动作用，加强城市之间的分工协作和优势互补，整合区域内产业、技术资源和基础设施，增强珠三角城市群的整体竞争力。广州、深圳都是海洋经济大市，海洋基础设施完善，海洋旅游业、海洋交通运输业、海洋油气业和海洋工程装备制造业等主要海洋产业不断发展壮大。但与青岛、上海、天津等城市相比，广州、深圳的科研平台少，研究力量薄弱，高层次人才缺乏，科研创新能力亟待增强，海洋战略性新兴产业发展支撑不足。如我国海洋科研机构"北重南轻"，仅青岛就集聚了超过全国1/3的海洋科研和教学机构、70%的涉海两院院士以及

50%的海洋高层次科研人才，上海、天津也拥有中船重工第七研究院、国家海洋信息中心等多家国家级海洋科研机构，而深圳的海洋科研机构建设才刚刚起步。为此，广州市作为国家中心城市和综合性门户城市，要大力发展海洋科研教育、海洋高端装备制造、海洋总部经济、国际航运和海洋专业服务业，扎实推进海洋经济强市建设。深圳市要围绕中国特色社会主义先行示范区和全球海洋中心城市建设，打造全国海洋经济发展的重要增长极和世界知名海洋科技创新高地，为海洋经济结构调整和产业升级探索"深圳方案"。

（二）培育发展粤东粤西海洋经济发展极

粤东粤西地区与粤港澳大湾区同属一个海域，海域面积、海岸线分别是大湾区的2.02倍和1.32倍，土地储备充足，土地开发强度分别为14.6%、11.8%，远低于大湾区30%以上的平均水平。要培育发展粤东粤西海洋经济发展极，推动粤东粤西沿海地区融入粤港澳大湾区建设，以汕头、湛江两个省域副中心城市为龙头，推动粤东粤西充分发挥海洋资源优势，培育壮大汕潮揭城市群和湛茂阳都市区，与珠三角沿海地区串珠成链，培育形成新的增长极，从根本上解决沿海经济发展不平衡的突出问题。

1. 粤东海洋经济发展极

粤东海洋经济发展极包括东部沿海的汕头、汕尾、潮州和揭阳4市海域及陆域，是广东海洋经济发展的一个重要增长极。这一区域要强化汕头市的龙头带动作用，科学推进集中集约用海，着力发展临海能源、临海现代工业、海洋交通运输、滨海旅游、水产品精深加工等产业，培育石化等重大产业集群，打造国家海洋产业集聚区和临港工业基地。汕头作为东南沿海重要港口城市、连接珠三角经济区和海峡西岸经济区的重要增长极，已基本形成了临海工业、海洋交通运输业、海洋渔业、滨海旅游业等主要海洋产业。但汕头市与其他粤东三市的海洋产业存在同构化、低水平重复建设、资源利用低效等问题。为此，汕头市要特别注重重大产业项目的布局，集中力量发展海洋生物医药、海上风电、海洋交通运输业等，建设区域性海洋中心城市、

"21世纪海上丝绸之路"战略支点、东南沿海现代化港口城市、粤东区域中心城市和商贸物流中心。

2. 粤西海洋经济发展极

粤西海洋经济发展极包括广东西部沿海的湛江、茂名和阳江3市海域及陆域，是广东海洋经济发展的另一个重要增长极。这一区域要发挥大西南出海口的优势，强化湛江的龙头带动作用，加快发展临海现代制造业、滨海旅游业、现代海洋渔业、临海能源等产业，培育重化产业集群，打造临港世界级重化工业基地和临港装备制造基地。湛江位于祖国大陆最南端，是粤、桂、琼通衢的战略要地和大西南出海的主要出海口，拥有得天独厚的区位优势、广袤丰富的海洋资源、四通八达的港口航运和纯净优良的海洋生态环境，初步形成石化、钢铁、造纸为重点的现代临港工业体系。但是，海洋经济整体发展水平较低，发展方式较为粗放，航运业欠发达，海洋科技相对落后，使湛江的海洋资源优势得不到充分发挥。如2018年湛江港货物吞吐量为30185万吨，比北部湾港多6199万吨，但标准集装箱吞吐量比北部湾港少3887.83万吨、189.06万TEU（标准集装箱）。为此，湛江市要充分利用入选全国海洋经济发展示范区的契机，创新临港石化和临港钢铁循环经济发展模式，探索产学研用一体化体制机制创新，持续推进重大产业项目建设，壮大产业规模，延伸产业链条，建设现代港口城市和重化产业基地。

六　加快广东海洋经济发展的若干政策建议

结合广东海洋经济发展现状，针对当前存在的主要问题，充分借鉴日本、韩国以及中国山东、上海、浙江等国内外海洋经济发展的经验做法，紧紧围绕建设海洋经济强省这一战略目标，以做优做强海洋产业为主要抓手，按照海洋规划先行、优化资源配置、突出创新发展、集中财力支持、引进先进项目、吸引高端人才、强化组织保障、争取中央支持等发展思路，提出以下对策建议。

（一）重视规划引领，制订完善各类海洋发展规划

结合制定广东省"十四五"规划，以全球视野、战略思维，做好顶层设计，完善广东省海洋强省建设规划体系。一是做好《广东海洋经济发展"十四五"规划》。以粤港澳大湾区和深圳中国特色社会主义先行示范区建设为契机，以推动传统海洋产业转型升级和培育壮大海洋战略性新兴产业为重点，明确"一核两级三圈三带"空间布局，统筹谋划好海洋经济这一广东高质量发展的战略要地。二是编制落实好《粤港澳大湾区海洋经济发展专项规划》。以海洋科技创新为重点，谋划推进粤港澳大湾区资源融合，建立互信互惠的大湾区海洋经济合作交流平台，构建互利共赢的大湾区现代海洋产业体系，共同拓展蓝色经济空间。三是修编《广东省沿海经济带综合发展规划（2017～2030年)》。根据《关于构建"一核一带一区"区域发展新格局促进全省区域协调发展的意见》，对《广东省沿海经济带综合发展规划（2017～2030年)》进行修编，明确各沿海城市或片区的海洋经济重点发展方向，形成互补互利、全面发展的良性态势。四是建立一套专项规划体系。借鉴国内外海洋经济发展的成功经验，推动海洋科技发展规划、海洋人才发展规划、海洋环境保护规划等专项规划的编制，并指导沿海经济带各地市加强海洋经济相关规划的编制，加强对海洋经济发展的引导、调控和指导。

（二）着力优化配置，整合相关发展资源

坚持政府引导、市场主导的原则，促进涉海类资源的集约高效利用。一是注重吸引国际资源。力争国际海洋组织在粤设立总部或分支机构，吸引国内外海洋科研院所、知名高校以及海洋高质量发展智库团队落户广东，组织海洋科研院所、高校等单位加强与企业的合作对接。筹划举办一批具有世界影响力的涉海会展、论坛等，如世界海洋科技大会、海洋发展大会、APEC蓝色经济论坛、国际海洋新兴产业论坛、国际海洋创新创业大赛、国际海洋科技展览会等，提升国际影响力，汇聚海洋经济发展资源。二是整合港口资

源。优化全省港口角色定位，促进港口资源整合，构建协同发展的新格局。建议以产权为纽带，坚持市场主导、政府引导，系统全面整合珠江两岸港口资源，推动区域港口从各自为政、无序竞争向协同发展转变，加强江海功能的优势互补、统筹协调和深度融合。加快建设智慧港口、绿色港口等基础设施升级改造，提高港航供给质量及综合航运服务保障水平，打造东南亚地区集装箱枢纽港以及航运中心。三是强化用地用海等资源保障。实施差别化土地资源配置政策，提高土地资源使用效率，将新增建设用地指标安排集中向沿海经济带倾斜。注重海洋资源的开发利用与陆地空间的结构调整、产业布局及基础设施建设相结合，推动陆海统筹发展。

（三）突出创新发展，开展核心技术联合攻关

坚持科技创新，为海洋产业发展持续注入动力和活力。一是注重高科技优势"平移"。充分发挥广东在电子信息、高端装备制造等产业领域的创新优势，推动产业向海洋经济领域延伸，促进传统海洋产业转型升级，发展壮大海洋战略性新兴产业。二是统筹重大创新平台建设。围绕国家大科学中心建设，加快推进综合性、全链条、高水平的省级实验室建设，推动各地市聚焦不同前沿技术领域加大核心技术的攻关力度，集中攻克一批"卡脖子"技术。加快广州、湛江国家海洋高技术产业基地建设，推进广州南沙新区科技兴海产业示范基地、珠海经济技术开发区海洋装备制造集聚区和深汕特别合作区海洋产业集聚区等现代海洋产业集聚区建设。三是推动校地产学研协同创新。依托珠三角国家科技成果转移转化示范区，推动各地市利用国内外一流高校资源，加快产学研合作，推动技术成果落地转化。抓住组建广东海洋大学和中国海洋大学深圳研究院的有利契机，大力推进国家高等院校、科研院所及中央企业到广东省开展高水平海洋科研，签订合作框架协议，建设海洋工程实验室、重点实验室、工程中心、技术中心和公共技术平台等一批创新载体，整合各类海洋技术研究力量，不断提升广东省海洋领域科技创新的吸引力、竞争力和影响力。四是构建粤港澳海洋技术协同创新体系。加快引进粤港澳大湾区海洋生物实验室，打造国家级南海开发深海研究技术研发

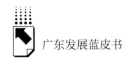

平台。五是建立海洋科技重大项目接续支持机制。探索构建海洋科技领域国家重大科技项目优先在广东省落地的接续支持机制，吸引一批海洋科技领域国家项目在广东省开展延展性研究和产业化应用，促使更多已结题、未转化的国家项目在广东省落地。积极推进南方海洋科学与工程省实验室建设，聚焦"南海边缘海形成演化及其资源环境效应"核心科学问题，着力解决大湾区岛屿和岛礁可持续开发、资源可持续利用、生态可持续发展等关键核心科技难题。

（四）加强金融支撑，集中财力支持重点项目

坚持多渠道增加海洋经济发展投入，加大财政资金对海洋产业的支撑力度。一是加强对海洋经济的投入和支持力度。借鉴浙江、山东等地经验，设立海洋产业发展基金（总规模300亿~500亿元），培育壮大海洋战略性新兴产业，扶持核心技术攻关、推动港口岸线资源整合及基础设施建设。二是大力发展海洋金融产业。加快海洋金融创新，支持深圳探索设立国际海洋开发银行，鼓励发展海洋特色贷款产品，加快培育海洋保险与再保险业务，逐步形成海洋金融多层次资本市场体系，提高海洋经济发展抵御风险金融保障能力。三是支持重大产业项目落地。加大资金扶持力度，加快深圳、湛江国家海洋经济创新示范项目实施。强化前瞻性和系统性谋划，加大公共基础设施、重大科技专项及全产业链培育的投入力度，全力支持湛江巴斯夫、揭阳中委炼化、惠州埃克森美浮、广州市南沙区天然气水合物基地和码头等一批重大项目的建设，确保项目按时开工、如期投产。

（五）深化国际合作，着力引进国内外先进项目

依托海洋扩大开放，深化国际交流合作。一是积极融入"一带一路"国家战略开发建设。将广州、深圳、珠海、汕头、湛江打造成为"一带一路"建设重要支点城市，加强与"一带一路"沿线国家和地区的合作交流，谋划高端海洋经济合作项目落地，打造国际经贸往来的风向标。二是筹划建设广东海洋经济高端发展区。参照浙江"蓝色硅谷"、青岛"蓝谷"、上海

临港海洋高新技术产业区做法，划定特定区域打造广东海洋经济高端发展区，汇集一批海洋国际高端科研院所、研发机构、科技平台。三是开拓国际投资渠道。创新海洋高科技产业园区建设模式，加强与国际高端企业合作，建设中外合作海洋高科技产业园区。

（六）重视平台建设，培养和吸引高端人才

高度重视科研院所、高校科研机构等平台机构建设，以项目聚才育才、以环境留才用才。一是加大与中国海洋大学的合作力度。促成与中国海洋大学战略合作关系，借助其丰富的院士资源（15位在职院士，培养了十多位院士），以及在海洋科学、水产科学与技术、海洋生物、海洋开发工程等专业技术团队的资源优势，为广东省建设海洋经济强省提供智力与创新资源保障。二是搭建联合科研平台。积极与国内外知名高校、科研院所开展合作交流，搭建高端涉海科研合作平台；依托中山大学、华南理工大学、深圳和湛江两所海洋大学及省内各家研究机构，打造海洋科技创新协同平台、技术转移平台、成果转化平台等，形成海洋产业科研平台体系。三是精准招引培养人才。依托涉海科研机构平台建设，建立海洋科技人才需求库，有针对性地引进院士等高层次人才，培养高层次专业人才。大力支持中山大学、华南理工大学、深圳与湛江两所海洋大学等高校和科研院所强化海洋学科与专业建设，大力培养一批与构建现代海洋产业体系相适应的人才。同时，出台人才住房、子女教育、薪酬等保障措施，确保能够留住各类人才。

（七）强化组织保障，高位推动各项工作

完善海洋经济发展体制机制，加强省委对海洋工作的领导和统筹协调，以海洋经济产业联盟、智库机构等为抓手，完善人、财、物配置。一是成立省级海洋经济发展委员会。参照山东海洋强省的做法，成立省海洋经济发展委员会，由省委、省政府主要领导挂帅任主任，分管省领导任副主任，省直有关部门负责人任成员，加强对全省海洋经济工作的综合协调。二是成立海洋经济产业联盟。推动海洋电子信息、海洋工程装备、海洋生物、海上风电

等海洋战略性新兴产业成立产业联盟，强化海洋经济发展产业链的培育壮大。三是建立国际高端海洋经济智库机构。吸引海洋经济发展方面的知名院士、专家来粤设立科研机构，积极搭建科企对接平台，促使院士团队与省内企业加强合作，科学谋划积极推进海洋经济发展。

（八）争取中央支持，加快推进海洋强省建设

紧紧围绕国家提出的海洋经济创新发展示范城市、海洋经济发展示范区建设的需要，积极争取国家政策支持，加快海洋强省建设步伐。一是争取广东省沿海城市列入国家海洋经济发展示范区范围。将粤港澳大湾区海洋经济发展战略提升到国家专项发展战略，作为国家级海洋经济发展示范区域。争取国家发展和改革委员会、自然资源部支持，将未列入国家海洋经济发展示范区的广州、珠海、汕头等沿海城市列入示范区。二是争取国家海洋科技支持。积极争取国家级海洋科学与技术重点实验室、中国科学院海洋科学研究机构、中央企业相关科研机构落户广东，集聚一批"国海系""中科系""大学系""央企系"等"国字号"海洋科技研发机构，形成基础研究、应用研究全面发展的良好局面，增强广东省海洋科研力量，筑牢海洋经济发展基础。三是积极引进国家重大战略项目落地。结合广东省海洋岸线资源丰富的特点，可考虑引进航空航天产业园，依托省内相关制造业基础，围绕航天相关产业，以商业发展、运营维护、回收利用为重点目标，集聚发展商业航天高新技术产业，拓展航天信息技术和卫星数据资源应用，打造千亿级航天产业集聚区，建设国际航天港。

民生社会事业篇

Livelihood and Society

B.18
广东推进治理现代化研究报告

李惠武 *

摘　要： 社会治理体系和治理能力现代化对经济社会顺利转型具有重
要的意义。本报告对广东省40年来经历的"思想大解放、社
会大变革、经济大发展、生活大提高"的黄金发展阶段进行
了回顾，提出了要在宪法的规范下加快地方法律法规体系的
制定和完善，以建立规范财政转移支付机制为重点全面深化
收入分配制度改革，以明确权力边界为重点大力培育发展社
会组织，大力推进"一核一带一区"战略项目落地落实形成
区域和城乡协调发展新格局，抓好粤东西北地区的城区扩容
提质形成对当地的带动辐射效应，积极实施就业优先政策健
全有利于更充分更高质量的就业促进机制，推进城乡住房、

---

* 李惠武，广东省人民政府发展研究中心一级巡视员，广东省政府参事，长期从事政策咨询研究。

医疗、教育体制改革，积极探索基层社区治理模式改革的对策建议。

关键词： 社会治理　中等收入　小康　治理现代化

党的第十九届中央委员会第四次全体会议，是在我国处在全面建成小康社会、开启社会主义现代化新征程的关键时刻召开的一次重要会议。会议通过了《中共中央关于坚持和完善中国特色社会主义制度推进国家治理体系和治理能力现代化若干重大问题的决定》（以下简称《决定》），并指出："实践证明，中国特色社会主义制度和国家治理体系是以马克思主义为指导、植根中国大地、具有深厚中华文化根基、深得人民拥护的制度和治理体系，是具有强大生命力和巨大优越性的制度和治理体系，是能够持续推动拥有近十四亿人口大国进步和发展、确保拥有五千多年文明史的中华民族实现'两个一百年'奋斗目标进而实现伟大复兴的制度和治理体系。"

改革开放40多年来，中国特色社会主义实践取得了巨大成就，经济快速发展，GDP年均增长速度达到9.2%，社会民生面貌发生了翻天覆地的变化。到2018年，我国的人均GDP达到65430元（按平均汇率计算，约为9960美元），按照世界银行3986美元~12055美元的标准，处在中等偏上收入水平，距离高收入国家（地区）约2540美元；根据2013~2018年我国人均GDP的增长情况（6629美元~9515美元），五年增加了2886美元，充分考虑到未来几年增速有所下降和人口继续增加的双重因素，我国也将有可能在"十四五"时期末（2025年）跨进高收入国家的门槛。一个14亿人口的国家，能总体上跨进高收入国家的行列，对人类社会来讲，是具有里程碑意义的，所以未来5~7年时间，既是完成习近平总书记提出深化小康水平的关键时期，也是跨越中等收入、迈进高收入门槛的关键阶段。习近平总书记在十九大报告中指出，现阶段我国的主要矛盾，已经转化为"人民日益增长的美好生活需要和不平衡不充分的发展之间的矛盾"。随着社会主要矛盾的转换，我国经济社会转型的特征也愈加明显（见图1）。

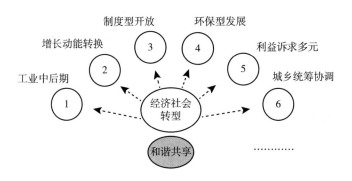

图1　我国经济社会转型的特征

必须清醒地看到，经历了40多年的改革开放，我们基本完成了从农业经济社会向工业经济社会、从计划经济社会向市场经济社会的转变。在此基础上一场新的深刻的社会变革正在来临——从传统社会向法治（现代）社会的转型已全面展开。而这种全面转型既有前两次转型不规范、不彻底带来的胶着，又未经过历史、文化、思想及制度设计的充分酝酿和足够准备。因此，转型期各个领域出现的各种不规范现象，放大了人们对社会矛盾的认知和感受，使人们对生存状况的耐受程度下降，也使社会矛盾集中凸显过程中的阵痛更加明显。习近平总书记一直强调，要树立强烈的问题导向意识和风险防范意识。

国际经验也表明，这一阶段正是经济和社会同时转型的关键时期，突出的特征是：经济增长速度回落、收入差距扩大、社会公共服务短缺、金融体系脆弱、过度城市化、就业困难、信仰缺失、社会动荡等；20世纪八九十年代以拉美国家为典型出现的情况，说明"中等收入陷阱"确实存在。而事实上，当今世界也只有30多个国家（地区）成功迈进现代化（亚洲只有日本、新加坡、韩国，以及中国台湾和香港地区）。

我国目前所处的"跨越阶段"，既要在2020年总体建成全面小康社会，实现"两个翻番"目标，又与世界金融危机深度演化、国际治理体系重构、

中国经济进入新常态、自身产业转型升级爬坡越坎等重叠，面临的挑战和压力不言而喻。

习近平总书记指出："对中国而言，'中等收入陷阱'过是肯定要过去的，关键是什么时候迈过去、迈过去以后如何更好向前发展。我们有信心在改革发展稳定之间，以及稳增长、调结构、惠民生、促改革之间找到平衡点，使中国经济行稳致远。"① 我国跨越中等收入阶段需要应对的挑战有很多，其中如何保证在经济稳增长的同时实现居民收入的同步提高，并解决好地区之间、城乡之间和不同社会阶层之间的收入平衡问题，实现共享发展，顺利对接基本现代化起步阶段，是必须高度重视的一大命题。所以，必须顺应时代潮流，适应我国社会主要矛盾变化，统揽伟大斗争、伟大工程、伟大事业、伟大梦想，不断满足人民对美好生活的新期待，战胜前进道路上的各种风险挑战，必须在坚持和完善中国特色社会主义制度、推进国家治理体系和治理能力现代化上下更大功夫。必须在党中央的坚强领导下，统筹推进"五位一体"总体布局、协调推进"四个全面"战略布局，推动中国特色社会主义制度更加完善、国家治理体系和治理能力现代化水平明显提高，为政治稳定、经济发展、文化繁荣、民族团结、人民幸福、社会安宁、国家统一提供有力保障。

70 年的实践产生了中国特色社会主义理论，这个理论体系又是对 40 年改革开放实践的总结，并经由实践所取得的巨大成功证明，中国特色社会主义的理论、制度、道路、文化有着无比的生命力和生机活力。新时代推进中国特色社会主义制度和国家治理体系现代化的方向，必须是建立起一个以马克思主义为指导、植根中国大地、具有深厚中华文化根基、深得人民拥护的制度和治理体系，是具有强大生命力和巨大优越性的制度和治理体系，是能够持续推动拥有十四亿人口大国进步和发展、确保拥有五千多年文明史的中华民族实现"两个一百年"奋斗目标进而实现伟大复兴的制度和治理体系。

---

① 引文出自 2014 年 11 月 10 日习近平总书记在北京出席亚太经合组织领导人同工商咨询理事会代表对话时的致辞。

　　广东作为改革开放先行区，40 多年来经历了一个"思想大解放、社会大变革、经济大发展、生活大提高"的黄金发展阶段。1979～2018 年，GDP 年均增长达 12.5%。40 年，广东的经济总量增长了 109.4 倍，财政收入增长了 289.4 倍。城镇居民人均收入增长 107.6 倍；农村居民人均收入增长 88.8 倍。2018 年广东的经济总量 9.73 万亿元，占全国约 1/10；进出口贸易总额 7.16 万亿元，占全国 1/4。广东已成为全国开放程度最高、城市规模最大、发展速度最快的一个区域，也是全球闻名的制造业基地、进出口贸易中心和国际采购中心。2019 年广东人均 GDP 达到 94898 元（约 13560 美元，总体上已迈进高收入阶段）。① 虽然总体上进入高收入地区，但区域之间、城乡之间的发展差异较大，并有继续扩大的势头，经济社会"双转型"阶段出现的各种新问题、新矛盾更为明显，对社会治理体系和治理能力现代化的要求也更加迫切。

　　习近平总书记在广东视察时要求，广东要结合自身实际改革和完善行政管理体制，为推动国家治理体系和治理能力现代化进行探索。要在构建共建共治共享的社会治理体系方面走在全国前列。而对于人民群众对美好生活新需要的诉求来讲，政府掌握的资源总是有限的，所以，只有加快构建社会治理体系和提升治理能力，才能为经济社会顺利转型创造良好的环境。

　　一是要在宪法的规范下加快地方法律法规体系的制定和完善，深化行政管理体制改革。坚持依法行政、公开透明，大力推进实质性的审批制度改革，坚决取消一批、下放一批、向社会转移一批行政审批事项。按照十九届四中全会《决定》的要求，坚持"法无授权不可为"的原则，切实改变政府权力"越位、缺位、错位"问题，充分发挥市场在资源配置中的决定性作用，遵循市场经济的一般规律，充分调动社会资源参与公共产品和公共服务的生产供给。要根治重审批轻监管的痼疾，切实杜绝行政权力对微观行为的干预，减少并规范行政机关的自由裁量权，努力实现以发展战略和发展规划为导向，增强宏观调控的针对性、协同性，促进各种经济成分市场主体共

---

　　① 资料来源于相关年份的《广东统计年鉴》。

同发展。要以加快建设法治社会为目标，统一市场规则，加强市场监管，大力营造公平公开的市场竞争环境，维护市场秩序。

二是要以建立规范财政转移支付机制为重点，全面深化收入分配制度改革。按照习近平总书记"底线思维"的要求，统筹全省财政及其他资源，坚决兜住民生底线，当好老百姓的"守夜人"，不断提高人民群众的安全感和幸福感，加快建设公平社会。要针对广东区域、城乡发展不平衡的实际，加快建立基本公共服务均等化的现代财政制度，切实协调好地区之间、城乡之间和各社会阶层之间的利益关系。要朝着促进社会公平正义的根本方向，要以增进人民福祉为出发点和落脚点，不断做大民生蛋糕，确保财政资源更多用于提高公共服务、社会保障、环境保护、公共安全等水平。要在打赢脱贫攻坚战、完成绝对贫困人口脱贫任务之后，把关注和重视城乡中相对贫困群体的基本生活保障问题摆上重要议事日程，着力解决好发展不平衡不充分问题，努力满足广大人民群众对美好生活的新需要。

三是要以明确权力边界为重点，大力培育发展社会组织。按照"放得开、用得好、管得住""适度自由、不踩底线"的原则，赋予社会组织相应的政治经济地位和协调权力，充分发挥其在完善社会服务、优化创新社会管理、增加公共产品、促进社会自治、激发社会活力、维护社会公平、建设社会诚信、实现社会和谐中的积极作用。努力建立政府调控机制与社会协调机制互联、政府行政功能与社会自治功能互补、政府管理力量与社会参与力量互动的多元化社会治理机制，加快建设和谐社会。

四是要大力推进"一核一带一区"战略项目落地落实，形成区域和城乡协调发展新格局。充分利用粤港澳大湾区和深圳先行示范区的双重政策叠加效应，形成"双区驱动"和"双核联动"，最大限度发挥核心区的带动辐射效果。针对广东区域和城乡发展不平衡的短板，统筹全省财力物力，加大对欠发达地区的帮扶力度，按照"路要进去、物要出来，钱要进去、人要出来"的思路，着力建设发展当地的社会民生事业，尤其是加快社保体系的全省统筹，保障落后地区社保水平有较快较大提高。在实施乡村振兴战略过程中，加快农村土地三权分置改革，推动承包权流转，鼓励更多企业和民间资源参与农村农业开发和发展。依托当地资源，支持其按照"一村一品、一镇一业、一县一园"的思路，发展农、林、茶、药、禽、果的产品深加工，创造就业岗位，增加居民收入。大力发展乡村生态游、民宿游、自驾游、亲子游、康养游等，建设大湾区后花园，吸引更多青年回归农村创业就业。

五是要继续抓好粤东西北地区的城区扩容提质，形成对当地的带动辐射效应。优化全省城市发展布局，形成超大城市、大城市、中小城市和乡镇有序分布、点线交错、良性互动的新格局。在粤东西北地区，以市区扩容提质为重点，大力完善基础设施和公共事业，形成新的辐射带动效应。着力培育城市化新增长点，选择交通区位较好的镇街，继续完善各项道路、水电、通信基础设施，培育发展适合地方实际的二、三产业，建设一批能为当地青年就近就业的中心镇和专业镇。加大对城乡贫困家庭和低收入群体儿女就读职业学校、参加技能培训的学费支持力度，提升其就业竞争力和工资收入水平。

六是要积极实施就业优先政策，健全有利于更充分更高质量的就业促进机制。针对劳动力大省的实际，促进经济增长与扩大就业良性循环。要坚决守住"制造业立省"的战略定性，增强制造业核心竞争力，优化制造业布局，加快制造业结构调整，培育壮大战略性新兴产业。通过着力发展实体经济，创造就业岗位，稳固财政税基。要建立健全终身职业技能培训制度，面向城乡全体劳动者，贯穿工作学习生涯，提供普惠性、均等化的职业技能培训，提高劳动者创业就业的成功性、稳定性和高效性。要通过建立多部门的协调机制，完善覆盖全民的社会保障系统，着力形成新时期中国特色社会主义新型的劳动关系，共同营造和谐稳定、积极向上的劳动环境。

七是要推进城乡住房、医疗、教育体制改革，加快建立更加公平合理的公共产品和公共服务分配制度。实行租售并举"两条腿走路"的住房保障政策，政府增加面向低收入群体和城市"夹心阶层"的解困房、廉租房，积极有效调控城市楼价。加大对公益性医疗体系的财政投入，鼓励社会资源参与医联体发展准公益性医疗服务、社区医疗服务和养老服务。整合各种政

府财源和社会资源，大力发展学前教育、高中阶段教育和职业技术教育。改革办学体制机制，着力提高教育各个阶段的办学质量，不断提升公民综合素养和文化水平。

八是要积极探索基层社区治理模式改革，着力维护社会和谐稳定。针对近年来快速发展变化的城镇化趋势和居民社区新形态，在城市居民新社区，要建立居委会、业委会和管委会分工合理、职能融合、协调有效的治理机制，既及时化解社区的日常问题和矛盾，又形成守望相助、邻里相帮的新型社区关系。要积极探索乡村治理过程中村民自治模式的改革，大力完善基层党组织建设，充分发挥好党支部（党小组）在乡村振兴、环境改造、产业发展、农民增收、矛盾化解、社会稳定等方面的核心作用。

进入新时代，我们离实现中国梦的目标越来越近，但中国梦也不是轻轻松松、敲锣打鼓就能实现的。人民的美好生活需要日益广泛，不仅对物质文化生活提出了更高要求，而且在民主、法治、公平、正义、安全、环境等方面的需求也日益增长，对公正及时化解人民内部矛盾也提出了更高要求。我们党只有不断完善好正确处理新形势下人民内部矛盾的有效机制，使人民群众由衷感到权益受到了公平对待、利益得到了有效维护、尊严情感得到了更多尊重，才能满足人民群众对美好生活的向往和期待。党的十九届四中全会对完善正确处理新形势下人民内部矛盾有效机制提出了新要求，这是从坚持和完善共建共治共享的社会治理制度、保持社会稳定、维护国家安全的战略高度提出的一项重大任务。广东负有"四个走在全国前列"的历史使命，要坚持以习近平新时代中国特色社会主义思想为指导，按照十九届四中全会的决策部署，努力做到"幼有善育、学有优教、劳有厚得、病有良医、老有颐养、住有宜居、弱有众扶"，进一步增强人民团结、增进社会共识、增加和谐因素，为实现中华民族伟大复兴的中国梦创造安定团结、和谐稳定的社会环境，为全国的发展提供更多广东经验、体现广东担当、做出广东贡献。

B.19
广东卫生健康事业2019年发展分析与2020年展望

广东省卫生健康委员会

摘　要： 本报告对广东省2019年的卫生健康工作情况进行了回顾，包括加强主题教育、重大项目攻坚克难、推广医改经验成果、重大疾病防控、卫生健康服务管理精细化、中医药在传承创新中高质量发展等方面，并对2020年卫生健康重点工作提出了推动全系统党的建设高质量发展、整体提升县域医疗卫生服务能力和政策合力、加快建立覆盖城乡的基本医疗卫生制度、着力打造全国医疗卫生事业创新发展新高地、持续优化生命全周期和健康全过程的卫生健康服务、坚决打赢新冠肺炎疫情防控战、推动中医药事业发展继续走在全国前列的对策建议。

关键词： 卫生健康　医疗体制改革　公共卫生服务　广东

一　2019年广东省卫生健康事业发展情况

2019年，在广东省委、省政府的坚强领导下，全省卫生健康系统着眼于构建"顶天立地"的医疗卫生大格局，坚持"抓党建、强基层、建高地、促医改、保健康"的工作思路，进一步完善政策体系，狠抓工作落实，全省卫生健康事业改革发展取得新进步。国务院医改办连续3年在广东召开新

闻发布会宣传推广广东省工作成效,连续 3 年在广东召开现场会推广医改经验;广东省连续 3 年在国家卫生健康大会上做经验介绍,连续 4 年上榜全国"推进医改,服务百姓健康"十大新举措。"公益一类财政供给,公益二类绩效管理"改革经验入选中组部《贯彻落实习近平新时代中国特色社会主义思想、在改革发展稳定中攻坚克难案例》丛书,并作为全国卫生健康领域唯一典型案例入选全国干部培训教材之《改善民生和创新社会治理》。

（一）强化思想政治建设,全面加强党的领导,"不忘初心、牢记使命"主题教育走深走实

广东全省卫生健康系统牢固树立"四个意识",坚定"四个自信",坚决做到"两个维护",深入学习贯彻习近平新时代中国特色社会主义思想,做到真学深学、常学常新。"不忘初心、牢记使命"主题教育高质量推进,规定动作扎实有效,自选动作出色出彩。迅速掀起学习宣传贯彻党的十九届四中全会精神热潮,开展新一轮"大学习、深调研、真落实"。坚持把政治建设摆在首位,落实意识形态工作责任制,模范机关创建活动持续深化,"四有"① 工程试点积极推进,行业党建质量不断提升。党风廉政建设持续加强,监督制约机制不断健全,全面从严治党责任逐级压实。

（二）瞄准高质量发展目标,重大项目攻坚克难,构建"顶天立地"医疗卫生大格局的蓝图基本绘就

健康广东行动启动实施,制定出台省《关于实施健康广东行动的意见》和《健康广东行动（2019～2030 年)》,谋划部署 18 个专项行动。30 家高水平医院全面启动建设。省政府与国家卫生健康委签署共建协议,拉开了在广东建设 1 个专科类国家医学中心、1 个综合类和 6 个专科类国家区域医疗中心的序幕。省市财政投入 50 余亿元布局建设三大优势专科类医学中心,

---

① "四有"即班子有作为、支部有办法、党建有品牌、单位有典型。

广州呼吸中心、肿瘤医学中心和肾脏病医学中心启动建设。基层医疗卫生服务能力建设全面推进。47家升级建设的中心卫生院全部开业，190家县级公立医院升级建设项目基本完成主体基建工程，其中73家投入使用，10000间村卫生站标准化建设顺利完成。推动54家三甲公立医院"组团式"紧密帮扶78家县级公立医院，"一院一策"提升服务能力。继续推进"千名大学生下基层（上岗退费）""县级医院专科特岗"等项目，1652名城市三甲医院专家下乡支医。省民生实事任务高标准完成，全年为欠发达地区培训培养全科医生6749名、产科医生1158名、儿科医生376名，订单定向招收医学生1474名，新招聘的100名升级建设中心卫生院首席专家到岗服务，8类智能健康监测设备配置到2277条贫困村。基层卫生人才建设三年行动"十大举措"扎实推进，增量提质方案制定出台，选才育才留才新机制积极探索。基本公共卫生服务均等化水平持续提升。全省基本公共卫生服务人均财政补助经费超70元。家庭医生签约服务做实做优，激励机制进一步完善。卫生健康行业脱贫攻坚扎实推进，"健康扶贫AI医生进乡村"全面上线，农村贫困人口大病专项救治精准实施，东西部扶贫工作任务扎实落实，医疗卫生援疆援藏工作获国家肯定。

（三）推广医改经验成果，夯实基层完善机制，卫生健康重点领域改革取得新突破

医改十年成效评估深入开展，"十大创新典型"公开发布，多项经验做法获国务院官网、央视央媒报道。基本医疗卫生制度加快建立。网格化布局建设城市医联体，7个珠三角地级市入选国家试点城市。分级诊疗制度建设成效显现，2019年全省县域内住院率预计超过84%。公立医院运行和补偿机制进一步完善，现代医院管理制度试点和党建示范点创建工作取得成效。全省医院党建工作指导委员会组建成立，党委领导下的院长负责制有力落实。公立医院薪酬制度改革加快推进，三级公立医院绩效考核全面开展。推动医保支付方式改革持续深化。基本药物制度综合试点启动实施，短缺药品保供稳价惠及患者，临床合理用药管理更加规范。着力塑造健康湾区，第二

届粤港澳大湾区卫生健康合作大会成功举办，三地合作共识和62个项目签约落地。深化"一带一路"卫生健康交流合作，医疗援外工作取得新成果。支持深圳先行示范区建设推出实招。健康信息化建设迈出更大步伐。委省共建"互联网＋医疗健康"示范省正式签约。省级全民健康信息综合管理平台启动建设，省级远程医疗平台全面上线，实现20个省级远程医疗中心、56家县级人民医院、1146家乡镇卫生院和2377个村卫生室信息连接。信息便民惠民"五个一"攻坚行动深入实施，87%的二级以上医院提供移动支付、一站式结算、候诊提醒等服务。

（四）预防为主共建共享，重大疾病防控有力，全生命周期的健康保障逐步形成

深化爱国卫生运动，抓早抓小重大疾病防控。登革热疫情得到有效控制。艾滋病、结核病防治攻坚克难，慢性病综合防控力度不断加大。贯彻《中华人民共和国疫苗管理法》（简称《疫苗管理法》），出台《进一步加强疫苗接种管理的行动方案》。地方病防治专项攻坚行动全面推进，钉螺疫情得到科学处置。做强抓实卫生应急工作，卫生健康副校长制度正式设立，卫生应急"五进"工作进一步落实，全国唯一的移动核辐射处置中心通过验收。重大传染病监测防控有力加强。全省各级疾控机构对所有法定报告传染病持续开展常态化监测，针对流感等重点传染病，形成"年部署、季调度、月评估、周分析和日监测"工作制度。从2019年12月下旬开始，对武汉发生的不明原因肺炎疫情始终保持高度警惕和敏感，未雨绸缪，提前做好应对工作。食品安全风险监测网络延伸至农村农场农田，疾病监测网络覆盖至1900多家医疗机构。省级国民营养健康指导委员会组建成立，省国民营养计划有序推进。妇幼健康服务能力持续提升。农村妇女"两癌"免费检查、消除艾滋病、梅毒、乙肝母婴传播项目扩面提质。成功创建7个国家级母婴安全优质服务单位、4个国家级妇幼健康重点专科。出生缺陷综合防治持续开展，人类辅助生殖技术管理风险全面排查。积极做好重点职业病危害预防监测治理，率先出台《进一步加强职业病防治工作的意见》等12项制度。

出生人口动态监测启动实施，打击采血鉴定胎儿性别行为和整治"两非"①专项行动深入开展。全省家庭奖励扶助人数累计超188万、金额超30亿元，特殊家庭"双岗"联系人、家庭医生签约服务和就医绿色通道实现全覆盖。制定促进3岁以下婴幼儿照护服务发展的实施意见，托育服务地方标准和体系逐步完善。老龄健康工作积极开展。省老龄委全体会议顺利召开，老龄工作机制和老年健康服务体系持续完善，医养结合、健康养老经验在全国推广。全省"银龄安康行动"参保人数超1200万人，参保金额居全国第一。

（五）树牢质量安全理念，持续强化治理能力，卫生健康服务管理精细化水平不断提升

医疗质量安全监管全面加强，医院感染事件得到有效处置。医疗质量巡查评估工作有效落实，器官移植、血液透析等高风险领域技术评估科学实施。单采血浆站监管全面加强，血液安全技术核查认真落实。实验室生物安全监管不断强化，省疾控中心获评"全国首家省级病原微生物菌（毒）种保藏中心"。改善医疗服务行动全面推进。三级医院和90%的二级医院开展预约诊疗，357家二级以上医院开设多学科诊疗门诊，141家"互联网＋护理服务"试点提供上门服务。新增胸痛中心51家、高级卒中中心27家、创伤中心11家。行风建设扎实推进，扫黑除恶专项斗争深入开展，医疗乱象专项整治行动取得良好成效。医学科研和教育管理进一步加强。医学科技重大项目积极实施，12家医院通过省临床医学研究中心认定。新招收规范化培训住院医师5077名，全省在培人数超1.4万人。医学伦理宣讲活动有序组织，科研伦理监管与诚信建设逐步加强。监督执法力度进一步加大，查处案件质量数量均在全国领先。"双随机"监督抽查工作量保持全国第一。落实"数字政府"改革部署，9项政务服务指标达到目标要求。放管服改革持续深化，省本级行政权力事项压减63项，比例超过2/3。依法行政工作持续推进，政务公开和行政复议、应诉有序开展。财政资金预算执行管理更加

---

① "两非"指非医学需要的胎儿性别鉴定和非医学需要的选择性别的人工终止妊娠。

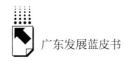

规范，省级年度预算支出执行进度超过 90%。全年落实中央和省级财政专项资金 189.31 亿元，资金绩效监督持续强化。卫生健康宣传有声有色。全年举行新闻发布活动 80 余次，"粤医奋进 70 年"等宣传活动反响热烈。安全生产责任依法落实，全系统没有发生重大安全生产事故和重大信访事件，为新中国成立 70 周年营造了安全稳定的环境。

（六）抢抓机遇谋划部署，推动中医药在传承创新中高质量发展

在全省上下掀起学习宣传贯彻习近平总书记对中医药工作重要指示精神的热潮。中医药管理服务体系继续完善。新建汕尾市中医院项目落地，1715家基层中医馆完成建设。中医药创新能力显著提升。5 个国家中医药传承创新工程重点建设项目、19 个国家区域中医（专科）诊疗中心项目落户，数量均居全国第一。新建 40 个省名中医传承工作室。中医药科研人才培育成果涌现。5 项中医药领域科技成果获 2018 年度省科学技术奖，其中一等奖 2 项。4 位专家获"全国中医药杰出贡献奖"，数量居全国前列。中医药文化建设保持领先。新增 3 个国家级中医药文化宣传教育基地，总数达到 11 个，蝉联全国第一。推动大湾区中医药融合发展取得新成绩。第二届粤港澳大湾区中医药传承发展大会成功举办，14 项合作协议签约落地。粤澳合作中医药科技产业园建设进展顺利，国家级中医药产品海外注册公共服务平台产出成果，6 款中药产品在葡语国家注册上市，中医药"走出去"迈出更坚实步伐。

当前，广东省卫生健康事业改革发展还存在不少问题和困难。区域城乡发展不平衡不协调问题依然存在，破解"看病难、看病贵"问题的实际效果与群众期盼仍有不小距离，引导优质医疗卫生资源向基层下沉的体制机制仍待健全。重大疾病风险和健康影响因素威胁长期存在，提高人民健康水平的制度保障有待进一步强化。迫切需要进一步采取有力措施，认真加以解决。

二 2020 年广东省卫生健康事业发展展望

2020 年卫生健康工作的总体要求是：以习近平新时代中国特色社会主

义思想为指导，全面贯彻党的十九大和十九届二中、三中、四中全会精神，全面贯彻落实习近平总书记对广东重要讲话和重要指示批示精神，坚决落实中央和省委决策部署，坚守为人民健康服务的初心使命，坚定"抓党建、强基层、建高地、促医改、保健康"的工作思路，坚持关注生命全周期、健康全过程，推动卫生健康工作从以治病为中心转向以人民健康为中心，着力在创新机制、狠抓落实、提升人民群众就医获得感上下功夫，持续完善"顶天立地"医疗卫生大格局，基本建立覆盖城乡居民的基本医疗卫生制度，努力为广东实现"四个走在全国前列"、当好"两个重要窗口"目标打下更加坚实的健康基础。

（一）坚持党对卫生健康事业的全面领导，推动全系统党的建设高质量发展

坚定发挥好政治优势，用实际行动增强"四个意识"，坚定"四个自信"，坚决做到"两个维护"，把党的领导落实到工作各方面全过程。持续加强全卫生健康系统党的政治建设，把"不忘初心、牢记使命"作为加强党的建设永恒课题和全体党员干部终身课题，形成学习教育、调查研究、检视问题、整改落实长效机制。落实广东省加强党的基层组织建设三年行动计划，开展"四大攻坚行动"，推动机关党建和业务工作深度融合、相互促进。持续推进全面从严治党，打好作风建设持久战，加强廉政纪律教育，持续筑牢拒腐防变的思想防线。

（二）坚持以基层为重点，整体提升县域医疗卫生服务能力和政策合力

全面推进升级建设项目形成服务能力，升级建设的47家中心卫生院尽快达到中等县级综合医院技术水平。190家县级公立医院升级建设项目年底前基本完成。全面推进紧密型县域医共体建设，2020年底前医共体所在县（市）的县域内住院率达到85%左右。全面加强基层卫生人才队伍建设，继续推进专项公开招聘、全科医生培养、全科医生特岗、医学生订单定向培

养、医科毕业生下基层等工作。深入推进人才"组团式"帮扶，切实提升受援医院服务能力。继续深化基层卫生机构职称人事薪酬制度改革，拓展基层卫生人才职业发展前景。继续推进基层医疗卫生机构"可不实行收支两条线""公益一类财政供给、公益二类绩效管理"、人员"统招统管统用"、绩效工资"两自主一倾斜""六个允许"、赋予院长"用人权、做事权、分配权"等政策落地。继续抓好医疗卫生援疆援藏、东西部扶贫协作等任务，全力打赢脱贫攻坚战。做优做实家庭医生签约服务和基本公共卫生服务。

（三）坚持精准施策全面发力，加快建立覆盖城乡的基本医疗卫生制度

落实国家重点推进的三项改革：一是改革完善疾控体系，健全完善公卫医师制度、薪酬改革、职称评价等方面的改革，建立保障与激励相结合的运行新机制；二是规范医联体建设和管理，按照"规划发展、分区包段、防治结合、行业监管"的原则，加快推进城市医疗集团和县域医共体网格化布局建设，推动医联体内落实医保"总额预付、结余留用、合理超支分担"的激励约束机制，引导医联体内形成顺畅的转诊机制；三是推进公立医院高质量发展，实现"三转变、三提高"。抓实两项重点工作：一是优化医疗资源配置，落实国家医学中心、区域医疗中心和医联体建设，以及临床重点专科建设、县医院能力提升"千县工程"、社区医院建设等任务，服务"国家有高峰、区域有高原、地市有高地、县域有中心、以医联体为贯穿纽带"格局；二是认真履行医改办职责，以药品集中采购和使用为突破口进一步深化"三医联动"改革，抓好带量采购、用药管理、医保支付方式改革等政策的落实落地，推进国家基本药物制度综合试点工作，加快建设"互联网＋医疗健康"示范省。

（四）坚持"双区驱动"制度先行，着力打造全国医疗卫生事业创新发展新高地

推动粤港澳三地卫生健康领域规则有效衔接、优质资源要素流动，拓展区域内多学科联盟、人才培训、科研成果转化合作。支持深圳率先探索建立

以健康为中心的优质医疗卫生服务体系、以促进健康为导向的创新型医保制度。紧扣实施"四个出新出彩"行动，广州依托高水平技术人才基础，推动城市公立医院改革出新出彩、基层卫生综合改革动力释放，助力实现老城市新活力。8家承担委省共建任务的医院，要与其余22家高水平医院组建联合体，聚力在高素质人才培育、高层次平台建设、高水平成果产出上有新突破。粤东西北地区9家高水平医院，要结合实际建设一流学科群。继续推进广州呼吸中心、肾脏病医学中心和肿瘤医学中心建设，实施三级公立医院激励方案和《促进粤东西北地区市级医疗服务能力提升计划（2020～2022年)》，加快形成国家级和省级医学中心、区域医疗中心、重点专科（学科）梯次发展格局。深入开展改善医疗服务行动，持续改进群众就医体验。严格管理医院运营，督促指导各级公立医院完善内部管理制度。严格监管行业行风，持续开展大型医院巡查。

（五）坚持预防为主防治结合，持续优化生命全周期和健康全过程的卫生健康服务

实施健康广东行动，全面推开18项专项行动。做好省"十三五"卫生健康规划终期评估，科学编制"十四五"卫生健康事业发展规划、医疗卫生服务体系规划。落实《疫苗管理法》《进一步加强疫苗接种管理行动方案》，推进预防接种信息系统、疫苗储存运输冷链和预防接种单位建设。始终保持高度警惕，抓小抓常重点传染病防控，严防中东呼吸综合征等输入性疫情。推进艾滋病、地方病、结核病防治攻坚。持续抓好原血吸虫病流行区查螺监测和钉螺疫情处置。完善癌症、高血压、糖尿病等慢性病综合防治体系。完善突发公共卫生事件和紧急医学救援预案、机制、方案和操作流程。建设紧急医学救援区域分中心、核辐射紧急医学救援基地和省级中毒急救分中心。深入开展爱国卫生运动。积极应对人口老龄化，认真做好老年优待工作，维护老年人合法权益。强化人口动态监测，开展全面两孩政策实施综合评估，落实家庭发展奖励扶助政策，构建支持家庭生育的制度体系和社会环境。宣传贯彻《基本医疗卫生与健康促进法》，推动重点领域立法，完善卫生健康法治体系。

（六）坚持外防输入内防扩散、全力救治患者，坚决打赢新冠肺炎疫情防控战

认真贯彻落实习近平总书记关于新冠肺炎疫情防控的重要讲话和指示精神，始终把人民群众生命安全和身体健康放在第一位，在广东省委、省政府的坚强领导下，按照"坚定信心、同舟共济、科学防治、精准施策"总要求，坚持"早发现、早报告、早隔离、早治疗"，坚持"集中患者、集中专家、集中资源、集中救治"，联动相关单位和部门，以超常之举、举全省之力防输入、防扩散、防输出、治患者，着力提高收治率、治愈率，降低感染率、病亡率，坚决把疫情扩散蔓延势头遏制住。坚持全国一盘棋，积极响应党中央号召，持续派出医务人员和工作人员驰援湖北，同心协力，众志成城，共抗疫情。坚持尊重规律，公开透明，依法防控，科学防治，以坚定的信心、顽强的意志、果断的行动，落实落细各项防控举措，坚决打赢疫情防控的人民战争、总体战、阻击战。

（七）坚持传承精华守正创新，推动中医药事业发展继续走在全国前列

筹备召开全省中医药大会，出台广东省促进中医药传承创新发展的实施意见、中医药传承创新发展行动方案（2020～2022年）和建设国家中医药综合改革示范区实施方案，与国家中医药管理局共同推进广东中医药高质量发展战略合作。推进粤澳合作中医药科技产业园、国家中医临床研究基地、粤港澳中医药创新中心和省中医药科技协同创新中心建设。推动中国中医科学院广东分院建设。加快国家中医药传承创新工程、国家区域中医（专科）诊疗中心建设。启动葛洪中医药人才计划，推进中医药传承与创新"百千万"人才工程（岐黄工程），提升中医药人才培养能力。充分挖掘中医药的健康文化、经济、人文等多元价值和功能，推动中医药进社区、进家庭、进课堂。彰显中医药优势，将中医药深度融入深化医改和健康广东行动，为中医药事业高质量发展贡献广东力量。

B.20
面向"十四五"的广东高等教育发展研究[*]

王志强　贾秀险　田　锋　廖诗艳[**]

摘　要： "十三五"以来，广东高等教育在办学规模、质量、开放合作和改革发展等领域均取得了较大进展，但仍存在高等教育毛入学率不够高、布局结构有待优化、部分地方高校办学定位模糊、高等教育内涵建设需要加强、大湾区合作广度和深度有待拓展等诸多问题。面向"十四五"，广东需要厘清总体目标和分段分类目标，重点加快优化高等学校布局结构，扎实推进高等教育"冲一流、补短板、强特色"，着力打造国际一流产学研结合创新高地，推动粤港澳大湾区高等教育合作发展，全面提升高等教育国际交流合作水平。

关键词： "十四五"　高等教育　教育改革　广东

---

[*] 本文系广东省哲学社会科学规划 2019 年度一般项目"粤港澳大湾区国际高等教育示范区建设标准研究"（批准号：GD19CJY07）阶段性成果；全国教育科学"十三五"规划 2018 年课题（编号：EIA180494）阶段成果。本文资料来源于《广东省 2019/2020 学年教育事业统计简报》。

[**] 王志强，广东省教育研究院高等教育研究室副研究员；贾秀险，广东省教育研究院高等教育研究室副研究员；田锋，广东省教育研究院高等教育研究室副研究员；廖诗艳，肇庆学院教学评估与督导中心助理研究员。

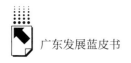

一 "十三五"时期广东高等教育发展基本状况

（一）办学规模稳步增长

"十三五"以来，广东省高等教育办学规模稳步增长，结构进一步优化。全省普通高校从2015年的143所，增加到2019年的154所。2019年，全省高等教育毛入学率达到48.80%，比2015年的33.02%提高了15.78个百分点（见图1）。

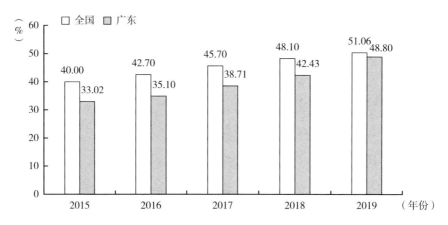

图1　2015～2019年广东与全国高等教育毛入学率对比

普通高校学生规模有所增长。与2015年相比，2019年普通本专科和研究生招生数分别增长14.00%和51.96%，在校生数分别增长10.65%和44.93%，毕业生数分别增长9.48%和15.30%（见表1）。

表1　2015～2019年广东省普通高等学校规模概况

单位：人，%

年份	招生数		在校生数		毕业生数	
	研究生	普通本专科	研究生	普通本专科	研究生	普通本专科
2015	30650	561456	89404	1856355	26174	476901
2016	32393	549822	92875	1892878	27155	489397

年份		招生数		在校生数		毕业生数	
		研究生	普通本专科	研究生	普通本专科	研究生	普通本专科
2017		38832	570775	102912	1925775	27148	511222
2018		42515	589034	114830	1963170	28878	523936
2019		46576	640056	129572	2053977	30178	522094
2019 年比 2015 年增长情况	增长数	15926	78600	40168	197622	4004	45193
	增长率	51.96	14.00	44.93	10.65	15.30	9.48

资料来源：根据《广东省 2019/2020 学年教育事业统计简报》整理而成。

普通高校教师队伍规模扩大，教职工数有较大增幅，教师职称结构进一步优化（见表 2）。

表 2　2015～2019 年广东省普通高等学校教师情况

单位：人，%

年份		2015	2016	2017	2018	2019	2019 比 2015 年增长情况	
							增加数	增长率
教师数	教职工数	139888	142864	148059	153126	160253	20365	14.56
	专任教师	98897	101160	104381	108222	114700	15803	15.98
专任教师职称情况	正高级	12267	13004	13982	14805	15537	3270	26.66
	副高级	25824	26710	28373	29423	31203	5379	20.83
	副高级及以上	38091	39714	42355	44228	46740	8649	22.71

资料来源：根据《广东省 2019/2020 学年教育事业统计简报》整理而成。

（二）办学质量显著提升

高校学科发展水平明显提升，学科结构不断优化。2019 年初，广东全省有一级学科博士学位授权点 187 个、一级学科硕士学位授权点 438 个，分别比 2015 年增长 34.53% 和 24.43%。高水平学科不断涌现，全省共有 11 所高校入选四大国际排行榜；331 个学科入选上海软科公布的中国最好学科排名，居全国第 4 位，比 2017 年增加 41 个；15 所高校共 69 个学科入围基本科学指标数据库（ESI）全球排名前 1%，比 2015 年增加 34 个，增长 97%。2016～2019 年，

全省新增理工类本科专业 181 个。截至 2019 年底，全省理工类（仅含理学、工学）本专科在校生占比达到 36.91%，比 2015 年提高 3.01 个百分点。

本科教学改革成果显著。2018 年（最新一届）获得国家级高等教育教学成果奖 31 项，较上一届增加 13 项，获奖总数居全国第五位，其中地方高校获奖总数居全国第二，为历史最好成绩。

高校科学研究能力得到提升。截至 2019 年初，全省有国家重点实验室 12 个，国家工程研究中心 10 个，国家工程技术研究中心 9 个，省部级重点创新平台 400 多个。2016～2018 年，全省高校共获得国家科学技术"三大奖" 30 项，获得授权专利 29063 项，累计签订技术转让合同 1455 项，累计技术转让收入 47707.1 万元。2019 年，广东共有 10 所高校 18 项成果获 2019 年度国家科学技术奖，其中广东高校以第一完成单位获奖 8 项，再创新高。

（三）开放合作办学持续深入

实施对外合作与交流提升计划，充分利用各类友好资源，加强与欧美国家、亚洲国家、大洋洲国家的教育交流与合作，重点推进与"一带一路"沿线国家、太平洋岛国、东南亚的教育交流。打造"留学广东"品牌，推动来粤留学工作内涵式发展，留学生规模不断扩大。办好北京师范大学–香港浸会大学联合国际学院、香港中文大学（深圳）、广东以色列理工学院、深圳北理莫斯科大学等合作大学，推动香港科技大学（广州）建设，具有法人资格的中外合作办学机构数全国第一。支持一批不具有法人资格的中外合作办学机构建设。

以粤港澳大湾区建设为契机，深化粤港澳教育交流合作，推进港澳高校来粤合作办学的 8 个项目和 4 个高等教育合作联盟建设。2019 年 12 月，首批 10 家粤港澳联合实验室正式授牌，实验室分别布局在人工智能、新一代信息技术、新材料、先进制造、生物医药、环境科技等重点领域，建设期为 3 年。开展粤港澳资历框架合作，推动粤港澳大湾区人才有序流动。目前，广东省可招收港澳台学生的高校为 54 所，比"十二五"期间增加 14 所；其中考试招收香港学生的高校 22 所（比"十二五"期间增加 2 所），招收澳门保送生的高校 19 所。2018～2019 学年,在广东省高校就读的港澳台学生 10643 人,教育部共给予 3597 个港澳台侨学生奖学金名额。

(四)改革发展不断深化

1. 坚持党的领导,全面落实立德树人的根本任务

完善党委领导下的校长负责制,遵循《广东省普通高等学校党委工作规定》《广东省普通高等学校校长工作规定》《广东省普通高等学校教职工代表大会工作规定》和《关于进一步规范和完善普通高等学校党委会议、校长办公会议制度的实施办法》,从运作机制上确保党委领导下的校长负责制的落实。夯实高校基层党建工作,坚定不移地推进高校全面从严治党。印发《全省高校贯彻落实〈广东省加强党的基层组织建设三年行动计划(2018～2020 年)〉实施方案》《广东省属民办高校党委书记和督导专员选派管理暂行规定》《高校党建工作考核评价指标体系》等文件,推动夯实高校党建工作基础。

2. 坚持教学中心地位,全面提高人才培养质量

实施"强师工程",印发《中共广东省委 广东省人民政府关于全面深化新时代教师队伍建设改革的实施意见》(粤发〔2018〕25 号),全面部署教师队伍建设。印发《广东省教育厅关于加强本科高校在线开放课程建设和应用的意见》,实施广东在线开放课程建设"千百计划",组建粤港澳大湾区高校在线开放课程联盟,推动大湾区优质课程资源共建共享及学分互认。推动应用型、技能型人才培养,深化校政行企协同育人和创新创业教育改革,搭建校政行企、产学研用合作和交流平台,遴选 213 个培育校企合作协同育人项目。完善社会监督和分类评价的教学质量保障体系。印发《广东省人民政府关于强化实施创新驱动发展战略进一步推进大众创业万众创新深入发展的实施意见》(粤府〔2018〕74 号),实施高校毕业生就业创业促进计划,全面提升高校毕业生的就业创业能力,进一步增强创新创业活力。推动研究生培养机制改革,调整和优化研究生教育结构,构建政产学研深度融合的人才培养体系,引导高校研究生培养特色化发展。

3. 开展高等教育分类体系建设，优化高等教育布局结构，推动高校分类特色发展

根据《广东省教育厅关于印发〈广东省"十三五"高等教育"创新强校工程"总体方案（试行）〉的通知》（粤教高〔2016〕6号）、《中共广东省委　广东省人民政府关于建设高水平大学的意见》（粤发〔2015〕3号）、《中共广东省委　广东省人民政府关于加强理工科大学和理工类学科建设服务创新发展的意见》（粤发〔2016〕1号）、《教育部　国家发展改革委　财政部关于引导部分地方普通本科高校向应用型转变的指导意见》（教发〔2015〕7号）、《高等教育"冲一流、补短板、强特色"提升计划实施方案的通知》（粤教科函〔2018〕119号）、《广东省教育厅关于推进本科高校产业学院建设的若干意见》（粤教高函〔2018〕102号）等文件精神，加快推进"双高"、应用型转型、"新师范""新工科"以及产业学院等建设，统筹推进世界一流大学和一流学科建设，实施"冲补强计划"，推动全省公办本科高校分类特色发展，在各自领域争创一流。目前在建7所高水平理工科大学、14所应用型转型试点高校，"冲一流"组团高校18所（整体建设高校10所、重点学科建设高校8所），遴选省内首批10所示范性产业学院。

4. 加强管理体制改革，健全保障机制

印发《关于广东省深化高等教育领域简政放权放管结合优化服务改革的实施意见》（粤教人〔2017〕5号），深化高等教育领域"放管服"改革，进一步扩大高校办学自主权。印发《广东省人民政府办公厅关于深化高校科研体制机制改革的实施意见》（粤府办〔2015〕58号），提出高校科研创新改革的9条具体措施，有效激发了高校科研人员的创新活力。健全保证财政教育投入持续稳定增长的长效机制，坚持把教育放在优先位置，妥善处理预算安排方式与优先发展教育的关系，逐年加大对教学的投入，以"冲补强"计划、"创新强校"工程、提高生均拨款系数等为抓手，统筹双一流建设、双高建设、创新强校建设等重点工作。加大省级财政教育转移支付力度，明确并落实省、市财政"两个只增不减"支出责任。

二 "十三五"时期广东高等教育发展存在的主要问题

(一)高校数量不足,高等教育毛入学率不够高

2019 年全国高等教育毛入学率 51.6%[①],广东为 48.8%。根据国家统计局数据,2018 年国内生产总值为 919281.1 亿元,人口 139538 万,高校2663 所,每千亿 GDP 和每百万人口拥有的高校数分别为 2.90 所和 1.91 所,校均规模 10631 人(本科 13633 人,高职高专 7995 人)。广东省 GDP 为97277.77 亿元,常住人口 11346 万,高校 153 所,每千亿 GDP 和每百万人口拥有的高校数分别为 1.57 所和 1.35 所,校均规模 12916 人(本科 17708人,高职高专 9430 人),广东不仅高校数量少,而且校均规模大。2019 年 1月 5 日,省政府常务会议审议通过《广东省进一步提高高等教育毛入学率的实施方案(2019~2021 年)》,该方案明确广东省高等教育毛入学率到2020 年提高到 50% 左右(全国平均水平),实现这一目标需要充分调动所有积极因素并采取强有力措施,尤其是要全面打通中职—高职—本科升学通道。

(二)区域发展不平衡,布局结构有待优化

在空间布局上,广州地区高校 82 所,占全省总量的 53.59%,其中本科院校 36 所,高职院校 46 所,5 所"双一流"大学均在广州。广州地区每百万人口、每千亿 GDP 拥有高校数分别为 5.50 所和 3.58 所,深圳、佛山、东莞等分别为 0.56 所、0.31 所、0.91 所、0.74 所、0.84 所、0.92 所,高等学校与区域经济社会发展水平不够适应。同时,区域发展不均衡还表现为粤东西北地区高等教育落后,主要表现为:学校内部管理体制机制动力不够;办学特色不鲜明,学科专业与珠三角地区高校同质化严重,与经济社会

---

① 《2019 年全国教育事业发展统计公报》,http://www.gov.cn/xinwen/2020 - 05/20/content_
5513250.htm。

发展结合不紧密；主动服务地方意识和能力不强，主动服务意识不强，学生在本地就业比例不高，大部分学生到珠三角就业；科技创新和服务能力不足；缺乏科研创新平台；人才队伍数量不足，高水平人才缺乏；政府对粤东西北高校发展的政策倾斜不够、经费支持不足。在层次布局上，广东目前的经济总量和人口分别占全国的 10.80% 和 8.13%，一流大学和一流学科建设高校仅占 4.76% 和 3.16%，不仅与北京（31%）、江苏（15%）、上海（13%）等相去甚远，而且与四川（8%）、湖北（7%）、陕西（7%）等相比也有不小差距。2018 年全国在学博士生 38.95 万人、硕士生 234.17 万人，每亿元 GDP 所拥有的博士生和硕士生数分别为 0.423 人和 2.547 人。广东在学博士生、硕士生分别为 1.70 万人、11.03 万人，每亿元 GDP 所拥有的博士生和硕士生数分别为 0.175 人和 1.134 人。与此相应的还有高水平学科、平台数较少，院士、长江学者等高层次人才数量较少，高等教育总体发展水平难以支撑全国经济大省和强省发展需求等问题。

（三）部分地方高校办学定位模糊，人才培养与经济社会发展结合不够紧密

当前不少高校学术本位思想仍然较重，在研究型大学和应用型大学的不同定位中摇摆，导致人才培养与经济社会发展的结合不够紧密。高校的科技创新对全省经济社会发展、创新驱动发展战略和粤港澳大湾区发展战略的支撑能力有待加强。关键共性技术研发及工程化平台不多，新型研发机构需要大力建设发展，科研成果转移转化机构亟须设培育，科技成果转移转化机制需要完善，科技成果转化的效率和质量需要提升。

（四）高等教育内涵建设需要加强，现代育人体系有待健全

一是高校教师队伍建设有待加强，高素质专业化创新型教师总量仍不足。少数高校对师德建设重视不够，主体责任落实不到位。对师德师风建设的重要性认识不够，在师德管理方面存在"宽松软"现象，责任落实不到位；与国家创新发展的要求相比，高校高层次人才总量偏少，与广东省改革发展对

高层次人才的需求不相适应；师范院校特色弱化、力量分散，与基层教育实际脱节，注重师范生知识教育而忽视教育实践能力培养，优秀教师来源不足；高校人才成长的环境有待改善，科学合理的人才评价机制有待健全。

二是人才培养方式和模式改革有待深入。部分教师和教学管理人员仍满足于传统的教学和管理方式，创新创业元素未能融入人才培育过程，应用型人才与行业产业社会需求之间存在差距，理工类专业布点需要加强，专业布局不合理，重复建设现象严重，专业结构与产业结构对接不紧。本科教学改革力度有待加大，教学质量标准难以涵盖本科教育教学全过程各方面各环节。

（五）资源融通不畅，大湾区合作广度和深度有待拓展

在合作办学方面，港澳高校到大湾区内地合作办学的诉求有政策限制；在人才培养的衔接融通方面，粤港澳高校学生联合培养水平有待提升；在师生的交流合作方面，内地学校师生赴港澳交流学习通道需更畅通；在高层次人才引进方面，大湾区人才社会保障制度不完善成为引进港澳高层次人才的主要障碍；在科研合作方面，广东高校与港澳科研合作在实质性和深入性上都存在不足；在协同发展力度方面，珠三角高校除中山大学、华南理工大学、暨南大学、南方科技大学和深圳的一批高端研究院外，其他高校很难与香港多所已进入世界大学 100 强的高校有比较接近的合作平台和对话基础，各方合作基础不够对称也不够广泛，甚至不如香港高校和内地九校联盟的合作；现有的粤港澳高校联合实验室，仅认定了 10家，覆盖范围有待扩大，离打造全球科技创新中心这个层面的深度合作还有较大距离。

三 "十四五"时期广东高等教育发展目标考虑

（一）总体目标

高等教育办学规模稳步增长，高等教育内涵建设不断增强，高等学校

人才培养质量和自主创新能力明显提升；高等教育类型结构不断优化，以高水平大学和高水平理工科大学建设为引领，构建大湾区中国特色一流大学群，建成一批具有示范效应的应用型大学；高等教育治理体系更加科学，高校办学体制机制更加灵活，现代大学制度建设更加完善。焕发高等教育发展活力，构建高等教育资源互联互通的粤港澳大湾区国际高等教育中心，初步实现开放包容、协同创新、共建共享、运转高效的教育现代化，形成中国最具活力和较强国际影响力、吸引力、竞争力的高等教育创新发展体系。

（二）具体目标

1. 构建国民高等教育育人体系

到 2025 年，高等教育毛入学率达到 55% 以上，进入高等教育普及化阶段，高等教育在校生总规模达到 294 万人以上，多形式办学满足人民大众接受高等教育的需求。全面落实立德树人的根本任务，注重培养学生自主学习意识和高尚的人格修养，将大学生核心素养培养根植到立德树人全过程，把立德树人融入教育各环节、各领域，将思想政治工作体系贯穿人才培养体系。扎实推进"新工科""新师范"建设，不断推进课堂教学模式改革，不断优化拔尖创新人才和高层次应用型人才选拔培养机制与就业创业环境，构建一流本科教育体系，人力和智力支撑能力不断增强。

2. 构建多元特色一流高等教育体系

构建高等教育分类发展、分类指导、分类管理的政策体系，以"创新强校"工程为引领，继续实施高等教育"冲一流、补短板、强特色"，大力推进高水平大学建设，加强理工科大学和理工类学科建设，重点建设一批与经济社会发展紧密相关的特色学院，推进省市共建普通本科高校，引导部分普通本科高校向应用型转变。到 2025 年，理工科学生占比达到 52%；ESI入围学科较"十三五"期间翻一番。开展粤港澳大湾区高校学历互通、学分互认，构建多元立体的高等教育资历框架。

3. 构建创新要素集聚的湾区高等教育创新体系

面向粤港澳大湾区经济社会发展需要，超前布局知识创新和社会服务重点，新建、扩建 8～10 个大学科技园和品牌孵化器，建成一批特色鲜明的国家重点学科、国家重点实验室、国家工程（技术）研究中心、新型研发机构等创新平台。实现粤港澳大湾区创新要素无障碍流通，实施"高校＋产业园区"精准对接，构建一批产业链、创新链、教育链融合发展的创新要素集聚区。

4. 构建灵活开放的现代大学治理体系

依法治教水平明显提升，办学体制灵活开放，人才培养体制机制不断优化，学校内部管理机制不断完善，考试招生制度逐步完善，现代大学制度不断健全，全面落实"一校一章程"，构建适应发展、科学规范、运行有效的现代大学治理体系。

四 "十四五"时期广东高等教育发展重点任务建议

（一）加快优化高等学校布局结构

1. 以全球视野和国家及区域战略推动广州、深圳高等教育发展与经济结构布局相适应，与人口总量和结构变化相协调，与城市功能定位相匹配

围绕推动"四个出新出彩"实现老城市新活力，统筹广州地区高校资源，着力打造一批能服务国家重大战略和引领区域经济社会发展的高等院校；深入实施大学城水平提升计划，建设学生学分互选互认、转学转专业试点，打造集协同育人、科研、服务为一体的新型智慧中心；打造一批服务国家重大战略的国家级平台，形成一批服务地方经济社会发展的特色高端平台，构建一批高水平协同创新中心，建立一批产学研技术创新联盟。加快广州交通大学、华南财经政法大学、香港科技大学（广州）、中国科学院大学广州学院、香港中文大学（深圳）、深圳北理莫斯科大学、中山大学深圳校区、哈尔滨工业大学（深圳）等高校的建设步伐，建立国际化开放式创新型的高等教育体系，成为国内一流高等教育中心城市。支持深圳围绕建设中

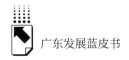

国特色社会主义先行示范区总部署，集聚优势资源，对标国际一流，深化改革创新，高起点建设10所左右与5G、人工智能、网络空间科学与技术、生命信息与生物医药、智能经济、健康产业等相关的高水平本科院校，将深圳大学、南方科技大学建设成为国内一流大学。

2. 珠三角地区多形式高起点发展特色应用型本科学校和高职院校

鼓励各地市按需、量力、多形式、多主体重组或新设一批规模较小、富有特色、与区域主体产业群关联紧密的特色本科学校。充分调动地方政府加大资源投入和政策支持力度，全力推进省市共建本科院校，鼓励各地市重点引进或培育1所以上高水平大学。重点建设大湾区大学、中山科技大学、中国科学深圳理工大学、佛山理工大学、碧桂园机器人学院等一批理工、财经类为主的院校。紧密对接新一代信息技术、高端装备制造、绿色低碳、生物医药、数字经济、新材料、海洋经济、现代工程技术、现代种业和精准农业等9大产业，重点布局建设与城市规划、大健康、大数据、智能制造、航空航天、石油化工、海洋装备、新能源、新材料、节能环保、金融贸易、国际法律、国际财会、旅游休闲、养老服务、5G和移动互联网等相关的学科专业。

3. 粤东、粤西、粤北地区各地级市重点建设适应本区域经济发展需要的本科学校和高职院校

以合作办学、合并或升格、分校（校区）等形式在阳江、汕尾、揭阳建设本科学校，加快实现本科学校地市全覆盖步伐。在粤东、粤西、粤北地区各重点打造一所在国内同类型院校中具有较强影响力的高水平大学。集聚相关资源改善高职院校办学条件，提高职业院校教育质量和水平。按照地区经济社会发展规划，分区域调整优化学科和专业结构，重点建设与海洋医药、石油化工、装备制造、交通运输、医疗卫生、种植养殖、生态保护等相关的学科和专业。

（二）扎实推进高等教育"冲一流、补短板、强特色"

1. 加快世界一流大学和一流学科建设

对进入国家"双一流"计划的高校予以持久强力支持，确保参建高校

在"双一流"建设中走在全国前列。持续推进高水平大学和高水平理工科大学建设，推进南粤重点学科提升计划和特色重点学科建设计划，探索建立广东特色新工科发展模式，加快建成一批国内一流、世界知名的高水平大学和学科。健全拔尖创新人才培养体系，深化考试招生制度改革，推进创新创业教育。提高师资队伍层次和水平，造就一批领军人才和国内一流的创新团队。依托重大科技基础设施、实验装置和科研平台，建设一批高精尖研究中心和产学研用一体化创新中心。打造重点优势学科群，加快提升基础研究水平。

2. 补齐高等教育发展短板

深入实施振兴粤东西北高等教育计划，加大高等教育转移支付力度，提升高等教育内涵式发展水平，切实发展优势、特色、新兴学科专业，积极发展专业学位研究生教育。在高层次人才计划评选中，粤东西北地区高校名额单列。加强粤东西北地区科研平台培育和建设，新建一批体现区域学科集群优势和特色的重点实验室、工程研究中心和人文社科研究基地，提升区域经济社会发展服务能力。

3. 强化高等教育发展特色

深化人才培养模式改革，强化协同育人机制，突出专业特色，培养一大批适应现代产业需求的高素质创新型、应用型、复合型人才。全面打通中职—高职—应用型本科—专业学位之间的壁垒，形成交流畅通的人才培养通道。分类推进高等学校建设模式创新，着力建设一批特色突出、在国内具有较高影响力的学科专业。支持理工类院校深入探索"高校 + 研究院 + 企业"的产学研合作新模式；支持人文社科类、艺术类高校立足南粤大地，加强哲学社会科学和先进文化研究，构建新型高端智库，提升资政育人能力。

（三）着力打造国际一流的产学研结合创新高地

1. 推动高校超前布局知识创新和社会服务重点

把握世界科技发展趋势，参与国际重大科技竞争与合作，继续强化基础研究和原始创新能力。建设一批特色鲜明的国家重点实验室、国家工程

（技术）研究中心、国家工程实验室等科研平台，协同建设若干国家技术创新中心，成为全球创新中心、创新设计中心和制造业科技创新中心。

2. 健全高校科研创新和科技成果转化机制

健全高校科学研究支撑体系，完善高校自主科研支持机制，推进科技资源共建共享。完善创新导向的评价制度，对从事基础、应用等不同创新活动的科研人员实行分类管理、分类评价、分类支持，鼓励科研人员持续研究和长期积累。强化知识产权创造、保护和运用，构建有利于科技成果转化的机制，推动高校建立专业的科技成果转化与知识产权运营机构，完善科技成果转化登记、公示和收益分配制度。发挥高校学科集群优势，构建一批人才培养链、产业链、创新链融合发展的创新要素集聚区，推动形成若干国际一流的区域科技创新中心。

3. 加强高校高素质专业化教师队伍建设

扩大高校选人用人自主权，实行高校人员总量管理，严把高校教师选聘入口关。推进高校教师职务聘任制改革，探索多种形式的师资聘任制度和科学合理考核评价制度，实行准聘与长聘相结合，探索以岗位为基础的协议工资制、项目工资制等多元收入分配形式。加强高层次人才引进培养前瞻谋划和布局，支持高校面向全球招聘高素质人才和创新团队，建立高校国际人才和团队清单制度，定期发布紧缺需求。加大资金投入，以重大科研平台、重大科研项目为带动，支持交叉学科群和科技攻关团队建设，为国际一流人才再攀科学高峰奠定基础。改革高层次人才管理机制，引进更多院士、长江学者等高层次人才，造就一批世界一流的教育领军人才和一流的科技创新团队。

（四）推动粤港澳大湾区高等教育合作发展

配合粤港澳大湾区战略布局，创新教育交流与合作机制，构建世界一流的高端教育资源要素集聚平台。完善教育发展统筹协调机制，制定粤港澳教育协同发展政策，推动教育合作常态化、制度化。推进粤港澳教育服务贸易自由化工作，巩固和深化粤港澳高等教育交流与合作。打造世界级的国际高等教育创新发展中心,探索建立粤港澳各具特色的高校联盟,建设一批教育交流与合作品牌,建成"一小时学术圈"。充分发挥香港中文大学(深圳)、北京师范大学－香港浸会大学联合国际学院、澳门大学横琴校区等合作办学的示范效应和带动作用,推动区域若干大学建立学分互认试点。创新粤港澳合作培养人才模式,积极实施粤港澳大学生创新创业行动。鼓励香港大学、香港科技大学等世界一流高校在粤布局实验室、研究中心等,支持粤港澳高校、科研院所合作设立实验室,在三地开展科研合作及成果转化工作,不断丰富充实合作内容和形式。以新理念、新机制、新模式高起点建立开放式国际化的一流研究型湾区大学系统。

(五)全面提升高等教育国际交流合作水平

1. 实施"一带一路"高等教育行动计划

充分发挥广东作为"海上丝绸之路"南线支点的作用,全面深化与沿线国家和地区的教育交流与合作,支持高校与当地教育部门、学校合作开展文化、科学探究活动,鼓励高校与沿线国家及地区高校建立科研、技术、办学、联合培养的合作平台,探索建立若干所境外办学机构和一批境外办学项目。不断深化与发达国家教育合作,大力引进优质资源。继续推进参与双边、多边和区域性、全球性教育交流合作,密切与国际组织的合作关系,积极为国际组织提供人才、资金与空间支持,吸引国际组织及其二级机构到珠江三角洲地区等地落户,鼓励积极参与国际教育规则、标准、评价体系的研究制定,提升教育国际影响力。

2. 大力推进高等教育中外合作办学

积极探索中外合作办学管理联动机制。坚持以学历教育为主,重点引进国际排位前200名的高校新建具有独立法人资格的高水平中外合作大学或非法人资格的二级学院,注重加强与世界知名的富有特色的单科性大学合作,培养某些领域具有较强世界竞争力的创新人才。着力加强学科专业规划与建设,统筹考虑一流大学、一流学科和应用型高校建设需要,科学确定合作办学的国家或地区、层次、类型和形式等,着力引导合作办学特色发展、错位

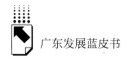

发展。有机融合中华优秀文化与国外优质教育资源，丰富学生职业素养和创新创业体会，提升学生的社会责任感、法治意识、创新精神和实践能力。

参考文献

王志强：《中国特色高等教育现代化发展理论、趋势与路径研究》，广东高等教育出版社，2018。

刘焕阳、韩延伦：《地方本科高校应用型人才培养定位及其体系建设》，《教育研究》2012年第12期。

王佑镁、宛平：《从创客到创造性公民：智慧教育视野下的创客公民及其培养》，《电化教育研究》2019年第11期。

刘国买：《基于"三元融合"培养应用型人才：新型产业学院的建设路径》，《高等工程教育研究》2019年第1期。

马廷奇：《高等教育如何适应新常态》，《高等教育研究》2015年第3期。

B.21
广东家政服务业发展的调查与研究

广东省人民政府发展研究中心课题组*

摘 要： 家政服务业事关千家万户福祉，既是城市居民家庭劳动社会化的必然趋势，也是促进劳动就业的重要形式。本报告通过对广东省人社部门以及部分行业协会、家政服务企业、职业培训学校等开展"广东家政服务业发展"专题研究，提出了广东省家政服务业发展面临的管理体制不顺束缚家政服务业发展，有效供给不足的矛盾比较突出，行业无序、无规现象突出，诚信普遍缺失、市场监管不到位，人员职业素养偏低、缺乏合法权益保障等问题，并提出了建立完善家政服务政策法规和制度体系、打造广东特色的现代家政服务产业、促进家政服务行业规范有序发展、加强家政服务职业培训教育、规范家政服务岗位职业标准的对策建议。

关键词： 家政服务业 生活服务业 广东

家政服务业事关千家万户福祉，既是城市居民家庭劳动社会化的必然趋势，也是促进劳动就业的重要形式。习近平总书记2018年参加十三届全国人大一次会议山东代表团审议时特别强调，家政服务是朝阳产业，既满足了

---

* 课题组成员：李惠武、任红伟、韦祖松、吴唐生、李哲、黄蕾、廖郡；执笔人：李哲，广东省人民政府发展研究中心创新产业研究处副处长。

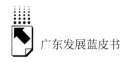
农村进城务工人员的就业需求，也满足了城市家庭育儿养老的现实需求，要把这个互利共赢的工作做实做好，办成爱心工程。2018 年 10 月，习近平总书记在视察广东重要讲话中指出，要"针对群众最关心最直接最现实的利益问题精准施策，着力把就业、教育、医疗、社保、住房、家政服务等问题一个一个解决好，一件一件办好"。2019 年 6 月，国务院出台《关于促进家政服务业提质扩容的意见》，为家政服务业实现高质量发展提供了可遵循的依据，也为广东加快促进家政服务业转型升级、更好地满足人民日益增长的美好生活需要明确了方向。广东省人民政府发展研究中心课题组深入省人社厅等部门，以及部分行业协会、家政服务企业、职业培训学校，开展"广东家政服务业发展"专题研究，对广东家政服务业发展进行初步探索。

一 广东家政服务业发展的基本情况

改革开放以来，经济社会飞速发展给人们的生活和工作方式带来前所未有的改变。人口老龄化、家庭小型化、生活现代化、服务社会化等发展趋势推动广东家政服务业从无到有、从小到大、由点及面、由单一到多元，取得了长足发展。

（一）具有促进家政服务业发展的扎实基础

据广东省人社厅介绍，广东家政服务业发展具备"五有"条件。一是"有基础"。北京师范大学珠海分校家政学专业已形成较成熟的培养体系；清远职业技术学院是全国最早开设家政服务专业的高职院校，有不少毕业生担任公司高管的家庭管家，甚至有毕业生担任福布斯富豪榜排名前列的企业家家庭管家。二是"有基地"。广州、深圳等地均建有规模较大、设备齐全的公办家政专业培训基地，并与广西等省区建有长期的家政服务框架性合作关系。三是"有市场"。目前，广东家政服务市场已是供不应求，随着粤港澳大湾区进一步融合发展，对家政服务的需求将呈现井喷局面，预计未来五年对家政服务人员的需求超过 1200 万。四是"有动力"。省委、省政府高度重视家政服务业的发展，李希书记多次强调要抓实抓好南粤家政服务工程。省财政计划分 3 年投入 100 个亿做好家政服务培训相关工作。五是"有政策"。近年来，广东围绕家政服务制定出台了一批政策文件，包括已公布的《广东省家政扶贫工作方案（2018～2020 年)》和拟出台的《广东省实施"南粤家政"工程促进就业工作方案》《广东省员工制家政服务企业资格认定及社会保险补贴申领办法》等。自国务院 2019 年 6 月出台《关于促进家政服务业提质扩容的意见》后，省发改委等相关部门也在加紧研究制定促进广东家政服务业发展的相关政策文件。

（二）居民收入水平提高刺激家政服务需求增加

改革开放 40 多年来，广东经济总量连续 31 年稳居全国首位，城镇化水平居全国第四，居民收入水平显著提升，对物质文化生活提出更高要求，对家政服务尤其是高端家政服务的需求不断攀升。2018 年，广东人均 GDP 达 88450 元，约合 13370 美元，进入高收入地区行列;[①] 全省常住人口 11346 万人，居全国首位，老年人口数量居全国前列，珠三角地区城市群人口集聚度继续加大；全省城镇居民人均可支配收入达 44341 元，人均消费性支出 30924 元。[②] 这一系列数据表明，经济飞速发展为居民进行家政服务消费奠定了雄厚的物质基础，而城镇人口数量大幅增加、人口老龄化及全面二孩政策的实施则极大地扩展了广东家政服务的潜在市场容量。据广州家政服务协会反映，珠三角集聚区，尤其广州、深圳两地家政服务市场已呈现供不应求的局面，技术好、经验丰富的月嫂甚至需提前一年预订档期。

[①] 根据世界银行 2018 年公布的数据，收入分组标准为：人均 GNI（国民总收入，指 GDP 加上来自国外的要素收入再减去对国外的要素支出）低于 995 美元为低收入国家，996～3985 美元为中等偏下收入国家，3986～12055 美元为中等偏上收入国家，高于 12056 美元为高收入国家。

[②] 资料来源于 2019 年 2 月 27 日发布的《2018 年广东省国民经济和社会发展统计公报》。

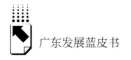

（三）经济社会"双转型"助推家政服务业转型升级

广东经济社会发展在全国处于领先地位，先于其他省区进入经济社会"双转型"阶段，也更早地面临新旧动能转换、产业结构优化、发展质量提升等问题。随着全省居民生活质量提高和消费需求提升，对家政服务提出更高更细的要求，家政服务业涵盖的领域越来越宽，专业化程度越来越高，分工越来越细，商业模式不断创新（见图1），由传统的保姆式家政服务模式向多元化、专业化、高质量的现代家政服务产业转变（见表1）。

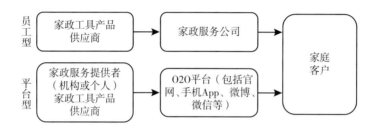

图1　现代家庭服务业商业模式

资料来源：《2019年中国家政服务行业发展剖析及行业投资机遇分析报告》。

表1　传统家政服务逐渐向现代家政服务产业转变

	传统家政服务	现代家政服务产业
商业模式	家政服务公司、个人商业	员工型、平台型
服务业态	烹饪、保洁、操持家务、照料长者、看护病人、保育婴幼儿等	家庭保洁、搬家服务、装饰装修、烹饪园艺、快餐配送、居家养老、母婴护理、病人陪护、家庭教育、家庭理财、健康护理、家庭事务管理等
从业人员	受教育程度偏低，年龄偏大，缺乏就业技能，仅仅要求能完成简单、低层次的家务劳动	良好的生活方式和卫生习惯，较高的文化素养和工作技能
服务方式	单一的常年服务	多样的定期服务或一次性服务

资料来源：根据《中国家政服务业发展报告（2018）》及《2019年中国家政服务行业发展剖析及行业投资机遇分析报告》整理。

同时，由于信息技术的广泛应用，家政服务业不断与养老、育幼、医疗、旅游、健康、住宿、教育、金融、物业、物流、餐饮等相关产业融合发展，逐渐形成庞大的家政服务产业链条。现代家政服务产业的迅猛发展迫切要求政府在服务供给、人员培训、服务标准、质量监管、权益维护等方面更有作为，让人民群众有更高的获得感、满足感、安全感和幸福感。

二 广东家政服务业发展面临的突出问题

课题组在深入家政服务行业协会、家政服务企业、培训学校的调研过程中发现：目前，广东家政服务业发展正处于起步提速阶段，存在管理体制不顺、有效供给不足、标准诚信缺失、人员素质偏低等诸多问题。

（一）管理体制不顺束缚家政服务业发展

家政服务相关政策制定、市场规范运行、人员教育培训、家政企业监管等工作涉及发改、商务、人社、市场监管等多个部门，妇联、工会等团体也在相关领域发挥不同作用。据家政服务协会反映，由于家政服务业发展处于起步阶段，部门之间尚未建立起工作协调机制，各自为政、管理缺位、统计口径不一等现象仍存在。对全省家政服务业整体情况尚未开展全方位的联合调研，包括全省及各地市行业发展、产业规模、企业状态、从业人员等情况均不明了。管理体制不顺影响政策制定的准确性、行业监管的合理性、人员培训的有效性以及信息数据采集的统一性，进而限制了整个产业职业化、专业化、规范化、标准化、国际化发展。

（二）有效供给不足的矛盾比较突出

从数量上看，不断激增的家政服务需求，尤其是高端服务需求导致家政服务市场严重供不应求。统计数据显示，全国18.2%的家庭有未成年人照

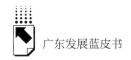
料需求，35.6%的家庭有老年人照料需求，30.4%的家庭有双重照料需求。① 按2015年1%人口抽样调查结果，广东共有3097.95万户家庭，对家政服务的需求量至少为941.78万（仅计算有双重照料需求的数量）。据不完全统计，仅广州、深圳两地家政服务人员缺口就超过100万。② 从结构上看，目前市场上提供的家政服务多停留在简单的家务劳动阶段，从业人员多为年龄偏大、受教育程度较低的下岗职工或农村剩余劳动力，甚至很大一部分从业人员未经过专业培训就匆忙上岗，其所提供的服务质量完全不适应行业的发展需求和客户的消费需求。

（三）行业无序、无规现象突出

家政服务行业涉及范围广、准入门槛低，缺乏与时俱进的法律法规、完备的执业标准、行业自律规范和优胜劣汰机制，市场自发约束力量薄弱。据家政服务协会反映，目前市场上存在大量的"小微"家政企业，如广州登记在册的家政企业中有84%属于个体小规模经营。不少企业停留在"一个人，一张台，一支笔，一部电话"的阶段，经营粗放、盈利模式简单、法律意识淡薄，对从业人员的身份信息、健康状况、工作经历缺乏有效的核查机制，不舍得在从业人员职业道德教育和职业技能培训上投入，抗风险能力差，一旦出现问题难以追责。部分从业多年的月嫂反映，不少新手为了接单，不断降低薪酬，导致市场价格混乱；有的培训机构为了赚钱，随便开设三五天不对口、不专业的课程就派发证书，导致市场上培训证书五花八门；许多雇主对月嫂缺乏尊重和信任，要求月嫂承担额外的家务劳动或不按合同安排休息时间，导致雇佣双方关系紧张。

（四）诚信普遍缺失，市场监管不到位

在调研中，家政服务协会和相关培训机构普遍反映，诚信缺失是制约家

---

① 《这个看似"伺候人"的行业，总理非常看好！》，中国政府网，2019年2月23日，http://www.gov.cn/premier/2019-02/23/content_5367945.htm。
② 李明：《粤打造一批"金牌保姆"等服务品牌》，《深圳特区报》2019年9月25日。

政服务业发展的一大问题。近年来，家政行业发生了一些极端事件，包括广州毒保姆事件、深圳虐童事件等，造成不良的社会影响。据全国连锁的家政服务企业"管家帮"反映，对于家政服务机构、从业人员、购买者三方来说，均存在由于诚信缺乏、信息不公开不透明而导致的财产损失、健康受损乃至人身伤害的风险，并由此引起纠纷、赔偿和诉讼。而家政服务业的服务行为主要发生在从业人员和购买者之间，需要监管的对象包括家政服务机构和从业人员，并且作为服务的直接提供者，家政服务从业人员应该是监管的重点对象，但由于从业人员数量庞大，服务行为分散，对传统的监管手段提出了新的挑战。

（五）人员职业素养偏低，缺乏合法权益保障

海之珠培训学院反映，家政服务脱胎于传统社会的"仆人""丫鬟"，认为家政服务低人一等的观念至今仍植根于不少人的心里。很多职业院校学生不愿意选择这一专业，或者学了这一专业也不愿意从事相关工作。北京师范大学珠海分校曾因招不到报考家政学的学生而停开该专业。现有的家政服务从业队伍以"4050"城镇下岗职工和农村剩余女性劳动力为主，受教育程度低、职业认同感低、流动性大、稳定性差。据家政服务协会调查，有相当数量的从业人员属于灵活就业，又缺乏职业保护意识，与购买者多以口头约定方式规范各自的权利和义务，即使签订合同也流于形式、难以严格履行。由此导致从业人员的人身安全、薪酬福利、社会保险等基本权益难以得到有效保障。

三　对策建议

家政服务业是促就业、扩内需、惠民生的重要载体。发展家政服务业，是贯彻落实习近平总书记对广东重要讲话和重要指示批示精神的重要民生举措。广东要深刻认识发展家政服务业的重要意义，采取切实有力的措施把这件让群众操心、烦心、揪心的事情办好。要以市场规律为遵循，以消费需求

为导向，以"南粤家政"工程实施为契机，以行业协会为主体，以标准化建设为主要抓手，以员工制企业为突破口，着力把家政服务这一群众关心关切的"大问题"解决好，推动服务品质效益实现"大变化"，日益满足人民美好生活的"大需求"，力争广东家政服务业在新一轮发展中走在全国前列。

（一）建立完善家政服务政策法规和制度体系

政府要把握好"有所为、有所不为"的边界，加强顶层设计，建立省际协作关系。建立健全党委政府领导、人社部门牵头、相关部门齐抓共管、社会力量积极参与的工作机制。加强与广西、湖南、四川等省区在劳务输出和技能培训等方面的合作。支持各地级市建立相应的统筹协调机制和市际协作关系。尽快开展对全省及各地市家政服务业的摸底调研，根据摸底调研情况加快制定出台促进广东家政服务业提质扩容的政策文件和具体措施，在投融资、教育培训等方面加强专项资金支持，在企业注册登记等方面提供便捷服务，在行业准入标准、用工制度、服务质量要求等方面加强监管，引导全社会正确认识家政服务业，为家政服务业发展创造良好的营商环境。

（二）打造广东特色的现代家政服务产业

积极扶持一批诚信、正规、优质的家政服务企业做大做强，打造广东家政服务信得过品牌，将"一条板凳、一部电话"的散兵游勇式无证中介挤出市场，逐步将家政从业人员纳入社会保障范畴，推动现代家政服务业在广东规模化、专业化、产业化发展。深入贯彻落实国家《关于促进家政服务业提质扩容的意见》，着力推动员工制家政企业[①]发展。加快出台政策、细

---

① 员工制家政企业指直接与消费者（客户）签订服务合同，与家政服务人员依法签订劳动合同或服务协议并缴纳社会保险（已参加城镇职工社会保险或城乡居民社会保险均认可为缴纳社会保险费），统一安排服务人员为消费者（客户）提供服务，直接支付或代发服务人员不低于当地最低工资标准的劳动报酬，并对服务人员进行持续培训管理的企业。其优势在于管理和服务更加规范，注重员工培训，服务质量有保障，人员相对稳定。其困难在于，经营和管理成本较高，社会保险费缴纳存在困难。

化措施，在减税降费、信用抵押、灵活确定工时、加大社保补贴力度、提供公租房保障等方面予以突破。鼓励广州、深圳等地开展试点，做大做强一批员工制家政服务企业。鼓励企业拓展高端型、个性化、专业性的购买人群，延伸产业链，提高发展质量。

（三）促进家政服务行业规范有序发展

推动家政服务行业协会成为家政服务行业自律、行业协调规范发展的重要主体。要明确行业协会的功能定位，赋予行业协会更多更重要的职能，充分发挥行业协会在参与制定、修改、完善家政服务领域相关规章制度、规范性文件、行业标准，规范市场秩序，制定服务标准，实施职业技能鉴定，协调解决服务纠纷，开展服务质量考核评价和公共信用综合评价等方面的作用。建立家政服务诚信信息平台和黑名单制度，利用大数据、互联网等技术，公开透明操作，让每一个企业和家政服务人员都"在阳光下运行"，对违规违约、达不到质量规范和服务标准、损害消费者合法权益的行为采取严厉的惩戒措施，让不诚信、违规违法的企业及从业人员无处遁形。

（四）加强家政服务职业培训教育

各地市、相关部门要把家政服务纳入职业技能培训规划和职业技能提升行动工作范畴，将灵活就业家政服务人员纳入培训补贴范围，对新上岗家政服务人员开展免费岗前培训，对在岗家政服务人员每两年"回炉"培训一次。支持本科院校和职业院校根据市场需求开设家政服务相关专业，精准设置培养方案和专业课程。支持符合条件的家政服务企业开设家政服务类课程培训。全面实施技能提升、就业创业、品牌创建、权益保障四项行动计划，抓好母婴服务、居家服务、养老服务、医疗护理服务等重点培训项目，推动广东家政服务业提质扩容、供给优化，切实解决群众关心关切的家政服务质量问题。

（五）规范家政服务岗位职业标准

根据国家家政服务相关标准规范，结合广东特点，制定实施一批地方标

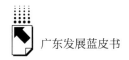
准。加大对市场上现有的家政类证书的清理力度，净化家政培训证书市场，切实维护职业技能鉴定的权威性，不断提高家政证书的含金量，实施严格的家政服务上岗程序，最终实现每一位合格的家政服务人员均持有政府免费发放的"居家上门服务证"。鼓励广州、深圳等地学习上海先进经验，探索建立覆盖全域的家政持证上岗模式。

参考文献

莫荣：《中国家政服务业发展报告（2018）》，中国劳动社会保障出版社，2018。

艾媒生活与出行产业研究中心：《2019 年中国家政服务行业发展剖析及行业投资机遇分析报告》，艾媒咨询，2019。

盛玉雷：《提质扩容促进家政业发展》，《人民日报》2019 年 7 月 3 日。

B.22
构建现代化广东省公共卫生体系[*]

何　群^{**}

摘　要： 本报告对广东省公共卫生体系现状进行了分析，提出了广东省当前面临的主要健康问题及其危险因素，包括：新发再发传染病疫情明显增多，慢性非传染性疾病成为广东省居民主要的死亡原因及疾病负担，气候环境变化影响更加复杂，国际交流、人口流动日益频繁。针对当前广东省的公共卫生体系专业机构分散、服务碎片化，公共卫生的总体投入偏低、服务水平参差不齐、公共资源配置不合理，公共卫生人力资源匮乏，各级疾控机构职能定位不清晰，基层首诊未能落实，信息化建设和新科技应用明显落后，技术和物质资源储备不足等问题，提出了整合全省公共卫生机构、资源，坚持快速反应、重构运行机制，强化法治保障、确保持续投入，加快信息化建设、强化公共卫生科技支撑作用的对策建议。

关键词： 公共卫生　疾病控制　广东医改

2003 年的非典（SARS）之后，各级政府加大投入，广东省疾控体系能

---

　* 衷心感谢南方医科大学杜仕林教授和卞巧同学对本文所做的贡献！

　** 何群，广东省公共卫生研究院副院长，世界卫生组织新发传染病监测研究与培训中心主任助理，广东省预防医学会常务委员。

力取得了明显提升，但此次新冠肺炎疫情依然暴露了疾控体系发展的滞后性和能力建设的不足。[①] 表面上看，国内对重大传染病疫情防范重心主要着眼于境外输入（如 H1N1 流感、中东呼吸综合征 MERS 等），而对"非典"、新冠病毒感染等内生性的超强度、超大规模疫情，明显过于乐观，风险预估不足。实质上，则是我国现有疾控体系难以适应新时期重大传染病疫情等公共卫生安全需要。尽管在党中央的英明决策和坚强领导下，我们战"疫"必胜，然而面对现实要痛定思痛，坚决按照十九届四中全会提出的政府社会治理能力现代化的要求，构建广东省现代化公共卫生体系，确保公共卫生安全。

一 公共卫生的概念

公共卫生从字面上常常给人的印象就是爱国卫生运动的那些内容，即搞好室内外环境卫生、除四害、养成个人卫生习惯等。

我们现在讲的"公共卫生"对应的英文是 public health，如果按照汉语更为接近的翻译应该为"大众健康"或"公众健康"。早在 1920 年温思络就指出，public health 是通过有组织的社区努力来预防疾病、延长寿命、促进健康的科学和艺术。[②] 这些努力有：改善环境卫生、控制传染病、教育人们注意个人卫生，组织医护人员提供疾病早期诊断和预防性治疗的服务，以及建立社会机制来保证每个人都达到足以维护健康的生活标准。[③] 英国罗伯逊认为公共卫生是通过社会的有组织活动达到延长生命、促进健康的科学和

---

① 马晓华：《武汉战疫 50 天（五）：疾控之问》，2020 年 3 月 4 日，https：//www. yicai. com/news/100518169. html；《陈国强院士等特邀评述：新型冠状病毒感染疫情下的思考》，2020 年 3 月 4 日，https：//www. sohu. com/a/375320033_ 410558。

② Winslow CEA.，"The Untilled Fields of Public Health，" *Science* 51（1920）：23 - 33.

③ 黄建始：《公共卫生的起源和定义》，中华预防医学会第三届学术年会暨中华预防医学会科学技术奖颁奖大会、世界公共卫生联盟第一届西太区公共卫生大会、全球华人公共卫生协会第五届年会。

艺术。① 美国医学研究所指出，公共卫生就是一个社会为达成保障人人健康的各种条件所采取的集体行动。②

世界卫生组织（WHO）总结了公共卫生的基本职能（Essential Public Health Function）：健康监测；健康危害和紧急情况监测和应对；健康保护；健康促进；疾病预防；健康治理；有能力的公共卫生人员队伍建设；组织结构和融资；信息、沟通和社会动员；基于公共卫生研究的政策和实践。③ 宋秀玲等认为，公共卫生就是组织社会共同努力，通过改善环境卫生条件，预防控制传染病和其他疾病流行，培养良好的卫生习惯和文明生活方式，提供医疗服务，达到预防疾病、促进人民身体健康的目的。④ 现代公共卫生有三个主要特点：需要集体的、合作的、有组织的行动；可持续性，即需要可持久的政策和投入；目标是全人类的健康改善，减少健康的不平等。

汉语字面上"公共卫生"对应的英文是 hygiene 或 sanitation，新中国成立时设立卫生部而非健康部的原因可能是沿用部队的习惯以及由于新中国成立初期传染病高发。

可见，公共卫生建设需要国家、社会、团体和民众的广泛参与，共同努力，即共建。其中，政府要代表国家积极参与制定相关法规和政策、组织社会各界和广大民众共同应对突发公共卫生事件和传染病流行；教育民众养成良好健康习惯和文明的生活方式；培养高素质的公共卫生管理和技术人才，促进公共卫生事业发展；并对社会、民众和医疗卫生机构执行公共卫生法规实施监督检查，维护公共卫生安全，促进人民健康，即共享。

---

① Robertson J. S., "Public Health in England," *Public Health* 3 (1988): 196 – 197.

② Walker B. J., "The Future of Public Health: The Institute of Medicine's 1988 Report," *Journal of Publich Health Policy* 10 (1989): 19 – 31.

③ WHO Europe, Self – assessment Tool for the Evaluation of Essential Public Health Operations in the WHO European Region, http://www. euro. who. int/_ _ data/assets/pdf_ file/0018/281700/Self – assessment – tool – evaluation – essential – public – health – operations. pdf? ua = 1.

④ 宋秀玲、效拟、许晓君、夏亮、许燕君、王晔、周少恩、郑雪燕：《广东省居民慢性病危险因素聚集性及其影响因素分析》，《华南预防医学》2018 年第 3 期。

二 广东省公共卫生体系现况

从公众健康的认识角度以及上述对公共卫生的定义出发，公共卫生体系有广义和狭义之分。广义上整个社会集体中每一个单元的努力最终都应以公众健康改善为目标，也都从属于这个体系，即形成以政府为主导的省、市、区县、乡镇各级各类医疗卫生机构为主体，财政、社保、农业、教育、体育、科技和卫生食药监、媒体等多个部门配合，全社会参与的公共卫生服务体系。

狭义的公共卫生体系由医疗卫生机构组成，甚至只是指以各级疾病预防控制机构为代表的直接从事人群健康服务的机构。公共卫生服务机构由专业公共卫生服务机构和医疗服务网络的具备公共卫生服务职能的部门组成。专业公共卫生服务机构包括疾病预防控制、健康教育、职业卫生、妇幼保健、精神卫生、计划生育、采供血、卫生监督等。医疗卫生服务网络具备公共卫生服务职能的部门包括各类医院、基层医疗卫生机构的相关部门等。

截至 2018 年底，广东省医疗卫生机构 51527 家，床位 516973 张，工作人员 921703 名。疾控中心 125 家，其中省级 1 家，地市级 21 家，县级 103 家。共有慢病机构 126 家，其中慢病站（中心、院、所）98 家，结核病防治机构 16 家，皮肤性病防治机构 12 家，精神卫生中心 17 家。全省各级疾病预防控制中心编制人数共 9179 人，平均每万人常住人口的疾控人员数为 0.82 人；在编在岗人员共有 8557 人，编外人员共 1938 人，实际工作人员共 10495 人。

现在的广东省疾病预防控制中心创建于 1952 年 4 月，初为粤穗卫生防疫站，后经广东省卫生防疫站发展而来。经过全省数代防疫工作者的努力，广东省先后消灭了天花、血吸虫病和丝虫病、脊髓灰质炎，并于近年实现消除疟疾，控制了人间鼠疫、霍乱等严重危害生命健康的急性传染病。研究表明，1950~2010 年公共卫生对人均期望寿命的增加贡献度高达 78%。同时，广东省疾控工作者在 1997 年禽流感、1998 年洪灾的瘟疫、2003 年"非典"、2008 年三聚氰胺毒奶粉、2009 年流感、2012 年中东呼吸综合征（MERS）、2014 年西非埃博拉、2015 年寨卡病毒和 2018 年毒米粉等国内外突发公共卫生事件中做出了重要的贡献。

三　广东省当前面临的主要健康问题及其危险因素

在总体能力提升的同时，我们也清楚地认识到，广东省疾病防控面临着比以往更加严峻的挑战，主要表现在以下几个方面。

（一）新发再发传染病疫情明显增多

SARS 以来，全国 80% 以上的新发和突发传染病疫情是在广东省首先被监测发现和有效处置的，为此，世界卫生组织（WHO）在广东省疾病预防控制中心设立了新发传染病监测研究和培训合作中心（WHOCC），2018 年更是向全球发出了"未知疾病"的警示。随后《纽约邮报》发表了题为《未知疾病可能成为世界最大的噩梦》的评论，提醒人造病毒或病菌更难防控。[1]

近年来广东省登革热疫情此起彼伏，2019 年广东省原血吸虫疫区重新发现了活钉螺（中间宿主），加之国内发生的人间鼠疫、布鲁氏菌病等都为我们敲响了警钟，防控任务愈加艰巨。而新冠肺炎疫情充分证明了突发公共卫生事件不只是鸣响的警钟，更是实实在在地危及百姓生命健康、国家安全的客观存在，稍有疏忽就可能酿成大祸。

（二）慢性非传染性疾病成为广东省居民的主要死亡原因及疾病负担

随着人口老龄化和生活行为方式的变化，全省疾病谱和健康危险因素发

---

[1]　Connelly E. A. J, "'Disease X' could be the World's Worst Nightmare," *New York Post*, March 11, 2018.

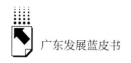

生了较大变化，慢性非传染性疾病（NCDs）近年来成为居民的主要死亡原因和疾病负担。环境破坏、生物学因素、精神心理因素、不良的生活方式（吸烟、过量饮酒、运动不足、饮食不平衡）、超重/肥胖等导致这类疾病的健康危险因素广泛存在，且有不断增加的趋势。

地方病尚未完全消除，职业病等健康问题依然严重，精神疾病患者数量快速攀升。劳动者个人防护意识差、不按规范操作等职业病防治素养低、工作环境差、监督制度不完善等都可能促成职业病的发生。老年人、流动人员、农村妇女、留守儿童、被监管人员、低保对象、特困人员、流浪乞讨人员等脆弱人群易发生精神心理问题。

（三）气候环境变化影响更加复杂

改革开放40多年来，快速发展的工业化和城市化导致大气、水、土壤等环境遭到破坏。近年来虽略有改善，但对健康的长期性和持久性的影响已经显现。受厄尔尼诺现象影响，全球气候变化加快。广东省台风、特大暴雨、极寒和酷热等极端气候在直接影响全民健康的同时，也常常是灾后疫情的重大隐患。

（四）国际交流、人口流动日益频繁

独特的经济社会、自然环境和气候条件，使广东省成为全国传染病防控的主战场。作为祖国对外开放的南大门，习近平总书记要求广东省要在形成全面开放新格局上走在全国前列，《粤港澳大湾区发展规划纲要》指出，要加快广东省国际化进程，今后一段时期广东省对外交流与合作将会迈上一个新台阶。

总部设于广州的南方航空开辟了国内最多的国际航空线路，2019年广东省与非洲国家直航航线已增加到6条。2019年广东省疾控中心联合海关、检验检疫等部门，排查了来自境外疫区的埃博拉病毒、寨卡病毒等可疑病例10多例。从东南亚各国输入广东省的登革热病例超过往年输入的5倍，使广东省登革热疫情暴发的风险激增。

随着"一带一路"倡议的实施和推进，无论远在非洲的埃博拉病毒，还是太平洋岛国的马达加斯加鼠疫，离我们只有一个航班的距离。

另外，重大安全生产事故、交通意外、溺水等伤害也时刻威胁着群众的生命健康安全。

四　当前广东省疾控、公共卫生体系问题分析

（一）公共卫生专业机构分散，服务碎片化、不连续

广东省各类专业公共卫生机构名目繁多，尤其是疾病控制的专业机构，在不同行政区域有些独立而有些只是其他机构的一个部门，难以形成合力。譬如人群健康信息综合利用、健康教育实施、相关监测检测实验室以及科研数据平台等均需要单独设置，而后勤服务、行政管理等更是重复投入，降低了公共卫生"大健康"策略的效率。全省还有 11 个地市职防机构不具备职业卫生技术服务资质的能力要求，有 1 个地市无职业病诊断机构；122 个县区中尚有 36 个县区无职业健康检查机构。

（二）公共卫生的总体投入偏低，服务水平参差不齐，公共资源配置不合理，公共卫生人力资源匮乏

财政对广东省疾控中心年均人员经费投入在珠三角地市平均为 30.4 万元、非珠三角地市为 15.8 万元；珠三角县区疾控中心平均为 29.3 万元，非珠三角县区为 9.4 万元。近年来，由于国家先后取消了疾控中心二类疫苗采购逐级加价政策和卫生检测三项行政事业性收费政策，财政又未能给予有效补助，原本依靠这部分收入维持基本运转和履行基本防病职能的基层疾控机构难以为继。

2017 年，全省 125 家市县疾病预防控制中心基本上都被定为公益一类事业单位或参公管理单位，但在编在岗人员工资人均财政拨款数低于 3 万元的仍有 11 家，占 8.8%；办公经费人均财政拨款数低于 2000 元的有 18 家，

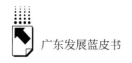

占 14.4%；另有 14 家县级疾控中心办公经费没有财政拨款。粤东西北地区县级疾控机构人才流失、能力弱化，一旦发生疫情或公共卫生突发事件，后果不堪设想。

作为新医改背景下广东省完善公共卫生体系重大决策而成立的全省公共卫生科技支撑机构——广东省公共卫生研究院，在编制仅 50 人的情况下，依然未能得到财政一类公益事业单位的保障供给，2016～2018 年人均年收入约为 15 万元，普遍低于同职级公务员收入。2014～2019 年，12 名在编人员离职（其中海归博士 3 名，硕士 7 名，本科生 2 名），占总编制数的 24%；32 名项目合同人员离职。很多合同人员经过两年左右的培养刚能独立承担工作便离职，严重制约科研深入开展、成果转化等对公共卫生的支撑作用。

同时，人力资源结构也存在问题，全国防疫/疾控人力从 1965 年的 4.91 万增加到 1986 年的 12.11 万，再到 2002 年的 20.44 万，但其中卫生技术专业人员占比却分别为 83.5%、78.0% 和 76.7%，一路降低。2009～2017 年全国疾控机构中卫生和卫生技术人员分别减少了 3.0% 和 4.1%。[①]

（三）各级疾控机构职能定位不清晰

全省各级疾控机构职能趋于一致化，职责界限不清晰，而且基层任务繁多，疾控工作重点不突出。目前，县区级疾控中心不仅承担日常各类公共卫生监测、评估分析报告和对基层各类医疗卫生机构公共卫生相关工作的指导等工作，按照《突发公共卫生事件应急条例》《国家突发公共卫生事件应急预案》等法律法规和文件要求，还要承担辖区内各类突发公共卫生事件的应急处置，以及各种临时性、指令性、行政性任务，甚至还包括上级技术部门的相关科研工作，长期处于超负荷运转状态，与其人力资源、技术能力等不相匹配，服务质量、效率难以保障。

---

① 中华预防医学会新型冠状病毒肺炎防控专家组：《关于疾病预防控制体系现代化建设的思考与建议》，《中华流行病学杂志》2020 年第 4 期。

（四）基层首诊未能落实，基层医疗卫生机构健康守门人的职能形同虚设，医防脱节，预防为主的方针难以落实

由于未能强制实施基层首诊，基层医疗卫生机构很难掌握属地居民突发性疾病的暴发等情况，而居民无序的诊疗影响了疾病流行病学特征，增加了疾病流行早期预判预警的难度。

广东尚未探索出较为有效的医防融合工作机制，疾控机构与医疗机构间缺乏顺畅、高效、可持续的信息共享、沟通协作制度保障。各级疾控机构在履行职责指导医疗机构开展公共卫生服务方面，仅停留在检查督导和相对落后的公共卫生技术培训层面。

（五）信息化建设和新科技应用明显落后

疾控机构与医疗机构之间的信息化瓶颈仍未打通，医疗机构信息化建设和公共卫生系统还不能有机结合，日常诊疗、监测信息还不能实现实时共享、整合。

2017 年，原国家卫生计生委统计信息中心主任孟群曾公开表示，当年底实现省、地市、县三级全民健康信息平台互联互通，而直到 2020 年 1 月底，法定传染病直报系统仍未被覆盖。[①] 国家疾控中心前副主任杨功焕指出，就连国家疾控中心内部不同部门之间的数据也不共享，各部门数据都要单独建立系统，从基层一层层上报。广州市某国家级示范社区卫生服务中心需要填报的信息系统多达 35 个[②]，且互不联通，非但未能利用信息化提高效率，反而大大增加了基层无谓的劳动，甚至有些基层将基本公共卫生服务就理解为网上填（造）数据。而上级机构一旦需要非部门内部数据时便一纸通知或者一个电话找地方索要，各级疾控中心自身的信息部门已基本沦为

---

① 孟群：《2017 年底实现省、地市、县三级全民健康信息平台互联互通》，《吉林医学信息》2017 年第 9 期。

② 夏英华、洪紫慧、曹蓉、刘国恒、蔡荟、何群：《社区卫生服务中心信息化建设实践及政策建议》，《中国全科医学》2019 年第 25 期。

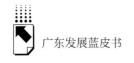
设备维护的"后勤"部门。

同时,科技支撑针对性不够,如探讨相关因素的科研论文中泛泛而论者汗牛充栋,真正关于危险因素对健康影响机制的研究获得成果并转化的不多,能提出不影响社会健康发展而又针对性强的人群社区健康解决方案的更是难得一见。

(六)技术和物质资源储备不足

本次新冠肺炎疫情暴露了我们的应急储备依然不足,更暴露了对应急储备及其生产能力的掌控不够、储备物资调配使用的科学指导较为被动。社会对口罩、防护设备等物资的疯抢导致一线医疗物资紧缺,各类捐助物资的接收、分配、发放与实际需求不对应等现象从汶川地震到新冠肺炎疫情10余年间似乎没有改进。

广东省目前有722家发热门诊,但疫情发生后只公布了定点收治医院,并未像河南省那样公布发热门诊的具体分布。[①] 在暗访的过程中,笔者发现,广东省很多设于基层的发热门诊能力不足,在疫情发生后已终止服务,均不利于及早发现和处置传染源。新加坡总结了抗击 SARS 和 H1N1 流感的经验,在全岛指定了近900家公共卫生储备诊所[②],并在新冠肺炎疫情期间全部启用。相关部门提醒,无论任何人,如出现类似感冒的症状都应该去公共卫生防范诊所(PHPC)就诊,一来方便患者就近就诊,二来减少对大医院医疗资源挤兑造成的服务瘫痪、全民恐慌和资源浪费。

五 完善广东省公共卫生体系建议

孙春兰副总理在 2019 年全国医改工作电视电话会议上指出:"疾控机构

---

① 《河南公布 525 家设置发热门诊医疗机构名单》,http://www.henan.gov.cn/2020/01-23/1284960.html。

② 《新加坡将设 900 家"公共卫生准备诊所"》,http://tv.cctv.com/2020/02/19/VIDEWsFYnRicHqlDwNzzQvac200219.shtml?spm=C45305.PpTLy3IqDw0P.0.0。

功能定位不清晰，疾病防治和应急处置能力不强，人才流失严重。必须加快改革，更好适应疾病预防工作的需要。这些既有体制机制的问题，也与投入不足、政策衔接不到位有关。"

习近平总书记在《全面提高依法防控依法治理能力，健全国家公共卫生应急管理体系》一文中再次要求各级政府要把疾控体系作为一项根本性建设来抓。广东省已经印发了《"健康广东2030"规划》，制定并开始实施健康广东行动计划，结合本次疫情教训，需要从维护国家安全和人民生命安全的战略高度，对构建广东省完善的公共卫生体系中的关键要素提出以下建议。

（一）整合全省公共卫生机构、资源，推行垂直管理模式，推进公共卫生体系能力建设

1. 采取垂直管理模式，重构疾病预防控制体系

整合现有分散的公共卫生机构、碎片化的公共卫生资源，科学布局、差异化发展区域公共卫生中心，合理规划层级定位及其职能，实现公共卫生机构的垂直化管理，加强县区疾控技术应用和对社区的现场指导作用，确保疾控方面的信息传输、技术统一、质量控制和资源协调，减少重复投入和人力、技术不足、不精问题，减小由于区域发展不平衡、不协调对公共卫生事业的影响。

同时，整合信息发布和健康教育资源与渠道，确立信息发布的权威性和健康指导的统一性，以适应扁平化媒体和信息时代大众对科学信息的及时性、准确性需求，最大限度减少由于片面、错误信息和舆情对决策的负面影响，提升政府决策的科学性和权威性。

2. 全面提升公共卫生、疾控体系专业能力

公共卫生、疾控、防疫体系应在流行病学监测与调查、实验室检测与研究、生物样本库建设、大数据标准化及其综合应用平台建设、风险评估与沟通、公共卫生政策研究、应急管理等方面提升专业水平和能力，主要体现在以下三方面。

一是提高预警敏感性和科学性。疾控体系要从信息报告系统、分析预警提示、行政反应等方面重新梳理。第一步应对疾控系统内部的传染病报告、突发公共卫生事件报告等多种疾病及其危险因素监测系统进行标准化整合；第二步应实现疾控监测与医疗（包括基层机构）数据对接共享；第三步是疾控监测与其他关于健康的数据（如人口学）对接，提高研判、预警效率。

二是建立强制性基层首诊制度。加大具有公共卫生思维和服务能力的全科医师队伍培养。广东省委书记李希认为省委政研室《防疫情况与建议》第 7 期中"以疫情防控为契机补齐医疗卫生体系短板，继续推动防控和医疗资源下沉"的建议"颇有针对性"。所以，加强基层医疗卫生机构能力建设，将社区作为医防融合的切入点，提高家庭医生团队签约服务效率和公信力，将健康教育与社区实际相结合，全面提升公民健康素养、公民素养，使群众不得病、少得病、晚得病，及时发现重大疫情苗头并尽可能化解于社区。

三是提高体系的反应性水平和能力。新冠肺炎疫情在启动应急反应后，疾控应急体系反映出的能力水平与平时应急演练差距较大，要梳理现有的应急风险评估或者风险沟通存在的问题，从风险预警、信息来源、传输与反馈机制，以及人力、物力和技术资源的储备与调配等方面予以重新审视和改进。

同时加强基层社区发热、肠道等特殊门诊的建设储备，并在社区引入人工智能、"云科技"等技术作为重大突发事件时医疗卫生服务的有效补充。

（二）坚持快速反应，重构运行机制

在调整机构、资源配置的同时，科学的运行管理机制常常是提升效率的重要一环，现代化公共卫生体系需要建立以下机制。

1. 建立预备役运行机制

从本次疫情援助效率上看，在重大疫情之下部队医疗体系援助的管理有条不紊且高效。因此，有必要对公共卫生应急体系核心成员按照军事化建制管理和训练，在公共卫生体系内部建立预备役运行机制，而对非应急核心成员按照专业设置开展相关培训，按照应急响应层级作为后备预备役，降低由于突发应急事件对其他疾控、公共卫生，尤其基层工作的影响。同时，为提升地方政府应急反应体系的行动效率，建议借助疾控体系内部培训体系，对非疾控体系的地方公共卫生体系组成如健康教育、职业病、精神卫生、血站、医疗等机构及其相关人员开展定期培训，纳入预备役管理。

2. 建立综合协调机制

目前，疾控机构的协调能力过弱，不利于传染病疫情预警机制形成，也不利于重大疫情防控的综合协调。建议立法授权疾控机构在传染病防控等重大事项中的协调能力，赋予疾控机构对地方公共卫生应急体系参与机构的考核权和医防融合中指导权，提高应急反应能力和效率，提升全省公共卫生治理能力。

3. 建立运行评估机制

现代化公共卫生体系运行效率需要通过科学评估来纠偏，以确保满足社会发展对传染病防控和公共卫生需要的变化。在此次新冠肺炎疫情应对中暴露了一些问题，需要建立运行评估机制进行系统评估，以便指导日后有序改进。

4. 建立决策参谋机制

各级政府及其工作人员要充分认识"将健康融入所有政策"的重要性，公共卫生机构要充分利用监测信息和相关学术成果，大力支持基层医疗卫生机构实时掌握各类疫情发生的潜在风险，定期报送传染病等疫情的核心信息，提出科学、及时的疫情研判和风险提示，科学预警、勇于建言，为政府决策提供参谋作用。

在公共卫生体系管理干部选育中，严把战略思维和底线思维标尺，将一线处置、系统施治的化危为机能力作为基本要件，通过培养创新思维、辩证思维和法治思维，提升干部平战结合、依法依规发动和服务群众、参与决策和政策制定的能力。

（三）强化法治保障，确保持续投入

健全相关法律制度，从人力资源建设和可持续财政投入两方面保障公共

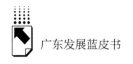
卫生体系的不断发展与完善。

1. 深化公共卫生领域人事制度改革，大力提高公共卫生机构专业人员待遇，从根本上变想办法留人为想办法选人，变求人填坑为科学设置与社会经济发展相适应的专业岗位，不断提高公共卫生队伍对高水平人才的吸引力和凝聚力。

2. 建立与广东省社会经济水平相适应的财政投入保障机制。近年来，人工智能、大数据、云计算、5G 广泛应用于临床诊疗，但在公共卫生领域的应用明显落后。各级政府要改变"非典"后"征地建房"的"一过性"投入机制，强化从"新基建"角度进行顶层设计，对重大疾病防控软件纳入科学、长期投入预算，确保防控技术现代化。

（四）加快信息化建设，强化公共卫生科技支撑作用

以"降低基层负担、服务科研与决策效率"为直接目标，以"整合而非新建"为主要策略统筹公共卫生信息化建设，化解医疗卫生人力资源配置不平衡和不充分的问题，加强区域城乡间医疗服务的协调性和互惠性，让全民尽快感受到信息化所带来的连续、便捷和高效的健康服务体验。

广东省应大力支持公共卫生专业研究机构开展公共卫生公益性科研，鼓励利用数据、信息共享开展应用性研究，有针对性地解决公共卫生领域流行病学调查、适宜性风险评估、综合研判和精准预警、试剂疫苗研发、应急响应机制等关键技术问题，探讨制定顺应时代发展的循证公共卫生相关政策法规，在科技力量支撑下提升广东省公共卫生体系的现代化水平。

区域发展篇

Regional Development

B.23

2019年广州宏观经济综述
及2020年展望*

广州市人民政府研究室**

摘　要： 本报告对2019年广州宏观经济现状进行了综述，并对2020年广州的国际环境、国内环境进行了分析与预测。对2020年宏观经济发展提出了聚焦夺取疫情防控和经济社会发展"双胜利"、加快建立与疫情防控相适应的经济社会运行秩序，聚焦实现经济增长目标任务、千方百计释放内需潜力，聚焦增强区域发展核心引擎功能、全力推进粤港澳大湾区建设，聚焦激活蛰伏的发展潜能、加快构建开放型经济新体制，聚焦增强产业链韧性和竞争力、打好产业基础高级化、产业链现

---

* 除注明外，本文资料来源于相关年份《广州统计年鉴》。
** 执笔人：彭建国，广州市人民政府研究室综合处处长、一级调研员；朱洪斌，广州市人民政府研究室综合处副处长；邵猷贵，广州市人民政府研究室综合处二级主任科员。

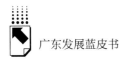
代化攻坚战，聚焦增强科技创新策源功能、加快建设科技创新强市的对策建议。

关键词： 宏观经济　供给侧结构性改革　广州

一　2019年广州宏观经济综述

2019年，广州市在省委、省政府的坚强领导下，坚持稳中求进的工作总基调，统筹推进稳增长、促改革、调结构、惠民生、防风险、保稳定各项工作，经济运行稳中有进、稳中提质，实现地区生产总值2.36万亿元，同比增长6.8%（见图1），增速高于全国、全省0.7个和0.6个百分点。在减税降费背景下，来源于广州地区的财政一般公共预算收入6336亿元，增长2.1%；地方一般公共预算收入1697.2亿元，增长4%。

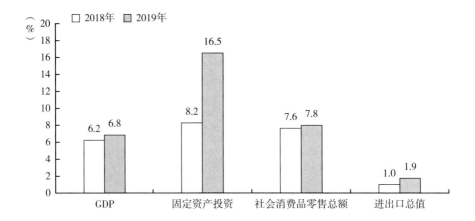

图1　2018～2019年广州市主要经济指标增速对比

（一）从"六稳"角度看，广州市坚持稳字当头，全面贯彻落实国家、省一系列"六稳"政策措施，多措并举防风险稳增长，发展"稳"的基础不断夯实

稳就业方面。高校毕业生、退役军人、失业人员等重点人群稳定就业，全年新增就业33.73万人，完成年度目标任务的168.7%。城镇登记失业率2.15%左右，分别低于全国、全省1.47个和0.1个百分点。"粤菜师傅""南粤家政""广东技工"等工程稳步推进。广州选手在第45届世界技能大赛获得的金牌总数占全国的1/4、全省的一半。

稳金融方面。银行本外币存贷款余额10.62万亿元，增长11.2%。银行业金融机构不良贷款率0.88%，分别低于全国、全省0.98个和0.28个百分点。市属国有企业资产负债率73.4%（不含金融业为59.5%）。网贷平台平稳退出。政府存量债务有序化解。各项风险指标均处于较低水平。

稳外贸方面。外贸进出口总额10006.6亿元，增长2%，增速高于全省2.2个百分点。跨境电商进出口总规模444.4亿元，增长80.1%，居全国第一。对欧盟、日本进口均保持两位数增长（见表1）。

表1　2019年广州市对主要国家和地区进出口总值及其增长速度

单位：亿元，%

国家和地区	出口总值	比上年增长	进口总值	比上年增长
中国香港地区	727.92	−10.0	38.81	19.2
美国	692.27	−15.7	398.92	−18.7
欧洲联盟(28国)	817.66	0.9	821.67	30.0
东盟	752.33	−5.2	566.05	12.4
日本	234.41	−5.9	960.95	21.7
韩国	108.84	−8.6	588.74	11.0
俄罗斯	85.04	7.2	12.36	−13.3

稳外资方面。新落户世界500强企业5家，新设外商直接投资企业3446家。投资总额5000万美元以上的大型外商投资项目183个，占全市合

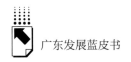

同外资总额的 75.2% 。实际使用外资 71.43 亿美元，增长 8.1% ，增速分别高于全国、全省 5.7 个和 3.2 个百分点。

稳投资方面。固定资产投资 6920 亿元，增长 16.5% （见图 2），增速分别高于全国、全省 11.1 个和 5.4 个百分点。新落地百亿元以上产业项目 25 个。发行政府债券 346.25 亿元。企业发债 111 亿元，获得国务院企业债券"直通车"奖励。

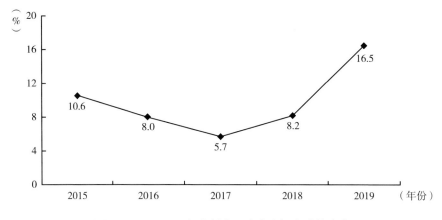

图 2　2015～2019 年广州市固定资产投资增长速度

稳预期方面。全面落实国家减税降费政策，新增减税 621.7 亿元，减轻企业和个人社保缴费 67.81 亿元。举办 3 场（次）民营企业家恳谈会，协调解决企业诉求 81 项。完成年度清理拖欠民营中小企业账款任务。新增市场主体 44.26 万户，其中企业 32.13 万户，增长 15% ，增速高于全省 11.05 个百分点，日均新增企业 880 户。

（二）从经济运行特点看，广州市认真落实高质量发展要求，着力推动经济发展质量变革、效率变革、动力变革，发展"进"的态势更加明显

一是"新"的动能更加强劲。新经济加快成长，新旧动能接续转换，经济发展韧性和动力日益增强。新产业不断壮大。高技术制造业增加值增长

21%，占规模以上工业比重提高2.8个百分点，对全市规模以上工业增长贡献率达57.2%。新一代信息技术、人工智能、生物医药等战略性新兴产业增加值增长7.5%。其中，医疗仪器设备及器械制造业工业总产值增长53.5%。生物药品制造业、智能消费设备制造业和工业机器人制造业产值分别增长23.7%、9.6%和9.8%。新业态快速发展。限额以上批发和零售业实物商品网上零售额增长12.9%。限额以上住宿餐饮企业通过公共网络实现的餐费收入增长1.7倍，对全市餐费收入增长的贡献率达到83.6%。全年邮政业务总量增长30.0%，快递业务量增长25.3%。保税物流进出口总值达1120.6亿元，增长24.8%。新产品增长迅猛。新能源汽车保持高速产出，产量增长1.1倍。新一代信息技术产品中，液晶显示屏产量增长12.5%；智能手表、智能手机、智能手环、平板电脑等智能化产品产量分别增长2.4倍、2.2倍、18.3%和68.4%。新材料产品中，锂离子电池产量增长32.1%。高性能装备类产品中，医疗仪器设备及器械增长26.5%。

二是"优"的结构更加凸显。从供需两侧推进结构性改革，充分激发市场活力和社会创造力，推动经济发展更有效率、更可持续。三次产业比重为1.06：27.32：71.62（见图3）。投资结构持续优化。国有投资增长36.1%，比上年提高6.6个百分点。民间投资增长27.8%，比上年提高36.9个百分点。投资三大领域中，基础设施投资增长24.5%，房地产开发投资增长14.8%，工业投资增长9.1%。消费结构不断升级。社会消费品零售总额增长7.8%，增速提高0.2个百分点。限额以上日用品类、粮油食品类、中西药品类商品零售额分别增长17.5%、9.9%和34.0%。品质化类消费增长势头好，限额以上化妆品类和金银珠宝类商品零售额分别增长14.8%和28.9%。现代服务业增势良好。现代服务业增加值增长9.3%，占服务业比重提高0.6个百分点。现代高端服务业中的人力资源服务业增长35.2%。综合管理服务和组织管理服务业分别增长11.2%和29.6%，分别提高23.1个和15.6个百分点。互联网和相关服务、软件和信息技术服务业营业收入增长20.3%。

三是"强"的支撑更加坚实。着力抓当前、打基础、利长远，为经济

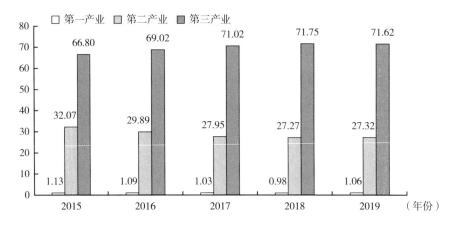

图3　2015～2019年广州市三次产业结构变化

发展创造更广阔空间、提供更强大支撑。创新引领发展能力增强。研发经费支出占全市GDP比重提高到2.8%，高新技术企业突破1.2万家，科技型中小企业备案入库数量连续两年居全国城市第一，专利、发明专利授权量分别增长16.7%和13.2%，技术合同成交额1273亿元、增长77%。在全球创新集群百强城市中的排名由2018年的32位提升到21位。重大平台集聚作用初显。"一区三城十三节点"加快布局，推进琶洲人工智能与数字经济试验区扩容提质。完成首批十大价值创新园区控制性详细规划和产业发展规划，集聚企业超过3700家，初步形成多点支撑、协同发展的产业新格局。枢纽能级稳步提升。机场旅客吞吐量7338.61万人次，增长5.2%。港口货物、集装箱吞吐量6.27亿吨和2323.62万标箱，分别增长12.6%和6.0%。新增地铁37公里，运营里程突破500公里。营商环境日益优化。政府和社会投资工程建设项目审批时间分别控制在85个、35个工作日，审批效率居全国前列。外商投资企业备案缩短至1个工作日。企业获得电力便利度国际领先，不动产过户1小时、抵押登记1天办结。率先实施商事登记确认制和"跨境通"、信用联合奖惩"一张单"。营商环境综合评分居全国主要城市前列。

　　四是"高"的质量更加明显。坚持新发展理念，在多重目标中寻求动态平衡，让发展成果更多更公平惠及全体市民。民生优先导向强化。全市公共财政民生支出 1947.6 亿元，增长 13.7%。基本建成棚户区改造住房 1.76 万套，向住房困难群体提供公租房 7000 多套。居民医保扩面完成率 107.7%。居民收入持续增加。城镇常住居民和农村常住居民人均可支配收入分别为 65052 元和 28868 元，增长 8.5% 和 10.9%。企业退休人员养老金提高到每人每月 3586 元。城乡低保标准、孤儿养育标准分别提高到每人每月 1010 元和 2406 元。消费形势总体平稳。全年居民消费价格指数（CPI）同比上涨 3%。扣除食品和能源之后的核心 CPI 上涨 2.1%，涨幅同比下降 0.2 个百分点。生态环境持续改善。单位生产总值能耗完成年度节能目标任务，其中单位工业增加值能耗下降 7.5%。城市更新九项重点工作扎实推进，释放用地空间 29.8 平方公里，新增绿化面积 459 万平方米、公共服务及配套设施 249 万平方米。国家督办的 147 条黑臭水体消除黑臭。全市 PM2.5 平均浓度 30 微克每立方米，连续三年达到国家二级标准。

（三）在肯定成绩的同时，我们也清醒地看到，广州市仍处于新旧动能转换的重要关口，经济运行稳中有忧、压力不减，仍然面临一些不容忽视的问题

一是实体经济困难突出。工业生产者购进价格（IPI）和出厂价格（PPI）持续走弱。工业增长乏力，规模以上工业增加值增长 5.1%，同比回落 0.4 个百分点。

二是投资增速高位放缓。总体投资虽然保持较快增长，但逐季下滑，回落态势明显，上半年增长 24.8%、第三季度增长 21.1%、全年增长 16.5%（见图4）。

三是外贸出口增长乏力。受国际形势和市场采购出口大幅下降影响，全年外贸出口下降 6.1%，降幅同比扩大 2.9 个百分点。中美贸易摩擦有所缓和，但整体形势没有明显改善，特别是美国第一批针对制造业关税政策并未松动，部分外向型企业获取订单难问题依然存在，2020 年出口将继续承压。

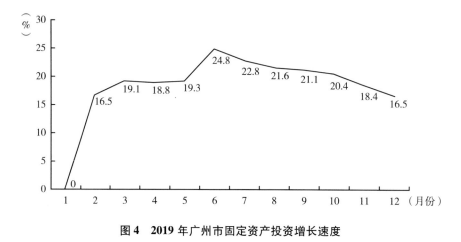

图 4　2019 年广州市固定资产投资增长速度

二　2020年分析与预测

（一）国际环境

2020 年，外部环境仍然复杂严峻，全球多边体系面临挑战，大国博弈加剧，中东局势、英国脱欧等不确定性因素增多。特别是新冠肺炎疫情"大流行"对全球制造业、服务业、居民信心、社会治理等造成全方位冲击，主要机构均下调了 2020 年全球经济增速预期。一是新冠肺炎疫情对全球经济带来巨大影响。新冠肺炎疫情通过对社会及其正常运行体系的冲击，使得实体经济停摆，需求大幅下降，供给受到极大冲击，造成国际金融市场和大宗商品价格波动增大。特别是对已经形成的相对完整的全球供应链、生产链、价值链的冲击，有可能导致汽车制造、电气电子、医药等市场状况较好的行业供应链断裂和错位，对世界经济造成长期的、不可逆转的损害。二是中美经贸摩擦有向技术及金融领域蔓延的趋势。中美签署第一阶段贸易协议有利于稳定企业预期，缓解广州市对美出口压力，但中美经贸摩擦有向技术、金融等领域蔓延的趋势（如 1 月 6 日开始美国限制人工智能软件出口），虽然一定程度上可倒逼生产本土化、催生技术创新，但也带来多方面负面影响，对紧缺高端人才和核心技术引进造成一定阻碍。三是 RCEP（区域全面经济伙伴关系协定）和中日韩自贸区谈判步伐加快带来新机遇。随着 RCEP 和中日韩自贸区谈判步伐明显加快，广州市与相关国家经贸往来密切，将迎来新的发展机遇。RCEP 签署将为广州市电子、装备制造、纺织服装、家具等产业带来更大市场。韩国、日本是广州市除中国香港外的第二、第三大外资来源地，接下来有望进一步增加。汽车和面板产业在日、韩均面临空间、人力资源等限制，广州市有望迎来新的项目和技术资源。

（二）国内环境

中央经济工作会议对 2020 年经济工作做出部署，释放了一系列政策利好，为广州市实现经济平稳健康发展提供了新的发展机遇。一是国家全力推进粤港澳大湾区建设，加快完善区域政策和空间布局，提高中心城市和城市群综合承载能力，将为广州市加速与港澳规则"软联通"和设施"硬联通"，谋划布局建设重大科学装置、重大产业项目、重大基础设施互联互通提供更好的机遇。二是国家加快布局 5G 网络、数据中心等新型基础设施建设，将极大提升广州市基础设施建设水平，为广州市谋划推进一批新的重大项目建设创造良好条件。三是国家提出积极的财政政策要更加积极有为，稳健的货币政策要更加灵活适度，保持流动性合理充裕，把资金用到支持实体经济特别是中小微企业上，将有利于缓解广州市民营和中小微企业融资难、融资贵问题。四是国家提出对外开放往更大范围、更宽领域、更深层次的方向走，加强外商投资促进和保护，继续缩减外商投资负面清单，将为广州市加大引智引技引资力度，推进南沙自贸试验区、中新广州知识城等开放平台建设营造良好的环境。

（三）条件分析

2020 年广州市发展具备一些新的有利条件。一是"四个出新出彩"政策加快落地。广东省支持广州推动"四个出新出彩"行动方案部署的 22 个方面任务将全面落地，打造国家服务型制造示范城市和全球定制之都、共建穗港智造特别合作区、广州期货交易所、粤港澳大湾区国际商业银行等重大

举措加快推进，将为广州市发展凝聚新优势。二是科技基础设施产生效应。中国科学院明珠科学园等重大平台、人类细胞谱系等大科学装置项目、人工智能与数字经济（广州）等省实验室陆续投入使用，一批国家级企业技术中心、工程研究中心成立，"实验室经济"将成为广州市创新型经济发展的新亮点。三是"四新"经济基础进一步夯实。广汽新能源智能生态工厂、乐金显示 OLED、百济神州等多个项目投产，金融、医疗、汽车、智能制造、建筑等领域为人工智能、区块链、5G 等新技术开辟应用场景，数字娱乐、"网红经济"方兴未艾，新产业、新业态、新模式快速壮大将为广州市经济高质量发展注入新动力。

三　政策建议

面对国际国内经济影响、全面建成小康社会硬任务和城市的国际国内坐标、世界方位，广州应危中寻机、聚焦重点，精确保障、精准发力，加大"六稳"工作力度，全面落实"六保"任务，把因疫情减少的时间、影响的产值、耽误的进度抓紧补回来、追上去，把因疫情孕育的新技术新产业新业态新模式牢牢抓住、做大做强，努力跑出经济社会发展的加速度、质量效益的大跨越。

（一）聚焦夺取疫情防控和经济社会发展"双胜利"，加快建立与疫情防控相适应的经济社会运行秩序

科学精准做好疫情防控。积极稳妥应对境外疫情蔓延和复工复学、重大节假日人员聚集带来的风险挑战，健全及时发现、快速处置、精准管控、有效救治的常态化防控机制。把严防境外输入作为疫情防控的重中之重，筑牢口岸检疫防线，快速精准识别和管控风险点风险源，做好入境人员分类转运、集中隔离、生活服务和健康监测，形成疫情防控闭环。继续压实疫情防控社区党组织、村居、业委会、物业公司属地责任和机关、企事业单位主体责任，确保疫情不反弹。

推进全面复工复产达产。围绕产业链受损、供应链受阻、资金链紧张等问题，用足用好各级扶持政策，抓重点、补断点、疏堵点，优服务、解难题、强预期，稳住经济基本盘。全面落实"五个一"工作机制，及时协调解决企业用工、原材料、零部件、物流、资金等要素保障问题。加强区域间上下游产销对接，加大"补链""稳链""强链"力度，促进产业链协同复工复产达产。出台减税降费等系列政策措施，切实为企业减负纾困。

（二）聚焦实现经济增长目标任务,千方百计释放内需潜力

多渠道扩大有效投资。着眼于推动高质量发展和更好满足人民群众美好生活需要，引导各类资本加大新基建投资力度。推进5G网络全覆盖。全面铺开智慧灯杆建设。加建充电桩。加快人工智能、区块链等技术在道路交通、停车场等传统基础设施数字化改造中的应用。开展重点项目"攻城拔寨"行动，全力推进重点项目建设。积极争取地方政府专项债支持，推动企业扩大发债融资规模，鼓励金融机构发行疫情防控债，为项目建设提供资金支持。

促进消费回补和潜力释放。出台促进政策，提振汽车、家电等大宗消费。倡导健康消费方式，扩大绿色食品、药品、卫生用品、健身器材的生产销售。开展服务业复苏行动，促进零售、餐饮、会展、交通、物流、文化旅游、健身体育等市场尽快回暖、步入正轨。打造一批夜间经济集聚区和花城"网红打卡地"，继续办好国际美食节、国际购物节等特色品牌活动。推进北京路步行街升级改造，推动天河中央商务区、白鹅潭中心商务区等重点平台能级提升，支持发展智能化、场景化、体验式零售和直播电商等新业态新模式，打造国际时尚之都和国际消费中心。

（三）聚焦增强区域发展核心引擎功能，全力推进粤港澳大湾区建设

共建粤港澳大湾区创新高地。推进大湾区科技人员往来畅通、财政科研资金跨境使用、科研仪器设备通关便利、大型科学设施和科技资源共用共

享、科技园合作共建。深化与港澳生物医药科技创新合作，联合港澳高校设立相关实验室、工程中心和创新中心。鼓励与港澳资本联合成立创投基金，建立适应科技成果转化需求的信贷、保险机制。

推动设施联通机制融通。加快大湾区城市群轨道交通互联互通，推进一批城际轨道项目建设。推动实现大湾区城际公交化。加快与港澳营商环境、金融、民生、质量标准等领域规则对接任务落地落实。推进旅游、卫生、教育、会计、专利代理、仲裁等职业资格互认。

加快产业协同发展。实施协同构建大湾区现代产业体系行动计划。深化穗港澳服务贸易自由化，规划建设粤港澳专业服务集聚区等合作平台。推进金融创新，大力发展资产管理、科技金融、跨境投融资服务、金融要素交易。推动放宽港澳投资者来穗设立银行、证券、保险等持牌金融机构准入。

推进民生互惠合作。推动港澳居民出入境证件数据兼容共享和便利化使用。实施港澳青年来穗发展"五乐"① 行动计划，建设港澳青年创新创业示范基地。放宽港澳来穗办医准入条件，推动港澳在穗医疗、养老机构纳入医保或长护定点范围。加强穗港澳教育交流合作。推动粤港澳游艇自行行。完善大湾区"菜篮子"平台功能，打造全国优质农产品加工进出口集散地。

（四）聚焦激活蛰伏的发展潜能，加快构建开放型经济新体制

打造全球营商环境新标杆。着眼提升市场主体获得感满意度，把营商环境改革作为各级各部门"一把手工程"，全面实施营商环境3.0改革。推行企业投资项目承诺制，推进"一件事"主题套餐服务。加强信用分级分类监管，推行"信易+"便企惠民举措，构建弹性包容的新经济审慎监管制度。学习京沪、对标港新，坚持科技赋能，加快立法保障，做好对标世界银行评估改革。针对办事手续、时间、成本等存在问题，聚焦补短板强弱项，争取后来居上；针对获得电力、办理建筑许可、跨境贸易、执行合同、办理破产等具备创一流的指标，聚力扬优势强强项，争创"广州样本"，加快打

---

① "五乐"指乐游、乐学、乐业、乐创、乐居。

造全球企业投资首选地和最佳发展地。

推进各种所有制经济共同发展。激发国资国企发展活力。构建以管资本为主的国资监管体制，深化国有资本投资、运营公司和"双百企业"综合改革。深化混合所有制改革，支持相关企业加快上市。完善国企市场化运作机制，扩大集团层面职业经理人试点。增强民营经济发展动力。推动民营企业家参与涉企政策制定，动态优化支持民营经济政策举措。强化民营企业和民营企业家合法权益保护。健全要素市场运行机制，加强公平竞争审查和反垄断工作。实施中小企业品牌质量提升工程，加强专精特新、小升规企业梯度培育，促进大中小企业融通发展。持续构建"亲""清"新型政商关系，激发弘扬企业家精神。

推动对外经贸提质增效。大力发展外贸新业态，推进跨境电商综合试验区建设，争取扩大市场采购贸易试点区域，拓展商品保税展示交易。建设全球飞机租赁中心、汽车国际贸易中心。推动举办广州产品海外展，支持企业设立海外营销网络平台，开拓多元出口市场。积极扩大进口，支持南沙保税港区申报国家级进口贸易促进创新示范区。推动金融等服务业扩大开放。加大引智引技引资力度，瞄准产业链关键环节和行业领军企业，着力引进和储备一批引领性、带动力强的大项目好项目。

（五）聚焦增强产业链韧性和竞争力，打好产业基础高级化、产业链现代化攻坚战

强化高端产业引领功能。以实施制造业结构优化、技术创新、基础升级等"八大提质工程"为牵引，大力发展汽车及汽车电子、集成电路、生物医药、超高清视频、软件和信息技术创新应用等先导产业，加快构建更具竞争力的现代产业体系。重点推进建设智能网联新能源汽车产业集群、广汽南方智能网联新能源汽车检测中心。大力发展数字经济，重点规划建设全省首批5G产业园，推出一批特色应用场景，推动"5G＋"应用示范，促进区块链技术在数字金融、物联网、智能制造等领域的应用，打造国家区块链先行示范区。大力发展生物医药产业，聚焦临床救治和药物、疫苗研发、检测技

术和产品、病毒病原学和流行病学、动物模型构建等主攻方向，构建生物安全产业体系。加快建设集成电路公共服务平台，实施"强芯"工程，培育引进一批设计、制造、封装和测试等行业龙头企业。建设国家超高清视频应用示范区，推进超高清视频和智能家电产业集群发展。

强化现代服务业支撑功能。推动生产性服务业向专业化和价值链高端延伸、生活性服务业向高品质和多样化升级。加快建设国际金融城、南沙国际金融岛、海珠广场文化金融商务区。推广复制绿色金融改革创新经验，加快发展供应链金融。推动专业服务业提升能级，大力发展专业服务平台经济，支持网络协同设计、虚拟仿真、在线三维打印等加快发展。发展现代物流与供应链管理，提升广交会辐射面和影响力，推动海丝博览会升格为国家级展会。放宽市场准入，引导更多社会资本进入健康、养老、育幼、家政、体育等领域，提升多层次多样化供给能力。支持发展互联网医疗、在线办公、在线教育、数字娱乐等新业态新模式。

（六）聚焦增强科技创新策源功能，加快建设科技创新强市

强化创新平台建设。推进人类细胞谱系、冷泉系统、高超声速风洞、极端海洋科考设施等四大科学装置预研项目立项。加快建设南方海洋科学与工程、再生医学与健康、人工智能与数字经济等省实验室。积极承接国家和省重大科技专项，实施新一批重点领域研发计划，突破一批"卡脖子"关键核心技术。

优化创新生态环境。开展合作共建新型研发机构经费负面清单管理试点。探索赋予科研人员科技成果所有权或长期使用权。建立最严格的知识产权保护制度，优化知识产权运营服务，创建知识产权强市。深入实施广聚英才计划，开展技术移民试点，建设国家级人力资源服务产业园。发挥科技成果产业化引导基金作用，推动企业与多层次资本市场有效对接。

提升企业自主创新能力。分层分类培育和服务科技创新企业，打造一批创新型企业集群。支持大中型骨干企业建设技术创新中心、企业研究院和重点实验室。持续实施高新技术企业树标提质行动，支持高新技术企业挂牌上

市，促进企业数量和质量稳定增长。提升科技型中小企业"办大事"能力，培育一批具有长期发展潜力和核心竞争力的隐形冠军。

参考文献

习近平：《在中央政治局常委会会议研究应对新型冠状病毒肺炎疫情工作时的讲话》，《求是》2020年第4期。

《习近平在浙江考察时强调：统筹推进疫情防控和经济社会发展工作 奋力实现今年经济社会发展目标任务》，《人民日报》2020年4月2日第1版。

广州市统计局：《2019年广州市经济运行情况》，2020年1月23日，http：//tjj. gz. gov. cn/tjfx/gztjfx/content/post_ 5642544. html。

B.24
2019年深圳先行示范区建设情况及2020年发展计划

深圳市人民政府发展研究中心 *

摘　要： 本报告对2019年深圳先行示范区建设情况进行了分析，包括率先建设体现高质量发展要求的现代化经济体系、打造高质量发展先行示范区，率先探索先进的社会主义制度文明、打造彰显公平正义的民主法治先行示范区，率先发展社会主义先进文化、打造彰显文化自信的先行示范区，率先践行以人民为中心的发展思想、打造幸福中国的先行示范区，率先建设美丽中国的城市范例、打造人与自然和谐共生的生态文明先行示范区。提出了2020年的发展计划，即要全面落实纵深推进先行示范区建设各项工作；着力做好"六稳"工作，加快落实"六保"任务；加快打造开放发展新格局；全力推动法治政府示范创建；加快建设区域文化中心城市；在"学有优教"方面久久为功；统筹推进医疗先行示范及治理体系和治理能力现代化建设；贯彻统筹抓好疫情防控和经济社会发展工作；全力提升生态环境管理现代化水平。

关键词： 深圳先行示范区　粤港澳大湾区　高质量发展

---

* 执笔人：员青，深圳市政府发展研究中心经济发展处副处长。

2019年8月，中共中央、国务院发布《关于支持深圳建设中国特色社会主义先行示范区的意见》（以下简称《意见》），标志深圳开启了中国特色社会主义伟大实践的新征程。深圳紧紧围绕统筹推进"五位一体"总体布局和协调推进"四个全面"战略布局，坚持以供给侧结构性改革为主线，践行高质量发展要求，深入实施创新驱动发展战略，抓住粤港澳大湾区建设重要机遇，增强核心引擎功能，朝着建设中国特色社会主义先行示范区的方向前行，努力创建社会主义现代化强国的城市范例。

一 2019年深圳先行示范区建设情况

坚持以粤港澳大湾区建设为纲，以深圳先行示范区建设为总牵引、总要求，迅速出台《深圳市建设中国特色社会主义先行示范区的行动方案（2019～2025年）》，系统部署127项具体工作，主动对标全球最高最好最优最强，拿出超常规举措，付出超常规努力，在先行示范区建设的起步之年取得了优异成绩。2019年全市生产总值超过2.6万亿元、增长6.7%；辖区公共财政收入9424亿元，其中地方一般公共预算收入3773亿元、增长6.5%；规模以上工业企业利润总额增长超过10%，先进制造业增加值占规模以上工业增加值比重超过70%。

（一）率先建设体现高质量发展要求的现代化经济体系，打造高质量发展先行示范区

坚持将创新作为城市发展的主导战略，坚持全面深化改革，努力构建更加完善的产业链、更具活力的创新链、更有弹性的供应链、更为高端的价值链，全面提升城市经济辐射力、资源配置力、产业带动力、可持续发展能力。

一是实施新一轮创新驱动战略。综合性国家科学中心建设硕果累累。光明科学城以"科学＋城市＋产业"为发展规划，创新资源加速集聚，脑模拟与脑解析、合成生物研究两个大装置已动工建设，成功筹建广东省石墨烯创新中心，中国科学院深圳理工大学正在加快筹建。深港科技创新合作区加

强与香港在科技创新和科研管理制度方面的规则衔接，已在集成电路、生命健康与生物医药、人工智能、新材料等领域集中签约了一批项目，金砖国家未来网络研究院中方分院等84个项目在合作区落地。科技供给侧结构性改革成效显著。出台科技计划管理改革"22条"，把更多人、财、物向科技创新一线倾斜，最大限度激发科研人员的创新活力。推行项目推荐"悬赏制"、评审专家"邀请制"、项目评审"主审制"、项目经费"包干制"。确立并执行每年不低于30%的财政科技专项资金投向基础研究和应用基础研究的长效机制，鼓励社会资本投向基础研究，预计全年全社会研发投入占全市GDP比重4.2%，PCT国际专利申请量、有效发明专利五年以上维持率均稳居全国城市首位。

二是加快构建更具国际竞争力的现代产业体系。开展关键核心技术攻坚行动。围绕高端通用芯片、电子元器件、机器人、科学仪器、大型医疗器械等领域的"卡脖子"技术和关键零部件，采取悬赏揭榜，面向全球征集科研团队协同攻关。优选集成电路EDA、5G射频器件、7T人体磁共振成像系统三个"卡脖子"环节先行开展重大攻关，编制形成重大装备及核心零部件研制专项实施方案，增强"硬科技"创新能力。推动战略性新兴产业高质量发展。布局5G、人工智能、4K/8K超高清视频、集成电路、生物医药等产业，按照"五个一"工作机制，对集成电路、机器人等关键产业链实施"一链一案"大力扶持，对重点高新技术企业实施"一企一策""一企一专班"精准服务。大力推动总部经济发展，推动京东集团、美团、字节跳动等11个总部项目落户，全年新核定总部企业42家、累计达224家。全年新增国家级高新技术企业2700多家，总量超过1.7万家，位居全国第二。

三是高水平对外开放新格局加快形成。高水平筹办2019深圳全球招商大会。邀请600余名海内外嘉宾出席，梳理30平方公里的产业用地面向全球招商，隆重推介深圳产业发展重点领域、前沿方向和系列扶持政策，共签约128个项目，总投资超过5600亿元。全力推动粤港澳大湾区建设。持续深化深港合作，加快推动深港口岸经济带、沙头角深港国际旅游消费合作区规划建设。深化与广州战略合作，签署两市战略合作框架协议，印发两市合作第一批重点项目（事项）清单。推动深莞惠经济圈（3＋2）联动发展，认真筹备第十二次联席会议，主动融入全省"一核一带一区"区域发展新格局。积极参与"一带一路"建设。印发实施"一带一路"建设三年行动方案（2019～2021年），对沿线国家和地区出口额增长13%。实施机场口岸外国人144小时过境免签政策，新增罗马、特拉维夫等15条国际航线，国际客运通航城市总数达60个，机场旅客吞吐量突破5000万人次，其中国际旅客吞吐量超过500万人次、增长32%。

四是推动全面深化改革向纵深发展。重大改革事项亮点纷呈。新一轮住房制度改革加快实施，明确提出建立"高端有市场，中端有支持，低端有保障"的住房供应体系，制定人才住房、安居型商品房、公共租赁住房三大配套政策。深化投资审批制度"深圳90"① 改革，通过将坐等审批改为主动下达、将前置许可改为并联审批、将以批代管改为信用承诺等，目前社会投资、政府投资工程建设项目的审批时间已分别缩短至30个和41个工作日以内。医疗卫生体制改革持续深化，"三医联动"改革、药品和医用耗材集中采购改革等一批示范经验在全国全省推广，25个集中采购试点药品平均降价52%。多措并举尽最大力度减轻企业负担。在完成国家减税降费"规定动作"的同时，再推出一批含金量高、撬动力强的"自选动作"。2019年新增减税降费超过1100亿元，占深圳全年GDP的4.23%，占全国减税降费总额（2.3万亿元）的4.8%。制定工商业用电降成本办法，累计降低工商业用电成本29亿元；减免不动产登记费等行政事业性收费10项，减半征收地方教育附加等政府性基金等3项，为企业和社会减负超过16亿元；成立1000亿元的民营企业纾困基金，组织实施中小微企业无还本续贷奖励、过桥资金贴息等系列政策，2019年新增民企信贷340余亿元。

---

① "深圳90"改革，即建设项目从立项到施工许可办理完成，政府部门的总审批时间不超过90个工作日。

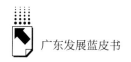

（二）率先探索先进的社会主义制度文明，打造彰显公平正义的民主法治先行示范区

坚持全面推进依法治市、深化行政体制改革，努力健全更加有效的民主监督机制、更加长效的法治保障机制、更加高效的行政管理机制。

一是推进全面依法治市工作走深走实。谋划落实中国特色社会主义先行示范区意见。起草《关于支持深圳全面推进法治城市示范加快建设中国特色社会主义先行示范区的意见》，提出 32 项改革举措，并于 2019 年 12 月向司法部部长傅政华汇报。围绕"法治城市示范"目标，提出法治建设领域争当先行示范区 118 项创新举措。高质量推进重点领域立法。加快住房制度改革配套政策落地，起草《深圳市公共租赁住房建设和管理办法》《深圳市安居型商品房建设和管理办法》《深圳市人才住房建设和管理办法》，对公共租赁住房、安居房、人才房的规划、建设、分配、管理等进行系统规范。起草《深圳经济特区优化营商环境若干规定》，通过法治化手段，破解当前营商环境的痛点难点问题；修订《深圳经济特区前海深港现代化合作区条例》，优化提升前海合作区功能，为打造深港合作 2.0 版本提供制度支撑。

二是用心用情用力不断优化政府管理和服务。深化以企业注册便利化为核心的商事制度改革。按照"并联审批、分类处理、容缺受理"的原则实施流程再造，全面提高审批效率。优化企业开办流程，全面取消银行账户许可，目前企业开办时间在 2 个工作日内完成，接近新西兰、中国香港等营商环境排名前 5 经济体的水平。2019 年新登记商事主体 50 多万家，总量超过 320 万家，居全国第一。实施最严格的知识产权保护。针对知识产权保护"举证难、周期长、赔偿低"难题，推出全国首部综合类知识产权保护条例《深圳经济特区知识产权保护条例》，在提高知识产权损害赔偿标准、加大惩罚性赔偿力度、合理分配举证等方面先行先试，努力构建最严格的知识产权保护环境。同时，成立国家级知识产权保护和运营双中心，着力打造知识产权强市样板平台。2019 年查处知识产权违法案件 975 件，同比增长

29.1%，破获全国首宗利用"微信公众号＋云服务器"实施的网络侵犯版权案。

三是加快提升社会治理的现代化水平。政务服务智慧化水平显著提升。以政务服务大厅为重要平台推进政务服务实现"一码管理、一门集中、一窗受理、一网通办、一号连通、一证申办、一库共享、一体运行"。目前全市99.3%的政务服务事项实现集中进驻，98%的行政审批事项实现网上办理，94%的行政许可事项实现"零跑动"，在2019年全国重点城市网上政务服务能力排名中位列第一。推出全市统一政务服务App"i深圳"，累计整合近4700项政务服务事项，居全国前列，为市民提供"千人千面"的精准化服务。大力推进社会信用体系建设及应用。率先实施企业"信用画像"新型监管机制，在全国率先根据企业经营指数、合规指数、履约指数、荣誉指数4个维度指标，建立企业信用图像，开展信用评级。目前，已完成204万家企业的信用图像评级。建立食品药品、安全生产、税收金融等21项消费违约领域个人诚信记录制度和个人信用信息数据库，依托广东省政务信息资源共享平台，建立个人公共信用信息的互联、互通、互查机制。

（三）率先发展社会主义先进文化，打造彰显文化自信的先行示范区

面对世界文化多样性深入发展，坚持举旗帜、聚民心、展形象，努力提升城市文化的创造力、生命力、传播力和国际影响力。

一是城市精神文明建设质量显著提高。"两城一都"建设成效显著。首届粤港澳"共读半小时"、"阅在深秋"和"图书馆之夜"系列阅读推广活动顺利开展。全市315家公共图书馆、245台自助图书馆和51座书香亭纳入"图书馆之城"统一服务平台。第三届中国设计大展及公共艺术专题展展出作品476件（套），吸引30余万人次参观。对外和对港澳文化交流持续深化。成功举办第三届深圳"一带一路"国际音乐季，41个国家和地区的1076位优秀艺术家带来30场精彩演出和活动。赴港参加粤港澳大湾区演艺交流会，邀请港澳粤剧演员来深演出，深港澳文化交流更加深入。组团赴

瑞典、德国等国参加文化活动，拓宽对外文化交流领域。全年共组派对外交流团组 123 批，引进文化交流项目 43 个。

二是城市文化产业竞争力显著提高。产业集聚发展成效明显。成功举办第十五届中国（深圳）国际文化产业博览交易会，50 个国家和地区的 132 家海外机构参展，780 万人次参与，展会影响力进一步提升。南山区和华强方特入选第三批国家文化和科技融合示范基地。深圳－爱丁堡、深圳－布里斯班、深圳－帝国郡等国际创意孵化中心持续开展对接交流活动，成功举办"一带一路"中墨文化经贸合作对接会等。全市域旅游示范区创建加快推进。深入开展滨海旅游综合策划和概念规划研究。加快推进东部华侨城、大鹏所城、甘坑新镇等华侨城集团在深文旅项目品质提升。推动新大旅游项目、金沙湾国际乐园、融创冰雪综合体、小梅沙片区等重大旅游项目建设，旅游产品体系进一步丰富。"海上看深圳"游船项目新航线开通运营。深圳机场口岸正式实施外国人 144 小时过境免签政策，游客出入境更加便利。

（四）率先践行以人民为中心的发展思想，打造幸福中国的先行示范区

坚持在发展中保障和改善民生，让人民群众享有更稳定的工作、更满意的收入、更优质的教育、更高水平的医疗服务、更可靠的社会保障、更舒适的居住条件。

一是在"学有优教"方面锐意进取。解决教育民生问题成效显著。新改扩建中小学校 28 所，新增公办中小学位 5.2 万个。全年新增幼儿园学位 2.1 万个，公办园和普惠园在园儿童占比突破 80%。大班额化解成效显著，全部消除超大班额（65 人以上）现象。特殊教育资源不断扩大，全市已建成 8 所特殊教育学校，实名登记残疾儿童少年义务教育入学率达到 95% 以上。高等教育创新发展取得新突破。出台《关于推进深大等 4 所高校高水平大学建设总体方案》，2019～2021 年市财政将安排 44 亿元专项支持经费。清华大学深圳国际研究生院正式挂牌设立；中山大学·深圳校区建设加速，2020 年将逐步启用；海洋大学、创新创意设计学院列入先行示范区建设战

略规划；中国科学院深圳理工大学获教育部同意纳入广东省高校设置"十三五"规划；北大剑桥学院落户前海。

二是在"病有良医"方面善做善成。优化医疗服务体系取得新进展。推进建立以"区域医疗中心＋基层医疗集团"为主体的整合型医疗服务体系，21家区域医疗中心、15家基层医疗集团正常运作，"整合型医疗服务体系建设"案例荣获2019年"广东医改十大创新典型"。完善基层医疗集团运营体制机制，出台推进医院－社康融合发展10项举措，建设社区医院2家，新增社康机构49家，新增全科医生577名，每万人全科医生数提升至3.12名。改革市属医院专家进社区制度，组建13个医防融合专家工作组，专家进社区实现公立社康机构全覆盖。公立医院高质量发展实现新突破。现代医院管理制度试点加快推进，指导18家医院开展试点工作，指导61家公立医院制订医院章程，香港大学深圳医院经验做法获国家肯定推广。"三医联动"改革持续推进，9家试点医院实行按疾病诊断相关分组（DRG）付费，40家三级医院接入市级DRG综合管理平台并上传数据。国家基本药物制度综合试点稳步推进，25种国家"4＋7"集中采购药品价格平均降幅52%。市属医院财政补偿机制不断优化，门诊人次、住院床日平均财政补助标准分别提高至42.6元、312.5元。医药费用增长得到有效控制，个人现金卫生支出占卫生总费用的比例降至14.42%，达到全国最低水平。

三是全覆盖可持续的社会保障体系加快建成。基本民生保障得到新加强。低保标准提升至每人每月1160元，属全国最高水平。及时足额发放低保金、特困人员供养金、孤儿养育费等各类救助资金，确保困难群体、特殊群体的基本生活保障到位。着力提升社会救助精准化、精细化水平，居民家庭经济状况核对信息平台一期建设顺利推进，《深圳市居民家庭经济状况核对办法》和《深圳市最低生活保障办法》进入报请市政府审议环节。养老服务发展夯实新基础。出台《关于构建高水平养老服务体系的决定》，明确养老服务长远发展的系列方向性、长远性、原则性制度安排。社区长者助餐服务稳步发展，全市已建成长者饭堂和助餐点149家，深圳获批成为全国第

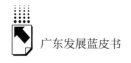

四批居家和社区养老服务改革试点城市。积极推进市养老护理院新型事业单位、南山区福利中心二期 PPP 改革。深入推进医养融合发展，全市 45 家养老机构实现医养结合，超过 95％ 的社区日照中心与社康中心等基层医疗机构建立医养结合机制。

（五）率先建设美丽中国的城市范例，打造人与自然和谐共生的生态文明先行示范区

始终坚持"绿水青山就是金山银山"，努力构建更加安全高效的生产空间、更加舒适宜居的生活空间、更加山清水秀的生态空间。

一是坚决打赢污染防治攻坚战。决战决胜水污染治理。坚持深莞茅洲河、深惠淡水河"每月一会"，开展流域联合交叉执法"百日行动"；建立全部 378 个入海排口"一口一档"。至 2019 年累计建成污水管网 6274 公里，完成小区正本清源改造 13793 个，提升污水处理能力至每日 748 万吨，补齐近四十年的历史欠账。通过综合治理，五大河流全面达标，310 条河流水质全面提升；近岸海域水质综合污染指数同比下降 12.6％；饮用水源 100％ 稳定达标。深入推进"深圳蓝"可持续行动计划，实施"八大工程" 63 个项目，提前淘汰老旧车 8 万辆，率先实施轻型车国六排放标准；17 台燃气电厂机组排放达到世界最优水平；岸电使用率达 6.1％，创历史新高。大力推进"无废城市"建设，高规格承办全国建设试点启动会，编制并印发创建方案，围绕生活垃圾等六类固体废物和制度、技术等四大体系，安排 100 项任务。

二是生态文明体制改革纵深推进。完善生态环境损害赔偿制度，与信隆公司签订全省首单近 1400 万元的生态环境损害赔偿协议，入选全国生态环境损害赔偿磋商典型案例；首家环境资源法庭挂牌，全市环境资源案件实行集中管辖；开展生态系统生产总值（GEP）核算制度研究，初步建立指标体系和技术方法。落实最严密环保法治。完成《深圳经济特区生态环境保护条例》修订草案；深入开展"利剑三号"专项执法行动，查处违法行为 2296 宗，处罚 1.55 亿元。加速推进智慧管控，对标一流，按照"一中心、

四平台"建设要求，对接感知设备3003套，汇集82亿多条数据，建成指挥中心大厅，初步实现全市生态环境一体化智慧管控。

二　发展计划

2020年是深圳经济特区建立40周年，是建设粤港澳大湾区和深圳建设中国特色社会主义先行示范区全面铺开、纵深推进的关键之年，深圳必将以永不懈怠的精神状态和一往无前的奋斗姿态，奋力谱写中国特色社会主义先行示范区的壮丽篇章。

一是全面落实纵深推进先行示范区建设各项工作。按照"十个先行示范"的要求把先行示范区研究谋划做实做细。全面落实先行示范区建设六年行动方案，出台三年重点工作计划，梳理2020年工作要点，形成远、中、近期相结合的工作规划计划体系。加快谋划制定各领域专项工作方案，推动国家有关部门尽快出台前海、深港科技创新合作区、综合性国家科学中心等专项方案，配套形成"1＋N"政策体系。针对《意见》明确提出的任务，组织开展一批重大课题研究，形成一批研究成果，转化成一批项目建设方案。对标全球先进城市，研究制定先行示范区指标体系。开展与全球标杆城市对标研究，主动对标纽约、东京、伦敦、巴黎、香港、新加坡等世界顶尖城市，找准深圳的差距和短板，学习借鉴标杆城市的先进经验。对标最高最好最优最强，制定先行示范区指标体系，细化量化年度目标、时序安排，高标准、高要求、高质量推进先行示范区建设。

二是着力做好"六稳"工作，加快落实"六保"任务。打好产业基础高级化、产业链现代化攻坚战。以全球招商大会为牵引，建立特定的招商引资机制，制定精准的配套政策，引进一批产业生态的头部企业，补齐产业链缺失薄弱环节，推动产业向"高端""高新"方向发展。全力以赴保障就业形势总体稳定。减负稳岗帮助企业共渡难关，保证就业存量，通过社会保险费"免、减、降、缓、返"的阶段性政策，大幅减轻企业负担，预计2020年社会保险费可为企业减负约280亿元，发放失业保险稳岗返还约60亿元。

加大力度支持就业创业，拓宽就业渠道，加大重点群体支持力度，鼓励创新创业，扩大就业增量，预计 2020 年将发放创业担保贷款超 10 亿元，城镇新增就业人数 15 万。

三是加快打造开放发展新格局。找准战略抓手推进"一带一路"建设。做强做大海洋经济，积极发展海洋电子信息、海洋生物、海洋金融等新兴产业。努力扩大"一带一路"朋友圈，探索在战略港口支点建设"前港后城"，布局深圳港"海上丝绸之路"港口网络体系。加强区域协同发展。进一步深化与广州的战略合作，实现"双核驱动、比翼齐飞"，共同做优做强珠三角核心区。加强与中山、珠海、江门等珠江西岸城市合作交流。

四是全力推动法治政府示范创建。加大法治政府建设力度，坚持重大行政决策目录制度，推进市政府常务会议局长讲法活动，建立"深圳法治政府信息平台"，打造行政复议深圳标准。全力抓好中央首次法治政府建设示范创建活动的评选工作，力争深圳创建法治政府示范市取得优异成绩。

五是加快建设区域文化中心城市。开工建设歌剧院、改革开放展览馆、自然博物馆、海洋博物馆、创意设计馆和国深博物馆等"新时代十大文化设施"。加快美术馆新馆、科学技术馆、市文化馆新馆等项目建设进度，稳步推进体育中心提升改造工程、青少年足球训练基地、歌剧舞剧院院址改造等项目。争取国家层面支持国家级博物馆在深圳设立分馆。

六是在"学有优教"方面久久为功。以先行示范为标准，科学编制深圳教育先行示范行动方案和"十四五"发展规划，滚动编制中长期教育发展规划。强化创新引领，探索高密度城市教育用地用房保障新机制，鼓励和指导各区申报先行示范学校、教育先行示范区先行示范项目，将先行示范落实到具体教育制度、体系、标准。

七是统筹推进医疗先行示范及治理体系和治理能力现代化建设。深入构建国际一流的整合型优质高效医疗服务体系，支持医院重点发展专科专病门诊。在基层医疗集团牵头医院开展取消普通门诊综合改革试点，推动医院与社康机构融合发展、医疗与预防融合发展、全科与专科协同服务。推进高水平医院建设，加强高水平医院建设专项资金管理，新增三甲医院 2 家以上。

制定第二轮健康深圳行动计划，完善配套工作机制，推动健康中国、健康广东行动计划落地见效。

八是贯彻统筹抓好疫情防控和经济社会发展工作，进一步织密扎牢民生兜底保障网。强化兜底保障。进一步扎实做好受疫情影响困难群众基本生活保障、"一老一小"等特殊困难人员基本照料服务等工作，确保应救尽救、应帮尽帮。加快构建"1336"养老服务体系，推进实现老有颐养。未来5年将通过实施17项工程、67个项目，构建高水平"1336"养老服务体系。健全低保、临时救助制度和价格临时补贴发放机制。

九是全力提升生态环境管理现代化水平。着力构建零容忍监管执法体系，全面修订《深圳经济特区生态环境保护条例》，制定执法全过程记录等18项监管执法制度。开展"利剑四号"专项执法行动，全面规范涉水工业污染源监管。完善生态环境信访投诉工作机制，重点建设物联感知网络和大数据决策分析系统，加快水质自动监测站等物联感知设备建设，实现全要素的动态监控；加强生态环境大数据集成分析和综合应用。严格执行重点排污单位环境信用分级分类监管，开展环境保护守信激励、失信惩戒联合行动。

参考文献

《深圳市政府工作报告》，《深圳特区报》2020年1月22日。

《中共中央 国务院关于支持深圳市建设中国特色社会主义先行性示范区的意见》，中华人民共和国中央人民政府网站，http://www.gov.cn/zhengce/2019－08/18/content_5422183.htm。

B.25
2019年汕头宏观经济综述及2020年展望

汕头市人民政府办公室*

摘　要： 2019年汕头市三大产业"两稳一快"、产业协同性不断增强、"三驾马车"共同发力、内外需求"一稳两升"，产业结构逐步优化、经济质量稳步提升。经济运行中，需重点关注的问题包括：工业生产加快增长压力大、服务业部分行业加快增长压力较大、固定资产投资后续发力压力较大、消费增长内生动力不强。2020年，汕头市统筹抓好疫情防控和经济社会发展，努力将疫情影响降到最低。同时，持续推进营商环境建设，强力推进有效投入，积极优化经济结构，激发经济发展新动能，强优势，补短板，坚定推动高质量发展，坚决打好三大攻坚战，统筹推进稳增长、促改革、调结构、惠民生、防风险、保稳定，保持经济社会平稳健康发展。

关键词： 产业结构　经济结构　汕头经济

2019年，面对国内外风险挑战明显增大的复杂局面，汕头坚持以习近平新时代中国特色社会主义思想为指导，全面贯彻落实党的十九大及十九届二中、三中、四中全会精神，深入学习贯彻习近平总书记对广东重要讲话和重要指示批示精神，认真落实广东省委、省政府各项工作部署，牢牢把握全面融入粤港澳大湾区建设和支持深圳建设中国特色社会主义先行示范

---

* 执笔人：杨杨，汕头市人民政府办公室市政府研究室一级科员。

区、推动广州实现"四个出新出彩"的重大历史机遇，围绕"加快汕头经济特区发展，建设省域副中心城市，打造现代化沿海经济带重要发展极"的重大任务，坚持稳中求进的工作总基调，以高质量发展为引领，扎实推进供给侧结构性改革，不断深化创新驱动，全市经济运行总体保持平稳，发展质量稳步提升，经济保持在合理区间运行，为全面建成小康社会打下坚实基础。

一　2019年汕头经济运行基本情况

经广东省统计局核定，2019年汕头实现地区生产总值2694.08亿元，同比增长6.1%。其中，第一产业增加值120.88亿元，增长3.0%；第二产业增加值1279.70亿元，增长4.1%；第三产业增加值1293.50亿元，增长8.7%。三次产业结构为4.5∶47.5∶48.0。从三次产业、内外需求、结构效益等方面看，全市经济增长虽然稳中趋缓，但支撑稳增长的因素仍然较多。

（一）三大产业"两稳一快"，产业协同性不断增强

农林牧渔业稳步增长。随着乡村振兴战略和农业供给侧结构性改革的深入推进，农业经济保持平稳发展，全年农林牧渔业增加值同比增长3.8%。主要农产品产量稳步增长，粮食、蔬菜、水果、水产品产量分别增长3.6%、5.0%、6.4%和1.6%。

工业生产保持平稳。2019年，全市完成规模以上工业增加值同比增长2.4%。行业增长面较好。全市规模以上制造业31个大类行业中有21个行业实现增长，增长面达到67.7%，其中10个行业增速超过10%。部分重点行业保持较好增长势头，食品制造业、化学原料和化学制品制造业、造纸和纸制品业、家具制造业等行业增速高于全部规模以上工业。高新技术企业和新上规模企业贡献较为突出。全市460家规模以上工业高新技术企业实现增加值增长6.8%，全市141家新入库的规模以上工业企业实现增加值增长69.8%，成为工业生产稳步扩大的重要力量。

服务业加快发展。2019 年，全市服务业增加值同比增长 8.7%，增速比上年提高 3.7 个百分点，比地区生产总值快 2.6 个百分点，成为全市经济稳增长的压舱石。其中，其他服务业增加值占第三产业增加值比重达到 39.7%，同比增长 14.2%，是服务业增长的最主要动力；批发零售业增加值占第三产业比重 23.7%，同比增长 5.5%，对服务业的增长起到基础性作用；交通运输仓储和邮政业增加值同比增长 13.4%，增速提升明显，成为服务业增长的新动力。与生活和公共服务密切相关的服务业较快增长，教育、文化体育和娱乐业、居民服务修理和其他服务业、卫生业营业收入分别增长 47.0%、20.2%、30.5% 和 15.1%。

（二）"三驾马车"共同发力，内外需求"一稳两升"

固定资产投资保持平稳较快增长。2019 年，全市固定资产投资同比增长 12.9%，2019 年以来连续 10 个月保持两位数增长。基础设施投资持续快速增长。2019 年全市完成基础设施投资 813.01 亿元，同比增长 79.7%，增速比上年提高 51.6 个百分点，占全部投资比重 34.5%，是拉动投资的主要支撑；从项目看，潮阳、潮南练江流域综合整治项目成效明显，市政交通基础设施补短板力度加大，汕湛高速、潮汕环线高速全面铺开建设，牛田洋快速通道、凤东路等重大 PPP 项目建设进度加快。服务业投资增势向好。全市完成服务业投资 1375.85 亿元，同比增长 21.4%，比全部投资快 8.5 个百分点，其中，金融业、文化体育和娱乐业、租赁和商务服务业等现代服务业行业的投资增长加快，分别增长 113.2%、35.8% 和 13.2%；批发和零售业、水利环境和公共设施管理业、卫生和社会工作、教育等与民生密切相关的服务业行业投资同步提速，分别增长 106.0%、87.8%、44.6% 和 40.8%。第一产业投资力度加大。受乡村振兴战略推动，全年第一产业投资同比增长 70.9%，增幅比上年提高 108 个百分点。

消费市场稳中有升。2019 年，全市社会消费品零售总额 1894.34 亿元，同比增长 7.0%。乡村消费快于城镇消费。其中，城镇消费品零售额 1437.88 亿元，增长 6.3%；乡村消费品零售额 456.46 亿元，增长 9.3%。

消费升级类商品增势良好。体育娱乐用品类、化妆品类、书报杂志类、通信器材类商品零售额分别增长15.6%、11.6%、10.8%和8.3%。网络消费保持畅旺。全市限额以上企业通过互联网实现商品零售额同比增长20.2%，快递业务量增长45.8%，业务量在全国排第16位，在全省排第5位。传统商品销售保持较快增长。家用电器及音像制品器材类、粮油食品类、家具类商品零售额分别增长29.9%、17.5%和11.0%。

进出口逆势增长。2019年，全市进出口总额600.5亿元，同比增长8.1%，比上年提高14.9个百分点。其中，出口464.0亿元，增长13.5%，比上年提高23.5个百分点；进口136.5亿元，下降7.1%。对"一带一路"沿路国家及欧盟贸易增长较快。全年对东盟出口增长31.6%，对沙特阿拉伯、印度、巴西等"一带一路"沿路国家出口分别增长52.8%、25.3%和14.8%。主要产品出口保持较快增长。机电产品、玩具产品合计出口额比重近五成，分别增长19.0%和13.8%。

（三）产业结构逐步优化，经济质量稳步提升

产业结构调整优化。先进制造业、高技术制造业较快增长。2019年，全市先进制造业增加值同比增长5.1%，比规模以上工业增速快2.7个百分点，比重达到36.8%，比上年提高4.3个百分点；高技术制造业增加值增长3.5%，比规模以上工业增速快1.1个百分点，比重为6.7%，比上年提高1.1个百分点。

财政金融较为稳健。2019年，全市一般公共预算收入138.23亿元，同比增长5.1%，一般公共预算支出386.80亿元，同比增长17.7%，分别比上年提高17.4个和18.7个百分点。惠民生力度不断加大，教育、科技、社保就业、城乡社区等民生支出同比增长17.4%，占财政支出的比重达到75.9%。2019年末，全市金融机构本外币存款余额3861.01亿元，同比增长7.9%，本外币贷款余额2168.92亿元，同比增长10.9%。

工业企业经营效益向好。规模以上工业利润总额增速不断提升，1~11月，全市工业利润总额同比增长8.7%，比上年同期提高0.9个百分点，比

全省高 4.2 个百分点。

居民收入稳步增加。2019 年，全市居民人均可支配收入 26613 元，同比增长 8.9%，增速比上年提高 0.4 个百分点。其中，城镇常住居民人均可支配收入 31416 元，增长 8.0%，农村常住居民人均可支配收入 17735 元，增长 9.2%，增速比上年分别提高 1 个和 0.2 个百分点。农村人均居民可支配收入增长快于城镇居民，城乡居民收入差距有所缩小。

创新后劲有效增强。创新平台突破性进展，化学与精细化工广东省实验室建设完成方案设计，入驻两个核心院士团队，两项重大科研项目获省科技厅立项支持；省智能化超声成像技术装备创新中心挂牌运作，中国（粤东）知识产权保护中心、汕头广工大协同创新研究院加快建设，中国移动 AI 研究院、中国联通汕头研发中心落地建设，5G 智能制造创新中心启动建设，轻工装备工业互联网平台上线运营。1～11 月全市发明专利申请量 1.80 万件，授权量 1.31 万件，分别增长 12.2% 和 13.1%。市场新生力量不断增强，全市新登记各类市场主体 6.06 万家，其中，新登记企业 1.10 万家。

物价涨幅温和，就业保持稳定。2019 年，居民消费价格（CPI）同比上涨 3.0%，涨幅比上年提高 1.4 个百分点；工业生产者出厂价格指数同比上涨 0.9%，涨幅比上年提高 0.1 个百分点，保持小幅上涨的趋势。全市累计城镇新增就业人数 4.91 万人，城镇登记失业率 2.47%，控制在年度目标范围内。

二 汕头经济运行需重点关注的问题

受产业、行业、区域发展协调性不足等多重因素影响，虽然 2019 年汕头经济运行保持在合理区间，但经济稳增长矛盾较多，下行压力较大，主要表现为以下几个方面。

（一）工业生产加快增长压力大

2019 年以来，全市工业经济下行压力持续加大，对经济的贡献力度减弱。减产面居高不下。2019 年全市规模以上工业减产企业 773 家，减产面达到41.0%，比上年扩大8.3个百分点。支柱产业出口形势严峻。受中美贸易摩擦升级影响，全市规模以上工业累计实现出口交货值同比下降5.2%，比上年回落9.9个百分点；部分支柱产业产品出口遭遇较大困难，其中，出口占比较大的工艺玩具和纺织服装出口交货值分别下降27.5%和2.2%。

（二）服务业部分行业加快增长压力较大

2019年以来，服务业对经济的贡献力度大幅超过工业，但不能忽视部分主要行业出现下滑苗头或不确定因素增多的情况。消费品行业结构不平衡。汽车类和石油及其制品类商品零售额占限上批发零售业商品零售额比重高达72.3%，持续低速增长，难以起到应有的拉动作用；增速较快的商品比重不高，有8个商品类别零售额增速超过10%，但合计零售额比重仅为11.2%。金融业增长乏力。金融机构本外币贷款余额增速基本呈逐月回落态势，由1月末的32.7%回落至12月末的10.9%。房地产市场低迷势头未有起色。商品房销售面积仍处于负增长区间，同比下降18.7%；房地产开发投资增速走低，全年房地产开发投资同比下降23.9%，显示房地产企业信心不足。

（三）固定资产投资后续发力压力较大

制造业投资持续负增长。2019年，全市完成制造业投资同比下降6.3%，降幅比上年回落17个百分点，占工业投资的比重为86.1%，比上年同期下降8.4个百分点；高技术产业投资、先进制造业完成投资分别同比下降13.7%和7.5%。投资项目规模偏小。全市在建项目5983个，其中5000万元及以上在建项目个数仅367个，5000万元以上项目完成投资占项目投资比重仅30.6%。投资规模小而散，对投资保持快速增长的支撑力较为薄弱。

（四）消费增长内生动力不强

2019年以来，汕头市消费增长的热点不足，汽车消费比较低迷，限上批发零售业销售额下降，中心城区支撑力度不足，消费增长速度持续下滑。其中，限上批发零售业销售额下降企业数较多，合计销售额下降两成多。与

房地产市场关联度较高的商品零售额回落明显，其中，五金电料类下降36.5%，建筑及装潢材料类下降13.1%。

总的来看，2019年汕头经济继续保持平稳增长，经济发展的拉动力处于"增减交替、此消彼长"的调整过程中，支撑经济高质量发展的有利因素仍然在不断累积。

三 2020年汕头经济形势分析及预测

2020年是全面建成小康社会和"十三五"规划的收官之年，是加快汕头经济特区发展、建设省域副中心城市、打造现代化沿海经济带重要发展极的关键之年。总体上，汕头经济运行保持平稳的格局没有改变，经济增长基础仍然较为扎实。但是，我们也要清醒认识到，全市经济发展面临的内外部环境依然严峻多变，特别是近期受新冠肺炎疫情的影响，内外需求尤其是消费、投资大幅减少，交通运输、住宿餐饮、旅游等行业受冲击最大，工业生产、房地产业也受到很大影响。

从国际环境看，世界政治经济格局处于经济金融周期加快转换、大国利益复杂博弈、地缘政治冲突加剧等多重因素相互叠加的演化过程中，全球经济进一步疲软，不确定不稳定因素仍然较多。

从国内情况看，我国经济运行稳中向好的格局没有改变，积极财政政策实施空间更大，逆周期调控政策持续加力。行政审批、投资审批以及商事制度改革不断推进，负面清单制度有序推广，市场准入壁垒逐步降低，营商环境持续改善，有利于推进经济运行在合理区间。但新冠疫情发展不确定性增多，国内制造业和房地产投资增速放缓，部分企业经营困难较多，经济下行压力有所加大。

从全省情况看，"双区驱动，双核联动"效应加快释放，营商环境改革深入推进，制造业高质量发展政策效果逐步显现，产业结构转型升级不断推进，企业抵御风险能力持续增强，将进一步稳定市场预期，增强企业信心。但新冠肺炎疫情后续影响难测，中美经贸摩擦错综复杂，企业经营面临较大困难。

对汕头来说，当前产业基础和产业链比较脆弱。缺乏重大产业项目和龙头企业支撑，固定资产投资结构性矛盾突出，投资项目规模偏小，科技研发投入不高，基础研究力量薄弱，加上工业增长空间有限，社会消费品零售总额增速放缓，全市经济运行平稳增长面临较大压力。在新冠肺炎疫情影响下，以劳动密集型民营中小微企业为主体的汕头企业，生产经营面临着更多的困难。工人返汕、工厂复工延迟，原材料、人工、融资成本持续上升，生产活动难以正常进行。后期疫情防控工作持续以及市场信心不足，基础设施、制造业、房地产三大领域的投资在短期内开工项目不多或基本停滞，有效投资和需求都出现一定程度的放缓，都将对汕头市2020年上半年经济造成很大冲击，并对全年经济造成明显的影响。

接下来，汕头将继续坚持以习近平新时代中国特色社会主义思想为指导，全面贯彻落实党的十九大及十九届二中、三中、四中全会精神，深入学习贯彻习近平总书记对广东重要讲话和重要指示批示精神，认真落实省委省政府各项工作部署，统筹抓好疫情防控和经济社会发展，狠抓全面复产复工，努力将疫情影响降到最低。同时，持续推进营商环境建设，强力推进有效投入，积极优化经济结构，激发经济发展新动能，强优势，补短板，坚定推动高质量发展，坚决打好三大攻坚战，统筹推进稳增长、促改革、调结构、惠民生、防风险、保稳定，保持经济社会平稳健康发展，确保全面建成小康社会和"十三五"规划圆满收官！

参考文献

宁吉喆：《中国经济运行呈现十大亮点》，《求是》2020年第3期。

国家发展改革委政策研究室：《世界经济增长仍呈放缓态势 结构性因素制约依然较强》，《求是》2020年第2期。

陈姝含：《疫情不会改变我国经济高质量发展格局》，《中国经济时报》2020年2月10日第2版。

B.26
2019年韶关宏观经济综述及2020年展望[*]

韶关市人民政府^{**}

摘　要： 2019年韶关市经济运行稳中向好，争当北部生态发展区高质量发展排头兵底盘更实，实体经济发展良好，产业转型升级扎实有效，对外贸易提质增效，消费需求持续释放，经济结构持续优化，发展动力持续增强，财政收入较快增长，人民生活明显改善。但经济发展中也存在经济发展速度慢、投资低增长、经济发展后劲不强、创新能力不强、带动经济高质量发展动力不足、县域经济薄弱、中心城区辐射力不足等问题。2019年，韶关市经济运行稳中有进，地区生产总值增速实现了近年来的首次较大回升，大部分经济指标表现出向好的趋势，脱贫攻坚成果丰硕，营商环境持续优化，这种态势将在2020年延续。

关键词： 宏观经济　产业转型　韶关经济

2019年，韶关市坚持以习近平新时代中国特色社会主义思想为指导，深入学习贯彻习近平总书记对广东重要讲话和重要指示批示精神，坚持稳中求进的工作总基调，全面落实广东省委"1+1+9"工作部署和李希书记在

---

　* 本文统计资料来源于《广东省统计年鉴2019》《韶关市2019年国民经济和社会发展统计公报》。
　** 执笔人：杨志明，韶关市发展研究中心（广东省社会科学院韶关分院）办公室主任；廖萍康，韶关市发展研究中心（广东省社会科学院韶关分院）办公室科员。

韶关调研讲话精神，以生态特色优势融入粤港澳大湾区和支持深圳先行示范区建设，扎实抓好就业、金融、外贸、外资、投资、预期"六稳"工作，全面建成小康社会取得新进展，为打造绿色发展韶关样板、争当北部生态发展区高质量发展排头兵，迈出新步伐。

一 2019年韶关经济运行基本情况

（一）经济运行稳中向好

2019年韶关地区生产总值1318.4亿元、在全省排第15位，比2018年增长6%，增速在全省排第12位，比2018年前进5位。分产业看，第一产业增加值174.4亿元、增长5.1%，增幅与2018年持平，比全省4.1%高1个百分点，增速在全省排第6位；第二产业增加值443.4亿元、增长4.5%，与全省持平，增速在全省排第12位；第三产业增加值700.6亿元、增长7.1%，比全省7.5%低0.4个百分点，增速在全省排第9位。

经济运行转好，2019年韶关地区生产总值增速扭转了自2016年以来增速下降的趋势，比2018年同期提高1.7个百分点（见图1）。

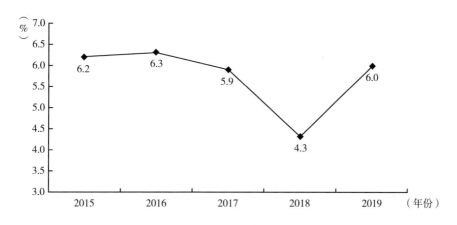

图1　2015～2019年韶关地区生产总值增速

第一、二、三产业分别比 2018 年同期提升 0.1 个、2.9 个、1.4 个百分点。经济运行呈现多点发力、总体平稳、稳中向好的态势。2019 年，全市规模以上工业增加值增速比 2018 年提高 3.2 个百分点；金融机构各项贷款余额由一季度增长 6.4% 提升到 16.1%，增速比 2018 年提高 7 个百分点；进出口总额由 2018 年下降 6.5% 大幅回升到增长 16.8%（见表 1）。从 2019 年全市季度累计增速来看，社会消费品零售总额由一季度增长 6.4% 提升到 8.0%，工业用电量由一季度增长 4.4% 提升到 9.5%。

表 1　2019 年韶关主要经济指标情况

单位：%

指标	2019 年累计增速	2018 年累计增速	2019 年与 2018 年同期累计增速对比
地区生产总值	6.0	4.3	1.7
第一产业	5.1	5.0	0.1
第二产业	4.5	1.6	2.9
第三产业	7.1	5.7	1.4
规模以上工业增加值	4.7	1.5	3.2
固定资产投资	3.6	6.5	-2.9
社会消费品零售总额	8.0	9.4	-1.4
进出口总额	16.8	-6.5	23.3
金融机构各项存款余额	5.1	5.4	-0.3
金融机构各项贷款余额	16.1	9.1	7.0
地方一般公共预算收入	6.7	6.8	-0.1
地方一般公共预算支出	12.8	9.1	3.7
全社会用电量	8.2	11.6	-3.4
其中:工业供电量	9.5	12.7	-3.2

（二）争当北部生态发展区高质量发展排头兵底盘更实

2019 年，韶关市主要指标增速高于或接近全省平均水平。与全省平均增速相比，韶关地区生产总值同比增速比全省低 0.2 个百分点，差距比 2018 年缩小 2.2 个百分点。进出口总额、地方一般公共预算收入、金融机构贷款增速分别比全省高 17.0 个、2.2 个、0.4 个百分点。从主要指标在全省的排位看，韶关地区生产总值、规模以上工业增加值、进出口总额、一般公共预算收入增速指标分别为第12位、第10位、第2位和第4位；与2018年相比，地区生产总值排名上升5位，规模以上工业增加值排名上升9位，一般公共预算收入增速上升4位。

从2019年北部生态发展区经济指标增速横向对比来看，韶关地区生产总值增速与清远市、云浮市持平，高于河源市和梅州市；地区人均生产总值高于河源、梅州、清远、云浮四市；社会消费品零售总额、进出口总额和地方一般公共预算收入三个指标增速在北部生态发展区五市中排名第一。从2019年经济指标纵向对比来看，韶关地区生产总值比2018年同期提高1.7个百分点，梅州市、清远市、云浮市分别提高1.0个、2.1个、2.2个百分点；规模以上工业增加值增速与2018年同期差额高于河源市、梅州市、清远市，仅次于云浮市；各项贷款余额增速与2018年同期差额与清远市持平，高于河源市、梅州市、云浮市（见表2）。

表2　2019年广东省和生态发展区城市经济指标增速对比

单位：%

地区	年份	地区生产总值增速	规模以上工业增加值增速	固定资产投资增速	社会消费品零售总额增速	进出口总额增速	地方一般公共预算收入增速	各项贷款余额增速
全省	2018	6.8	6.3	10.7	8.8	5.1	7.1	15.2
	2019	6.2	4.7	11.1	8.0	-0.2	4.5	15.7
韶关	2018	4.3	1.5	6.5	9.4	-6.5	6.8	9.1
	2019	6.0	4.7	3.6	8.0	16.8	6.7	16.1
河源	2018	6.3	7.8	7.5	8.7	3.9	8.1	13.3
	2019	5.5	6.1	19.3	7.7	11.9	0.7	16.6
梅州	2018	2.4	1.3	-1.5	8.7	1.9	-10.6	19.0
	2019	3.4	1.7	4.0	6.7	-10.4	-5.7	15.4
清远	2018	4.0	7.2	13.2	9.4	25.1	8.6	13.7
	2019	6.1	6.1	12.4	7.7	-3.9	5.9	20.9
云浮	2018	3.9	-0.1	10.8	7.8	-19.2	0.3	8.4
	2019	6.1	6.1	11.4	7.1	1.9	4.9	10.8

注：资料来源于各地区统计局网站，清远市2019年进出口总额为11月累计数据。

（三）实体经济发展良好，产业转型升级扎实有效

2019 年韶关入选第二批全国产业转型升级示范区，三次产业结构为 13.2∶33.6∶53.2，第一、第二、第三产业增加值对地区生产总值贡献率分别为 11.5%、25.8% 和 62.7%，分别拉动经济增长 0.7 个、1.5 个和 3.8 个百分点。

农业生产平稳提升。随着省级现代农业产业园实现县域全覆盖、农业类省名牌产品、"粤字号""善美韶农"等农业区域公用品牌不断创建、高标准农田建设项目和水田垦造全面加快，主要农作物播种面积和产量实现双增长。2019 年粮食产量比 2018 年增长 5.5%、增速比 2018 年同期上升 5.6 个百分点，其中稻谷产量增长 5.9%、蔬菜增长 6.6%、水果增长 6.1%、水产品增长 2.8%。出栏肉猪 199.7 万头，受非洲猪瘟影响比 2018 年下降 14.2%；出栏家禽 3923.2 万只，增长 19%。农林牧渔业总产值 286.9 亿元、增长 4.3%，增速比 2018 年同期下降 0.6 个百分点。农林牧渔业增加值增长 5.1%，其中农业增长 7.0%、林业增长 5.1%、畜牧业下降 3.9%、渔业增长 3.1%。

工业生产稳中有升。2019 年规模以上工业实现增加值 333.56 亿元，比 2018 年增长 4.7%，增速比 2018 年同期上升 3.2 个百分点，超过省下达"规上工业增加值增长 4%"指标，比 2018 年前进 9 位，全省排名第 10。分经济类型看，股份制企业比 2018 年增长 5.5%，国有及国有控股企业增长 4.1%，民营工业增长 8.8%。从主要行业看，七大支柱行业完成增加值 228.5 亿元、增长 6.6%，其中钢铁工业增长 14.1%、机械工业增长 11.6%、电力工业增长 7.6%、玩具工业增长 7.3%、有色金属工业增长 2.1%、烟草工业下降 1.3%、制药工业下降 4%。先进制造业增加值增长 7.7%，装备制造业增加值增长 4.1%。从重点企业看，50 户重点工业企业实现工业增加值 271.7 亿元，增长 3.4%。从产品产量来看，生产成品钢材 818.47 万吨，同比增长 19.8%，其中特钢 66.63 万吨，增长 65%。

服务业持续较快增长。2019 年 1～11 月规模以上其他营利性服务业实现营业收入 20.5 亿元，比 2018 年增长 5.9%。其中商务服务单位增长 51.6%，财会咨询单位增长 13.4%，律师事务单位增长 10.3%，保安服务企业增长 8.2%，广告和市场管理单位增长 5.2% 等。非营利性服务业中的营利活动营业收入 7.53 亿元，增长 13.3%。交通运输、仓储和邮政业增加值增长 4.3%；货运量 22569 万吨，增长 8%；货运周转量 430 亿吨公里，同比增长 9.8%。

（四）对外贸易提质增效，消费需求持续释放

对外贸易明显改善。2019 年韶关外贸进出口总额 182.2 亿元、增长 16.8%，比 2018 年同期高出 23.3 个百分点，增速比全省同期高 17 个百分点，增速在全省排第 2 位。其中，出口 75.2 亿元、增长 3.8%，增速比全省同期高 2.2 个百分点；进口 107 亿元、增长 28.1%，增速比全省同期高 31 个百分点。

居民消费不断升级。2019 年社会消费品零售总额 811.7 亿元，比 2018 年增长 8%，其中限额以上单位消费品零售总额 125.2 亿元、增长 0.3%。零售业完成社会消费品零售总额同比增长 9.7%，拉高增速约 7 个百分点。按经营单位所在地分，城镇消费品零售额 715.6 亿元、增长 7.5%，乡村消费品零售额 96 亿元、增长 12.1%。按消费类型分，餐饮收入 65.9 亿元、增长 7%，商品零售 600.3 亿元、增长 9.7%。龙头景区、红色旅游、乡村旅游协同发力，2019 年接待游客 5331 万人次、收入 512.3 亿元，同比分别增长 11.3% 和 13.1%。

（五）经济结构持续优化，发展动力持续增强

产业结构进一步优化。服务业增加值占比不断提升，第一、第二、第三产业结构从 2018 年 12.8∶34.7∶52.5 调整为 13.2∶33.6∶53.2。工业结构更趋合理，先进制造业增加值增长 7.2%，占规模以上工业比重 35.1%，占比较 2018 年同期提高 3.1 个百分点。民营工业增加值增长 7.2%，占规模以上工业比重 30.0%，占比较 2018 年同期提高 1.1 个百分点。进出口贸易持续

改善,一般贸易进出口占进出口比重70.0%、比2018年同期提高47.7个百分点,高于加工贸易40.5个百分点。现代服务业占比小幅提升,2019年现代服务业增加值占服务业增加值比重为45.5%,比2018年提高3.9个百分点。

园区经济进一步发展。2019年韶关园区规模以上工业企业数300家,实现增加值124.1亿元、增长6.4%,占全市规模以上工业增加值比重37.2%,占比较2018年提高1个百分点,增速比规模以上工业增加值提高1.7个百分点。园区施工项目374个、增长13.7%,完成固定资产投资123.31亿元,年度目标完成率123%,其中基础设施配套投资19.56亿元,年度目标完成率163%。

创新能力进一步增强。韶关国家农业科技园区通过科技部验收,韶关新区和乳源经济开发区升级创建取得实质性进展。市本级科技计划项目经费从2017年1280万元增至2019年1.02亿元,增长8倍以上,全市净增高新技术企业71家,总量达230家。新增企业研发机构50家,亿元以上企业研发机构覆盖率达60%,规模以上企业覆盖率达35%;企业类省重点实验室实现零的突破,利民制药厂被列入省重点实验室。万人发明专利拥有量增长18%。新引进创新创业人才团队6个、产业科技人才664人和丹霞英才119人。

招商引资进一步深化。2019年全市招商引资签约项目268个、合同投资662.3亿元,新开工建设项目152个、新竣工投产项目68个、续建项目76个,完成投资139.7亿元。其中新签约超亿元项目125个、占新签约项目46.64%,合同投资616.2亿元、占新签约项目投资93.04%。引进超亿元项目数量、投资总额同比增幅较大,项目质量不断提高。

(六)财政收入较快增长,人民生活明显改善

财税收入上新台阶。2019年来源于韶关市财政总收入突破300亿元,达300.9亿元,增长12%;地方一般公共预算收入突破百亿元,达101亿元、增长6.7%。税务系统税费收入321.9亿元、增长13.8%,税收收入

206.2亿元、增长4.2%，其中国内税收193.7亿元、增长3.6%，增幅居全省21个市（区）第5位，完成省税务局下达目标，超收8689万元。

就业物价保持稳定。2019年城镇新增就业3.03万人，城镇登记失业率2.11%，同比下降0.19个百分点，控制在年度目标3.5%以内。居民消费价格累计上涨2.9%，涨幅比前三季度回落0.2个百分点。分类别看，服务项目价格上升1.7%，商品零售价格上升2.0%，消费品价格上升3.5%。

居民可支配收入增加。2019年居民人均可支配收入25806元、增长9.0%，增幅比2018年提高0.7个百分点。按常住地划分，城镇常住居民人均可支配收入32634元、增长7.7%，农村常住居民人均可支配收入16940元、增长9.8%。农村居民收入增速高于城镇，城乡收入比进一步缩小。

脱贫攻坚走在前列。扎实推进"八大扶贫工程"，2019年投入精准扶贫资金（全域部分）26.76亿元，各地各级动员社会力量认捐资金到账5593万元。精准扶贫资金（全域部分）支出进度94.54%，其中人均2万元扶贫资金支出进度99.95%。全市共3.25万户8.3万人实现脱贫，脱贫率达98.7%，278个省定贫困村100%达到省退出标准并全面完成出列程序。

二　韶关经济发展中存在的主要问题

（一）经济发展速度慢，与省内发达地区差距拉大

2015～2019年韶关地区生产总值增速连续五年低于全省水平，经济基础薄弱、经济发展较缓慢的局面没有彻底改变。从地区生产总值总量来看，2019年韶关市未达到深圳的4.9%、广州市的5.6%，与珠三角其他地区相比也存在较大差距。从地区生产总值增速来看，深圳、广州、佛山、东莞、珠海市分别为6.7%、6.8%、7.4%、6.9%、6.8%，均高于韶关地区6%的增长速度，差距继续拉大。2019年民营工业增加值占规模以上工业比重为30%，而同期全省已超过50%，经济结构需要进一步优化。2019年底，全市高新技术企业230家，仅占全省高企总量0.4%，只相当于东莞市两个

镇的高新技术企业数量。高新技术龙头企业少，仅有韶钢、东阳光、比亚迪、北纺智造等屈指可数的几家企业。

（二）投资低增长，经济发展后劲不强

2019 年韶关市固定资产投资完成 691 亿元，仅增长 3.6%，比全省低 7.5 个百分点，排名全省第 18 位。从行业看，基础设施投资占比 40.2%，工业投资占比 27.3%，房地产开发投资占比 28.3%，过度依赖政府主导的基础设施投资，产业投资仍然不足。分县（市、区）看，10 个县（市、区）除武江区、曲江区、乐昌市、南雄市、新丰县、始兴县增长外，浈江区、翁源县、乳源瑶族自治县和仁化县为负增长（见图 2）。从北部生态发展区看，清远市 839 亿元、增长 12.4%，河源市 807 亿元、增长 19.3%，梅州市 632 亿元、增长 4.0%，云浮市 378 亿元、增长 11.4%，韶关市 691 亿元、增长 3.6%，在五市中居于末位。

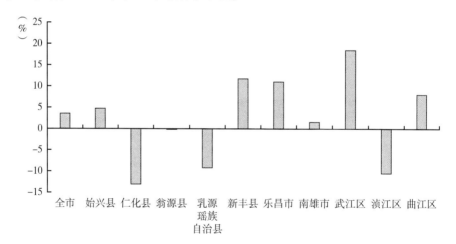

图 2 2019 年韶关市及 10 个县（市、区）固定资产投资增速示意

（三）创新能力不强，带动经济高质量发展动力不足

2019 年高技术制造业负增长，拉低高技术制造业占规模以上工业比重 0.8 个百分点。2019 年韶关市现有存量市级工程技术研发中心 228 家、孵化

器（众创空间）17家、省级新型研发机构6家，科技创新能力弱，研究方向和内容与产业发展需求结合不够紧密，科研成果产出少，与珠三角发达地市相比差距大。企业科技创新一线人才少、占比低，受珠三角"虹吸效应"影响，部分人才特别是高层次人才流入珠三角，现有的规模以上企业科技人员有的不足5人，难以形成创新带动作用。

（四）县域经济薄弱，中心城区辐射力不足

2019年，韶关地区县域生产总值665.2亿元，占全市总量的50.5%、增长6.4%。从7个县（市）看，仅有乐昌市和南雄市的地区生产总值超过100亿元，其他5县不足100亿元，县域经济体量小。中心城区浈江区、武江区、曲江区的生产总值653.2亿元，占全市比重49.5%、增长5.8%，体量不大，增速不快，对县域经济的辐射带动有限。

三 2020年宏观经济分析与预测

（一）全球经济有望小幅上升

当今国际形势，挑战日益严峻，世界一些主要经济体增速放缓。联合国发布《2020年世界经济形势与展望》报告指出，2019年全球经济放缓至2.3%，为近十年来最低增长。经济增长乏力的原因在于，贸易壁垒不断增加，贸易和地缘政治相关不确定性升高，若干新兴市场经济体的宏观经济压力，以及发达经济体生产率增长缓慢和人口老龄化等。当前疫情在全球大范围扩散，已导致不少国家众多行业减产、停产、停工、停学，对全球经济短期内已造成较大危害，疫情扩散与防控持续得越久，对世界经济增长的危害势必就越大。尽管疫情的全球扩散与防控有很大的不确定性，但随着世卫组织及全球各国共同努力抗疫，中国已在抗击疫情中取得了阶段性的胜利，成功控制住疫情在全国蔓延的势头，估计疫情扩散不会延续太长时间。据美国著名经济学家托马斯·弗里德曼预测，如果全球疫情扩散在第二季度被控制

住，世界经济增长将会在 1% ~ 2% 之间，而且被阻碍或压制的需求会使得经济出现一波爆发式反弹；如果全球疫情的控制拖延至第三季度，全球经济增长可能在 1% 以下，但明年经济反弹的可能性仍会存在。

（二）国内经济长期向好高质量增长的基本面没有变

经过 40 多年改革开放，我国经济稳中向好，在全力抗击新冠肺炎疫情阻击战中，中国人民银行表示：近期金融市场走势表明疫情对经济的影响是暂时的，不会改变经济增长向好高质量发展的基本面。2020 年初突发的新冠肺炎疫情对经济发展产生的冲击主要表现在消费、投资和进出口这"三驾马车"。消费方面，2019 年消费在我国 GDP 中的占比约 60%，已经成为经济增长的第一驱动力，这次疫情暴发于春节之前，对消费冲击较大，2020 年消费对 GDP 增长贡献将出现下滑，国家统计局最新数据显示，一季度，全国社会消费品零售总额 78580 亿元，同比下降 19.0%，其中 3 月份同比下降 15.8%、下降幅度有所减小。投资方面，随着不少企业复工复产，疫情对投资影响相对较小，我国大部分制造业基础本就扎实，疫情还可能推动一些项目的建设，如大型医疗基础设施项目等；加上政府对投资的刺激有望加大，预计 2020 年投资对 GDP 增长贡献度将会提升。进出口贸易方面，企业开工放缓，货物出境受限，国外保护主义抬头，国内要素成本优势弱化，一些跨国公司也在调整全球布局，不能忽视疫情与这些困难和挑战共同叠加对我国外贸带来的压力，阶段性冲击不可避免。但疫情影响的短期性对生产要素供给和生产率不会产生长期影响，我国对外开放的进程不会发生逆转，经济发展韧性和潜力仍然强大，作为外商投资重要目的地和外贸大国的长期趋势不会改变。目前，国家统筹做好疫情防控和经济社会发展，针对疫情科学研判精准施策，预计全面建成小康社会和"十三五"规划收官之年的 2020 年国民经济将继续保持平稳运行。

（三）广东经济继续领跑全国

广东省经济总量大、韧性强，产业体系相对完备，2019 年全省地区生产总值 10.77 万亿元、同比增长 6.2%，在全国首个突破 10 万亿元大关，地区生产总值占全国的 10.9%，连续 31 年居全国首位。如今的广东，正迎来粤港澳大湾区建设和支持深圳建设先行示范区的重大历史机遇，全省上下正在充分发挥利用好叠加的"双区驱动效应"，深入落实"1+1+9"工作部署，继续推动经济高质量发展，经济运行总体平稳，发展质量稳步提升。面对新冠肺炎疫情这一突发性公共卫生事件，在全省精准推进二十条具体措施支持企业复工复产，珠三角地区 2 月上旬已在全国率先开始复工复产。疫情对广东产值超万亿元的信息、石化和家电制造行业影响较小，疫情之后新经济的孕育将加快广东省 2019 年产值达 4.31 万亿元、占全省 GDP40% 的信息产业更加壮大。种种迹象表明，广东将会如期实现 2020 年地区生产总值增长 6% 左右的目标。

（四）韶关经济发展持续向好

韶关市 2019 年经济运行稳中有进，地区生产总值增速实现了近年来的首次较大回升，大部分经济指标表现出向好的趋势，脱贫攻坚成果丰硕，营商环境持续优化，这种态势将在 2020 年延续。2020 年省政府工作报告明确加快推动北部生态发展区绿色发展，积极创建广东南岭国家公园、抓好丹霞山综合旅游开发，支持韶关开工建设韶关机场、北江航道千吨级船舶通达、南药基地，做强做优珠江西岸先进装备制造产业带，完善生态保护区财政补偿转移支付制度，出台专门政策支持老区苏区和民族地区加快发展，建设高水平的大湾区"菜篮子"产品生产供应基地等，这一系列举措将有力支撑韶关市 2020 年经济持续发展。尽管当前的新冠肺炎疫情对经济社会产生一些影响，但对韶关市而言，影响主要在第一季度，而第一季度地区生产总值占比向来不高，2019 年仅占 18.5%，低于季度时序的 25%。此外，支撑韶关市经济的主要是工业和投资，本次疫情对韶关市的影响主要集中在批发零售、住宿餐饮、物流运输、文化旅游等占韶关地区生产总值比重不大的行业，约占 3%。工业方面，2019 年韶关市实现规上工业增加值 333.56 亿元、增长 4.7%，全省排名比上一年前进 9 位，按此势头 2020 年规模以上工业增加值增长5%完全可行。投资方面，尽管2019年固定投资完成只有691亿元、增长3.6%，但2020年是韶关市政府确定的"投资年"，已明确韶关新区、曲江区、乐昌市、南雄市、翁源县应完成投资额100亿元，浈江区、武江区（不含韶关新区）、仁化县、始兴县、新丰县、乳源瑶族自治县应完成80亿元作为政府工作内控目标。按此发展，2020年韶关市固定资产投资增速将超10%、超760亿元，接近千亿大关。目前韶关市在加大金融支持、做好税收保障、增加财政补贴、降低用工成本、便利政务服务等五方面推出19条惠企扶企政策，全力把疫情对经济影响降到最低。据此预测，韶关市2020年经济将跟上全省经济发展步伐，实现地区生产总值6%左右的增长速度。

参考文献

中共中央、国务院：《粤港澳大湾区发展规划纲要》，人民出版社，2019。

World Economic Situation and Prospects 2020，United Nations，2020.

马兴瑞：《政府工作报告——2020年1月14日在广东省第十三届人民代表大会第三次会议上》，《南方日报》2020年1月19日，第3版。

2019年梅州宏观经济综述及2020年展望

梅州市人民政府*

摘　要： 2019年，梅州市认真落实"六稳"工作要求，推动经济增长企稳回升；全力改善交通等基础设施，发展条件进一步优化；坚决打好三大攻坚战，三年行动取得决定性进展；持续深化改革开放，创新发展活力动力不断增强；加大统筹力度，城乡协调发展有新进展；千方百计改善民生，社会事业蓬勃发展。统筹做好稳增长、促改革、调结构、惠民生、防风险、保稳定各项工作，全面建成小康社会取得新的重大进展。2020年，梅州将着重抓好有效应对经济下行压力，深化供给侧结构性改革，着力实施创新驱动发展战略，聚焦打赢脱贫、污染防治、防范化解重大风险三大攻坚战，深入实施乡村振兴战略，加快新型城镇化步伐，深化改革开放推进"放管服""数字政府"等重点领域改革，加强生态环境保护和治理，建设文化名城，大力发展各项社会事业等方面的工作。

关键词： 宏观经济　创新发展　梅州经济

一　2019年梅州宏观经济综述

2019年是新中国成立70周年，是广东省委、省政府支持老区苏区振兴

---

* 执笔人：钟焕贤，广东省梅州市人民政府研究室负责人，梅州市哲学社会科学智库专家。

发展、加快推进全面建成小康社会的关键之年。一年来，梅州市坚持以习近平新时代中国特色社会主义思想为指导，深入贯彻习近平总书记对广东重要讲话和重要指示批示精神，全面落实全省推动老区苏区振兴发展工作现场会精神，按照省委、省政府"1＋1＋9"工作部署，统筹做好稳增长、促改革、调结构、惠民生、防风险、保稳定各项工作，推动经济运行稳中向好，全面建成小康社会取得新的重大进展。经广东省统计局统一核算，2019年梅州全市实现地区生产总值（初步核算数）1187.06亿元，比上年增长3.4%，增速提高1.0个百分点；完成一般公共预算收入91.59亿元，降幅收窄至5.7%；全年新增减税降费超过25亿元；居民人均可支配收入达2.29万元，增长8.0%；城镇新增就业2.21万人，年末城镇登记失业率2.26%；居民消费价格指数上涨3.0%。①

（一）认真落实"六稳"工作要求，推动经济增长企稳回升

梅州市有效应对贯穿全年的经济下行压力，着力扩投资促消费稳外贸，持续深化供给侧结构性改革。2019年全市固定资产投资比上年增长4.0%，其中工业投资、技改投资分别增长34.8%和63.5%；社会消费品零售总额增长6.7%，其中电商交易额、快递业务收入分别增长13.0%和10.5%。积极应对中美经贸摩擦，外贸进出口总额降幅收窄至10.2%。加快构建"5311"绿色产业体系，农林牧渔业增加值增长4.2%，规上工业增加值增长1.7%，服务业增加值增长2.2%。传统产业加快转型升级，卷烟生产计划增加3.2万箱，大埔电厂扭亏为盈，塔牌水泥二期基本建成。穗梅产业共建结出硕果，广梅园等园区进一步提质增效，引进亿元以上项目47个；广州市属国企帮扶有力，广州万宝、广州轻工、广汽核心部件等一批项目投产。新兴产业发展态势良好，兴宁互联网产业园、飞翔云计算基地等启动建设，双十科技、瑞冠新材料等项目引进落地创造"梅州速度"，一一五科技、村之翼等互联网企业加速壮大，5个县（市）获评国家级电子商务进农

---

① 资料来源：《2019年梅州国民经济和社会发展统计公报》。

村综合示范县。"客都人家"等文旅项目扎实推进，全域旅游加速发展，旅游接待总人数、总收入分别增长 7.8% 和 9.1%。金融业增加值增长 6.6%，存贷比提高到 60.1%，金融服务实体经济力度进一步加大。嘉元科技、紫晶存储科创板上市，走在粤东西北地区前列。推行政企"双月"沟通座谈机制，落实减税降费政策，深入开展"暖企"行动，协调招工、融资、供地、审批等需求，为企业发展解决了一批困难和问题。

（二）全力改善交通等基础设施，发展条件进一步优化

突出加大交通补短板力度。梅汕客专开通运营，梅州迈入高铁时代。梅龙高铁兴宁梅兴亭隧道先行段动工建设，瑞梅铁路基本完成前期工作。梅平高速公路建成通车，市区到县城全部通达高速，累计通车里程达 603 公里；丰华、大潮等 4 条在建高速如期推进；国省道改造年度任务顺利完成，梅畲快线建成通车。加密航班优化航线，机场吞吐量达 67.3 万人次，增长31.3%；加强了对梅州机场迁建前期工作的组织协调。水利、能源、信息等基础设施项目加快建设。梅州（五华）抽水蓄能电站、韩江高陂水利枢纽工程超额完成年度投资计划。帅乡变电站等 12 项输变电工程建成投产，全市主干电网进一步完善，农村电网加快改造。西气东输三线工程梅州段试投产，粤东天然气主干管网梅州段超额完成年度投资计划。全市光纤入户率达90.5%，超额完成 5G 基站年度建设任务。国家储备林基地首期工程顺利启动。

（三）坚决打好三大攻坚战，三年行动取得决定性进展

坚决打好防范化解重大风险攻坚战。树立长期过"紧日子"思想，一般性项目支出压减了 5% 以上。规范政府举债融资行为，全年无新增隐性债务，收回一批结余结转资金，全市暂付款挂账规模总体下降。银行业不良贷款率保持在全省较低水平。"问题楼盘"专项治理成效显现，房地产市场总体平稳。坚决打好脱贫攻坚战，实施帮扶贫困户项目 63.7 万个、劳动力技能培训 10 万人次、转移就业 2.4 万人，贫困人口脱贫率 99.7%。省定相对

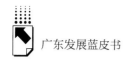

贫困村退出 332 条、退出率 95.1%，其中广州对口帮扶 272 条村退出率 96.3%。坚决打好污染防治攻坚战，中央及省级环保督察案件全部办结。74 座镇级垃圾填埋场完成关闭或搬迁等整治验收。周溪河、黄塘河水质净化厂正式通水，梅兴华丰产业集聚带 6 座污水处理厂加快建设，新建镇村级污水处理厂 143 座，新增镇村级污水管网 449 公里，全市城市黑臭水体基本消除，河流国考和省考断面年平均水质达标率、优良率均达 100%。提前完成县级饮用水水源地环境问题整治，县级及以上饮用水水源地水质达标率保持 100%。城区空气质量优良率 98.9%，连续四年居全省第一。全面规范畜禽养殖禁养区划定和管理，全市畜禽粪污综合利用率达 68% 以上。5 个县（市、区）基本建成病死畜禽无害化处理中心。河（湖）长制全面落实，"五清""清四乱"专项行动成效明显，丙雁大堤景观提升工程入选万里碧道省级试点。

（四）持续深化改革开放，创新发展活力动力不断增强

梅州以自我改革的勇气，深入推进"放管服"改革，完成年度改革重点事项 45 项。市级权责事项压减调整 2868 项，企业投资项目承诺制审批落地实施，企业开办全流程时间压缩至 1 个工作日内，全市新登记各类市场主体 4.32 万户。工程建设项目审批、不动产登记、水电气网等报装接入服务等改革走在粤东西北地区前列。"数字政府"改革建设加快推进，"粤省事"实名注册率、高频政务服务事项落地和本地特色事项上线均居全省前列，"粤商通"梅州专版首批上线。完成市县机构改革，事业单位分类改革扎实推进。新设立市国资委、市机关事务管理局，市属国有经营性和非经营性资产管理得到强化。深化国企改革，组建金雁工业、嘉城建设、嘉应控股和客都文旅"3＋1"市属国有集团并挂牌运营。完成蕉华管理区体制改革，蕉华大健康产业园起步良好。雁洋等镇（街）体制改革试点成效明显。扩大对外开放，与前海、南沙、横琴自贸区签订合作协议，推动广东－新加坡合作理事会首次将梅州市合作事项纳入议题。梅州综合保税区、国家级高新区申报取得新进展。"三院一基地"进展顺利，市人民医院（市医学科学院）

成为国家药物临床试验机构，市农林科学院完成组建方案，梅州产业技术研究院引入省科学院科研力量，仲恺广梅研究院、微软创新学院等挂牌成立，引进航天育种、华师昆虫研发中心等科技创新平台。全年新认定高新技术企业50家，总量达229家。新认定国家级科技企业孵化器1家、国家企业技术中心1家和省级新型研发机构3家，新建院士工作站4家，省级以上研发平台增加至110家，规上工业企业设立研发机构比例提高到35%。

（五）加大统筹力度，城乡协调发展有新进展

坚持农业农村优先发展，强力实施乡村振兴战略。新增1个国家级和7个省级现代农业产业园，新增1家国家级和24家省级农业龙头企业。稻鱼（蛙）共生、"陈小鸽"特种养殖等富民兴村产业加快发展。利用央视及网红等新媒体推介梅州柚，引入顺丰、绿盟等加工、销售企业，推动柚子产销两旺，大埔蜜柚、梅县金柚、平远脐橙入选省特色农产品优势区。坚持富林兴农，新增2家国家级和6家省级重点林业龙头企业，梅县区入选全国森林康养基地试点建设区。深入实施"粤菜（客家菜）师傅"工程，培训约1700人。粤港澳大湾区"菜篮子"梅州配送中心挂牌运营，启动广新控股集团梅州50万头生猪养殖项目。超额完成供销系统助农服务示范体系年度建设任务。实现村庄规划全覆盖，基本完成农村"三清三拆三整治"，60%以上村庄建成干净整洁村，132个省定相对贫困村基本建成新农村示范村。深入推进厕所革命，农村无害化卫生户厕普及率达99%以上。农村生活垃圾有效处理率、村庄保洁覆盖率均达100%。"四好农村路"建设任务顺利完成。垦造水田全部施工，拆旧复垦交易指标、获得资金均居全省第一。加快构建"五星争辉"发展格局，中心城区控制性详细规划编制全面推进，完成城市CI设计。嘉应新区江南新城、芹洋半岛完成年度投资88亿元，1.14万套安置房全部建成，主要道路、综合管廊和"两馆两场"主体工程基本建成。江南新城航空限高一体化调整方案获批。梅县新城提质加速，江北老城历史文化街区修缮保护工程基本完成。启动"美好环境与幸福生活共同缔造"活动试点项目，梅江区新中苑老旧小区改造一期工程顺利完成。

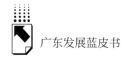
启动 205、206 国道绕城段改线工程及梅州火车站升级改造。深入推进"两美"行动，开展城市花景建设、城区临时建筑（铁皮瓦）整治。"十个一批"民生城建事项成效明显，客都大桥东连线、新峰路、枫林路、人民南路和公园南路、北路等一批道路顺利打通。

（六）千方百计改善民生，社会事业蓬勃发展

加大民生投入，财政民生支出占比达八成以上，十件民生实事基本完成。成功创建"广东省推进教育现代化先进市"，完成中小学教师"县管校聘"。启动建设嘉应学院紫琳学院、梅州职业技术学院及元城小学等一批教育项目。加快创建卫生强市，5 家中心卫生院完成升级并运营，22 家县级公立医院改造项目完成年度任务，市妇女儿童医院迁建项目、紫合医院动工建设，市第三人民医院新院区开业启用，市人民医院高水平医院建设计划扎实推进。公立医院药品跨区域联合集团采购全面铺开，上线药品降价 20%。4个县成功创建国家卫生县城。城乡居民基本医疗保险实现市级统筹，生育保险与职工医保合并实施。全市城市棚户区改造建成 2280 套，城市公租房建成 400 套。推出了《血色三河》等一批文艺精品，《李坚真》等 3 个剧目获省"五个一工程"优秀作品奖，汉剧振兴工作全面启动。丰顺入选新时代文明实践中心建设全国试点县。张弼士、邹鲁、林风眠、田家炳等名人故居保护利用工程有序实施。全民健身广泛开展，新建 10 个社区体育公园，成功举办"亲梅逐马"马拉松等系列赛事。深入推进平安梅州、法治梅州建设，抓好畅顺春运、平安高考和系列重大活动的安保维稳，严厉打击刑事犯罪，妥善化解了一批信访案件，全市群众安全感和政法工作满意度均居全省首位，荣膺"2019 社会治理创新典范城市"。公共法律服务体系不断完善，全民禁毒工程有力推进，道路交通安全整治成效明显，打私打假坚决有力。有效应对非洲猪瘟，稳控生猪生产市场供应。成功抵御"龙舟水"强降雨等自然灾害袭击。改革和加强应急管理，安全事故总量持续下降。城乡社区治理、社会救助、慈善、养老服务、志愿服务、妇女儿童、残疾人等工作扎实开展。"全国双拥模范城"创建全面推进，完成退役军人事务管理机构改

革和服务体系建设，国防动员、拥军优属、国防教育等工作有效落实。完成第三次全国国土调查、第四次全国经济普查。港澳台侨联谊交流丰富多彩、扎实有效。民族、宗教、气象、档案、方志等各项工作取得新成效。

2019年，梅州认真落实新时代党的建设总要求，把政治建设摆在首位，深入学习贯彻党的十九届四中全会精神，坚定制度自信，推进治理体系和治理能力现代化。扎实开展"不忘初心、牢记使命"主题教育，融合推进学习教育、调查研究、检视问题、整改落实，让广大群众感受到成果就在眼前、变化就在身边。严格落实中央八项规定及其实施细则精神，落实"基层减负年"工作要求。认真抓好民生领域侵害群众利益等问题专项整治。推动审计全覆盖和审计整改向纵深发展，加强干部培训教育和监督管理，廉政风险防范机制进一步健全，打造忠诚干净担当的公务员队伍取得新进展。

2019年，梅州成功举办庆祝新中国成立70周年系列重大活动，极大激发了全市干部群众的干事创业热情；举办中国柑橘学会2019年学术年会暨梅州柚产业发展推进会，发布《梅州柚产业发展规划（2019～2025年）》；举办2019年中国农民丰收节梅州会场活动、首届中国梅州国际茶业精英峰会，通过韩山文茶旅融合项目向世界推介"嘉应茶"；举办2019梅州互联网大会，推动了一批大数据项目落地；举办第二届国际院士医学学术大会、世界长寿乡生物与大健康高峰论坛、健康"一带一路"暨传承创新发展中医药院士研讨会、首届中医药传承创新峰会等，进一步促进了相关领域国际国内交流。

2019年，梅州成功创建国家森林城市，成为全省生态发展区首个获此殊荣的地级市。全国文明城市创建扎实推进，城市形象和风貌焕然一新。积极创建中国足球特区，成功举办四国女足邀请赛等赛事，成为全国社会足球场地设施建设重点推进城市、全国城市社区足球场地设施建设试点城市、中国足协青训中心和全国青少年校园足球改革试验区，成立嘉应学院足球（产业）学院。积极创建国家中医药综合改革试验区，推动中医药全产业链发展。大埔成功通过"世界长寿乡"认证，全市成功通过"世界长寿之都"

认证。积极创建国家全域旅游示范市，6个县（市、区）同步创建工作扎实推进。

综观梅州的经济，总的来看，发展不充分依然是最突出的短板，当前正处在筑底夯基、爬坡越坎的关键时期，稳增长任务十分繁重。一是经济下行压力加大。传统消费进入瓶颈期，固定资产投资增长乏力，传统出口商品受市场冲击较大，工业增长仍处低位运行，部分企业经营困难。二是产业结构调整任务艰巨。北部生态发展区绿色优势尚未有效发挥，现有支柱产业多为资源型产业，增长仍较多依赖烟草等传统行业，先进制造业基础薄弱，新兴产业的量、质都亟须提升。技术创新水平低，全社会研发投入强度多年排在全省末位。三是发展平台和要素保障不足。目前全市尚无国家级发展平台，各园区土地收储面积普遍偏少，招商引资力度亟须加大，缺乏优质投资项目。还没有真正融入粤港澳大湾区2小时经济圈，承接辐射的交通区位条件仍需改善。四是财政收支矛盾突出。财政减收因素较多，地方"造血型"项目不足，"三保"等刚性支出不断增加，政府债务及财政暂付款挂账化解压力较大。农村集体经济收入偏低，城乡基本公共服务水平与群众期望相比仍有不小差距。五是政府执行力有待加强。一些部门和干部担当作为意识不强，缺乏敢闯敢干的精气神，转作风抓落实不够到位。政府职能转变、服务效率还有待改善，营商环境仍需持续优化。

二 2020年梅州经济发展态势分析与预测

2020年是全面建成小康社会和"十三五"规划收官之年，我们要实现第一个百年奋斗目标，为"十四五"发展和实现第二个百年奋斗目标打好基础。综合分析，我国仍处在可以大有作为的战略机遇期，经济稳中向好、长期向好的基本趋势没有改变。广东省经济总量大、产业体系完备、财政实力雄厚，促进区域协调发展的工作力度进一步加大。梅州正迎来粤港澳大湾区建设、支持深圳建设先行示范区、支持广州实现老城市新活力的重大历史机遇。全省推动老区苏区振兴发展工作现场会和《广东省促进革命老区发展条例》，以及《广州市对口帮扶梅州市助推老区苏区振兴发展规划（2019～2025年）》，为梅州发展提供了有力支持、注入了强大动力。全市经济虽仍处低位运行，但短板正在加快补齐，新动能正在加快聚集，巩固提升的势头逐步增强。梅州坚信，只要全市上下坚定信心、把握机遇，以实干笃定前行，一件接着一件办好自己的事情，一定能战胜各种风险挑战，推动经济社会发展再上新水平。

做好2020年的工作，梅州将深刻领悟习近平总书记关于"两个大局"的重要论述精神，运用好习近平新时代中国特色社会主义思想蕴含的世界观、方法论，把思想和行动统一到中央和省的部署要求上来，把握大局大势，坚定信心决心，坚决做到"五个必须"：必须坚定不移贯彻新发展理念，集中力量解决各种不平衡不充分问题，把高质量发展之路走对走实走好；必须抢抓粤港澳大湾区、深圳先行示范区和广州老城市新活力等机遇，发挥优势，主动对接，举全市之力服务融入大湾区和深圳先行示范区建设；必须用足用好国家和省促进老区苏区加快振兴发展的政策，努力办好自己的事情，促进老区苏区可持续发展；必须坚持走产业生态化、生态产业化发展之路，推动产业结构转型升级，真正把绿水青山转化为金山银山；必须坚决打好三大攻坚战，确保脱贫攻坚任务如期全面完成，实现污染防治攻坚战阶段性目标，不发生系统性财政金融等重大风险。同步抓好"十三五"规划收官工作，编制好"十四五"规划，推动"十三五"和"十四五"发展有序衔接。科学编制国土空间规划（2020～2035年），统筹划定落实生态保护、永久基本农田、工业用地和城镇开发边界四条红线，引领生产、生活、生态"三生空间"科学布局、可持续发展。

2020年全市经济发展总体要求是：坚持以习近平新时代中国特色社会主义思想为指导，全面贯彻党的十九大和十九届二中、三中、四中全会及中央经济工作会议精神，全面贯彻习近平总书记对广东重要讲话和重要指示批示精神，落实省委、省政府"1+1+9"工作部署，坚持稳中求进工作总基调，坚持新发展理念，坚持以供给侧结构性改革为主线，坚持以改革开放为动力，立足北部生态发展区定位，推动高质量发展，坚决打赢三大攻坚战，

全面做好"六稳"工作，统筹推进稳增长、促改革、调结构、惠民生、防风险、保稳定，保持经济运行在合理区间，推动社会事业全面进步，确保全面建成小康社会和"十三五"规划圆满收官。

2020年全市经济社会发展的主要预期目标是：地区生产总值增长4%~4.5%；一般公共预算收入增长3%；固定资产投资增长5%，社会消费品零售总额增长7%，外贸进出口总额增长3%；规模以上工业增加值增长5%；居民人均可支配收入增速高于经济增速；城镇新增就业2万人，城镇登记失业率控制在3.5%以内；居民消费价格涨幅控制在3.5%以内；完成省下达的能耗双控指标。

梅州将沉下心、扑下身、撸起袖、铆足劲，确保全面完成任务，力争完成得更好。着重是抓好十个方面工作。一是有效应对经济下行压力，重点在加大基础设施投资、狠抓工业投资、加强项目谋划和储备、释放内需消费潜力、推进外贸提质增效、做好财税金融工作等方面发力，巩固经济稳中向好势头。二是深化供给侧结构性改革，高质量发展制造业，培育壮大互联网、文旅、体育等新兴特色产业，打造大健康产业全链条，推进特色农产品精深加工，加快发展物流产业，狠抓招商引资，加快构建现代化产业体系。三是着力实施创新驱动发展战略，推进国家级高新区、综合保税区等产业平台建设，加快"三院一基地"等创新平台建设，发展壮大国有和民营经济，推动园区经济提质增效。四是聚焦打赢脱贫、污染防治、防范化解重大风险三大攻坚战，确保如期全面建成小康社会。五是深入实施乡村振兴战略，以现代农业产业园为龙头，发展特色现代农业，持续改善农村人居环境，深化农村综合改革，推进农业农村现代化。六是加快新型城镇化步伐，加快中心城区提质增效，加强城市管理，推进县城和重点镇建设，建设"三宜"城市范例。七是深化改革开放，推进"放管服""数字政府"等重点领域改革，努力打造全省一流营商环境，进一步激发全社会发展动力。主动融入粤港澳大湾区、深圳先行示范区和广州老城市新活力建设，推动梅丙雁松旅游轨道交通和梅州华侨文化旅游经济合作试验区规划建设，打造有影响力的文旅产业IP。依托大漳高速、梅漳厦高铁规划建设，打通与厦漳泉城市群快速通道，探索在闽粤交界地区建设经济合作区。规划建设梅潮、梅揭经济走廊，引领向东向海发展。依托华侨资源，拓宽与东盟、欧盟、美加和"一带一路"沿线国家及地区的合作，把深化与新加坡合作作为重点，努力实现教育、科技、旅游等方面务实合作新突破。八是加强生态环境保护和治理，高起点编制梅江上游山水林田湖草综合治理规划，推动资源节约集约循环利用，深化生态文明制度改革，筑牢绿色发展屏障。九是建设文化名城，大力弘扬社会主义核心价值观，活化利用文化遗产，传承红色基因，繁荣发展客家文化、红色文化。十是大力发展各项社会事业，更好保障和改善民生。同时，继续抓好"六创建"工作：一是创建全国文明城市；二是全域创建国家森林县城；三是创建中国足球特区；四是创建国家中医药综合改革试验区；五是深化"世界长寿之都"创建；六是创建国家全域旅游示范市。

B.28
2019年湛江宏观经济综述及2020年展望

湛江市人民政府研究室*

摘　要： 2019年，湛江市"六稳"工作取得明显成效，现代化基础设施体系不断完善，坚持重大产业项目和产业转型升级两手抓推动制造业高质量发展，市场化、法治化、国际化营商环境加快形成，重点任务取得关键进展，区域协调发展新格局加快形成。2020年的工作将在九个方面开展：全力落实中央"六稳"部署，积极应对经济下行压力，确保经济运行在合理区间；以主动对接"双区"建设、坚持与海南相向而行为重点，推进区域经济融合发展；坚定决战决胜的信心，精准施策、靶向发力，确保打好打赢三大攻坚战；坚持以创新驱动和改革开放为两个轮子，更大激发市场活力和发展内生动力，营造发展新优势；深化供给侧结构性改革，推进制造业高质量发展，全面提升产业竞争力；落实区域发展战略，统筹推进城市升级、县域发展、乡村振兴，加快城乡一体化发展；深化财政预算编制执行监督管理改革，落实"过紧日子"要求，科学高效管财理财；深化统计改革，完善统计制度方法，提高新时代统计执法水平；扎实办好民生实事，强化兜底保障，确保民生特别是困难群众基本生活得到有效保障和改善。

---

* 执笔人：张玉梅，湛江市人民政府研究室副主任（负责人）；郑玲玲，湛江市人民政府研究室综合科长；左言交，广东省社科院湛江分院常务副院长。

关键词： 宏观经济 "六稳" 湛江经济

　　刚刚过去的 2019 年，是新中国成立 70 周年，是决胜全面建成小康社会的关键之年，也是湛江发展经受考验、攻坚克难、收获硕果的一年。我们在以习近平同志为核心的党中央坚强领导下，在省委、省政府和市委的正确领导下，坚决贯彻落实党中央、国务院和省委、省政府系列决策部署，紧紧围绕"加快建设省域副中心城市、打造现代化沿海经济带重要发展极"的总目标总任务，积极应对经济运行中出现的新情况新问题，推动经济社会持续健康发展，呈现"稳、快、好"的新特点。

　　"稳"：主要是经济运行总体平稳。主要经济指标增速保持在合理区间。初步预计，全年实现地区生产总值超过 3100 亿元、同比增长 3% 左右。项目投资稳，固定资产投资连续 6 年超千亿元；农业生产稳，全市农林牧渔业增加值连续保持 4% 以上的增长；社会就业稳，城镇新增就业 7.38 万人、失业再就业 3.7 万人。

　　"快"：主要是技改投资、外贸外资、社会消费等指标稳中有快，经济发展新动能不断增强。完成社会消费品零售总额 1839.5 亿元，增长 8.4%；实现外贸进出口总额 400 亿元，增长 6.1%；实际利用外资 2.28 亿美元，增长 3 倍；消费、外贸进出口、实际利用外资增速均排名全省前列，拉动经济平稳发展。技改投资增长 71%，增速全省第 3；国家高新区海东园区动工建设，湛江湾实验室首批 9 个科研项目立项；全市新增市场主体 4.85 万户、个转企 851 户；高新技术企业超过 230 家，产值超过 730 亿元，新动能加快集聚。

　　"好"：主要是经济发展的质量效益不断显现，民生改善持续向好。单位生产总值能耗持续下降。民营经济增加值突破 2000 亿元，占全市经济总量六成以上。全市一般公共预算收入 131.26 亿元，增长 7.7%，增速全省第二。人均可支配收入 2.32 万元，增长 8.5%，跑赢地区生产总值和消费增速，经济增长的质量和效益不断提高。全市财政民生类支出 413.77

亿元，占一般公共预算支出81.6%。教育支出增长11.7%，卫生健康支出增长11.7%，社会保障和就业支出增长11.2%，老百姓的获得感进一步增强。

一 2019年湛江经济发展的主要措施

一是坚决落实中央宏观调控政策，积极应对国内外风险挑战，"六稳"工作取得明显成效。2019年以来，外部环境进一步趋紧，经济发展的不稳定不确定因素明显增多。我们坚持稳字当头，逐月逐季加强对经济形势的研判，采取积极措施妥善应对中美经贸斗争影响，认真落实国家和省一系列稳外贸措施，引导企业开拓多元化国际市场，外贸结构不断优化，对"一带一路"沿线国家进出口增长超过30%。持续加大基础设施补短板稳投资力度，2019年基础设施投资下降3.1%，工业投资下降4.0%。大力推动金融服务实体经济，金融机构本外币存贷款余额分别增长9.2%、15.9%，金融业增加值增长8%，占地区生产总值比重达4.9%。落实省"促进就业九条"，全市就业形势保持稳定。

二是坚持打基础补短板利长远，高标准高起点谋划推进重大工程建设，现代化基础设施体系不断完善。坚持海陆空铁齐头并进，大力推进全市公路、水路、铁路、航空等交通基础设施网络建设。全年完成交通建设投资189.8亿元，增长13.9%，增速再创历史新高。经过多年连续奋战，湛江交通面貌发生了深刻改变。我们从广东和北部湾少有的几个未通高铁的城市，发展成为五条高铁汇聚的铁路枢纽；从高速公路密度、高等级公路通车里程占比均排名全省倒数的交通末梢，发展成为即将拥有广东第三大干线机场、华南沿海唯一40万吨级航道等一系列与省域副中心城市相匹配的交通基础设施的综合交通枢纽；近三年完成交通固定资产投资460亿元，是"十二五"这五年到2016年六年期间交通固定资产总投资的1.27倍；建成和在建高速公路总里程314公里，是2000年湛江第一条高速公路通车至2016年16年间，境内高速总公路里程的1.34倍，湛江现代化快速立体交通格局基本奠定、加速成形，为湛江全面融入粤港澳大湾区 2 小时生活圈、北部湾 1 小时生活圈提供了强有力支撑。水利、港航、能源项目建设加快推进，粤西水资源配置湛江分干线工程先行启动，湛江最大地表水厂——霞山水厂一期工程竣工，城市治水翻开新篇章。

三是坚持重大产业项目和产业转型升级两手抓，推动制造业高质量发展。抢抓国家新一轮对外开放和区域协调发展战略机遇，推动巴斯夫（广东）一体化基地等重大项目落户湛江、加快建设。全市安排重点续建、新开工项目 149 个，预计完成投资约 460 亿元，其中省重点项目预计完成投资约 373 亿元，完成投资额创近年新高。东海岛即将成为世界级重化产业基地，湛江钢铁基地、中科炼化、巴斯夫（广东）一体化基地 3 个超百亿美元项目拔地而起，世界级创新型智慧钢铁、石化园区相邻而建，联通世界、连接内陆腹地的铁路、航道、桥梁等重大基础设施集中落地，带动湛江成为现代化沿海经济带临港产业发展的主战场。传统产业技改升级成效明显，新增规上工业企业 60 家。

四是全面深化改革开放，深入实施创新驱动发展战略，市场化法治化国际化营商环境加快形成。重点领域改革攻坚纵深推进，基本完成市县机构改革，成功复制落地自贸区改革创新经验 80 项；"数字政府"政务云平台建成试运行，"市民之窗"自助服务终端上线，实现 1000 余项事项查询和在线申报，全市 2045 个镇村实现服务事项全覆盖。创新驱动成效突出，开放合作步伐加快。

五是积极创新工作思路和举措，全力打好三大攻坚战，重点任务取得关键进展。坚持系统谋划、突出关键，既打好歼灭战又打好持久战，推动三大攻坚战取得显著成效。累计 98.7% 相对贫困人口达到脱贫标准，99.5% 的相对贫困村达到出列标准。农信社成功改制为农商行，改制经验在全国推广。河湖"五清""清四乱"治理见效，九洲江排里、袂花江、大山江断面水质持续好转，鹤地水库和 9 个集中式饮用水源水质达到或优于Ⅲ类，9 个地表水国考省考断面水质 100% 达到优良；3 个垃圾焚烧厂相继开工，整治镇级垃圾填埋场 14 座，全市村庄基本完成"三清三拆三整治"，PM2.5 平

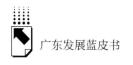
均浓度降至 26 微克每立方米的近年最好水平。

六是大力实施乡村振兴战略，统筹推进城市提质和县域建设，区域协调发展新格局加快形成。大力推动乡村产业、生态、人才、文化、组织振兴，全市村庄实现规划全覆盖，基本完成"三清三拆三整治"。廉江入选国家首批创新型县（市）；雷州三个新城区有序推进；吴川谋划建设空港经济区，发展后劲增强；遂溪与市区同城化进程加快；徐闻港区南山作业区客滚码头建成，琼州海峡北岸港航资源完成整合，与海南相向而行迈出坚实步伐。高起点开展城市发展战略规划编制，大力引进社会资本开展旧大天然片区等城市连片"三旧改造"；建成市政项目 45 个，交通大数据决策系统建成运行，持续推进"创文""巩卫"，城市功能不断提升。

过去一年，湛江在全面融入和服务全国、全省发展战略中开启新征程、实现新发展。在肯定成绩的同时，我们也清醒地看到，对标 2019 年初定下的目标任务，对标省域副中心城市、现代化沿海经济带重要发展极，我们还存在差距。

一是经济下行压力持续加大。GDP 等经济指标未能达到全年预期，经济总量小、人均水平低的基本市情尚未根本扭转，与省域副中心城市、现代化沿海经济带重要发展极的目标定位不匹配。

二是工业增长出现明显波动。工业投资增速处于低位，产业结构不合理问题凸显，重大项目有龙头无产业，中小企业有产业无龙头，实体经济抵御风险能力不够强，产业体系特别是工业发展多点支撑的局面亟待强化。

三是固定资产投资支撑不足。投资强度总体比 2018 年下降 30%，5000万以下项目数同比下降 8.3%、完成投资额同比下降 36.3%，基础设施投资增速下降明显。工业投资占全部固定资产投资不到 30%，带动和支撑固定资产投资的能力不足。

四是创新驱动发展动力不足。企业自主创新的意愿和能力不强，上市公司只有 2 家；海洋经济的巨大优势和潜力尚未充分发挥，数字经济、生物医药等新兴产业还需加快发展壮大，传统产业升级仍要持续发力。

五是县域经济发展不充分、不平衡问题突出。一些地区缺乏支撑作用强的主导产业和龙头企业，农业现代化水平有待提升，农业生产"小散弱"问题较为突出，在全国有影响力的农产品品牌还不多，特色农业发展规模有待壮大；县（市、区）间投资、消费、工业等经济指标落差较大，区域之间发展差距进一步拉大；部分地方基层财政运转困难，收支平衡压力加大。

六是营商环境有待进一步改善。部门壁垒与体制性障碍仍然存在，部分同志对新发展理念认识不到位，抢抓机遇、加快发展的意识不强、谋划不足、办法不多，一些重点项目推进不尽如人意，一些改革措施执行不到位。我们要直面这些问题，采取坚定有力的措施加以解决。

二　2020年湛江宏观经济分析与预测

2020年是全面建成小康社会和"十三五"规划收官之年，做好2020年经济工作十分重要。习近平总书记在中央经济工作会议上的重要讲话，深刻分析了当前面临的经济形势，明确提出2020年经济工作的总体要求和重点任务，为我们做好经济工作指明了方向、提供了根本遵循。我们必须结合湛江实际，不折不扣抓好贯彻落实。

总的来看，当前湛江经济发展面临的国内外形势仍然严峻复杂，各种风险挑战明显上升，中美经贸斗争等对湛江经济社会发展的影响还将延续。但我们也要看到，我国发展仍处于重要战略机遇期，经济稳中向好、长期向好的基本趋势没有改变。进入新时代，湛江在国家实施区域协调发展、海洋强国、新一轮对外开放等战略中担起重任，特别是我们沿着习近平总书记指引的道路，加快建设省域副中心城市、打造现代化沿海经济带重要发展极，从更高层次构建湛江交通、产业、创新、城市高质量发展的大格局，湛江的交通正实现从慢到快的根本性转变，湛江的产业正实现从小到大的历史性跨越。我们既不能被眼前和局部的困难问题吓倒，看不到我们的发展仍处于可以大有作为的重要战略机遇期；也不能沉湎于过去的成绩沾沾自喜，看不到新时代面临的新挑战、新问题，必须坚定信心、保持定力、科学谋划，全力做好2020年经济工作。

根据中央和省部署，市委研究提出，2020 年经济社会发展的主要预期目标：地区生产总值增长 5% 左右；规上工业增加值增长 6% 左右；固定资产投资增长 6% 左右；社会消费品零售总额增长 7.5%；外贸进出口总额增长 3%；实际利用外资增长 8%；一般公共预算收入增长 5%；港口货物吞吐量增长 8.4%；居民人均可支配收入增长 7%；居民消费价格指数涨幅控制在 3% 左右；城镇登记失业率控制在 3.5% 以内。

上述预期目标，体现了高质量发展的要求，综合考虑了国内外经济形势、湛江经济发展态势及支撑条件，结合贯彻落实中央经济工作会议提出的"稳字当头、积极进取"的要求，结合湛江"加快建设省域副中心城市、打造现代化沿海经济带重要发展极"的总目标总任务，是符合实际、积极稳妥的。在经济下行压力加大、国内外经济形势仍然严峻复杂的情况下，要实现这些目标难度不小，必须付出艰苦努力。我们要坚持发展第一要务，坚定不移贯彻新发展理念，从系统论出发优化经济治理方式，善于通过改革破除发展面临的体制机制障碍，强化风险意识，守住风险底线，确保经济实现"量"的合理增长和"质"的稳步提升。

有鉴于此，湛江经济发展应采取以下应对措施。

第一，全力落实中央"六稳"部署，积极应对经济下行压力，确保经济运行在合理区间。把稳增长放在更加突出的位置，正确处理国际与国内、当前与长远的关系，着力增强经济发展韧性，确保实现全年主要目标任务。狠抓项目稳投资，全力破解"审批难""征拆难""资金难"，统筹推进 157 个重点项目建设，年度计划投资 476 亿元。加强项目储备，强化前瞻性战略性系统性谋划研究，提前做好项目前期工作，确保有一大批开工条件成熟、可随时拿得出来的重大项目。大力培育消费热点，坚持民生导向，大力发展都市型经济、滨海旅游、会展经济等现代服务业，大力促进健康、养老、体育、文化等领域的消费，推动消费升级和产业升级互促互进。深入实施市场多元化战略，推进对外开放向更大范围、更宽领域、更深层次发展。落实外商投资准入负面清单，加强外商投资促进和保护，积极扩大招商引资，广招商、招大商，切实提高利用外资质量。高水平服务好巴斯夫等外商投资企业、引导水产、家电、家具等企业开拓多元化出口市场，提高外贸抗风险能力，推动对外贸易稳中提质。

第二，以主动对接"双区"建设、坚持与海南相向而行为重点，推进区域经济融合发展。主动对接融入粤港澳大湾区、先行示范区建设，充分利用"双区驱动效应"，探索推动与广州、深圳深度合作，主动承接"双区"产业转移，培育壮大钢铁、石化、新能源等重大产业，加快建设深圳南山（湛江）高新产业园，推动综合保税区设立、湛江港和东海岛纳入广东自贸区扩区的片区，推动形成"双核＋双副中心"的动力机制，推动"湾＋区"高质量联动发展，推动建设湛茂都市圈，打造全省新的增长极。坚定与海南相向而行，充分发挥海南新一轮改革开放"溢出效益"，推进琼州海峡北岸港航一体化。深度参与西部陆海新通道建设，全面落实合作共建框架协议，加强与通道沿线省（区、市）交流合作，推动港口航运深水化、专业化、大型化发展，为国家深化陆海双向开放、推进西部大开发形成新格局做出湛江贡献。

第三，坚定决战决胜的信心，精准施策、靶向发力，确保打好打赢三大攻坚战。要以高度负责的担当和"啃硬骨头"的精神，坚决如期高质量完成各项任务。对标全面建成小康社会任务，压实各级主体责任，确保在现行标准下相对贫困人口100%脱贫、相对贫困村100%出列。落实习近平生态文明思想，严格落实环保、海洋、自然资源例行督察整改，强化空气污染源头治理，深化重点流域环境综合整治，加强固体废物污染防治，坚决守护好湛江的绿水青山、蓝天白云。加快国有"僵尸企业"处置，加强金融市场监测和风险预警，巩固农合机构改革成果，着力化解政府隐性债务，牢牢守住不发生系统性风险的底线。

第四，坚持以创新驱动和改革开放为两个轮子，更大激发市场活力和发展内生动力，营造发展新优势。持续改善创新生态，在科技项目管理、创新人才流动、科研经费管理等方面加大改革创新力度，推动国家高新区、湛江湾实验室、海洋产业创新中心三大创新平台建设。瞄准科技创新前沿和产业变革前沿，深化产学研合作和协同创新，支持更多科技成果本地化产业化。

支持企业提升技术创新能力，推动高新技术企业突破260家。深入推进"三个一"建设，聚焦规则衔接，深度融入"一带一路"建设；加快"数字政府"建设，运用大数据思维和手段，提升政府治理能力和水平；深化"放管服"和强县放权改革，落实优化营商环境条例，健全支持民营经济改革发展机制，构建亲清政商关系，营造与国际接轨的一流营商环境。

第五，深化供给侧结构性改革，推进制造业高质量发展，全面提升产业竞争力。坚持"巩固、增强、提升、畅通"八字方针，加快提升产业基础能力和产业链现代化水平，加快建设制造业强市。制定实施制造业高质量发展行动计划，支持湛江钢铁基地、巴斯夫（广东）一体化基地、中科炼化项目按既定时间节点加快建设，打造2000万吨级现代化钢铁生产基地和世界级石化园区。推进稳链补链强链控链工作，支持县（市、区）扩大制造业投资，稳定产业链关键节点企业，大力开展产业链精准招商，培育一批产业控制力和根植性强的"链主企业"。鼓励企业加大设备更新和技改投入，实施数字化网络化智能化升级，推动200家以上企业开展技改。大力推进产业园区改造升级，支持各地发展特色优势产业，培育一批专注细分市场的隐形冠军。建立"小升规"培育库，培育一批专精特新"小巨人"、单项冠军、上市公司。大力发展数字经济、海洋经济、文化产业，促进区块链、云计算、大数据、人工智能等加快发展，积极发展工业设计、现代物流等生产性服务业。推进军民融合深度发展，建设军民融合国家新型工业化产业示范基地。

第六，落实区域发展战略，统筹推进城市升级、县域发展、乡村振兴，加快城乡一体化发展。完善区域政策和空间布局，发挥各地比较优势，构建高质量发展的新动力源。坚持以人民为中心，加强城市国土空间规划，完善赤坎、霞山、经开区主城区功能，高水平建设海东新区，推进城市连片更新改造，用"绣花"精神强化城市精细化管理，建设高品质现代化城市。加强县域经济统筹和规划指导，支持县域产业园区扩能增效，因地制宜发展壮大特色主导产业，加快推进县城扩容提质，完善县城公共服务设施和基础设施建设，着力打造经济错位发展、优势互补、城市建设各具特色的中等城市群。对标全面建成小康社会必须完成的硬任务，深化农村各项改革，推动一二三产业融合发展，高标准建设国家、省级现代农业产业园，打造特色农业全产业链，带动农民增收和乡村振兴。全域推进农村人居环境整治，压实县级主体责任，大力推进农村"厕所革命"，加快农村生活垃圾、污水处理等设施建设，建设生态宜居美丽乡村。

第七，深化财政预算编制执行监督管理改革，落实"过紧日子"要求，科学高效管财理财。深化财税体制改革，稳定财政收入，优化财政支出，坚决压缩一般性支出，做好重点领域保障，支持基层保工资、保运转、保基本民生。从2019年7月开始，中央就一直强调储备一批大项目，预计2020年财政政策发力的主要抓手仍是地方政府专项债券。各级各部门要及时对接财政部门的新增债券申报，尽快落实具体项目，抢抓政策"窗口期"，力争更多项目挤进上级政策"笼子"，争取省给予湛江更多专项债额度。同时要加快新增债券资金的支出进度，确保债券资金用好用足，充分发挥积极财政政策对重点项目和经济建设的加力提效作用。坚持财税联动，大力培植新兴税源，挖掘非税收入增收潜力，推动国有资产资源变现，大力盘活市属企业和各部门、各单位的沉淀资金、存量资金和闲置房产，提高财政收入质量。坚持"资金跟着项目走"，引导资金投向供需共同受益、具有乘数效应的先进制造、民生建设、基础设施短板等领域，撬动更多社会资本投入交通、产业、乡村振兴等领域，强化"六稳"工作的资金保障。要全面实施绩效预算，不折不扣落实减税降费政策，大力压减财政一般性支出，严控新增支出，把压减出来的10%财政预算经费用于做好脱贫攻坚、科技创新、生态环保、民生建设等重点领域的资金保障。

第八，深化统计改革，完善统计制度方法，提高新时代统计执法水平。坚持新发展理念，进一步完善反映创新、协调、绿色、开放、共享发展理念的统计指标体系，建立高质量发展综合绩效评价体系。加强基层统计规范化建设，建立市经济统计会商监测制度，强化月度、季度、半年、年度主要宏观指标监测，加强经济形势分析研判，以精准的数据统计、科学的经济形势分析，推动湛江高质量发展。统计部门要对主要经济指标数据应统尽统，切

实摸清经济户口家底，既要防止统计数据弄虚作假，也要防止少报漏报、"跑冒滴漏"，确保统计数据真实反映经济运行实际情况。要建立和完善与各部门、各行业统计监测和预警制度，构建部门指标预警体系，时刻关注主要经济指标走向，准确把握数据运行特征和趋势，提升对统计数据的监测与监督管理水平。

第九，扎实办好民生实事，强化兜底保障，确保民生特别是困难群众基本生活得到有效保障和改善。全年民生支出占一般公共预算支出81%以上，加大优质民生供给，全力办好十件民生实事和民生微实事，统筹抓好就业、教育、医疗、卫生、文化、体育等各项社会事业建设，加强和创新社会治理，让改革发展成果更多更公平惠及全体人民。

专题篇

Special Report

B.29

新中国成立70年广东经济社会
发展的历史轨迹与展望

广东省人民政府发展研究中心课题组*

摘　要： 本报告首先对新中国成立70年广东经济社会发展成就辉煌进
行了总结：经济发展水平大幅跃升，人民生活水平极大改善，
对外开放程度不断提高，科技创新能力持续增强。其次，对
新中国成立70年广东四个发展阶段的探索以及广东经济社会
发展取得的经验进行了回顾。最后，站在新的历史起点上，
对广东省经济社会发展进行了展望，提出要坚持以习近平新
时代中国特色社会主义思想为指导推动广东改革开放再出发，
继续弘扬敢闯敢试、敢为人先的改革精神，率先实现全面深

* 课题组组长：钟旋辉、李惠武；课题组成员：蔡祖顺、冼频、陈心文、吴唐生、刘慧琳、张
冬霞、张帅、李潇、邹飞祥、陈嘉伟。

化改革新突破；坚持以粤港澳大湾区建设为"纲"，率先构
建开放型经济新体制；着力从动力、政策、产业、创新生态
入手，率先打造体现高质量发展的现代化经济体系；全面实
施以功能区为引领的区域发展战略，加快形成"一核一带
一区"区域协调发展新格局；坚定践行绿色发展理念，率
先打造人与自然和谐共生的美丽中国新典范；进一步提高
保障和改善民生水平，率先形成共建共治共享共同富裕的
民生发展新局面。

关键词： 经济发展　社会发展　新中国成立 70 周年　广东

2019 年是新中国成立 70 周年。70 年来，在中国共产党的领导下，全国
各族人民团结一心，沿着中国特色社会主义道路筚路蓝缕，奋力前行，书写
了和平发展的壮丽史诗，中华民族迎来了从站起来、富起来到强起来的伟大
飞跃，迎来了实现中华民族伟大复兴的光明前景。广东作为古代海上丝绸之
路的发源地、近现代革命的策源地，当代改革开放的前沿地、实验区，在历
届省委、省政府的带领下，认真贯彻执行中央的路线方针政策，砥砺奋进，
勇担使命，上下求索，始终走在社会变革与发展的最前沿，用雄心壮志书写
爱国情怀，用热血和汗水描绘波澜壮阔的锦绣画卷，用光荣和梦想奏响时代
的最强音，实现了从一个濒海落后省区到全国第一经济大省的"凤凰涅
槃"，实现了从"赶上时代"到"引领时代"的伟大跨越，为中国特色社会
主义道路提供了广东探索，为中国智慧、中国方案贡献了广东力量。历史选
择了广东，广东无愧于历史。

一　新中国成立70年广东经济社会发展成就辉煌

70 年来，广东在党中央、国务院的坚强领导和关心支持下，以敢闯敢

干的气魄和自我革新的勇气，紧抓历史机遇，依托自身优势，一步一个脚印，艰苦奋斗，开拓创新。特别是改革开放以来，广东以开放促改革，以改革促发展，各项事业取得了举世瞩目的成就，南粤大地发生了翻天覆地的变化，成为全国经济最发达、对外开放程度最高的地区之一。

（一）经济发展水平大幅跃升

1949～2018年，广东地区生产总值由20.27亿元增长到97278亿元，按可比价计算增长了600倍，年均增长9.7%，连续30年居全国首位（见图1）。财政收入由1952年的7.15亿元增长到2018年的12102.9亿元，年均增长11.9%，连续28年居全国首位，约占全国的1/7。

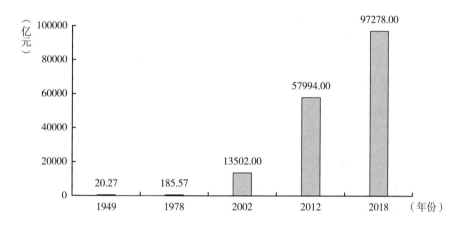

图1　1949～2018年广东地区生产总值（GDP）

资料来源：国家统计局、广东省统计局。

（二）人民生活水平极大改善

1949～2018年，广东人均地区生产总值从78元上升到86412元，按可比价计算，年均增长7.5%。广东居民人均可支配收入1953年只有83元，2018年达到35810元。根据世界银行划分标准，广东已达到中等偏上收入国家和地区水平。

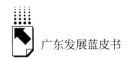

（三）对外开放程度不断提高

从 1957 年第一届中国出口商品交易会在广州举办开始，向海而生的广东人就把对外开放化为发展基因、融入发展血脉。1962～2018 年，广东进出口从 1.91 亿美元增长到 10851 亿美元，年均增长 16.7%，1986 年以来外贸总额连续 33 年居全国首位，约占全国 1/4。截至 2018 年底，累计利用外商直接投资总额 4470 亿美元，约占全国 1/5；对外直接投资 2200 亿美元，居全国首位。

（四）科技创新能力持续增强

广东始终注重发挥科技对生产力的促进作用，把"科技兴粤"作为长期战略，区域创新能力排名跃居全国第一。截至 2018 年底，共有国家级重点实验室 28 家，省级重点实验室 306 家，高新技术企业数量超 4 万家；有效发明专利达 24.9 万件，连续 9 年全国第一；PCT 国际专利申请量约占全国一半，连续 17 年领跑全国。

与此同时，广东各项社会事业蓬勃发展，公共文化服务、教育、医疗、就业、住房、养老、社保等民生福祉持续改善，交通等基础设施建设走在全国前列，全域生态文明建设协调推进，精神文明建设不断上新台阶，南粤人民的获得感、幸福感、安全感不断提升，正大踏步迈向全面小康。

二　新中国成立70年广东四个发展阶段的探索与总结

根据新中国成立 70 年来广东经济社会发展的历史轨迹和党中央、国务院对广东赋予历史使命的重要时间节点，本报告把广东 70 年的发展历程分为四个阶段：一是改革开放前的 1949 年至 1977 年对社会主义道路的初步探索阶段；二是 1978 年至 1991 年改革开放先行一步阶段；三是 1992 年至 2012 年迈向改革开放深水区阶段；四是党的十八大以来走向全面改革开放新征程阶段。

（一）1949～1977年，社会主义道路的初步求索

广东在党的领导下重整山河，扎根社会主义建设，建立了相对完整的国民经济体系，实现了由农业经济为主向全面推进工业化的历史性转变（见图2）。1978年广东地区生产总值185.85亿元，财政收入39.46亿元，进出

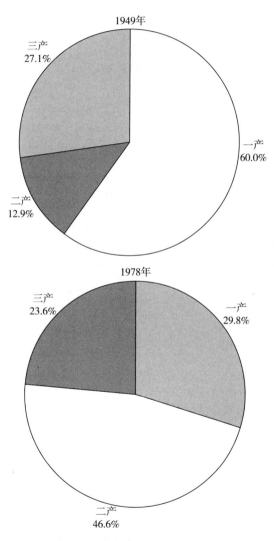

图2　1949～1978年广东三次产业结构变化

资料来源：《数说广东六十年》。

口总额 15.92 亿美元。

1. 1949~1952年，百废待兴，建立和稳固地方政权休养生息

1949年10月，广州解放，广东随即全面开展地方政权建设，开展清剿"匪特"、镇压反革命、调整工商业、稳定市场、恢复生产等工作，并实行土地改革，从根本上改变了封建土地制度，极大地调动了农民的生产积极性。

2. 1953~1957年，社会主义过渡时期，建立社会主义公有制经济

根据党在过渡时期的总路线，广东按照以农业为主、工业为辅的计划总基调，完成对个体农业、手工业及资本主义工商业的社会主义改造，建立了以公有制为主体的社会主义经济制度，并于1957年提前完成第一个五年计划。

3. 1958~1965年，从"大跃进"运动到全省人民公社化

1958年，广东和全国一样，开展了"大跃进"运动，全省实现人民公社化。在此期间，以高指标、浮夸风、"共产风"为主要标志的"左"倾错误严重泛滥，广东经济出现严重困难。1963~1965年，广东进入了经济调整时期，贯彻中央"调整、巩固、充实、提高"的八字方针，加强农业和日用消费品生产，扭转了国民经济衰退和人民生活水平下降的困难局面。

4. 1966~1977年，"文革十年"广东遭受重大挫折

十年"文化大革命"时期是新中国成立以来全省经济社会发展遭受劫难时间最长的时期。国民经济比例严重失调，物资紧缺，主要生活必需品长期凭票供应，人民物质生活水平下降，精神生活也极度贫乏。"文革"使正常的社会秩序、生产秩序、工作秩序完全被打乱，本来僵化、封闭的经济管理模式更加僵化、更加封闭，失去了利用外资和国际市场的好机会。

这一阶段，广东省社会主义建设走过艰难曲折的道路，也取得了重大成就，为改革开放和经济社会腾飞发展奠定了坚实基础。

（二）1978~1991年，改革开放的伟大转折

1978年12月召开的党的十一届三中全会，顺应生产力发展的客观要求，确立了"以经济建设为中心"的基本路线和改革开放的基本方略，开

启了中国特色社会主义伟大进程。广东把握住历史脉搏，勇立时代潮头，承担为探索社会主义"富起来"之路先行先试的历史使命，经济社会发展自此突飞猛进。14 年间，广东地区生产总值增长 5.1 倍，年均增长 13.7%；地方财政收入增长 4.3 倍，年均增长 12.7%（见图 3）。

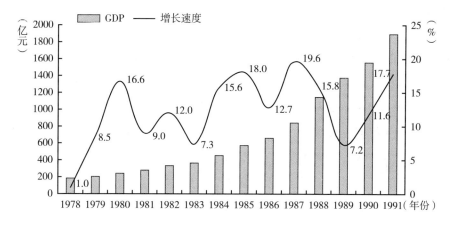

图 3　1978～1991 年广东 GDP 总量及增长速度

资料来源：《广东统计年鉴》。

1. 1978～1979年，创办经济特区，率先开启中国对外开放大门

1979 年，党中央、国务院根据以习仲勋同志为班长的广东省委的请求，决定对广东实行特殊政策和灵活措施，改革开放先行一步，加快发展地方经济。1979 年 7 月党中央、国务院批准在深圳、珠海和汕头划出一定区域试办"出口特区"。自此，广东打开了对外开放的大门，充分利用国家给予的特殊政策和毗邻港澳的区位优势，抓住国际产业转移大机遇，确立并实施以外向型经济为导向带动经济全面发展的战略思路。

2. 1980～1986年，扩大开放，揭开经济体制改革序幕

广东以价格和市场为导向，以对外开放倒逼经济体制改革。在价格体制改革方面，1980 年率先进行价格改革试点，从农副产品到日用工业品，逐步把价格放开，分步理顺价格体系与价格体制，并对"统购统销"这一旧的商品流通体制进行改革。在农村体制改革方面，1982 年启动以家庭联产

承包责任制为内容的农村改革，1985年全面进入发展农村商品生产的系列改革。在企业体制改革方面，1986年实行厂长（经理）负责制和任期目标责任制，企业所有权和经营权分离，政企分开。深圳开展国有企业股份化改革试点。在投资体制改革方面，1984年率先打破由政府单一的投资体制，实行"以桥养桥""以路养路""以电养电"等政策，以有偿使用投资机制加快基础设施建设。在金融体制改革方面，1986年率先打破高度集中的单一银行体制，初步形成以中国人民银行为领导，以国有商业银行（工农中建）为主体，多种金融机构并存、分工协作的金融体系。在对外经贸体制改革方面，1984年率先推行外贸出口代理制度，率先提出"一个中心，两个体系"的外贸发展战略，即以出口创汇为中心，利用外资，引进技术，建设出口生产体系；联合港澳，面向世界，建立国际销售体系。

3. 1987~1991年，大胆探索，推进社会和民生事业全面进步

这一阶段是改革开放到社会主义市场经济体制建立之前的关键时期。广东根据中央部署，大力推进改革开放，积极探索市场经济的发展方向，经济实力大幅增强，并在社会建设和解决民生问题上大胆探索，走出了一条具有广东特色的发展之路。1989年广东经济总量超越江苏成为全国第一。启动科技体制改革，重奖科技人才，催生了具有广东特色的"引进、消化、吸收、再创新"科技发展模式。率先开展社会保险制度改革试点，在劳动合同制职工中试行社会保险。启动住房商品化进程，房地产开发从深圳、广州等城市发展到珠三角各城镇。率先将经济手段引入文化领域，在图书出版、报业和文化娱乐行业进行"事业单位企业化管理"，推动文化娱乐市场蓬勃发展。大力完善医疗管理体制，推动全省卫生医疗事业取得长足进步。

这一阶段是潮起南粤、先行一步的13年。广东先行先试，开启了改革开放的伟大转折，使经济全球化的世界潮流转化为促进经济快速发展的重要因素。

（三）1992~2012年，社会主义市场经济的形成和发展

这20年，是广东激流勇进、加快发展的重要阶段。"三个春天"把稳

航向。1992年春天，邓小平同志在广东发表著名的"南方谈话"，以"三个有利于"对姓社姓资问题正本清源；2000年春天，江泽民同志在广东提出"三个代表"重要思想，要求广东"增创新优势，更上一层楼，率先基本实现社会主义现代化"；2003年春天，胡锦涛同志在广东提出了科学发展观的思想，要求广东加快发展、率先发展，更好地发挥排头兵作用。

1.1992～2001年，搭建市场经济框架，迈入跨越发展阶段

1992年邓小平同志视察广东发表"南方谈话"，廓清了长期困扰、束缚人们思想和行动的一系列重大问题，要求广东继续先行一步、大胆地试、大胆地闯。广东提出加快发展步伐，力争20年赶上亚洲"四小龙"，并提出"三个三工程"（建立社会主义市场经济、民主法治和廉政监督三个机制；强化农业、交通能源通信和教育科技三个基础；实现产业结构、生态环境和人口素质三个优化）的总体布局。1993年提出用5年时间建立社会主义市场经济基本框架。1995年重启价格改革与治理通货膨胀，以宏观调控16条为主要措施治理通胀。1998年推进化解地方金融风险与金融改革，依法依规、参照国际惯例审结了国投破产案和粤海重组，推动建立现代企业制度，成为中国走向市场经济的一个里程碑。香港、澳门回归后，广东对外开放向纵深发展，初步形成经济特区—沿海开放城市及其经济技术开发区—珠江三角洲开放区—粤西粤东北部山区多层次、多形式、多功能的全方位对外开放新格局，带动了以消费结构升级为导向的产业结构调整。2000年广东经济总量突破万亿大关，税收收入占全国1/7，初步构建起社会主义市场经济的基本框架。

2.2002～2012年，全面融入国际产业链分工体系，迈向科学发展阶段

2001年，我国加入世贸组织，在更大范围、更高层次上参与国际经济技术合作。广东抓住入世契机，实施外向带动战略，并加强与香港、澳门的经贸合作关系。2007年面对全球金融危机，省委、省政府做出"三促进一保持"战略，促进提高自主创新能力、促进传统产业转型升级、促进建设现代产业体系、保持经济平稳较快增长，大力推进产业和劳动力"双转移"，之后又提出"加快转型升级、建设幸福广东"的战略部署，实现了保

增长与调结构的双赢。2008 年出台加快建设现代产业体系的决定，建设既与世界接轨又有广东特色、以先进制造业和现代服务业"双轮驱动"为核心的 6 大产业体系。实施"双转移"战略推动区域城乡协调发展，在区域间搭建合作平台。实施"腾笼换鸟"战略，推进产业转移和劳动力转移。深化重点领域改革，先后推进实施大部制、行政审批制度、富县强镇、财政资金竞争性分配、企业投资体制、基本公共服务均等化改革等系列重大改革，取得了实质性进展。

这一阶段，广东经济社会发展迈入科学发展阶段，产业高级化和适度重型化取得重大突破，逐步成为具有一定竞争力的全球性消费品制造业基地，经济综合实力实现较大跃升。2012 年，广东地区生产总值达到 5.79 万亿，占全国比重达 11.2%，地方一般公共预算收入 6228.2 亿元，占全国比重达 10.2%。

（四）十八大以来走向全面改革开放新征程

党的十八大以来，中央高度重视广东工作，特别是习近平总书记多次对广东做出重要讲话和重要指示批示，并亲临广东视察，为广东的改革发展从根本上指明了方向。这一阶段是习近平总书记高度重视广东、寄予广东厚望的时期，也是广东人民坚决贯彻落实习近平新时代中国特色社会主义思想的重要实践期。

1. 全面贯彻落实"三个定位、两个率先"的重要指示精神

党的十八大后，习近平总书记首次到地方视察就是广东，要求广东"努力成为发展中国特色社会主义的排头兵、深化改革开放的先行地、探索科学发展的实验区，率先全面建成小康社会，率先基本实现社会主义现代化"。广东牢记总书记的嘱托，坚持稳中求进工作总基调，始终把产业转型升级作为转方式、调结构的主攻方向，推进先进制造业和现代服务业双轮驱动。实施"九年大跨越"方案，推动珠三角"五个一体化"规划和三大经济圈（广佛肇、深莞惠、珠中江）建设。以加强交通基础设施、产业园区、中心城区三大建设为抓手，推动粤东西北地区振兴发展。以行政审批制度改

革为突破口，加大简政放权力度，推进完成市、县行政审批制度和事业单位分类改革，启动建设珠三角金融改革创新综合试验区，实施交通运输业和部分现代服务业营改增试点，探索率先基本建立现代财政制度，制定鼓励和引导民间投资健康发展实施细则，进一步厘清政府与市场的关系。

2. 认真贯彻落实"要在全面深化改革中走在前列"的重要指示精神

2014 年 3 月 6 日，习近平总书记在参加十二届全国人大二次会议广东代表团审议时强调，广东要在全面深化改革中走在前列，协同推进各领域改革，推动产业优化升级，努力交出物质文明和精神文明两份好的答卷。广东以经济体制改革带动各领域改革，承接中央部署和自行安排改革试点任务 139 项，深化行政审批、企业投资管理、财税金融管理、农业农村等方面改革，进一步完善"四梁八柱"性质的改革体系。出台加快先进装备制造业发展意见，编制珠江西岸先进装备制造业产业带规划及智能制造发展规划等，推动形成以先进制造业、现代服务业、战略性新兴产业为主体的现代产业体系，经济发展后劲和内生动力明显增强。

3. 全面贯彻落实"四个坚持、三个支撑、两个走在前列"的重要批示精神

2017 年 4 月 4 日，在广东省召开十二次党代会前夕，习近平总书记做出重要批示，要求广东"坚持党的领导、坚持中国特色社会主义、坚持新发展理念、坚持改革开放，为全国推进供给侧结构性改革、实施创新驱动发展战略、构建开放型经济新体制提供支撑，努力在全面建成小康社会、加快建设社会主义现代化新征程上走在前列"。为深入贯彻落实总书记的重要批示精神，广东制定实施了"深化供给侧结构性改革，推动经济转型升级""实施创新驱动发展战略，加快形成以创新为引领和支撑的经济体系和发展模式""加快构建开放型经济新体制，提升国际竞争力""统筹推进城乡协调发展，构建全省一体化发展新格局"等八大举措。与此同时，还制定实施全面深化科技体制改革加快创新驱动发展先行省实施意见及广深科技创新走廊规划，建设珠三角国家自主创新示范区，不断强化创新发展的战略核心地位。健全完善生态文明制度体系，实施南粤水更清及大气、土壤污染防治行动计划，落实好河长制，推进生态文明建设示范省建设。

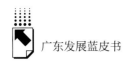

4. 坚定践行"四个走在全国前列"、当好"两个重要窗口"的重要使命

2018年3月7日，习近平总书记参加十三届全国人大一次会议广东代表团审议时，强调广东要"在构建推动经济高质量发展体制机制、建设现代化经济体系、形成全面开放新格局、营造共建共治共享社会治理格局上走在全国前列"，当好"向世界展示我国改革开放成就""国际社会观察我国改革开放"的重要窗口。广东坚持以新发展理念为引领，持续深化供给侧结构性改革，制定出台"实体经济十条""民营经济十条"等系列政策措施，大力支持实体经济发展，培育壮大战略性新兴产业，打造珠江西岸先进装备制造、珠江东岸电子信息先进制造业产业集群。制定实施"科技创新十二条"、加强基础与应用基础研究、关键核心技术攻关等政策，助力新旧动能转换。发展更高层次的开放型经济，深度参与"一带一路"建设，加大自贸试验区改革创新力度，获国家批准40项改革自主权，探索推进粤港澳大湾区建设，加快构建宽领域、多层次、高水平的全面开放新格局。

5. 牢记习近平总书记视察广东四个方面重要要求，奋力谱写新时代广东改革发展新篇章

2018年10月，习近平总书记再次亲临广东视察，对广东提出"深化改革开放、推动高质量发展、提高发展平衡性和协调性、加强党的领导和党的建设"等四个方面要求。广东坚决贯彻落实习近平总书记重要讲话精神，制定《关于深入学习贯彻习近平总书记视察广东重要讲话精神奋力开创新时代广东改革开放新局面的决定》，以"1＋1＋9"工作部署为抓手，以推进党的建设新的伟大工程为根本保证，举全省之力推进粤港澳大湾区建设，把经济高质量发展的着力点放在以制造业为主体的实体经济上，大力发展新一代信息技术、高端装备制造等七大战略性新兴产业，深入落实自贸试验区"制度创新二十条"，制定实施意见加快构建"一核一带一区"新格局，大力实施乡村振兴战略，促进全省区域协调发展。

十八大以来的改革发展，使广东经济综合实力继续稳居全国前列。地区生产总值从2012年的57994亿元，增加到2018年的97278亿元；地方一般

公共预算收入从 6228.2 亿元增加到 12102.9 亿元。全省城镇居民人均可支配收入也从 2012 年的 30226.7 元增加到 2018 年的 44341 元。

三 新中国成立70年广东经济社会发展取得的经验

70 年春风秋雨，70 载春华秋实。新中国成立 70 年来，在党中央、国务院的坚强领导下，广东从一个比较落后的沿海农业经济省，发展成为连续 30 年经济总量居全国第一的现代工业大省和改革开放的先行地区，在中国特色社会主义现代化建设中发挥了独特而又积极的作用，发展的经验弥足珍贵。

（一）始终坚持"解放思想，实事求是"的思想路线，按照党中央各个时期的路线、方针、政策，紧密结合广东实际，创造性地开展工作

广东不论是改革开放前的 30 年，还是改革开放 40 年，再到改革开放再出发，都始终坚决贯彻执行党不同时期的路线方针政策，并结合工作实际创造性地推动工作开展。改革开放前的 30 年，从推动农村土地改革到社会主义改造，从组建人民公社到实施"四个现代化"计划，从加快城镇化进程到建立工业经济体系，实现了新中国成立之后急需的社会稳定、经济发展、民生改善，为承担中国改革开放先行一步的历史重任打下了必要基础。党的十一届三中全会之后，广东积极争取中央支持，按照中央赋予先走一步的"特殊政策、灵活措施"，发挥自身优势，紧抓改革开放这个"关键一招"，在解放思想中实事求是地推进改革开放。党的十八大以后，广东更是以习近平新时代中国特色社会主义思想为指导，围绕党中央决策部署，落实新发展理念，统筹推进"五位一体"总体布局和协调推进"四个全面"战略布局，积极推进结构调整、动能转换，着力提升发展质量，深入参与"一带一路"合作，创新性建设自贸试验区，深化"放管服"改革，不断开创新的经济社会发展局面。

（二）始终坚持以人民为中心的发展思想，紧紧抓住发展这个民生的最大现实，探索改革开放新路，为经济社会发展注入了强大动力

新中国成立之初，广东充分利用社会主义制度优势，把有限的各种资源集中投入政权巩固和经济建设之中，让人民群众真正感受到新中国带来的一系列新变化，党在人民群众中的威望和凝聚力得到迅速提升。改革开放之后，以习仲勋书记为班长的广东省委，按照"一个中心、两个基本点"的基本路线，肩负起为全国"杀出一条血路"的历史重任，遵循以人民为中心的"三个有利于"标准，不断冲破旧观念和旧体制的束缚，义无反顾地走前人没有走过的路，大胆先行先试，为全国的改革开放探索了成功之路，以开放促进改革发展，不断提高人民生活水平。党的十八大之后，广东按照习近平总书记要求，"坚定不移走改革开放的强国之路，做到改革不停顿、开放不止步"，全力推进自贸区、粤港澳大湾区建设，合力提升大珠三角的国际竞争力，为三地人民创造更加幸福美好的新生活，为实现中华民族伟大复兴的中国梦做出积极贡献。

（三）始终坚持发展这个执政兴国的第一要务，紧紧抓住每一个发展机遇，不断推动经济社会发展迈向新的台阶

新中国成立之初，广东从农村土地改革到农民互助组，从大办农村扫盲班到工厂办夜校，从举办劳动竞赛到表彰技术革新能手，充分调动人民群众参与经济发展的积极性，实现了农业生产稳定丰收，工业体系初步建立，吃饭穿衣问题基本解决，社会局面更加稳定。改革开放之后，广东省委紧紧抓住这个"执政兴国的第一要务"，抢抓发展机遇，努力深化改革开放，不断推进经济发展上新台阶。党的十八大以来，广东认真贯彻落实习近平总书记对广东的一系列重要讲话和重要指示批示精神，围绕发展这个主题，充分利用世界金融危机的倒逼机制，大力实施创新驱动发展战略，逐步培育新的增长动能，推进战略性新兴产业发展。正是这个抢抓机遇、不断转型升级所形成的持续动力，使广东经济每隔几年上一个大台阶。

（四）始终坚持以先富带后富，紧紧抓住"共同富裕"这个社会主义的本质要求，不断推进共建共治共享

新中国成立之后，广东按照中央统一决策部署，从农村土地重新收归集体到建立人民公社集体饭堂，从建立高度统一的计划管理体制到实行生活用品定量定价供应，从形成全国统一的财政税收制度到实行全国划一的"八级工资"制等，探索共同富裕的实现路径。改革开放之后，广东按照"先富带后富，实现共同富裕"的独特方法，瞄准成本比较优势，先在毗邻港澳的珠三角大搞工业化，先让一部分有条件的地区发展起来，以先富带后富，实现共同富裕。党的十八大以来，习近平总书记多次要求广东要"提高发展平衡性和协调性"。广东加大力度补齐欠发达地区和农村发展的短板，按照构建"一核一带一区"区域协调发展的新战略，把精准脱贫和乡村振兴结合起来，构建珠三角与粤东西北融合发展新格局，加快欠发达地区跟进发展步伐，不断提高全省人民的获得感、幸福感和安全感。

（五）始终坚持把精神文明建设摆在重要的位置，紧紧抓住"精神文明与物质文明都要硬"的战略方针，不断增强中国特色社会主义文化对经济社会发展的强大引领作用

新中国成立之初，广东坚持社会主义的本质要求，在政治建设、意识形态、文化思潮、教育系统、文学艺术等领域始终守住底线红线，拉好社会主义的车，走直社会主义的道，建设社会主义的家。在改革开放的每个阶段，广东都高度重视一手抓经济发展、一手抓精神文明建设，坚持落实社会主义核心价值观，既注重招商引资发展社会生产力，更注意防范并坚决打击腐朽没落思想的侵蚀，使中国特色社会主义的道路优势、理论优势、制度优势和文化优势在南粤大地充分彰显。党的十八大以来，广东按照习近平总书记的重要指示要求，勇担当好改革开放排头兵、先行地、实验区的重大使命，坚持和加强党的全面领导，把改革开放的旗帜举得更高更稳，深入推进反腐败斗争，积极应对波谲云诡的国际形势，防范和化解各种风险，努力交出物质

文明和精神文明两份好的答卷，为中国特色社会主义伟大事业不断做出广东贡献。

（六）始终坚持强烈的历史责任感和担当精神，紧紧抓住"党领导一切"这个重要政治标准，不断探索中国特色社会主义的宽阔道路

新中国成立之初，广东在全国的统一模式下，从农村土地收归集体到建立人民公社，从公私合营到集体饭堂，从严格的价格管制到居民日常生活用品凭票限量供应，对社会主义道路和制度的探索从来没有停止，取得了一系列建设成果。改革开放之后，党中央决定走出一条有中国特色的社会主义道路。广东以强烈的历史担当和责任意识，在没有任何经验可以借鉴的情况下，积极探索把中国特色社会主义制度与市场经济功能结合起来，逐步建立起中国特色社会主义市场经济的"四梁八柱"。党的十八大以来，习近平总书记对广东的改革开放事业极为重视和关心，对广东做出了一系列重要讲话和重要指示批示。广东牢记总书记的嘱托，在以习近平同志为核心的党中央的坚强领导下，进一步解放思想、开拓创新，全面深化改革开放，推动经济社会高质量发展，提高发展平衡性和协调性，以新的更大作为开创广东工作新局面，奋力实现"四个走在全国前列"、当好"两个重要窗口"。

四　站在新的历史起点上，坚持以习近平新时代中国特色社会主义思想为指导推动广东改革开放再出发

广东今天又站在新的历史起点上，又被赋予了光荣而神圣的历史使命。推动广东改革开放再出发，最根本的就是要以习近平新时代中国特色社会主义思想为指导，进一步解放思想，改革创新，传承改革开放总设计师邓小平同志倡导的"杀出一条血路"的气魄胆略，传承习仲勋同志等广东改革开放开拓者、先行者"敢为天下先"的勇气担当，按照习近平总书记对广东提出的重要指示要求和指引的方向，以新中国成立70周年为新的历史起点，牢牢把握粤港澳大湾区建设这一重大历史机遇，奋力接续改革开放新的生动

实践，担当好"先行示范"的历史使命，在建设中国特色社会主义先行示范区的征程上加速前行。

（一）继续弘扬敢闯敢试、敢为人先的改革精神，率先实现全面深化改革新突破

站在新的历史起点上，广东要实现新发展、新突破，关键在于继续全面深化改革，坚决破除不合时宜的思想观念和体制机制弊端，做改革的实践者、领跑者。必须按照中央顶层设计和总体部署谋划推进新时代全面深化改革，围绕粤港澳大湾区和深圳先行示范区建设、推动高质量发展、建设现代化经济体系、提高发展的平衡性和协调性、构建共建共治共享社会治理新格局等重大任务，谋划推动战役战略性改革，增创新时代广东改革发展新优势。

（二）坚持以粤港澳大湾区建设为"纲"，率先构建开放型经济新体制

站在新的历史起点上，广东要实现更高水平的对外开放，打造高水平对外开放门户枢纽，必须紧抓粤港澳大湾区建设这个"纲"，深化粤港澳合作，积极推进深圳先行示范区建设，高标准建设广东自贸试验区，在内外贸、投融资、财政税务、金融创新等方面探索更加灵活的政策体系和管理体制，加快发展更高层次的开放型经济，推动形成陆海内外联动、东西双向互济的开放新格局，构建"一带一路"建设重要支撑区。

（三）着力从动力、政策、产业、创新生态入手，率先打造体现高质量发展的现代化经济体系

建立现代化经济体系，实现高质量发展，必须坚定践行新发展理念，推动经济发展实现质量变革、效率变革、动力变革。必须加强基础与应用基础研究，聚焦战略性新兴产业开展关键核心技术攻关，主动布局和融入全球创新网络，建立国际科技创新中心，打造动力支撑体系。持续深化"放管服"改革，继续加大简政放权力度，实施更大规模的减税降

费，有效降低制度性交易成本，打造政策支撑体系。加快发展先进制造业，将珠江西岸先进装备制造产业带、珠江东岸电子信息产业带打造成世界级先进制造业产业集群，培育壮大战略性新兴产业，打造产业支撑体系。深化科技和创新体制机制改革，建立可持续的科技创新成果转化机制，打造良好的创新生态。

（四）全面实施以功能区为引领的区域发展战略，加快形成"一核一带一区"区域发展新格局

在新的历史起点上，广东必须在提高发展平衡性和协调性上取得突破，充分发挥珠三角地区，特别是深圳、广州两市的辐射引领带动作用，推动珠三角地区实现高质量发展，打造横贯东西两翼和珠三角沿海地区的沿海经济带，推动北部生态发展区加快绿色发展，形成"一核一带一区"区域协调发展新格局。必须在城乡融合发展和乡村振兴方面取得更突出成效，促进珠三角九市城乡一体化发展，大力实施乡村振兴战略，推动农业全面升级、农村全面进步、农民全面发展，让农村和城市比翼齐飞、协调发展。

（五）坚定践行绿色发展理念，率先打造人与自然和谐共生的美丽中国新典范

站在新的历史起点上，广东必须坚定践行"绿水青山就是金山银山"的发展理念，以生态文明建设倒逼高质量发展，形成节约资源和保护环境的空间格局、产业结构、生产方式、生活方式，走出一条绿色、生态、可持续的发展道路，率先打造人与自然和谐共生的美丽中国新典范，为建设美丽中国贡献广东力量。

（六）进一步提高保障和改善民生水平，率先形成共建共治共享共同富裕的民生发展新局面

站在新的历史起点上，广东必须把保障和改善民生进一步抓紧抓实，让改革发展成果更多更公平惠及广大人民群众。加快实现教育现代化，全面建

立优质高效的医疗卫生服务体系和以促进健康为导向的创新型医保制度。坚持就业优先战略和积极就业政策，完善社会保障体系、城乡社会救助体系、最低生活保障制度，完善房地产市场健康发展长效机制。加强粤港澳民生服务保障合作，共同打造公共服务优质、宜居宜业宜游的优质生活圈。构建共建共治共享社会治理新格局，促进社会治理法治化、智能化、专业化。

乘风破浪会有时，直挂云帆济沧海。中国正站在一个新的历史方位上，党的十九大绘就了实现"两个一百年"奋斗目标的宏伟蓝图，中华民族必将实现再次伟大复兴！广东作为改革开放的先行地和排头兵，将以新中国建立70年来打下的厚实基础为新的起点，开启建设中国特色社会主义现代化的新征程。习近平总书记对广东做出的系列重要讲话和重要指示批示精神，必将引领我们行稳致远、再铸辉煌！

参考文献

欧卫东、李更明：《建国以来广东经济社会发展的回顾与展望》，《广东社会科学》1999 年第 3 期。

徐金鹏、王攀、周强：《南粤谱写新篇章 敢为人先再出发——广东 70 年跨越式发展纪实》，新华网，2019 年 8 月 21 日。

广东省统计局：《新中国成立 70 周年广东经济社会发展成就系列报告》，2019。

郑杨：《壮丽 70 年 奋斗新时代·共和国发展成就巡礼》，《经济日报》2019 年 9 月 2 日。

附　　录

Appendix

B.30
2019年广东省各区域国民经济主要指标

2019 年广东省各区域国民经济主要指标（一）

地区	年末常住人口（万人）	生产总值		人均生产总值		规模以上工业增加值		固定资产投资总额	
		绝对数（亿元）	增长（%）	绝对数（元）	增长（%）	绝对数（亿元）	增长（%）	绝对数（亿元）	增长（%）
全省合计	11521.00	107671.07	6.2	94172	4.5	33616.10	4.7	39244.61	11.1
珠三角九市	6446.89	86899.05	6.4	136335	3.9	28817.72	5.0	28707.04	12.3
广州	1530.59	23628.60	6.8	156427	3.9	4582.95	5.1	6920.21	16.5
深圳	1343.88	26927.09	6.7	203489	3.0	9165.51	4.7	7355.62	18.8
珠海	202.37	3435.89	6.8	175533	-0.2	1133.54	4.0	1971.88	6.1
佛山	815.86	10751.02	6.9	133850	3.6	4859.48	7.0	3961.73	5.4
惠州	488.00	4177.41	4.2	86043	3.1	1731.62	1.8	2102.78	15.4
东莞	846.45	9482.50	6.7	112507	6.6	4465.31	8.5	2128.41	17.5
中山	338.00	3101.10	1.2	92709	-0.6	1150.83	-2.0	919.97	-17.6
江门	463.03	3146.64	4.3	68194	3.5	1041.95	1.5	1857.98	8.3
肇庆	418.71	2248.80	6.3	53936	5.3	686.53	6.9	1488.46	10.8

续表

地区	年末常住人口（万人）	生产总值		人均生产总值		规模以上工业增加值		固定资产投资总额	
		绝对数（亿元）	增长（%）	绝对数（元）	增长（%）	绝对数（亿元）	增长（%）	绝对数（亿元）	增长（%）
东翼四市	1744.46	6957.09	5.0	39957	4.7	1823.06	2.3	4687.56	12.7
汕头	566.48	2694.08	6.1	47669	5.6	711.87	2.4	2355.00	12.9
汕尾	301.50	1080.30	6.7	35958	6.0	241.17	8.6	729.64	15.1
潮州	265.98	1080.94	5.0	40664	4.8	302.71	3.4	450.99	6.2
揭阳	610.50	2101.77	3.0	34471	2.8	567.31	-0.5	1151.93	13.7
西翼三市	1634.24	7609.24	4.9	46764	4.0	1684.25	2.9	2502.11	-1.3
阳江	257.09	1292.18	8.2	50412	7.6	345.34	17.0	450.45	15.3
湛江	736.00	3064.72	4.0	41720	3.6	727.66	-0.3	1231.13	-2.3
茂名	641.15	3252.34	4.3	51119	2.6	611.25	0.5	820.53	-7.1
山区五市	1695.00	6205.69	5.5	36697	5.1	1458.98	5.1	3347.90	10.2
韶关	303.04	1318.41	6.0	43743	5.1	333.57	4.7	690.97	3.6
河源	310.56	1080.03	5.5	34842	5.3	301.43	6.1	807.41	19.3
梅州	438.30	1187.06	3.4	27096	3.3	216.99	1.7	631.85	4.0
清远	388.58	1698.22	6.3	43770	5.9	484.08	6.1	839.29	12.4
云浮	254.52	921.96	6.1	36354	5.3	122.91	6.1	378.38	11.4

注：1. 深圳市数据包含深汕合作区，不再包含汕尾市。

2. 本表资料来源于广东省统计局。

2019年广东省各区域国民经济主要指标（二）

地区	社会消费品零售总额		外贸进出口总额		外贸出口额		实际利用外商直接投资	
	绝对数（亿元）	增长（%）	绝对数（亿元）	增长（%）	绝对数（亿元）	增长（%）	绝对数（亿美元）	增长（%）
全省合计	42664.46	8.0	71436.80	-0.2	43379.35	1.6	1522.00	4.9
珠三角九市	30069.31	7.3	68234.59	-0.5	41136.71	1.3	1459.98	8.1
广州	9975.59	7.8	9995.81	1.9	5257.98	-6.2	459.36	16.3
深圳	6582.85	6.7	29773.86	-0.6	16708.95	2.7	532.36	3.5
珠海	1233.36	6.3	2908.89	-10.4	1654.55	-12.3	163.90	4.9
佛山	3516.33	7.0	4827.61	5.0	3727.71	5.7	51.13	11.8
惠州	1599.53	8.2	2709.74	-18.7	1821.74	-17.5	64.25	1.2
东莞	3179.78	9.4	13801.65	2.8	8628.78	8.5	88.03	5.4

续表

地区	社会消费品零售总额		外贸进出口总额		外贸出口额		实际利用外商直接投资	
	绝对数（亿元）	增长（％）	绝对数（亿元）	增长（％）	绝对数（亿元）	增长（％）	绝对数（亿美元）	增长（％）
中山	1535.95	3.0	2387.19	1.9	1929.19	7.1	36.98	4.8
江门	1520.43	8.0	1425.40	−3.2	1136.09	1.2	54.54	15.0
肇庆	925.48	6.8	404.43	3.7	271.72	14.4	9.41	−0.3
东翼四市	4384.93	7.3	1308.35	2.1	1040.68	5.1	15.33	−13.4
汕头	1894.34	7.0	600.50	8.1	464.00	13.5	6.83	5.6
汕尾	657.94	8.0	167.74	−5.6	87.56	−0.2	5.60	−18.7
潮州	636.39	8.2	215.58	4.5	180.76	3.9	1.69	−48.2
揭阳	1196.27	7.0	324.52	−5.0	308.36	−3.7	1.21	11.7
西翼三市	4313.61	8.2	761.86	14.3	497.09	13.1	19.86	−64.9
阳江	806.75	7.7	151.65	10.0	117.12	9.2	2.15	−95.7
湛江	1839.50	8.4	413.84	9.7	209.38	2.2	15.98	248.4
茂名	1667.36	8.2	196.40	29.4	170.59	34.0	1.73	5.7
山区五市	3472.33	7.5	1132.00	4.6	704.87	5.4	25.40	10.1
韶关	811.65	8.0	182.22	16.8	75.24	3.8	5.49	10.2
河源	677.40	7.7	302.97	11.9	251.20	16.7	5.96	43.1
梅州	775.14	6.6	120.62	−10.8	100.74	−14.6	2.38	−28.4
清远	795.79	7.7	416.23	0.9	214.53	7.1	8.57	5.1
云浮	412.35	7.1	109.95	1.9	63.15	0.7	3.00	23.0

注：1. 从 2015 年 1 月起，"地方公共财政预算收入"和"地方公共财政预算支出"分别更名为"地方一般公共预算收入"和"地方一般公共预算支出"。

2. 本表数据主要来源于广东省统计局。

2019 年广东省各区域国民经济主要指标（三）

地区	地方一般公共预算收入		中外资金融机构本外币存款余额（亿元）		中外资金融机构本外币贷款余额（亿元）		城镇居民人均可支配收入		农村居民人均可支配收入	
	绝对值（亿元）	增长（％）	期末余额	增长（％）	期末余额	增长（％）	绝对数（元）	增长（％）	绝对数（元）	增长（％）
全省合计	12651.46	4.5	232458.64	11.7	167994.58	15.7	48118	8.5	18818	9.6
珠三角九市	8274.78	4.5	205988.39	—	151816.93	—	—	—	—	—
广州	1697.21	4.0	59131.20	7.9	47103.31	15.6	65052	8.5	28868	10.9
深圳	3773.21	6.5	83942.45	15.7	59461.39	13.2	62522.4	8.7	—	—
珠海	344.48	3.9	9047.24	19.9	6358.61	21.4	55219	8.9	29069	11.0

续表

地区	地方一般公共预算收入		中外资金融机构本外币存款余额(亿元)		中外资金融机构本外币贷款余额(亿元)		城镇居民人均可支配收入		农村居民人均可支配收入	
	绝对值(亿元)	增长(%)	期末余额	增长(%)	期末余额	增长(%)	绝对数(元)	增长(%)	绝对数(元)	增长(%)
佛山	731.47	4.0	16948.10	10.25	12175.18	16.42	55233	8.9	31503	9.5
惠州	400.86	2.0	6558.61	6.3	5848.89	19.7	—	—	—	—
东莞	673.18	3.6	16426.44	16.0	10132.14	23.4	55156	8.7	35905	11.2
中山	283.38	-10.1	6345.05	7.0	4912.91	21.7	52502	7.6	35127	8.9
江门	256.80	5.3	4946.81	9.2	3667.71	16.8	38595	8.8	19873	9.5
肇庆	114.20	7.7	2642.47	5.9	2156.79	18.1	33259.8	8.4	19217	8.6
东翼四市	301.69	1.6	8782.04	—	4339.79		—	—	—	—
汕头	138.23	5.1	3861.01	7.9	2168.92	10.9	31416	8.0	17735	9.2
汕尾	42.45	9.3	1002.60	6.6	521.64	22.6	28051	7.8	16305	9.8
潮州	48.00	1.3	1489.43	8.7	467.17	11.9	25828	6.9	16360	9.5
揭阳	73.01	-8.0	2429.00	6.8	1182.07	2.4	26746	5.2	15675	8.7
西翼三市	335.44	4.6	8150.69	—	5263.82		—	—	—	—
阳江	64.29	2.7	1486.24	7.2	1173.23	16.6	31256	6.5	18312	9.1
湛江	131.26	7.7	3651.54	9.2	2508.25	15.9	31240.7	7.6	17343	9.2
茂名	139.88	2.8	3012.91	10.6	1582.35	19.3	29405	8.3	18482	9.0
山区五市	449.11	2.5	9537.52	—	6574.04		—	—	—	—
韶关	101.05	6.7	1944.17	5.1	1110.56	16.1	32634	7.7	16940	9.8
河源	77.47	0.7	1448.09	5.2	1346.12	16.6	27128	6.4	16030	9.6
梅州	91.58	-5.7	2251.36	5.6	1352.38	15.4	29235	6.8	16447	8.4
清远	118.53	5.9	2564.42	9.8	1886.24	20.9	31597	7.6	16524	9.0
云浮	60.48	4.9	1329.49	10.8	878.74	10.8	26806.5	7.5	16646.2	9.2

注：1. 农林牧渔业总产值按当年价计算，增长率根据去年产值计算。

2. 中外资金融机构本外币存款余额、贷款余额增长率根据上年余额计算。

3. 粤东西北十二市城镇居民人均可支配收入为29523元，比上年增长7.3%；农村居民人均可支配收入为16993元，比上年增长9.1%。

4. 本表资料来源于广东省统计局。

皮 书

智库报告的主要形式
同一主题智库报告的聚合

❋ 皮书定义 ❋

皮书是对中国与世界发展状况和热点问题进行年度监测，以专业的角度、专家的视野和实证研究方法，针对某一领域或区域现状与发展态势展开分析和预测，具备前沿性、原创性、实证性、连续性、时效性等特点的公开出版物，由一系列权威研究报告组成。

❋ 皮书作者 ❋

皮书系列报告作者以国内外一流研究机构、知名高校等重点智库的研究人员为主，多为相关领域一流专家学者，他们的观点代表了当下学界对中国与世界的现实和未来最高水平的解读与分析。截至2020年，皮书研创机构有近千家，报告作者累计超过7万人。

❋ 皮书荣誉 ❋

皮书系列已成为社会科学文献出版社的著名图书品牌和中国社会科学院的知名学术品牌。2016年皮书系列正式列入"十三五"国家重点出版规划项目；2013~2020年，重点皮书列入中国社会科学院承担的国家哲学社会科学创新工程项目。

中国皮书网

（网址：www.pishu.cn）

发布皮书研创资讯，传播皮书精彩内容
引领皮书出版潮流，打造皮书服务平台

栏目设置

◆关于皮书

何谓皮书、皮书分类、皮书大事记、
皮书荣誉、皮书出版第一人、皮书编辑部

◆最新资讯

通知公告、新闻动态、媒体聚焦、
网站专题、视频直播、下载专区

◆皮书研创

皮书规范、皮书选题、皮书出版、
皮书研究、研创团队

◆皮书评奖评价

指标体系、皮书评价、皮书评奖

◆互动专区

皮书说、社科数托邦、皮书微博、留言板

所获荣誉

◆2008年、2011年、2014年，中国皮书
网均在全国新闻出版业网站荣誉评选中
获得"最具商业价值网站"称号；
◆2012年,获得"出版业网站百强"称号。

网库合一

2014年，中国皮书网与皮书数据库端口
合一，实现资源共享。

权威报告·一手数据·特色资源

皮书数据库
ANNUAL REPORT(YEARBOOK)
DATABASE

分析解读当下中国发展变迁的高端智库平台

所获荣誉

- 2019年，入围国家新闻出版署数字出版精品遴选推荐计划项目
- 2016年，入选"'十三五'国家重点电子出版物出版规划骨干工程"
- 2015年，荣获"搜索中国正能量 点赞2015""创新中国科技创新奖"
- 2013年，荣获"中国出版政府奖·网络出版物奖"提名奖
- 连续多年荣获中国数字出版博览会"数字出版·优秀品牌"奖

成为会员

通过网址www.pishu.com.cn访问皮书数据库网站或下载皮书数据库APP，进行手机号码验证或邮箱验证即可成为皮书数据库会员。

会员福利

- 已注册用户购书后可免费获赠100元皮书数据库充值卡。刮开充值卡涂层获取充值密码，登录并进入"会员中心"—"在线充值"—"充值卡充值"，充值成功即可购买和查看数据库内容。
- 会员福利最终解释权归社会科学文献出版社所有。

社会科学文献出版社 皮书系列
SOCIAL SCIENCES ACADEMIC PRESS (CHINA)

卡号：917743136988
密码：

数据库服务热线：400-008-6695
数据库服务QQ：2475522410
数据库服务邮箱：database@ssap.cn
图书销售热线：010-59367070/7028
图书服务QQ：1265056568
图书服务邮箱：duzhe@ssap.cn

基本子库

SUB DATABASE

中国社会发展数据库（下设 12 个子库）

整合国内外中国社会发展研究成果，汇聚独家统计数据、深度分析报告，涉及社会、人口、政治、教育、法律等 12 个领域，为了解中国社会发展动态、跟踪社会核心热点、分析社会发展趋势提供一站式资源搜索和数据服务。

中国经济发展数据库（下设 12 个子库）

围绕国内外中国经济发展主题研究报告、学术资讯、基础数据等资料构建，内容涵盖宏观经济、农业经济、工业经济、产业经济等 12 个重点经济领域，为实时掌控经济运行态势、把握经济发展规律、洞察经济形势、进行经济决策提供参考和依据。

中国行业发展数据库（下设 17 个子库）

以中国国民经济行业分类为依据，覆盖金融业、旅游、医疗卫生、交通运输、能源矿产等 100 多个行业，跟踪分析国民经济相关行业市场运行状况和政策导向，汇集行业发展前沿资讯，为投资、从业及各种经济决策提供理论基础和实践指导。

中国区域发展数据库（下设 6 个子库）

对中国特定区域内的经济、社会、文化等领域现状与发展情况进行深度分析和预测，研究层级至县及县以下行政区，涉及地区、区域经济体、城市、农村等不同维度，为地方经济社会宏观态势研究、发展经验研究、案例分析提供数据服务。

中国文化传媒数据库（下设 18 个子库）

汇聚文化传媒领域专家观点、热点资讯，梳理国内外中国文化发展相关学术研究成果、一手统计数据，涵盖文化产业、新闻传播、电影娱乐、文学艺术、群众文化等 18 个重点研究领域。为文化传媒研究提供相关数据、研究报告和综合分析服务。

世界经济与国际关系数据库（下设 6 个子库）

立足"皮书系列"世界经济、国际关系相关学术资源，整合世界经济、国际政治、世界文化与科技、全球性问题、国际组织与国际法、区域研究 6 大领域研究成果，为世界经济与国际关系研究提供全方位数据分析，为决策和形势研判提供参考。

法律声明

"皮书系列"（含蓝皮书、绿皮书、黄皮书）之品牌由社会科学文献出版社最早使用并持续至今，现已被中国图书市场所熟知。"皮书系列"的相关商标已在中华人民共和国国家工商行政管理总局商标局注册，如LOGO（🖐）、皮书、Pishu、经济蓝皮书、社会蓝皮书等。"皮书系列"图书的注册商标专用权及封面设计、版式设计的著作权均为社会科学文献出版社所有。未经社会科学文献出版社书面授权许可，任何使用与"皮书系列"图书注册商标、封面设计、版式设计相同或者近似的文字、图形或其组合的行为均系侵权行为。

经作者授权，本书的专有出版权及信息网络传播权等为社会科学文献出版社享有。未经社会科学文献出版社书面授权许可，任何就本书内容的复制、发行或以数字形式进行网络传播的行为均系侵权行为。

社会科学文献出版社将通过法律途径追究上述侵权行为的法律责任，维护自身合法权益。

欢迎社会各界人士对侵犯社会科学文献出版社上述权利的侵权行为进行举报。电话：010-59367121，电子邮箱：fawubu@ssap.cn。

社会科学文献出版社